Lexikon Direkte Demokratie in Deutschland

Andreas Kost · Marcel Solar
(Hrsg.)

Lexikon Direkte Demokratie in Deutschland

 Springer VS

Hrsg.
Andreas Kost
Institut für Politikwissenschaft
Universität Duisburg-Essen
Duisburg, Deutschland

Marcel Solar
Stabsstelle Bürgerbeteiligung
und Bürgerengagement
Stadt Wuppertal
Wuppertal, Deutschland

ISBN 978-3-658-21782-2   ISBN 978-3-658-21783-9   (eBook)
https://doi.org/10.1007/978-3-658-21783-9

Die Deutsche Nationalbibliothek verzeichnet diese Publikation in der Deutschen National-
bibliografie; detaillierte bibliografische Daten sind im Internet über http://dnb.d-nb.de abrufbar.

Springer VS

Verantwortlich im Verlag: Jan Treibel

Springer VS ist ein Imprint der eingetragenen Gesellschaft Springer Fachmedien Wiesbaden GmbH
und ist ein Teil von Springer Nature
Die Anschrift der Gesellschaft ist: Abraham-Lincoln-Str. 46, 65189 Wiesbaden, Germany

Vorwort

Demokratie lebt von der aktiven Mitwirkung ihrer Bürgerinnen und Bürger. Die Hinwendung zu Formen direktdemokratischer Politikentscheidungen kann auf relevante Prozesse des Wertewandels, veränderter Politik- und Lebensstile und damit korrespondierend neuen Prioritätensetzungen von Bürgerinnen und Bürgern sowie gesellschaftlichen Gruppen zurückgeführt werden. Glaubhaft wird diese Hinwendung auch durch eine langjährige demokratische Alltagskultur, die zwischen dem einzelnen »Aktivbürger« und dem Staat das Beziehungsgeflecht einer »Zivilgesellschaft« herausbildete. Schließlich wirkte schon seit den 1960er Jahren in der »alten Bundesrepublik« eine Vielzahl von basisdemokratischen Initiativen und Bewegungen informell an der politischen Willensbildung mit. Zumindest begünstigend für die Einführung von direktdemokratischen Politikentscheidungen waren auch die friedliche Revolution 1989/90 in der ehemaligen DDR – verbunden mit der kritischen und beharrlichen Forderung der Bürgerinnen und Bürger beziehungsweise selbst organisierter Bürgerbewegungen nach erweiterten Beteiligungsmöglichkeiten. Die durch diese Sachverhalte angestoßene Entwicklung wurde in erster Linie in den verschiedenen Gemeindeordnungen und Landesverfassungen institutionell gefasst. Zu den wichtigsten Instrumenten der direkten Demokratie zählen auf staatlicher Ebene das *(Verfassungs-)Referendum,* die *Volksinitiative,* das *Volksbegehren* und der *Volksentscheid,* auf der kommunalen Ebene das *Bürgerbegehren* und der *Bürgerentscheid.*

In der Wirklichkeit moderner Staaten bezeichnet »direkte Demokratie« alle durch Verfassung und weitere Rechtsvorschriften ermöglichten Verfahren, durch die die stimmberechtigten Bürgerinnen und Bürger eines Staates, eines Bundeslandes oder einer Kommune politische Sachfragen durch Abstimmung selbst und unmittelbar entscheiden bzw. auf die politische Agenda setzen. Direkte Demokratie ist dabei in der Regel eine Ergänzung und Erweiterung des politischen Entscheidens in repräsentativen Demokratien, wo politisch verbindliche Entscheidungen im Rahmen der Verfassungsordnung von gewählten Repräsentanten getroffen werden. In einem eher theoretischen Sinne versteht man unter »direkter Demokratie« eine Herrschaftsordnung, in der die Verfassung der politischen Gemeinschaft und alle verbindlichen politischen Entscheidungen grundsätzlich von allen stimmberechtigten Bürgerinnen und Bürgern bestimmt werden. Doch ist direkte Demokratie auch abhängig von den jeweiligen politisch-institutionellen Kontexten. Unter demokratietheoretischen Gesichtspunkten können direktdemokratische Instrumente das politische System entlasten und die Akzeptanz politischer Entscheidungen erhöhen. So haben die Menschen das Grundbedürfnis, bei wichtigen politischen Entscheidungen mitbestimmen zu wollen. Werden daher direktdemokratische Elemente in das repräsentative System eingebaut, kann dieser Aspekt gewisse entlastende und Legitimation stiftende Wirkungen hervorbringen.

Die beiden Herausgeber wollen den bedeutsamen Themenkomplex der direkten Demokratie einem interessierten Publikum möglichst anschaulich vermitteln. So haben sie sich für die komprimierte Form des Lexikons entschieden, um einen Überblick und Orientierungsmöglichkeiten zum Thema »Direkte Demokratie« anzubieten. Auf diese Weise möge sich dadurch ein breiter Adressatenkreis mit der Relevanz direktdemokratischer Sachverhalte und Fragen vertraut machen können. Und wenn interessierte Leserinnen und Leser in der Wahrnehmung demokratischer Verantwortung in Staat und Gesellschaft dadurch noch unterstützt werden sollten, würde uns dies zusätzlich freuen.

Andreas Kost und Marcel Solar, Frühjahr 2018

Inhalt

B

D

E

F

G

H

I

K

L

Inhalt

W

Z

Autorinnen und Autoren

Ridvan Ciftci, Wissenschaftlicher Mitarbeiter, Lehrstuhl für Öffentliches Recht, Umwelt- und Technikrecht und Rechtstheorie, Universität Bielefeld, Bielefeld.
Verfasser (zus. m. Andreas Fisahn) des Grundsatzartikels *Rechtsprechung (und direkte Demokratie).*

Prof. Dr. Frank Decker, Professor für Politikwissenschaft, insb. Vergleichende Regierungslehre, Institut für Politische Wissenschaft und Soziologie, Rheinische Friedrich-Wilhelms-Universität, Bonn.
Verfasser der Grundsatzartikel *Föderalismus (und direkte Demokratie)* sowie *Populismus (und direkte Demokratie).*

Dr. Christina Eder, Leitung Forschungsdatenzentrum »Wahlen«, Datenarchiv für Sozialwissenschaften, GESIS Leibniz-Institut für Sozialwissenschaften, Mannheim.
Verfasserin (zus. m. Adrian Vatter) des Grundsatzartikels *Schweiz (und direkte Demokratie).*

Prof. Dr. Andreas Fisahn, Professor für Öffentliches Recht, Umwelt- und Technikrecht und Rechtstheorie, Fakultät für Rechtswissenschaft, Universität Bielefeld, Bielefeld.
Verfasser (zus. m. Ridvan Ciftci) des Grundsatzartikels *Rechtsprechung (und direkte Demokratie).*

Prof. Dr. Florian Grotz, Professor für Politikwissenschaft, insb. Vergleichende Regierungslehre, Institut für Politikwissenschaft, Helmut-Schmidt-Universität/Universität der Bundeswehr, Hamburg.
Verfasser des Grundsatzartikels *Europa (und direkte Demokratie)*.

Prof. Dr. Hermann K. Heußner, Professor für Öffentliches Recht und Recht der sozialen Arbeit, Fakultät Wirtschafts- und Sozialwissenschaften, Hochschule Osnabrück, Osnabrück.
Verfasser des Grundsatzartikels *USA (und direkte Demokratie)*.

Prof. Dr. Eike-Christian Hornig, Juniorprofessor für Demokratie- und Demokratisierungsforschung, Institut für Politikwissenschaft, Justus-Liebig-Universität, Gießen.
Verfasser des Grundsatzartikels *Parteien (und direkte Demokratie)*.

Dr. Yu-Fang Hsu, Adjunct Assistant Professor, Department of Foreign Languages and Literatures, National Chung Hsing University, Taichung, Taiwan.
Verfasserin des Grundsatzartikels *Weimarer Erfahrungen*.

Prof. Dr. Andreas Kost, Stellvertretender Leiter Landeszentrale für politische Bildung NRW, Düsseldorf und Honorarprofessor für Politikwissenschaft, Universität Duisburg-Essen, Duisburg.
Verfasser der Grundsatzartikel *Bürgerbegehren und Bürgerentscheid* sowie *Direkte Demokratie*.

Prof. Dr. Stefan Marschall, Professor für Politikwissenschaft, insb. Politisches System Deutschlands, Institut für Sozialwissenschaften, Heinrich-Heine-Universität, Düsseldorf.
Verfasser des Grundsatzartikels *Repräsentative Demokratie*.

Dennis Michels M.A., Wissenschaftlicher Mitarbeiter, NRW School of Governance, Universität Duisburg-Essen, Duisburg.
Verfasser des Grundsatzartikels *Volksinitiative*.

Prof. Dr. Claudia Ritzi, Juniorprofessorin für Politische Theorie, Institut für Politikwissenschaft, Westfälische Wilhelms-Universität, Münster.
Verfasserin des Grundsatzartikels *Partizipation*.

Prof. (em.) Dr. Theo Schiller, Professor für Politikwissenschaft, insb. Politische Theorie und Vergl. Regierungslehre, Institut für Politikwissenschaft, Philipps-Universität, Marburg.
Verfasser des Grundsatzartikels *Volkssouveränität.*

Iman Shooshtari, Politikwissenschaftlerin, Landeszentrale für politische Bildung NRW, Düsseldorf.
Verfasserin des Grundsatzartikels *Volksbegehren und Volksentscheid.*

Anna Solar M. A., Referentin, Referat Internationale Beziehungen und Netzwerke, Ministerium für Umwelt, Landwirtschaft, Natur- und Verbraucherschutz des Landes Nordrhein-Westfalen, Düsseldorf.
Verfasserin des Artikels *Petitionen.*

Dr. Marcel Solar, Referent, Stabsstelle Bürgerbeteiligung und Bürgerengagement, Stadt Wuppertal, Wuppertal.
Verfasser der Grundsatzartikel *Länderebene* sowie *Regierungssysteme (und direkte Demokratie).*

Dr. Stefan Thierse, Akademischer Oberrat a. Z., Institut für Sozialwissenschaften, Heinrich-Heine-Universität, Düsseldorf.
Verfasser des Grundsatzartikels *Europäische Union (und direkte Demokratie).*

Prof. Dr. Adrian Vatter, Professor für Politikwissenschaft, insb. Schweizer Politik, Institut für Politikwissenschaft, Universität Bern, Bern.
Verfasser (zus. m. Christina Eder) des Grundsatzartikels *Schweiz (und direkte Demokratie).*

Einleitung

Andreas Kost/Marcel Solar

Direkte Demokratie ist in Deutschland nicht nur ein theoretisches Konstrukt. In den Kommunen und Ländern können sich die Bürgerinnen und Bürger an der politischen Entscheidungsfindung beteiligen, indem sie bei Bürger- und Volksentscheiden abstimmen oder selbst eine Initiative auf den Weg bringen. Die steigenden Nutzungszahlen zeigen, dass die Instrumente der direkten Demokratie auf eine große Nachfrage stoßen. Auf der Ebene des Bundes gibt es hingegen bislang keine direktdemokratischen Verfahren. Die aus der Bundestagswahl 2017 hervorgegangene große Koalition hat sich allerdings darauf verständigt, eine Expertenkommission einzusetzen, damit Vorschläge erarbeitet werden, ob und wie auch das Grundgesetz um Elemente der direkten Demokratie ergänzt werden kann. Die Debatte über direktere Entscheidungsmöglichkeiten für Bürgerinnen und Bürger ist demnach im vollen Gange. Getragen wird sie einerseits von überzeugten Befürworterinnen und Befürwortern, die auf eine Belebung der repräsentativen Demokratie hoffen und dem gestiegenen Bedürfnis vieler Menschen zur Mitbestimmung und Partizipation Rechnung tragen wollen. Andererseits verweisen skeptischere Personen auf Grenzen und Probleme der direkten Demokratie, die sich etwa in der Abstimmung über das Minarettverbot in der Schweiz oder dem *Brexit*-Referendum manifestierten.

Diese Debatte wird mitunter sehr leidenschaftlich geführt. Umso wichtiger ist es daher, hierfür eine breite Grundlage zu schaffen und den Überblick über die verschiedenen Verfahren, die enorme Regelungsvielfalt und den großen Detailreichtum, die mit dem Thema der direkten Demokratie einhergehen, zu wahren. Kurz gesagt: wer sich differenziert mit der Thematik auseinandersetzen möchte, muss sich klar und präzise der zugrundeliegen-

© Springer Fachmedien Wiesbaden GmbH, ein Teil von Springer Nature 2019
A. Kost und M. Solar (Hrsg.), *Lexikon Direkte Demokratie in Deutschland*,
https://doi.org/10.1007/978-3-658-21783-9_1

den Begriffe bedienen können. Dies gilt sowohl für die interessierte Bürgerin und den interessierten Bürger und als auch die Expertin und den Experten. Aus diesem Grund möchten wir mit dem vorliegenden Lexikon der direkten Demokratie in Deutschland ein entsprechendes Angebot schaffen, das in dieser Form bislang noch nicht vorliegt.

Im Lexikon werden die grundlegenden Begrifflichkeiten des Themenfeldes dargelegt. Um einen leichten und intuitiven Umgang mit dem Band zu ermöglichen, werden die einzelnen Stichwörter in alphabetischer Reihenfolge dargestellt. Einzelne Einträge sind eher knapp gehalten und widmen sich Details im direktdemokratischen Prozess. Dabei sollte deren Bedeutung jedoch nicht unterschätzt werden. Der Teufel steckt bei der direkten Demokratie – wie so oft – im Detail. Scheinbar vernachlässigbare Fristen und Quoren erlangen oftmals eine ungeahnte Wichtigkeit. In einzelnen Artikeln werden bestimmte Begriffe und Konzepte hingegen ausführlicher dargelegt, da sie von zentraler Bedeutung sind. Für diese Grundsatzartikel konnten wir als Autorinnen und Autoren eine Reihe von ausgewiesenen Expertinnen und Experten gewinnen, worüber wir uns sehr glücklich schätzen. Dabei sind zunächst die Artikel zu übergeordneten Begrifflichkeiten und Konzepten zu nennen, die für das Thema der direkten Demokratie zentral sind. *Claudia Ritzi* beschäftigt sich in ihrem Beitrag mit dem Begriff der Partizipation, *Theo Schiller* setzt sich mit der Volkssouveränität auseinander und *Stefan Marschall* geht auf die repräsentative Demokratie und ihr Verhältnis zu Formen der direkten Demokratie ein.

Auch wenn der Fokus des Lexikons die direkte Demokratie in Deutschland ist, erscheint es als unverzichtbar, den Blick über den eigenen Tellerrand zu werfen. Daher finden sich ebenfalls Beiträge zur direkten Demokratie in der Schweiz (*Christina Eder* und *Adrian Vatter*), den USA (*Hermann K. Heußner*), den Mitgliedstaaten der Europäischen Union (*Florian Grotz*) sowie der Europäischen Union als Staatenverbund (*Stefan Thierse*). Ebenfalls sollen verschiedene Bereiche in den Blick genommen werden, die von übergreifender Bedeutung sind. Dazu gehören die Rechtsprechung (*Ridvan Ciftci* und *Andreas Fisahn*), der Föderalismus (*Frank Decker*), der Populismus (*Frank Decker*) sowie die Rolle der Parteien (*Eike-Christian Hornig*) in ihrer jeweiligen Verbindung zur direkten Demokratie.

Ein konkreter Blick auf die Situation in Deutschland wird schließlich in den Beiträgen zu den sog. Weimarer Erfahrungen (*Yu-Fang Hsu*), sowie den Instrumenten der Volksinitiative (*Dennis Michels*) sowie des Volksbegehrens und des Volksentscheids (*Iman Shooshtari*), die prägend für die direkte Demokratie in den deutschen Bundesländern sind, genommen. Auch wir als Herausgeber haben es uns schließlich nicht nehmen lassen, im Rahmen von Grundsatzartikeln jeweils zwei Begriffe umfangreicher darzustellen. *Andreas Kost* hat sich hierfür des Kernbegriffs des Lexikons, der direkten Demokratie, angenommen und die in Deutschland am häufigsten eingesetzten Verfahren, die Bürgerbegehren und -entscheide auf der kommunalen Ebene, aufgegriffen. *Marcel Solar* beschäftigt sich in einem Grundsatzartikel mit dem Zusammenhang verschiedener Regierungssysteme und direktdemokratischer Verfahren und stellt schließlich in einem breiteren Überblick die Verbreitung und Praxis der direkten Demokratie in den deutschen Bundesländern dar. Für alle übrigen Artikel – von A wie Abstimmung bis Z wie Zustimmungsquorum – zeichnen sich ebenfalls die beiden Herausgeber gemeinsam verantwortlich. Mit der Ausnahme des Artikels zu Petitionen, für den mit *Anna Solar* dankenswerterweise eine ausgewiesene Expertin als Autorin gewonnen werden konnte.

An dieser Stelle bleibt es uns nur noch, allen Autorinnen und Autoren zu danken, die zu diesem Lexikon beigetragen haben. Den Leserinnen und Lesern sei mancher tiefere Einblick und viel Freude bei der Lektüre gewünscht. Auch wenn sich ein Blick in die Zukunft in der Regel kaum seriös abschätzen lässt, so sind wir uns doch sicher, dass das Thema der direkten Demokratie uns auch in den kommenden Jahren weiter begleiten wird.

A

Abstimmung Idealtypisch steht die Abstimmung am Ende eines direktdemokratischen Verfahrens. Im Rahmen der in den deutschen Ländern flächendeckend verbreiteten Volksgesetzgebung handelt es sich also z. B. um den Volksentscheid, in dem eine Entscheidung über die diskutierte Sachfrage herbeigeführt werden soll. In den deutschen Kommunen handelt es sich bei den Abstimmungen hingegen in der Regel um Bürgerentscheide. Ebenso findet eine Abstimmung bei fakultativen oder obligatorischen Referenden statt. Der Ablauf einer Abstimmung lässt sich in Deutschland mit jenem bei einer Wahl vergleichen. Teilnehmen dürfen an einer Abstimmung jene Personen, die am vorgesehenen Abstimmungstermin auch berechtigt wären, an einer Wahl teilzunehmen. In Nordrhein-Westfalen sind dies z. B. bei kommunalen Abstimmungen alle Bürgerinnen und Bürger ab 16 Jahren oder bei Abstimmungen auf Landesebene alle Bürgerinnen und Bürger ab 18 Jahren. Im Vorfeld einer Abstimmung erhalten alle Abstimmungsberechtigten eine Abstimmungsbenachrichtigung durch die zuständige Kommune zugesandt, auf der das Datum der Abstimmung, die zu entscheidende Frage und das Abstimmungslokal angegeben werden. In der Regel wird im selben Zuge eine Abstimmungsbroschüre verschickt, in der Gegner und Befürworter der zu entscheidenden Sachfrage die Gelegenheit erhalten, ihre Argumente darzulegen. Dies ist jedoch in Deutschland nicht in allen Bundesländern vorgesehen.

Die Abstimmung selbst erfolgt dann entweder am Abstimmungstermin im Abstimmungslokal oder im Vorfeld im Wege der Briefabstimmung. Dabei gilt immer, dass die Abstimmungsfrage eindeutig mit Ja oder Nein zu beantworten sein muss. Nach der Auszählung aller abgegeben Stimmen wird dann von Seiten der zuständigen Behörde (auf Landesebene z. B. durch den jeweiligen Landeswahlleiter/die jeweilige Landeswahlleiterin) das Endergebnis verkündet. Im Gegensatz zur Praxis in der Schweiz setzt sich dabei in Deutschland in der Regel ein Anliegen nicht allein dann durch, wenn die abgegebenen Stimmen mehrheitlich dem Ja-Lager zugerechnet werden können. Vielmehr gibt es meistens gesonderte Mehrheitserfordernisse, die sich entweder an der Höhe der Abstimmungsbeteiligung (Beteiligungsquorum)

© Springer Fachmedien Wiesbaden GmbH, ein Teil von Springer Nature 2019
A. Kost und M. Solar (Hrsg.), *Lexikon Direkte Demokratie in Deutschland*,
https://doi.org/10.1007/978-3-658-21783-9_2

A
B
C
D
E
F
G
H
I
J
K
L
M
N
O
P
Q
R
S
T
U
V
W
X
Y
Z

oder an einem bestimmten Prozentsatz der abstimmungsberechtigten Bevölkerung (Zustimmungsquorum) orientieren. Solche Quoren werden in der deutschen Diskussion sehr unterschiedlich bewertet. In jedem Fall führt das Vorhandensein von Quoren dazu, dass der Frage, ob eine Abstimmung zeitgleich mit einer Wahl stattfinden kann, eine besondere Bedeutung zukommt, da sich das Überspringen der vorgesehenen Hürden meist erheblich einfacher darstellt, wenn die Bürgerinnen und Bürger ohnehin an die Urnen kommen, um an einer Wahl teilzunehmen. Auch diese Frage ist in den deutschen Bundesländern unterschiedlich geregelt.

Schließlich kann festgehalten werden, dass Abstimmungen zwar ein zentraler Bestandteil direktdemokratischer Verfahren sind, diese aber nicht zwangsläufig stattfinden müssen. Offensichtlich finden Abstimmungen immer dann statt, wenn sie durch eine politische Mehrheit anberaumt werden (z. B. bei einfachen Referenden) oder sie in bestimmten Fällen durch die Verfassung vorgesehen sind (z. B. bei obligatorischen Referenden, die im Zuge einer Verfassungsänderung oder etwa außenpolitischen Entscheidungen fällig sind). Im Falle von direktdemokratischen Verfahren, die »von unten«, also aus dem Volk heraus, ausgelöst werden, ist hingegen nicht klar, ob es tatsächlich zu einer Abstimmung kommt. So kann ein Verfahren beispielsweise bereits im Vorfeld einer Abstimmung scheitern, da zu wenige Unterstützungsunterschriften gesammelt wurden. Oder das Anliegen einer Initiative wird bereits in einem frühen Stadium übernommen, womit einer Abstimmung zuvorgekommen wird und diese entsprechend entfällt.

Andreas Kost/Marcel Solar

Literatur
Kost, Andreas. 2013. *Direkte Demokratie*. Wiesbaden: VS Verlag für Sozialwissenschaften.
Schiller, Theo. 2002. *Direkte Demokratie. Eine Einführung*. Frankfurt a. M.: Campus.

Abstimmungsbeteiligung Die Abstimmungsbeteiligung gibt Auskunft darüber, welcher Anteil der Abstimmungsberechtigten bei einer direktdemokratischen Abstimmung tatsächlich an die Urne gegangen ist. In Deutschland lassen sich hierzu sowohl für Abstimmungen auf der kommunalen

Ebene als auch auf der Landesebene konkrete Zahlen finden. Der Verein »Mehr Demokratie e. V.« (2016, S. 8) hält für die insgesamt 3 491 Bürgerentscheide, die bis zum Jahr 2016 in deutschen Kommunen stattgefunden haben, eine durchschnittliche Abstimmungsbeteiligung von 50,4 Prozent fest. Dabei sei die Beteiligung in kleineren Gemeinden insgesamt höher als in größeren Städten und Landkreisen. In den deutschen Bundesländern haben seit der Einführung direktdemokratischer Verfahren bedeutend weniger Abstimmungen stattgefunden. Zudem lässt sich dort mit Blick auf die Beteiligung unterscheiden, ob eine Abstimmung als Volksentscheid den Abschluss eines Volksgesetzgebungsverfahrens bildete und damit »von unten« aus dem Volk heraus ausgelöst wurde oder ob es sich um Abstimmungen handelt, die nicht auf ein Volksgesetzgebungsverfahren zurückgeführt werden können. Dabei handelt es sich in den deutschen Ländern insbesondere um obligatorische Referenden in Folge von Verfassungsänderungen oder aber Abstimmungen über die neuen Landesverfassungen, die in einigen Bundesländern im Zuge der Neugründung nach dem Zweiten Weltkrieg bzw. nach der Wiedervereinigung stattfanden. Bei den insgesamt 24 Volksentscheiden nach Volksgesetzgebungsverfahren, die seit 1946 in den deutschen Ländern stattgefunden haben, beteiligten sich durchschnittlich 43,3 Prozent der jeweils Abstimmungsberechtigten. Im Falle der übrigen 25 Volksabstimmungen beträgt die durchschnittliche Beteiligung sogar 57,8 Prozent der jeweils Abstimmungsberechtigten. Die Diskrepanz in den Beteiligungsraten lässt sich vor allem auf die Frage zurückführen, ob die Volksentscheide zeitgleich mit Wahlen durchgeführt wurden, da durch diesen »Huckepack-Effekt« die Beteiligung an den Abstimmungen signifikant höher liegt. Bei den Volksentscheiden nach Volksgesetzgebungsverfahren ist der Anteil solcher Abstimmungen jedoch schlichtweg kleiner. So wurden hier lediglich acht der Volksentscheide mit Wahlen auf der Europa-, Bundes- oder Landesebene zusammengelegt, wobei im Durchschnitt eine Abstimmungsbeteiligung von 61,9 Prozent erzielt wurde, während die Beteiligung an den übrigen 16 Volksentscheiden, die für sich selber standen, bei durchschnittlich 34,1 Prozent lag. Im Falle der Volksabstimmungen, die nicht auf ein Volksgesetzgebungsverfahren zurückzuführen sind, zeigt sich ein spiegelbildliches Ergebnis: Hier beteiligten sich an den insgesamt 17 parallel zu Wahlen abgehaltenen Abstimmungen durchschnittlich 65,1 Prozent der Abstimmungsberechtigten. Bei den übrigen acht Abstimmungen lag die Beteiligung bei lediglich 34,9 Prozent. Es wird sehr deutlich, welche Bedeutung der Terminierung eines Volksentscheides zukommt. Gleichzeitig ist in Deutschland

A

B
C
D
E
F
G
H
I
J
K
L
M
N
O
P
Q
R
S
T
U
V
W
X
Y
Z

eindeutig zu erkennen, dass die Beteiligung an Wahlen deutlich höher liegt. So betrug etwa die durchschnittliche Wahlbeteiligung bei den jeweils letzten Landtagswahlen in den 16 deutschen Bundesländern 61,6 Prozent (Stand: Januar 2018). Dies mag auf den ersten Blick nicht verwundern, da bei einer Volksabstimmung über eine einzelne Sachfrage abgestimmt wird, während Wahlen die Abstimmung über ein kaum zu bezifferndes Bündel an verschiedenen politischen Fragen darstellen. Ein Blick in die Schweiz, das Land der Welt, in dem die mit Abstand meisten Volksabstimmungen durchgeführt werden, mag jedoch einen Hinweis darauf geben, dass sich diese Diskrepanz darauf zurückführen lassen kann, dass in Deutschland Volksabstimmungen nach wie vor die seltene Ausnahme darstellen und nicht zum politischen Alltagsgeschäft gehören. So nahmen an den Nationalratswahlen in der Schweiz in den Jahren 2011 und 2015 jeweils 48,5 Prozent der Wahlberechtigten teil, während im Zeitraum zwischen 2011 und 2017 durchschnittlich 46,4 Prozent der Schweizer Abstimmungsberechtigten an Volksabstimmungen auf der Bundesebene teilnahmen. Ähnliche Werte zeigen sich in den davor liegenden Jahrzehnten. Da eine Vielzahl an wesentlichen Fragen in der direktdemokratischen Arena entschieden wird, ist die Bedeutung der Wahlen in der Schweiz offensichtlich weniger zentral als in vielen anderen westlichen Demokratien. Für die Beteiligung an Volksabstimmungen in der Schweiz gilt aber derselbe Befund wie in Deutschland: selten geht mehr als jeder zweite Abstimmungsberechtigte an die Urne, was sich vor allem daraus erklären lässt, dass die einzelnen Sachfragen oftmals nur einen Teil des Elektorats interessieren oder berühren.

Der Blick auf die Höhe der Abstimmungsbeteiligung ist vor allem aus zwei Gründen von Interesse: Einerseits wird sie als Indikator herangezogen, um die Legitimität einer Entscheidung zu bemessen. Wenn sich alle Abstimmungsberechtigten an einem Volksentscheid beteiligen, zeigt das Ergebnis sehr genau die Präferenzen der Bevölkerung. Fällt die Beteiligung hingegen geringer aus, bleibt unklar, wie sich diejenigen positionieren, die der Urne ferngeblieben sind. Diese Ungewissheit öffnet das Tor für Spekulationen, ob ein Ergebnis tatsächlich dem Willen der Mehrheit entspricht. Je größer der Anteil derjenigen ist, die nicht an einer Abstimmung teilnehmen, desto stärker stellt sich also die Frage nach der Legitimität der Entscheidung. Befürworter der direkten Demokratie verweisen allerdings darauf, dass ähnlich strenge Maßstäbe eher selten an die Beteiligung an Wahlen angelegt werden. Zudem interessiere eben nicht jede Sachfrage zwangsläufig die gesamte Bevölkerung. Die Frage nach der Legitimität direktdemokratischer Entscheidungen führt dann auch mittelbar zum zweiten Aspekt, warum die Höhe der Abstimmungsbeteiligung von Interesse ist: das Vorhandensein von Abstimmungsquoren in den meisten direktdemokratischen Verfahren in Deutschland. Denn dieses wird ja meist genau damit begründet, dass direktdemokratische Entscheidungen ein bestimmtes Maß an Rückhalt in der Bevölkerung aufweisen müssen. Je höher die Abstimmungsbeteiligung, desto eher können die Anforderungen, die sich aus Abstimmungsquoren ergeben, erfüllt werden.

Nach dem Volksentscheid in Hamburg über eine durch den damaligen schwarz-grünen Senat durchgeführte Schulreform im Jahr 2010 wird in Deutschland jedoch weniger über die Höhe der Abstimmungsbeteiligung bei direktdemokratischen Verfahren diskutiert, als über die Verteilung der Beteiligung über verschiedene gesellschaftliche Gruppen hinweg. Einen wesentlichen Bestandteil der Hamburger Schulreform stellte die Ausweitung des sogenannten längeren gemeinsamen Lernens dar, eine Aufteilung der Schülerinnen und Schüler auf weiterführende Schulen sollte dabei erst nach sechs anstatt wie zuvor bereits nach vier Jahren erfolgen. In der allgemeinen Debatte wurde dies als Maßnahme bewertet, die insbesondere Kindern aus benachteiligten Haushalten zu Gute kommen sollte. Im Volksentscheid vom 18. 07. 2010 wurde die Schulreform in dieser Form von den Abstimmenden in Hamburg zurückgewiesen. Auffällig war dabei, dass die Abstimmungsbeteiligung in jenen Stadtteilen signifikant höher lag, in denen die Arbeitslosigkeit und der Migrantenanteil geringer sowie das durchschnittliche Einkommen und die Beteiligung an Wahlen höher sind. Auch in der Schweiz zeigen sich vergleichbare Muster, wenn man die Abstimmungsbeteiligung auf verschiedene gesellschaftliche Gruppen herunterbricht (Schäfer 2011). Dieser »Bias« zu Ungunsten ressourcenschwacher Bürgerinnen und Bürger ist keine Besonderheit direktdemokratischer Verfahren, sondern zeigt sich vielmehr über so gut wie alle politischen Beteiligungsverfahren hinweg. Dennoch ergibt sich die Frage, ob die direkte Demokratie über Gebühr gut organisierten Partikularinteressen Mittel und Wege an die Hand gibt, politische Entscheidungen in ihrem Sinne zu gestalten. Bzw. mit welchen Maßnahmen dem begegnet werden kann.

Andreas Kost/Marcel Solar

A
B
C
D
E
F
G
H
I
J
K
L
M
N
O
P
Q
R
S
T
U
V
W
X
Y
Z

Literatur
Linder, Wolf. 2005. *Schweizerische Demokratie. Institutionen, Prozesse, Perspektiven.* Bern: Haupt.
Mehr Demokratie e. V. 2016. *Bürgerbegehrensbericht 2016.* Berlin.
Mehr Demokratie e. V. 2018. Volksentscheide in Deutschland. https://www.mehr-demokratie.de/themen/volksbegehren-in-den-laendern/bisherige-volksentscheide/. Zugriff: 24. 01. 2018.
Schäfer, Armin. 2011. Mehr Mitsprache, aber nur für wenige? Direkte Demokratie und politische Gleichheit. In *MPIfG Jahrbuch 2011–2012*, Hrsg. Max-Planck-Institut für Gesellschaftsforschung, 53–59. Köln: Max-Planck-Institut für Gesellschaftsforschung.
Solar, Marcel. 2016. *Regieren im Schatten der Volksrechte. Direkte Demokratie in Berlin und Hamburg.* Wiesbaden: Springer VS.

Abstimmungsbroschüre Die Frage, ob Bürgerinnen und Bürger überhaupt ausreichend informiert sind, um Entscheidungen in Volksabstimmungen zu treffen, ist sicherlich einer der am meisten diskutierten Komplexe im Themenfeld der direkten Demokratie. Gerade Kritiker verweisen häufig auf die (mangelnde) Kompetenz der Abstimmenden, ein fundiertes Urteil über eine Sachfrage zu fällen. Nimmt man Abstand von solch einer rein problemfixierten Betrachtungsweise, so stellt sich doch die Frage, welche Maßnahmen ergriffen werden können, um den Bürgerinnen und Bürgern vor einer Abstimmung möglichst umfassende und ausgewogene Informationen zur Verfügung zu stellen. Die Meinungsbildung der Abstimmenden ist dabei – genauso wie vor Wahlen – von vielen verschiedenen Faktoren abhängig. Zudem stehen unterschiedliche Informationsquellen zur Verfügung, um sich ein Urteil über den Abstimmungsgegenstand zu bilden: Aussagen von Parteien und Verbänden, Diskussionen im Bekanntenkreis, die Berichterstattung in den Medien oder die Kampagnen von Gegnern und Unterstützern einer zur Abstimmung stehenden Vorlage kommen hierbei in Frage. Unter dem Gesichtspunkt der Ausgewogenheit erscheinen insbesondere die Informationen, die von amtlicher Stelle veröffentlicht werden, als zentrale Informationsquelle der Bürgerinnen und Bürger. Aus der Schweiz sind in diesem Zusammenhang die sogenannten »Abstimmungsbüchlein« bekannt, die im Vorfeld von Volksentscheiden den Abstimmungsberechtigten zur Verfügung gestellt werden. In den Bundestaaten der USA, in denen direktdemokratische Verfahren zum Einsatz kommen (z. B. Kalifornien), heißen solche Zusammenstellungen »Voter Guides«. In ihnen finden sich Informationen zu den Abstimmungsgegenständen und den Positionen aller beteiligten Gruppen (z. B. Initiatoren, Parteien, Parlamentsfraktionen, etc.).

Auch in Deutschland gibt es ein vergleichbares Informationsmittel. Auf der Landesebene ist in der Hälfte der Bundesländer vorgesehen, dass allen Abstimmungsberechtigten im Vorfeld eines Volksentscheides zusammen mit der Abstimmungsbenachrichtigung eine Abstimmungsbroschüre oder ein Abstimmungsheft zugeschickt wird. Die genauen Inhalte und der Umfang sind unterschiedlich ausgestaltet. So ist beispielsweise in Thüringen lediglich vorgesehen, dass der Präsident des Landtags vor einem Volksentscheid eine Abstimmungsbroschüre mit allen zur Abstimmung stehenden Gesetzentwürfen verschicken muss. In Hamburg hat die Abstimmungsbroschüre umfangreicher zu sein, in ihr sind folgende Informationen enthalten: der zur Abstimmung stehende Gesetzentwurf samt der zugehörigen Begründung der Initiatoren sowie deren Kontaktdaten, ein möglicher Gegenentwurf des Landesparlaments, allgemeine Informationen zur Volksgesetzgebung in Hamburg, ein Muster des Stimmzettels sowie weitere Stellungnahmen der Initiatoren und des Landesparlaments bzw. seiner einzelnen Fraktionen. Auf der kommunalen Ebene gibt es vergleichbare Abstimmungsbroschüren im Vorfeld von Bürgerentscheiden. Auch hier ist jedoch festzuhalten, dass dies nicht für alle Bundesländer gilt. Zudem zeigen sich auch teilweise Unterschiede zwischen einzelnen Kommunen innerhalb eines Bundeslandes. So ist etwa in Nordrhein-Westfalens im Landesrecht lediglich festgehalten, dass die Abstimmungsberechtigten vor einem Bürgerentscheid in geeigneter Weise über die Positionen der Initiatoren sowie der Ratsfraktionen und der Verwaltung informiert werden müssen. So kommt es, dass z. B. in Wuppertal Abstimmungshefte mit Informationen zur Abstimmungsfrage, den Abstimmungsmodalitäten und den Positionen aller beteiligten Gruppen an alle Haushalte verschickt werden. In Bonn ist zwar ein ähnliches Informationsheft vorgesehen, dieses wird aber zunächst nur über die Homepage der Stadt sowie durch Auslage in Informationsstellen der Stadtverwaltung verbreitet. Eine postalische Zusendung erfolgt nur auf Anforderung, was zu erheblicher Kritik im Vorfeld eines Bürgerentscheides über die Schließung eines Stadtteilschwimmbades im Mai 2017 geführt hat. Die Verwaltung verweist jedoch auf die erheblichen Kosten, die durch die Verschickung des über 20 Seiten starken Heftes entstanden wären.

A

Insgesamt bietet die Verschickung von Abstimmungsbroschüren den Vorteil, dass tatsächlich möglichst umfassend über eine anstehende Abstimmung informiert werden kann. Zentral ist hierfür jedoch, dass neben der Veröffentlichung der zugrundeliegenden Entwürfe und Fakten sowohl Befürwortern als auch Unterstützern der nötige Raum geboten wird, ihre Positionen darzulegen.

Andreas Kost/Marcel Solar

Literatur

Bowler, Shaun und T. Donovan. 2002. Democracy, Institutions and Attitudes about Citizen Influence on Government. In *British Journal of Political Science* 32 (2), 371–390.

Solar, Marcel. 2011. Die Initiative und das Referendum in den Gliedstaaten der USA. Impulse für die Debatte um direkte Demokratie in Nordrhein-Westfalen. In *regierungsforschung.de,* Regieren in NRW, online verfügbar unter: http://regierungsforschung.de/die-initiative-und-das-referendum-in-den-gliedstaaten-der-usa/.

Abstimmungsleitung In Deutschland ist die Abstimmungsleitung für die Organisation und Koordinierung von direktdemokratischen Verfahren zuständig. In der Regel handelt es sich dabei um diejenigen Verwaltungseinheiten, die auch für alles Organisatorische rund um den Ablauf von Wahlen zuständig sind. In den Ländern sind dies die Landeswahlleitungen, in den Kommunen die Wahlämter. Auch wenn sich die Zuständigkeiten von Bundesland zu Bundesland unterscheiden, nehmen die Abstimmungsleitungen in Ländern und Kommunen weniger inhaltliche Aufgaben – wie z. B. die Feststellung über das Zustandekommen eines Volksbegehrens – wahr, vielmehr fallen organisatorische Aufgaben in ihren Zuständigkeitsbereich. So berät beispielsweise die Landesabstimmungsleitung in Hamburg die Initiatoren einer Volksinitiative im Vorfeld eines Verfahrens, sie macht neue Volksbegehren öffentlich bekannt, bestimmt Inhalt und Form der Stimmzettel oder nimmt Rechenschaftsberichte über die verwendeten Mittel von Seiten der Initiatoren entgegen. In anderen Ländern nehmen die Abstimmungsleitungen z. B. Unterschriftenlisten für ein Volksbegehren entgegen oder veröffentlichen das Ergebnis eines Volksentscheides. Angesichts der Tatsache, dass alleine die Durchführung eines Bürger- oder Volksentscheides vom

Aufwand in der Vorbereitung und Durchführung her vergleichbar mit der Organisation einer Wahl ist (Stimmzettel, Abstimmungsregister, Abstimmungslokale, etc.) und hinzu noch verschiedene Aufgaben in den vorherigen Stufen eines direktdemokratischen Verfahrens anfallen, wird die Bedeutung der Abstimmungsleitung für einen reibungslosen Ablauf des gesamten Prozesses deutlich.

Andreas Kost/Marcel Solar

Literatur

Beiß, W./O. Rudolf. 2014. Die praktische Durchführung von Volksabstimmungen. Aufgabenverteilung im Volksabstimmungsverfahren. In *Direkte Demokratie in Hamburg. Fast zwanzig Jahre direkte Bürgerbeteiligung*, Hrsg. A. Dressel, G. Fuchs und J. Warmke, 28–34. Hamburg: Landeszentrale für politische Bildung.

Abstimmungsquorum Das Abstimmungsquorum bedeutet die Anzahl der abstimmenden Bürgerinnen und Bürger bei einem Bürgerentscheid oder einem Volksentscheid. Das Quorum ist in diesem Sinne die zur Wahl eines Sachverhaltes erforderliche Zahl von Wahlberechtigten bzw. Stimmberechtigten. Dieses bewirkt, dass ein Entscheid nur in dem Fall gültig ist, insofern ein vorgeschriebener Prozentsatz aller Wahlberechtigten bzw. Stimmberechtigten sich beteiligt (Beteiligungsquorum) oder ein bestimmter Prozentsatz der Wahlberechtigten bzw. Stimmberechtigten der Vorlage zustimmt (Zustimmungsquorum). Nicht wenige Bürgerentscheide und Volksentscheide scheitern an den Beteiligungshürden des Abstimmungsquorums. Das Zustandekommen bzw. der Erfolg eines Bürgerentscheids oder eines Volksentscheids und die prozentuale Höhe eines Quorums können durchaus voneinander abhängig sein. In Deutschland sind die Abstimmungsquoren, neben den Themen, die für Abstimmungen zugelassen sind sowie den Kostendeckungsvorschlägen und den Kostenschätzungen der Initiatoren, eine nicht zu unterschätzende »institutionelle Hürde« bei der Realisierung eines Bürgerentscheids oder eines Volksentscheids. In Deutschland bewegen sich die Abstimmungshürden bei Bürgerentscheiden auf kommunaler Ebene in den einzelnen Bundesländern bis zu 25 Prozent. Bei Volksentscheiden liegt die obere Grenze auf Länderebene, sofern über einfache Gesetze abgestimmt wird, ebenfalls bei bis zu 25 Prozent. Wird gar über verfassungsändernde Ge-

A

setze abgestimmt, muss in einigen Bundesländern ein Abstimmungsquorum von bis zu 50 Prozent plus einer 2/3-Mehrheit der Abstimmenden erreicht werden. Im Unterschied zu klassischen Wahlen entscheiden hier nicht nur die sich beteiligenden Bürgerinnen und Bürger, sondern auch die, die der Abstimmung fern bleiben. Insgesamt hat sich bisher in Deutschland gezeigt, dass die Erreichung der Quoren eine nicht unwesentliche Hürde für die erfolgreiche Realisierung von Bürgerentscheiden und Volksentscheiden darstellt. Andererseits sollen die Quoren die Durchsetzung einseitiger Partikularinteressen verhindern. Das Zustandekommen von Bürgerentscheiden und Volksentscheiden sowie die Ansetzung der Abstimmungshürden sind letztlich voneinander abhängig.

Andreas Kost/Marcel Solar

Literatur

Kost, Andreas. 1999. *Bürgerbegehren und Bürgerentscheid. Genese, Programm und Wirkungen am Beispiel Nordrhein-Westfalen*. Schwalbach/Ts.: Wochenschau Verlag.

Kost, Andreas. 2013. *Direkte Demokratie*, 2. Aufl. Wiesbaden: Springer VS.

Abstimmungstermin Anders als Wahlen finden Volksabstimmungen in Deutschland nicht zu bestimmten Daten bzw. in festgelegten zeitlichen Intervallen statt. Vielmehr hängt das Datum eines Volksentscheides – zumindest wenn man die in den deutschen Ländern am weitesten verbreitete Verfahrensart der direkten Demokratie, also die Volksgesetzgebung, betrachtet – unmittelbar davon ab, wann ein direktdemokratisches Verfahren gestartet wird. Dies ergibt sich daraus, dass die verschiedenen Stufen der Volksgesetzgebung in den Ländern miteinander verknüpft und dabei jeweils Fristen einschlägig sind, die wiederum im Endeffekt ein bestimmtes Abstimmungsdatum nach sich ziehen. Damit unterscheiden sich die Regelungen in den deutschen Ländern von den Abläufen in der Schweiz oder den Gliedstaaten der USA: Während in der Schweiz z. B. auf der Bundesebene alle Volksabstimmungen an jeweils vier Terminen im Jahr abgehalten werden, erfolgt in den USA in der Regel eine Zusammenlegung von Volksabstimmungen mit den jeweils nächsten Wahlen. Beide Lösungen weisen darauf hin, dass es hier eine erheblich größere Praxis der direkten Demokratie gibt als in Deutschland. Eine weitere deutsche Besonderheit führt schließlich dazu, dass es sich bei der Frage, wann Volksentscheide stattfinden, nicht um eine verfahrens-rechtliche Banalität handelt, sondern teilweise zum Gegenstand erheblicher politischer Auseinandersetzungen wird. Denn durch die in den deutschen Ländern üblichen Abstimmungsquoren ist es für die Initiatoren eines Volks-gesetzgebungsverfahrens von großer Bedeutung, ob ein Volksentscheid zeit-gleich mit einer Wahl stattfinden kann. In diesem Fall sind die Anforderun-gen eines Quorums erheblich leichter zu erfüllen.

In den gesetzlichen Regelungen zur direkten Demokratie in den deut-schen Ländern finden sich meist sehr konkrete Vorgaben, wann Volksent-scheide stattzufinden haben. Zunächst soll der Blick auf die Ebene der Bun-desländer gerichtet werden. Dort ist es Usus, Volksentscheide an einem Sonntag oder einem gesetzlichen Feiertag stattfinden zu lassen. Diese Vor-gabe ist einem aus dem Zusammenhang der Organisation von Wahlen geläu-fig. Für das Verfahren der Volksgesetzgebung ist zudem in so gut wie allen Ländern vorgesehen, dass ein Volksentscheid innerhalb einer bestimm-ten Frist stattzufinden hat, wenn das der Entscheidung zu Grunde liegen-de Volksbegehren zuvor durch das zuständige Landesparlament abgelehnt bzw. nicht unverändert angenommen wird. Wie lang diese Frist ist, variiert von Land zu Land. In Hessen und im Saarland hat ein Volksentscheid inner-halb von zwei Monaten nach der Ablehnung des Volksbegehrens stattzufin-den, in Schleswig-Holstein ist der Zeitraum mit neun Monaten am längsten angesetzt.

Einige Bundesländer weisen zudem bemerkenswerte Abweichungen auf: In Sachsen kann von der eigentlich festgelegten Frist von drei bis sechs Mo-naten nach oben und unten abgewichen werden, wenn die Initiatoren des Volksgesetzgebungsverfahrens dem zustimmen. In Bremen kann vom vor-gesehenen Zeitraum von vier Monaten ebenfalls abgewichen werden, wenn der angesetzte Volksentscheid bis zu fünf Monate vor oder bis zu einem Monat nach einer Wahl von Landesparlament, Bundestag oder Europapar-lament stattfinden würde. Dann kann der Volksentscheid zeitgleich mit je-ner Wahl durchgeführt werden, hierfür müssen wiederum die Initiatoren ihr Einverständnis geben. Während in diesen beiden Ländern also das letz-te Wort bei den Initiatoren liegt und damit deren Rolle erheblich gestärkt wird, ist der Fall in Berlin anders gelagert. Auch hier kann die Frist innerhalb der ein Volksentscheid stattfinden muss von vier auf acht Monate verlängert werden, wenn dadurch die Zusammenlegung mit einer Wahl möglich ist. Die Entscheidung darüber liegt jedoch ausschließlich beim Senat, also der Ber-liner Landesregierung. Nun kann auch aus der Sicht einer Regierung eini-

A
B
C
D
E
F
G
H
I
J
K
L
M
N
O
P
Q
R
S
T
U
V
W
X
Y
Z

ges für eine Zusammenlegung von Wahlen und Volksentscheiden sprechen, nicht zuletzt die Vermeidung von durchaus erheblichen Kosten kann hierbei angeführt werden. In der Praxis zeigte sich jedoch, dass taktische Gründe diese positiven Effekte überlagern können. So verweigerte der Berliner Senat bei den Volksentscheiden über die Einführung eines Wahlpflichtfaches Ethik/Religion an den Berliner Schulen (»Pro Reli«) im Jahr 2009 sowie über die Rekommunalisierung der Berliner Stromversorgung im Jahr 2013 (»Neue Energie für Berlin«) die Zusammenlegung mit Europa- bzw. Bundestagswahl, was wiederum zu erheblichen Verwerfungen führte. Die Entscheidungen mögen aber nicht verwundern, da sich beide Verfahren gegen Pläne der Landesregierung richteten. Zumindest lässt sich seitdem eine wohlwollendere Haltung der politisch Verantwortlichen in Berlin feststellen, da die beiden nachfolgenden Volksentscheide über den Erhalt des Tempelhofer Feldes im Jahr 2014 und zuletzt über den dauerhaften Weiterbetrieb des Flughafens Tegel im Jahr 2017 parallel zu Wahlen abgehalten wurden. Auch in Hamburg kam es zu Auseinandersetzungen über die Terminierung von Volksentscheiden, was letztlich zu einer Regelung führte, die von jenen der übrigen Länder abweicht. Nachdem in der Hansestadt im Jahr 2004 zwei Volksentscheide über die Privatisierung von Krankenhäusern sowie die Einführung eines neuen Wahlrechts erfolgreich im Sinne der jeweiligen Initiatoren – und damit entgegen der Interessen des Senats unter Ole von Beust (CDU) – waren, verabschiedete die Regierungsmehrheit ein Gesetz, welches die Zusammenlegung von Volksentscheiden und Wahlen ausschloss. Es folgten Auseinandersetzungen im Landesparlament, direktdemokratische Initiativen, die sich gegen das Gesetz wandten und schließlich ein Verfahren vor dem Hamburgischen Verfassungsgericht. Obwohl das Gericht das Verbot einer Kopplung von Wahlen und Volksentscheiden zurückwies, folgten weitere Streitigkeiten über die Terminierung von Abstimmungen. Letztlich wurde der über Jahre andauernde Konflikt auf dem Wege einer Verfassungsänderung im Jahr 2008 beendet, in der die Problematik vom Kopf auf die Füße gestellt wurde: in Hamburg werden seitdem Volksentscheide immer mit der nächsten anstehenden Wahl zusammengelegt. Nur wenn die Initiatoren es verlangen, kann von dieser Regelung abgewichen werden. Bei Volksentscheiden über Verfassungsänderungen gilt diese Ausnahme allerdings nicht. Schließlich soll noch auf eine Besonderheit in Bayern hingewiesen werden, die die Diskrepanz zwischen Anspruch und Wirklichkeit mit Blick auf die Nutzung der direkten Demokratie in Deutschland deutlich macht. In der Bayerischen Landesverfassung ist festgehalten, dass Volksentscheide in der Regel im Frühling oder

Herbst stattfinden sollen. Auch wenn Bayern ein Bundesland mit einer überdurchschnittlichen Nutzung direktdemokratischer Verfahren ist, kann an dieser Stelle getrost von einer Überregulierung gesprochen werden, schließlich fanden seit 1946 erst sechs Volksentscheide nach Volksgesetzgebungsverfahren in Bayern statt.

Bei allen anderen direktdemokratischen Verfahren, die es in den deutschen Bundesländern gibt, gelten meist dieselben Regelungen – und damit dieselben Fristen – wie bei der Volksgesetzgebung, da es auch in diesen Fällen immer einen konkreten Auslöser für einen Volksentscheid gibt: sei es eine Meinungsverschiedenheit über ein verabschiedetes Gesetz zwischen Landtag und Landesregierung (Baden-Württemberg) oder eine Verfassungsänderung, die von Seiten der Landesregierung freiwillig dem Volk vorgelegt wird (z. B. Bremen und Sachsen). In Hessen und Bayern, wo jede Verfassungsänderung obligatorisch den Abstimmungsberechtigten vorgelegt werden muss, hat sich hingegen das Verfahren eingebürgert, diese Volksentscheide zeitgleich mit den nächsten anstehenden Wahlen abzuhalten. Auf der kommunalen Ebene, die flächendeckend das Verfahren aus Bürgerbegehren und Bürgerentscheid kennt, zeigen sich gegenüber der jeweiligen Landesebene keine maßgeblichen Besonderheiten.

Andreas Kost/Marcel Solar

Literatur

Arnauld, Andreas von. 2010. »Refolution an der Elbe«. Hamburgs neue direkte Demokratie. Die Verfassungsänderungen der Jahre 2008 und 2009 im Kontext. In *Jahrbuch für direkte Demokratie 2009*, Hrsg. L. P. Feld, P. M. Huber, O. Jung, C. Welzel und F. Wittreck, 90–130. Baden-Baden: Nomos.

Decker, Frank. 2007. Parlamentarische Demokratie vs. Volksgesetzgebung. Der Streit um ein neues Wahlrecht in Hamburg. In *Zeitschrift für Parlamentsfragen* 38 (1), 118–133.

Solar, Marcel. 2016. *Regieren im Schatten der Volksrechte. Direkte Demokratie in Berlin und Hamburg.* Wiesbaden: Springer VS.

A

B
C
D
E
F
G
H
I
J
K
L
M
N
O
P
Q
R
S
T
U
V
W
X
Y
Z

Abwahl des Bürgermeisters und des Landrats (Recall) Zwischen Bürgermeistern und den Gemeinderäten und/oder der Bürgerschaft kann es während der Amtszeit zu schwerwiegenden Konflikten kommen, die das politische Arbeitsverhältnis belasten oder gar zerstören. Kommt es in Einzelfällen beispielsweise zu Korruption, Überschreitung der gesetzlichen Kompetenzen oder rechtswidrigem Verhalten, kann eine Abwahl des Bürgermeisters, genannt auch Recall, durch verschiedene Akteure eingeleitet werden. Analog existiert dieses Verfahren auch bei den Landräten auf Kreisebene. Die Abwahl ist grundsätzlich in allen Bundesländern in Deutschland, außer in Baden-Württemberg und Bayern, möglich. Komplementär zur Direktwahl des Bürgermeisters besteht die Möglichkeit für die Bürger, die Amtszeit des Bürgermeisters durch Bürgerentscheid zu beenden. Die Initiative dazu geht in den meisten deutschen Ländern vom Rat aus und ist im jeweiligen Kommunalrecht geregelt (Hessen, Niedersachsen, Rheinland-Pfalz, Saarland, Sachsen-Anhalt, Thüringen). In Brandenburg, Nordrhein-Westfalen, Sachsen und Schleswig-Holstein sind auch bürgerinitiierte Abwahlverfahren möglich. Die Hürden bei der Einleitung des Abwahlerfahrens durch Initiative im Rat und durch Bürgerbegehren sowie der Zustimmungsquoren bei der Abwahl selbst fallen in den Bundesländern recht unterschiedlich aus. Erfolgreiche Abwahlverfahren kommen in Deutschland, gemessen an der Gesamtzahl der Städte und Gemeinden, sehr selten vor. Gewisse Muster hinsichtlich der Erfolgsaussichten lassen sich dabei aber für erfolgreiche Abwahlverfahren herstellen. Die Chancen sind größer in kleinen Kommunen, bei hoher Abstimmungsbeteiligung, bei einem einstimmigen Einleitungsbeschluss des Rates, wenn im gleichen Land bereits erfolgreiche Abwahlen stattgefunden haben, wenn der Bürgerschaft die Gründe für die Abwahl überzeugend vermittelt wurden und wenn Wahlbeteiligungen und Zustimmungsquoren nicht zu weit auseinanderliegen. Die drohende Aussicht der Abwahl führt bei manchen Amtsinhabern zum stärkeren Bemühen einer konstruktiven Zusammenarbeit mit dem Gemeinderat sowie zum Herstellen von mehr Bürgernähe.

Andreas Kost/Marcel Solar

Literatur

Fuchs, Daniel. 2007. *Die Abwahl von Bürgermeistern – ein bundesweiter Vergleich.* KWI-Arbeitshefte 14. Kommunalwissenschaftliches Institut der Universität Potsdam, 105. Potsdam.

Gehne, David H. 2012. *Bürgermeister. Führungskraft zwischen Bürgerschaft, Rat und Verwaltung.* Stuttgart.: Richard Boorberg Verlag.

Amtseintragung In Deutschland bedeutet die Amtseintragung die Sammlung von Unterschriften für ein Volksbegehren oder ein Bürgerbegehren, die in einer dafür bestimmten Behörde (z. B. im Rathaus oder in anderen behördlichen Orten) unter amtlicher Aufsicht geleistet werden. Sie stellt in ca. der Hälfte der Bundesländer die einzige Möglichkeit der Eintragung dar. Hinsichtlich der Unterstützung einer Initiative geschieht dies im Unterschied zur freien Unterschriftensammlung in entsprechende Listen, die wiederum in einigen Bundesländern zusätzlich angewendet werden kann. Allerdings müssen sich die Initiatoren im Vorfeld eines Begehrens entscheiden, welche Form der Eintragung sie nutzen wollen. Das heißt, sie müssen sich alternativ für die Amtseintragung oder die Freie Unterschriftensammlung entscheiden. Dabei ist zu bedenken, dass dies Folgen für weitere Verfahrensregeln, wie z. B. die Fristen für die Sammlung von Unterschriften und die Höhe der verschiedenen Quoren, haben kann. So sind Listen für die stimmberechtigten Unterstützer von Bürgerbegehren und Volksbegehren zur eigenhändigen Eintragung innerhalb unterschiedlicher Fristen auszulegen. Erwähnenswert ist in diesem Zusammenhang, dass die Zahl der Eintragungsstätten in der Regel nicht der Zahl der Wahllokale bei Landtags- oder Kommunalwahlen zu entsprechen braucht – unter Umständen ein Nachteil für die Initiatoren eines Begehrens. Auch können eingeschränkte Öffnungszeiten unter Umständen eine Hürde darstellen und die Realisierung des Begehrens beeinträchtigen. Für die Amtseintragung wird jedoch eingewendet, dass sie als Schutz vor möglichen Unterschriftenfälschungen diene und durch sie auch ein ausreichender Datenschutz gesichert sei. Allerdings blieb Kritik an der Amtseintragung auch nicht ungehört. So reagierte beispielsweise das Land Brandenburg auf diese Kritik und ermöglichte im Zuge einer kommunalen Verwaltungsreform die Nutzung weiterer Eintragungsstellen, darunter Bank- und Postfilialen, um ein Begehren zu unterstützen.

Andreas Kost/Marcel Solar

A

B
C
D
E
F
G
H
I
J
K
L
M
N
O
P
Q
R
S
T
U
V
W
X
Y
Z

Amtseintragungsfrist Hierbei handelt es sich um die vorgeschriebene Frist im Verfahren des Volksbegehrens/Bürgerbegehrens, innerhalb derer die nötigen Unterschriften für den Erfolg eines Begehrens in einem Amt gesammelt werden müssen. Die Eintragungsfristen in den Bundesländern liegen bei Volksbegehren sehr unterschiedlich zwischen 14 Tagen und sechs Monaten. Bei einigen Begehrensverfahren auf kommunaler Ebene, z. B. dem Initiativbegehren, welches ein neues Thema zur Abstimmung stellen will, existieren keine Sammelfristen. In den Bundesländern gibt es die Möglichkeit, neben der Amtseintragung auch Unterschriften frei zu sammeln oder es existiert keinerlei Notwendigkeit der Amtseintragungsfrist (A) und Unterschriften werden nur frei gesammelt (F). Stand 31.12.2016 sehen die Fristregelungen bei Volksbegehren in den Bundesländern folgendermaßen aus:

- Baden-Württemberg: 6 Monate (F) und innerhalb dieser Frist 3 Monate Amtseintragung (A)
- Bayern: 14 Tage (A)
- Berlin: 4 Monate (F+A)
- Brandenburg: 6 Monate (A, Briefeintragung)
- Bremen: 3 Monate (F)
- Hamburg: 21 Tage (F+A, Briefeintragung)
- Hessen: 2 Monate (A)
- Mecklenburg-Vorpommern: 5 Monate (F) (Neben der freien Sammlung kann auch eine zweimonatige Amtseintragung beantragt werden)
- Niedersachsen: mindestens 6 Monate (F) (Hinzu kommen gegebenenfalls weitere Monate, je nachdem, wie lange die Landesregierung die Zulässigkeit prüft)
- Nordrhein-Westfalen: 1 Jahr (F) und in den ersten 18 Wochen (A)
- Rheinland-Pfalz: 2 Monate (F+A)
- Saarland: 3 Monate (A)
- Sachsen: 8 Monate (F)
- Sachsen-Anhalt: 6 Monate (F)
- Schleswig-Holstein: 6 Monate (F+A)
- Thüringen: 4 Monate (F), 2 Monate (A)

Andreas Kost/Marcel Solar

Literatur
Mehr Demokratie e. V. 2017. *Volksbegehrensbericht 2017*, Berlin.

Anhörungsrecht Das Recht der Initiatoren bzw. der Vertrauensleute einer Volksinitiative, eines Bürgerantrags oder eines Volksbegehrens/eines Bürgerbegehrens bei zuständigen Stellen (Parlament, Parlamentsausschüsse, Behörden usw.) in der Sache des Begehrens angehört zu werden. Nähere Regelungen auf parlamentarischer Ebene finden sich diesbezüglich in den Geschäftsordnungen der Volksvertretungen bzw. der Parlamente. Entsprechende Anhörungen in einem Parlamentsausschuss sind öffentlich. Durch ein solches Recht wird eine Art »Kommunikationskanal« geöffnet, der den Vertreterinnen und Vertretern einer Initiative oder eines Begehrens eine öffentliche Präsenz zugesteht, um ihr zulässiges Anliegen adäquat vermitteln zu können.

Andreas Kost/Marcel Solar

Antragsquorum ➔ Einleitungsquorum

Arbitrierendes Referendum Die Bezeichnung des arbitrierenden Referendums leitet sich aus dem französischen Verb *arbitrer* her. Übersetzt bedeutet es, »bei etwas schlichten« oder »bei etwas Schiedsrichter sein«. Im Falle des arbitrierenden Referendums ist das Volk der Schiedsrichter bei einem Streit zwischen einer Regierung und dem Parlament. Auf dem Wege eines Volksentscheides soll entsprechend eine Lösung herbeigeführt werden, die Bürgerinnen und Bürger treffen die Entscheidung in der Sachfrage. In den deutschen Bundesländern sind arbitrierende Referenden lediglich in Baden-Württemberg vorgesehen. Die Landesregierung kann hier auf Antrag eines Drittels der Landtagsabgeordneten ein durch den Landtag beschlossenes Gesetz zur Volksabstimmung bringen. Ebenso kann ein Drittel der Landtagsabgeordneten eine Volksabstimmung über ein Gesetz anberaumen, wenn der zugrundliegende Entwurf der Landesregierung im Landtag keine Mehrheit findet. Eine ähnliche Regelung gab es auch in Nordrhein-Westfalen, das arbitrierende Referendum wurde jedoch im Zuge einer Verfassungsreform im Jahre 2016 abgeschafft.

Auf den ersten Blick mag das Vorhandensein des arbitrierenden Referendums in der baden-württembergischen Verfassung für Verwunderung sorgen. Da das Regierungssystem in Baden-Württemberg genau wie in allen übrigen Bundesländern als parlamentarisches Regierungssystem ausgestaltet ist, wird die Landesregierung von der Landtagsmehrheit ins Amt gebracht und im weiteren Verlauf gestützt, gemeinsam bildet man eine Handlungseinheit. Streitigkeiten zwischen der Regierung und dem Parlament sind in dieser Konstellation höchst unwahrscheinlich. Tatsächlich zeigt der erste – und bislang einzige – Anwendungsfall, den möglichen Nutzen des Verfahrens. Im Zuge der Streitigkeiten um das Bahnprojekt Stuttgart 21, hatten die Landtagswahlen im März 2011 eine grün-rote Regierung ins Amt gebracht. Die beiden Koalitionspartner vertraten im Konflikt konträre Positionen, während die Grünen sich gegen die Fortführung des Projektes aussprachen, traten die Sozialdemokraten für eine Umsetzung der Planungen ein. Im Koalitionsvertrag einigten sich die Partner darauf, eine Volksabstimmung über das Projekt anzusetzen. Da die Möglichkeit eines einfachen Referendums in Baden-Württemberg nicht zur Verfügung steht, konnte das arbitrierende Referendum genutzt werden, um die Sachfrage dem Volk zur Abstimmung vorzulegen. Ein von der Landesregierung eingebrachtes Gesetz, welches die Kündigung von Finanzierungszusagen der Landesregierung vorsah, wurde im Landtag lediglich von Seiten der Grünen unterstützt und daher mehrheitlich abgelehnt. Damit stand der Weg offen, einen Volksentscheid auszulösen. Insofern trat das Volk weniger als Schiedsrichter in einer Streitigkeit zwischen Regierung und Landesparlament auf, sondern führte eine Entscheidung im Streit der Koalitionspartner herbei.

Andreas Kost/Marcel Solar

Literatur

Brettschneider, F. und T. Schwarz. 2013. »Stuttgart 21«, die baden-württembergische Landtagswahl und die Volksabstimmung 2011. In: *Stuttgart 21. Ein Großprojekt zwischen Protest und Akzeptanz*, Hrsg. F. Brettschneider und W. Schuster, 261–298. Wiesbaden: Springer VS.

Aufschiebende Wirkung Direktdemokratische Verfahren brauchen Zeit. Gerade solche, die aus dem Volk heraus ausgelöst werden und – zumindest in den deutschen Kommunen und Ländern – meist mit einer mehrstufigen Unterschriftensammlung verbunden sind. Somit kann die Situation entstehen, dass in der Sachfrage, die Gegenstand des direktdemokratischen Verfahrens ist, bereits während des laufenden Verfahrens von Seiten der Gemeinde oder des Landes Fakten geschaffen werden. Beispielsweise könnte eine Gemeinde eine Freifläche bebauen oder ein Freibad schließen, obwohl gerade ein Bürgerbegehren gegen diese Pläne läuft. Unabhängig von den Gründen, die hinter dem Handeln der Repräsentanten stecken, führt dies in der Regel zu einer Verschärfung des offensichtlich vorliegenden Konfliktes. Um dem Abhilfe zu schaffen, haben einige Bundesländer für das Verfahren von Bürgerbegehren und Bürgerentscheid auf der kommunalen Ebene gesetzliche Regelungen verabschiedet, die eine aufschiebende Wirkung bzw. eine Sperrwirkung vorsehen, sobald ein direktdemokratisches Verfahren ein bestimmtes Stadium erreicht hat. So dürfen die Gemeindeorgane in Baden-Württemberg, Bayern, Brandenburg, Bremen, Niedersachsen, Nordrhein-Westfalen, Sachsen, Sachsen-Anhalt, Schleswig-Holstein und Thüringen keine einem Bürgerbegehren entgegenstehenden Entscheidungen mehr treffen oder Vollzugshandlungen vornehmen, sobald dessen Zulässigkeit festgestellt worden ist. In all diesen Ländern erfolgt die Zulässigkeitsprüfung eines Bürgerbegehrens, sobald das Anliegen mitsamt der erforderlichen Unterstützungsunterschriften eingereicht worden ist. Früher setzt die aufschiebende Wirkung nur bei Bürgerbegehren auf der Bezirksebene in Hamburg ein. Zwar beginnt die Sperrwirkung ebenfalls nach der Feststellung der Zulässigkeit des Bürgerbegehrens, diese wird aber bereits geprüft, sobald ein Drittel der erforderlichen Unterstützungsunterschriften abgegeben wurde.

Im Gegensatz zur Situation in den meisten deutschen Kommunen ist auf Landesebene in keinem Bundesland eine aufschiebende Wirkung eines zulässigen Volksbegehrens gesetzlich vorgesehen. Dies liegt jedoch nicht daran, dass die angesprochenen Konflikte hier nicht auftreten können. So zogen etwa in Hamburg die Initiatoren des Volksbegehrens »Gesundheit ist keine Ware«, die die geplante Privatisierung landeseigener Krankenhäuser verhindern wollten, vor das Hamburgische Verfassungsgericht, da die damalige Regierungsmehrheit aus CDU, FDP und Schill-Partei einen entsprechenden Gesetzentwurf zwei Monate vor dem anstehenden Volksentscheid im Februar 2004 in die Hamburgische Bürgerschaft eingebracht hatte. Die Richter verwarfen den Antrag der Initiatoren zwar ohne Bezug auf die mögliche Sperrwirkung zu nehmen, nahmen wenige Monate später jedoch in einem ähnlich gelagerten Fall (Volksbegehren »Bildung ist keine Ware«) Stellung. Hierbei verneinten sie, dass einem Volksbegehren Sperrwirkung vor einem erfolgreichen Volksentscheid zukomme, wobei sie insbesondere darauf abstellten, dass das Volksgesetzgebungsverfahren nicht höherwertiger sei als das parlamentarische Gesetzgebungsverfahren und deshalb das Parlament nicht daran gehindert werden könne, sich mit politischen Sachverhalten zu beschäftigen. Zur aufschiebenden Wirkung von Volksbegehren gibt es jedoch auch andere Ansichten, sodass nicht ausgeschlossen werden kann, dass auch auf der Landesebene entsprechende Regelungen in Zukunft verabschiedet werden.

Andreas Kost/Marcel Solar

Literatur

Solar, Marcel. 2016. *Regieren im Schatten der Volksrechte. Direkte Demokratie in Berlin und Hamburg.* Wiesbaden: Springer VS.

Ausführungsgesetz In Deutschland sind sämtliche Regelungen zum Ablauf direktdemokratischer Verfahren gesetzlich festgehalten. Dies entspricht einerseits der starken Betonung des rechtsstaatlichen Prinzips im Regierungssystem, unterscheidet Deutschland aber andererseits auch von politischen Systemen, in denen direktdemokratische Verfahren *ad hoc* eingesetzt werden und somit nicht selten als Spielball politischer Eliten dienen. Auf der Landesebene findet sich dabei in allen Ländern ein bestimmtes Muster: Während die wesentlichen Bestimmungen zur direkten Demokratie – wie die Höhe des Unterschriftenerfordernisses für ein Volksbegehren oder das Vorhandensein eines Abstimmungsquorums – in den jeweiligen Landesverfassungen geregelt sind, finden sich spezifischere Vorgaben in den Ausführungsgesetzen, die von Land zu Land unterschiedliche Bezeichnungen haben. In Nordrhein-Westfalen lautet der Name des Ausführungsgesetzes beispielsweise »Gesetz über das Verfahren bei Volksinitiative, Volksbegehren und Volksentscheid«.

Die Details der Ausführungsgesetze der Bundesländer unterscheiden sich selbstverständlich, inhaltlich sind jedoch meist dieselben Sachverhalte festgelegt. Beispielsweise wird geregelt, auf welche Weise die Unterschriften für ein Volksbegehren gesammelt werden können, wie die Zulässigkeitsprüfung eines Volksbegehrens abläuft, wie über Tag und Gegenstand eines Volksentscheides informiert wird, wie die Stimmzettel aussehen oder welche Personen abstimmungsberechtigt sind. Auch wenn teils sehr kleine Details in den Ausführungsgesetzen Erwähnung finden, haben die Regelungen in ihrer Gesamtheit einen wichtigen Einfluss darauf, wie gut handhabbar die

Bestimmungen zur direkten Demokratie in der Praxis sind. Dies hat wiederum Einfluss darauf, wie häufig direktdemokratische Verfahrens zur Anwendung kommen. Deshalb ist es wenig verwunderlich, dass Volksbegehren in den deutschen Ländern vergleichsweise häufig darauf abzielen, eben jene Ausführungsgesetze zu verändern und damit Hürden der Volksgesetzgebung abzusenken. Zwar sind die zentralen Bestimmungen zur direkten Demokratie in den Ländern in den Verfassungstexten geregelt, die Änderung von Verfassungsartikeln auf dem Wege der Volksgesetzgebung ist aber in fast allen Bundesländern mit höheren Abstimmungsquoren in den möglichen Volksentscheiden verbunden als dies bei einfachgesetzlichen Vorlagen der Fall ist. Genau aus diesem Grund startete etwa der Hamburger Landesverband des Vereins Mehr Demokratie e. V. in der Hansestadt im Jahr 2004 parallel zwei Volksgesetzgebungsverfahren, die sich auf die Ausgestaltung der direkten Demokratie bezogen. Während jedoch die Volksinitiative »Rettet den Volksentscheid« nur auf eine Reform des Ausführungsgesetzes abzielte, sollten mit der Volksinitiative »Hamburg stärkt den Volksentscheid« vor allem Bestimmungen der Hamburgischen Landeverfassung geändert werden.

Auf der kommunalen Ebene sind die wesentlichen Bestimmungen zu Bürgerbegehren und Bürgerentscheiden in den jeweiligen Gemeindeordnungen geregelt, die allerdings selber einfache Gesetze darstellen und somit keinen Verfassungsrang aufweisen. Spezifischere Ausführungsgesetze gibt es hingegen nicht in allen Ländern. Während es in Thüringen beispielsweise das »Gesetz über das Verfahren bei Einwohnerantrag, Bürgerbegehren und Bürgerentscheid« gibt, sind in Nordrhein-Westfalen nähere Ausführungen zu Bürgerbegehren und -entscheiden neben den Bestimmungen aus der Gemeindeordnung in einer Verordnung geregelt.

Andreas Kost/Marcel Solar

Ausgearbeiteter Gesetzesentwurf Vorschrift, die vorsieht, dass der Gegenstand eines Volksbegehrens, über den die Bürgerinnen und Bürger entscheiden sollen, als rechtsfähige Norm, d.h. in haltbarer Gesetzesform, abgefasst ist, im Gegensatz zur Möglichkeit einer alltagssprachlichen und allgemeinverständlichen Formulierung der Entscheidungsfrage. In der Praxis umstrittene Forderung, da die Bürgerinnen und Bürger in der Tat über konkrete, umsetzbare Rechtsnormen und nicht über Allgemeinplätze oder »Parolen« abstimmen sollen, andererseits aber eine Kenntnis der komplizier-

A

B
C
D
E
F
G
H
I
J
K
L
M
N
O
P
Q
R
S
T
U
V
W
X
Y
Z

ten juristischen Materie und Sprache von ihnen nicht erwartet werden kann. Ausgangspunkt eines initiierten Volksbegehrens muss aber somit ein ausgearbeiteter und mit Gründen versehener Gesetzesentwurf sein, der die voraussichtlich entstehenden Kosten angibt, wobei dieser Entwurf bei eventuell vorliegenden rechtstechnischen Mängeln das Volksbegehren nicht automatisch unzulässig macht. Die Zulässigkeit bleibt einer konkreten Einzelfallprüfung vorbehalten. Die entsprechende Entscheidung im Rahmen des Zulassungsantrags trifft die jeweilige Landesregierung und teilt das Ergebnis der Vertrauensperson mit. Fällt eine Entscheidung zu dem Zulassungsantrag hinsichtlich des Gesetzesentwurfs ablehnend aus, kann innerhalb bestimmter Fristen Beschwerde bei den jeweiligen Landesverfassungsgerichten eingelegt werden.

Andreas Kost/Marcel Solar

Literatur

Kost, Andreas. 2011. Direkte Demokratie – Hürden und Perspektiven. In *Gesellschaft. Wirtschaft. Politik (GWP)* Heft 2/2011: 213–226.

B

Banalitätenvorbehalt Ein Banalitätenvorbehalt ist die Möglichkeit, die Zulässigkeit von Volksbegehren und Bürgerbegehren einzuschränken, wenn es sich um sog. unwichtige Themen handelt. Dies ist dann möglich, wenn die Begehren durch einen Positivkatalog geregelt sind.

Andreas Kost/Marcel Solar

Bauleitplanung Möchte man ein Haus in einer deutschen Kommune bauen, so bedarf es dafür in der Regel einer Baugenehmigung. Um von Seiten der Gemeinde Einfluss auf die städtebauliche Entwicklung des Gemeindegebietes zu haben, sieht das deutsche Baugesetzbuch das Instrument der Bauleitplanung vor. Grundsätzlich gibt es bei der Betrachtung, welche Gebiete des Gemeindegebietes erschlossen werden sollen, zwei verschiedene Ebene. Der sogenannte Flächennutzungsplan legt für das gesamte Gemeindegebiet fest, wie die verschiedenen Bereiche genutzt werden. Für die einzelnen Teilbereiche werden dann detailliertere Bebauungspläne aufgestellt. Da die Erteilung einer Baugenehmigung immer Einfluss auf den Ist-Zustand eines Gemeindegebietes nach sich zieht und deshalb Anlieger und Nachbarn des potentiellen Neubaus von der Veränderung betroffen sind, sind in der Bauleitplanung Instrumente der Bürgerbeteiligung vorgesehen. Man spricht in diesem Zusammenhang von formellen Beteiligungsverfahren, weil diese im Baugesetzbuch festgeschrieben sind. Genauer ist jedoch die Bezeichnung der frühzeitigen Öffentlichkeitsbeteiligung.

Im engeren Sinne handelt es sich bei der frühzeitigen Öffentlichkeitsbeteiligung nicht um ein direktdemokratisches Verfahren, weil Bürgerinnen und Bürgern hierbei nicht die Möglichkeit gegeben wird, eine verbindliche Entscheidung über eine Sachfrage zu treffen. Vielmehr dient das Verfahren der frühzeitigen Öffentlichkeitsbeteiligung der Information sowie der Aufnahme von Anregungen und Informationen durch die interessierten Bürgerinnen und Bürger, zu denen die Gemeindeverwaltung Stellung beziehen muss. Im normalen Ablauf eines Bauleitplanverfahrens gibt es zwei Phasen,

A
B
C
D
E
F
G
H
I
J
K
L
M
N
O
P
Q
R
S
T
U
V
W
X
Y
Z

in denen Bürgerinnen und Bürger sich einbringen können. Nachdem mit dem sogenannten Aufstellungsbeschluss die Gemeinde die Erstellung eines Bauleitplanes beschlossen und die zuständige Verwaltung einen Vorentwurf des Bauleitplanes erstellt hat, ist die Öffentlichkeit »möglichst frühzeitig über die allgemeinen Ziele und Zwecke der Planung, sich wesentlich unterscheidende Lösungen, die für die Neugestaltung oder Entwicklung eines Gebiets in Betracht kommen, und die voraussichtlichen Auswirkungen der Planung öffentlich zu unterrichten«, wie es in § 3 Abs. 1 Baugesetzbuch festgehalten ist. Im Zuge dieser frühzeitigen Beteiligung der Öffentlichkeit ist allen Bürgerinnen und Bürgern die Gelegenheit zur Äußerung und Erörterung zu geben. Der Gesetzgeber hält sich allerdings bedeckt, auf welche Art und Weise diese Anregungen eingeholt werden. Üblich sind hierfür öffentliche Informationen über Broschüren oder die Webseiten der Gemeinde, Informationsveranstaltungen oder Online-Formulare. Grundsätzlich können aber weitergehende Beteiligungsverfahren eingesetzt werden. Für die Behörden ist dabei vor allem wichtig, dass sämtliche Anregungen protokolliert und im weiteren Verfahren bearbeitet werden, da das gesamte Bauleitplanverfahren ansonsten gerichtlich angefochten werden kann. Dass ist auch der Hauptgrund, warum es äußerst selten ist, dass aufwändigere Beteiligungsverfahren an dieser Stelle zum Einsatz kommen. Parallel läuft immer eine frühzeitige Beteiligung von Behörden und anderen Trägern öffentlicher Belange (TÖB), die vom Bauleitplanverfahren betroffen sein können. Dazu gehören etwa Landesbehörden, Landkreise, örtliche Energieversorger oder Umweltverbände. Nachdem sämtliche Anregungen von Seiten der zuständigen Gemeindeverwaltung aufgegriffen und behandelt worden sind, erstellt diese einen überarbeiteten Plan. Dieser ist anschließend für mindestens 30 Tage offenzulegen. Dies geschieht in der Regel online und in Räumen der Verwaltung, grundsätzlich sind aber auch andere Orte hierfür möglich. Wiederum erhalten alle interessierten Bürgerinnen und Bürger sowie Behörden und TÖBs die Möglichkeit, Stellungnahmen zur Planung einzureichen. Die Stellungnahmen müssen geprüft und abgewogen werden, das Ergebnis ist den jeweiligen Personen und Stellen mitzuteilen. Schließlich wird ein evtl. erneut überarbeiteter Bauleitplan veröffentlicht und zur Entscheidung in das zuständige Gemeindegremium eingebracht.

Während die Bauleitplanung selbst also nicht als Form der direkten Demokratie zu werten ist, so kann sie aber zum Gegenstand eines direktdemokratischen Verfahrens werden: in insgesamt zehn Bundesländern können Bürgerbegehren gegen konkrete Bauleitplanverfahren angestrengt werden.

In Bayern, Berlin, Bremen, Hamburg, Sachsen und Thüringen kann in allen dargestellten Phasen der Bauleitplanung ein Bürgerbegehren gestartet werden, in Baden-Württemberg, Hessen, Nordrhein-Westfalen und Schleswig-Holstein müssen die Initiatoren hingegen früh dran sein. Hier kann ein Bürgerbegehren jeweils nur gegen die Einleitung eines Bauleitplanverfahrens gerichtet werden.

Andreas Kost/Marcel Solar

Literatur

Rehmet, Frank. 2016. *Bürgerbegehren und Bauleitplanung.* Themenpapier 26. Berlin: Mehr Demokratie e. V.

Begründung Seien es Entscheidungen der Räte in den Kommunen oder Gesetze, die von den Landesparlamenten verabschiedet werden: in jedem Fall beinhalten die Beschlüsse einen Teil, in dem Entscheidungen begründet werden. Insofern verwundert es nicht, dass eine Begründung ebenfalls Bestandteil von Bürgerbegehren bzw. Volksbegehren sein muss. Schließlich kommt einem erfolgreich abgeschlossenen Volksgesetzgebungsverfahren dieselbe Beschlussqualität zu, wie Ratsbeschlüssen bzw. Landesgesetzen. In allen Bundesländern ist sowohl für die kommunale als auch für die Landesebene festgelegt, dass den jeweiligen Vorlagen eine Begründung beigefügt sein muss. Die Begründung erscheint somit in der Regel ebenso auf den Unterschriftenlisten als auch auf einem etwaigen Stimmzettel bei einem Bürger- bzw. Volksentscheid. Gesetzliche Anforderungen an die Begründungstexte gibt es für gewöhnlich nicht, schließlich liegt es in der Hand der Initiatoren, wie sie an mögliche Unterstützerinnen und Unterstützer herantreten wollen. Vereinzelt gibt es die Auflage, dass die Begründung eine Kostenschätzung der begehrten Maßnahmen enthält, auf Landesebene ist dies in Berlin, Niedersachsen, Nordrhein-Westfalen und im Saarland der Fall.

Aus Sicht der Initiatoren bietet die Begründung die Möglichkeit, für sein Anliegen zu werben und Leute zu überzeugen. Gerade wenn die Vorlage selbst einen Gesetzestext enthält, der selbst sehr abstrakt bleibt, können in der Begründung die Bedeutung und die Möglichkeiten, die sich aus einer Gesetzesänderung ergeben, herausgestrichen werden. Als Beispiele lassen sich hierfür die Volksgesetzgebungsverfahren zur Änderung des Wahlrechts (z. B. in Hamburg) anführen. Während gerade das Wahlrecht dafür bekannt ist, sehr technisch und durchaus kompliziert zu sein, konnten die Initiatoren in der Begründung an grundsätzliche Werte wie Gleichheit und Partizipation appellieren. Aus einer übergeordneten Perspektive trägt die Begründung eines direktdemokratischen Verfahrens zur umfassenden Information der Abstimmenden bei und kann komplexe Informationen herunterbrechen und damit greifbar machen. Eine tatsächlich umfassende Information ist jedoch nur möglich, wenn auch der Gegenseite die Möglichkeit eingeräumt wird, ihre Positionen darzulegen. Insofern sind bei Abstimmungen Abstimmungsbroschüren wichtig, in der Gegner und Befürworter einer Vorlage ihre Begründungen darlegen können und die allen Abstimmenden zur Verfügung gestellt werden.

Andreas Kost/Marcel Solar

Beratung Die Initiierung eines direktdemokratischen Verfahrens ist nicht einfach, gerade wenn man über keine Erfahrungen mit den Abläufen und Prozessen von Politik und Verwaltung verfügt. So bieten sich für Bürgerinnen und Bürger, die ein Bürgerbegehren oder ein Volksbegehren starten wollen, zahlreiche Fallstricke, die das Verfahren im Zweifel schon früh zum Scheitern bringen können: von den einzuhaltenden Fristen, über die genaue Ausgestaltung der Unterschriftenbögen bis hin zur Frage, ob ein direktdemokratisches Verfahren zu einem bestimmten Thema überhaupt zulässig ist. Es ist kein Zufall, dass in Deutschland ein erheblicher Anteil der direktdemokratischen Verfahren durch Verbände, Vereine und Parteien auf den Weg gebracht wird, die entsprechendes Vorwissen mitbringen.

Aus diesem Grund ist in einigen Bundesländer festgelegt, dass sich Initiatoren von Seiten der öffentlichen Hand beraten lassen können. Unterschiede findet man dabei hinsichtlich der beratenden Stellen sowie des Umfangs an Themen, die Bestandteil der Beratung sind. Auf der Landesebene sehen insgesamt neun Bundesländer explizit eine Beratungsmöglichkeit für die Initiatoren eines Volksbegehrens innerhalb der Ausführungsgesetze zur Volksgesetzgebung vor. Meistens können sich hilfesuchende Initiatoren an die jeweiligen Innenministerien wenden oder aber an die Landeswahlleitungen, die jedoch in der Regel in den Innenministerien angesiedelt sind. Lediglich in Bremen und Thüringen ist der erste Ansprechpartner das Landesparlament bzw. dessen Präsident oder Präsidentin. Ebenfalls in Bremen sowie in Hamburg ist die Hinzuziehung der Landesregierung und einschlägiger

Fachämter durch die beratende Stelle explizit erwähnt. Inhaltlich reicht das Angebot von einer Beratung der Initiatoren bei der Gestaltung der Unterschriftenbögen wie es in Niedersachsen vorgesehen ist bis zur Beratung über Fragen zum Verfahrensablauf sowie zur verfassungsrechtlichen Bewertung des Vorhabens wie es in den Stadtstaaten und Schleswig-Holstein möglich ist. Auf der kommunalen Ebene ist das Bild ähnlich, die Bundesländer unterscheiden sich darin ob und wenn ja in welchem Umfang und durch welche Stellen eine Beratung möglicher Initiatoren erfolgen kann. Angesichts der Tatsache, dass bis zum Jahr 2016 fast 29 Prozent aller durch Bürgerinnen und Bürger initiierten Bürgerbegehren als unzulässig zurückgewiesen wurden (Mehr Demokratie e. V. 2016, S. 7) – sei es auf Grund zu wenig eingereichter Unterstützungsunterschriften oder auf Grund von Verstößen gegen Fristen und andere Vorgaben –, kann der Rückschluss gezogen werden, dass zumindest auf der kommunalen Ebene mit Blick auf die Beratung von Initiatoren durchaus noch Spielraum nach oben besteht.

Vereinzelt kommt Kritik auf, dass eine Beratung durch öffentliche Stellen problematisch sei, da eine Verwaltung in vielen Fällen nicht neutral agiere, sondern an einem Misserfolg von Initiatoren Interesse habe, da sich deren Anliegen gegen Projekte und Vorhaben eben jener Verwaltung richte. Aus diesem Grund bieten auch private Vereinigungen und Vereine wie beispielsweise Mehr Demokratie e. V. eine Beratung zur Durchführung von direktdemokratischen Verfahren an.

Andreas Kost/Marcel Solar

Literatur

Mehr Demokratie e. V. 2016. *Bürgerbegehrensbericht 2016*. Berlin.

Bestandsschutz Der Bestandsschutz ist eine Rechtsvorschrift, die garantiert, dass ein durch Volksentscheid zustande gekommenes Gesetz bzw. ein durch Bürgerentscheid getroffener Beschluss innerhalb einer bestimmten Frist nicht vom Landtag bzw. dem Kommunalparlament aufgehoben werden kann. Allerdings sind die Regelungen auf Landes- und Kommunalebene differenziert zu betrachten. Beschlossene Gesetze und Verfassungsänderungen per Volksentscheid auf Landesebene sind grundsätzlich verbindlich. Doch kann ein Landesparlament durchaus zu einem späteren Zeitpunkt das Ergebnis eines Volksentscheids auf eigene Initiative wieder abändern oder gar

A
B
C
D
E
F
G
H
I
J
K
L
M
N
O
P
Q
R
S
T
U
V
W
X
Y
Z

aufheben. Auf diese Weise verbleiben die durch Volksentscheid zustande ge-kommenen Gesetze in den Einflusssphären der Landtage. Ein tatsächlicher »Bestandsschutz« für Volksentscheide existiert in den deutschen Ländern somit nicht. Eine Ausnahme stellt Hamburg dar, da dort die Verbindlichkeit von Volksentscheiden durch den »fakultativen Volksentscheid« abgesichert ist. Wenn der parlamentarische Gesetzgeber bzw. die Hamburgische Bürger-schaft ein durch Volksentscheid beschlossenes Gesetz wieder ändern möch-te, tritt dieses neue Gesetz nicht sofort in Kraft. Vielmehr kann innerhalb von drei Monaten die beabsichtigte Änderung der Hamburger Bürgerschaft von 2,5 % der stimmberechtigten Bürgerinnen und Bürger durch ein fakulta-tives Referendum bzw. den »fakultativen Volksentscheid« wieder »gekontert« werden. Es könnte also ein neuer Volksentscheid eingeleitet werden. Auf der Kommunalebene löst ein erfolgreicher Bürgerentscheid eine sogenannte Ab-änderungssperre aus. Innerhalb eines bestimmten Zeitraums kann nur auf Initiative des Rates oder durch einen neuen Bürgerentscheid (als Folge eines Bürgerbegehrens) der bisher erfolgreiche Bürgerentscheid abgeändert oder aufgehoben werden. Der erfolgreiche Bürgerentscheid weist somit einen hö-heren Bestandsschutz als ein Ratsbeschluss auf, weil dieser vom Rat zu jeder Zeit geändert werden kann. Die Abänderungssperre liegt in den verschiede-nen Gemeindeordnungen der Bundesländer zwischen einem und drei Jah-ren. Vor Ablauf dieser Fristen darf der Rat den Bürgerentscheid nicht durch einen einfachen Ratsbeschluss wieder aufheben. Ausnahmen sind Berlin, Hamburg und Bremen. In den anderen Bundesländern besteht allerdings die Möglichkeit, über den Rat innerhalb der Abänderungssperrfrist einen erneu-ten Bürgerentscheid durch ein Ratsbegehren zu initiieren. Das heißt, der Rat kann beschließen, dass die Bürgerinnen und Bürger erneut über den Sach-verhalt abstimmen sollen. Die in der Abstimmung unterlegenen Bürgerin-nen und Bürger bzw. Initiatoren dürfen jedoch in dieser Zeit kein neues Bür-gerbegehren einleiten. Ausnahmen sind Baden-Württemberg, Sachsen und Sachsen-Anhalt, und zwar wenn der Bürgerentscheid aufgrund eines Rats-begehrens durchgeführt worden ist, darf auch innerhalb der Frist ein Bür-gerbegehren initiiert werden. Weitere Ausnahme ist wiederum ein Land wie Bayern, denn dort darf ohne »Initiativsperre« die jeweils unterlegene Seite nach einem verlorenen Bürgerentscheid ein neues Bürgerbegehren starten. Grundsätzlich aber gilt: Nach Ablauf der Sperrfrist darf der Gemeinderat den Bürgerentscheid ohne einen neuen Bürgerentscheid wieder aufheben. Wie der Bestand von Volksgesetzen gehandhabt werden soll, ist umstritten: Einerseits haben Volksgesetze den gleichen Rang wie Parlamentsgesetze und müssen nach herrschender Meinung auch wieder geändert werden können, andererseits wäre das eine Aushöhlung der Wirksamkeit der direkten Demokratie.

Andreas Kost/Marcel Solar

Literatur

Kost, Andreas. 2013. *Direkte Demokratie,* 2. Aufl. Wiesbaden: Springer VS.

Beteiligungsquorum Bezeichnet den geforderten Mindestanteil aller stimmberechtigten Bürgerinnen und Bürger, die sich an einer Abstimmung beteiligen müssen, damit ein Volksentscheid/ein Bürgerentscheid angenommen wird (siehe auch Abstimmungsquorum).

Andreas Kost/Marcel Solar

Bindungswirkung Der Begriff der Bindungswirkung drückt aus, inwiefern die politischen Entscheidungsträger durch das Ergebnis eines direktdemokratischen Verfahrens in ihrem Handeln gebunden sind. Für die Volksgesetzgebung lassen sich in Deutschland auf der Landesebene hierbei zunächst zwei Fälle voneinander unterscheiden: entweder handelt es sich bei der begehrten Vorlage um einen Gesetzesentwurf oder es handelt sich um eine sogenannte andere bzw. sonstige Vorlage.

Der übliche Fall ist ein Volksbegehren, welches darauf abzielt, ein Gesetz zu erlassen, zu ändern oder aufzuheben. Dies ist in sämtlichen Bundesländern zulässig. Kommt es bei solch einem Volksbegehren zu einem Volksentscheid, treten die abstimmungsberechtigten Bürgerinnen und Bürger an die Stelle des Parlaments. Sie entscheiden über den vorliegenden Gesetzesentwurf. Wenn dieser angenommen wird, kommt es unmittelbar zur Ausfertigung des Gesetzes, ohne dass das jeweilige Parlament noch einmal in die Entscheidung miteinbezogen wird. Das Ergebnis ist ein Gesetz, welches die Landesregierung vollumfänglich bindet. Das Volksgesetz steht dem Parlamentsgesetz also in keiner Weise nach. Daraus folgt jedoch im Umkehrschluss, dass die Bindungswirkung des Gesetzes nicht zeitlich unbegrenzt gilt. Genauso wie jedes Parlamentsgesetz kann auch ein Volksgesetz grund-

A
B
C
D
E
F
G
H
I
J
K
L
M
N
O
P
Q
R
S
T
U
V
W
X
Y
Z

sätzlich jederzeit durch eine neue Regelung ersetzt werden, hierzu muss lediglich ein entsprechendes Gesetz vom Parlament oder auch durch das Volk selbst verabschiedet werden. Da der Aufwand, ein Gesetz auf dem Wege der Volksgesetzgebung zu ändern, erheblich höher ist, als dies im normalen parlamentarischen Verfahren der Fall ist, gibt es in Deutschland eine Diskussion darüber, ob Volksgesetze über eine Art Bestandsschutz verfügen sollten (Jung 2010). Tatsächlich finden sich entsprechende Regelungen in Berlin, Bremen und Hamburg.

Ein anders gelagertes Bild zeigt sich bei Volksgesetzgebungsverfahren, die auf die Verabschiedung einer sogenannten anderen bzw. sonstigen Vorlage abzielen. Dabei handelt es sich in der Regel um Aufforderungen an die jeweilige Landesregierung, bestimmte Maßnahmen anzuberaumen bzw. zu unterlassen, sich mit bestimmten Gegenständen zu befassen oder sich auf einer anderen politischen Ebene wie dem Bund für ein Anliegen einzusetzen. Da es sich explizit nicht um Gesetze handelt, binden solche Vorlagen – selbst wenn sie mit großen Mehrheiten in einem Volksentscheid verabschiedet werden – die Exekutive in der Regel nicht. Juristisch betrachtet ist eine solche andere bzw. sonstige Vorlage lediglich eine Aufforderung oder eine Willensbekundung an den Gesetzgeber. Eine Bindungswirkung kommt ihr allenfalls moralisch zu oder wenn die Landesregierung freiwillig dem Votum der Bürgerinnen und Bürger folgt. Allerdings können auf dem Wege eines Volksgesetzgebungsverfahrens, welches eine andere bzw. sonstige Vorlage zum Gegenstand hat, Themen zur Disposition gestellt werden, die gesetzgeberisch nicht angegangen werden könnten (Jung 2013, S. 266). Insofern werden Initiatoren weniger stark eingeschränkt hinsichtlich der möglichen Gegenstände eines Volksbegehrens.

In der Praxis der deutschen Bundesländer finden sich Beispiele, die die Bedeutung und das damit einhergehende Konfliktpotenzial der Unterscheidung in Gesetzentwurf und andere bzw. sonstige Vorlage aufzeigen. So forderte in Berlin ein Volksbegehren den Senat – also die Landesregierung – auf, die Pläne zur Schließung des (Verkehrs-)Flughafens Tegel zu Gunsten des neu zu schaffenden Flughafens Berlin Brandenburg zu stoppen. Tatsächlich stimmten die Berlinerinnen und Berliner im April 2008 in einem Volksentscheid über die Vorlage ab. Diese erhielt zwar eine Mehrheit der abgegebenen Stimmen, scheiterte jedoch am Abstimmungsquorum, da die Teilnahme am Volksentscheid insgesamt sehr gering ausgefallen war. Dadurch erübrigte sich eine heftige politische Auseinandersetzung, da der damalige Regierende Bürgermeister Klaus Wowereit bereits im Vorfeld der Abstimmung darauf hingewiesen hatte, sich auch durch einen Erfolg der Initiative politisch nicht gebunden zu fühlen. Schließlich sei die Vorlage lediglich eine Aufforderung an den Senat, ihr komme damit keine gesetzliche Bindungswirkung zu. Eine weitere Eskalationsstufe erreichte ein Volksgesetzgebungsverfahren in Hamburg. Nachdem dort Pläne der damaligen Landesregierung publik geworden waren, Anteile landeseigener Krankenhäuser zu privatisieren, forderte ein Volksbegehren, Abstand von diesem Vorhaben zu nehmen. Tatsächlich hatte die Initiative im Volksentscheid im Februar 2004 Erfolg, dennoch brachte der Senat noch im selben Jahr einen Gesetzentwurf ein, der genau diese Krankenhaus-Privatisierung auf den Weg bringen sollte. Auch in diesem Fall verwies die Landesregierung darauf, sich nicht durch die Aufforderung des Volksentscheides gebunden zu fühlen. Die Initiatoren riefen daraufhin das Hamburgische Verfassungsgericht an, die Richter entschieden jedoch im Sinne der Landesregierung, in der Begründung heißt es: »Das Hamburgische Verfassungsgericht hält deshalb an seiner […] Auffassung fest, dass die Aufforderung an den Senat in dem Antrag der Volksinitiative einem Ersuchen der Bürgerschaft an den Senat entspricht. Solche Ersuchen sind für den Senat nicht verbindlich.« Letztlich bildete dieser Konflikt den Ausgangspunkt für eine längere Auseinandersetzung über die Regelungen zur direkten Demokratie in Hamburg, die im Jahr 2008 in eine umfangreiche Verfassungsänderung mündeten. In diesem Zuge wurde in der Verfassung festgeschrieben, dass einem erfolgreichen Volksgesetzgebungsverfahren über eine sogenannte andere Vorlage dieselbe Bindungswirkung zukommt wie im Falle eines ausgearbeiteten Gesetzentwurfs. Insofern gab es in Hamburg zumindest keine Debatte über die Bindungswirkung der aus Sicht der Initiatoren erfolgreichen Volksentscheide über den Stopp einer Schulreform im Juli 2010 und über den Rückkauf des Hamburger Energie-Netzes im September 2013, die beide als sogenannte andere Vorlage auf den Weg gebracht worden waren.

Andreas Kost/Marcel Solar

Literatur

Decker, F. 2007. Parlamentarische Demokratie versus Volksgesetzgebung. Der Streit um ein neues Wahlrecht in Hamburg. In *Zeitschrift für Parlamentsfragen* 38 (1): 118–133.

Hamburgisches Verfassungsgericht. 2004. *Urteil vom 15. Dezember 2004 – 6/04.*

Jung, Otmar. 2010. Volksgesetze und parlamentarische Konterlegislatur. In *Analyse demokratischer Regierungssysteme. Festschrift für Wolfgang Ismayr zum 65. Geburtstag,* Hrsg. K. H. Schrenk, 427–442. Wiesbaden: VS Verlag für Sozialwissenschaften.

Jung, Otmar. 2013. Die Reform der direkten Demokratie in Berlin 2006 (Teil II). In *Jahrbuch für direkte Demokratie 2012,* Hrsg. L. P. Feld, P. M. Huber, O. Jung, H.-J. Lauth und F. Wittreck, 229–281. Baden-Baden: Nomos.

Solar, Marcel. 2016. Regieren im Schatten der Volksrechte. Direkte Demokratie in Berlin und Hamburg. Wiesbaden: Springer VS.

Bottom-Up-Verfahren Direktdemokratische Verfahren lassen sich danach unterscheiden, wer das Recht hat, sie auszulösen. Eine grundsätzliche Unterscheidung lässt sich dabei treffen hinsichtlich der Frage, ob die Verfahren von oben *(top-down)* ausgelöst werden können oder von unten *(bottom-up)* in den politischen Entscheidungsprozess eingespeist werden können. Bei den *top-down*-Verfahren liegt es demnach in der Hand der Regierenden (also z. B. einer Parlamentsmehrheit, einer Regierung oder einem Präsidenten bzw. einer Präsidentin), ob es über eine Sachfrage eine Volksabstimmung gibt. Ganz eindeutig ist das der Fall bei einfachen Referenden. Bei automatisch ausgelösten obligatorischen Referenden erscheint der Fall auf den ersten Blick ambivalent, da sie ja zwingend erfolgen, wenn beispielsweise eine Verfassungsänderung beschlossen wird. Die Entscheidung, eine solche Verfassungsänderung herbeizuführen liegt jedoch in den Händen der Regierenden, weshalb eine Zuordnung zum Typus der *top-down*-Verfahren konsequent ist. *Bottom-up*-Verfahren werden hingegen aus dem Volk heraus ausgelöst. Das bedeutet, dass die Initiative grundsätzlich von jedem Abstimmungsberechtigten ergriffen werden kann, der Kreis ist Initiatoren ist also kaum zu begrenzen. In der Praxis treten oft Bürgerinitiativen, Parteien oder Interessengruppen als Initiatoren eines solchen Verfahrens auf. Um nachzuweisen, dass eine Vorlage über ein Mindestmaß an Unterstützung in der Bevölkerung verfügt, sind bei *bottom-up*-Verfahren in der Regel Unterstützungsunterschriften zu sammeln. Mit Blick auf die verschiedenen Formen direktdemokratischer Verfahren sind die Volksgesetzgebung und Vetoinitiativen dem Lager der *bottom-up*-Verfahren zuzuordnen.

Die Ausgestaltung direktdemokratischer Verfahren als *top-down-* oder *bottom-up*-Instrumente bringt verschiedene Implikationen für die politische Praxis mit sich. So gehen etwa andere Herausforderungen hinsichtlich einer Zulässigkeitsprüfung mit *bottom-up*-Verfahren einher, vor allem ermöglichen diese Instrumente oppositionellen Gruppen komplett andere Handlungsspielräume und tragen damit erheblich zu einer verstärkten Teilung politischer Macht bei.

Andreas Kost/Marcel Solar

Literatur

Altman, David. 2011. *Direct Democracy Worldwide*. Cambridge: Cambridge University Press.

Briefabstimmung Wenn man am Tag eines Bürger- bzw. Volksentscheides keine Gelegenheit hat, ein Abstimmungslokal aufzusuchen, heißt dies nicht, dass man seine Stimme nicht abgeben kann. Genau wie bei Wahlen besteht auch bei Volksabstimmungen in Deutschland im Vorfeld die Möglichkeit, per Brief abzustimmen. Das Verfahren ist identisch wie bei der Briefwahl: Eine abstimmungsberechtigte Person kann schriftlich einen Antrag auf Übersendung von Briefabstimmungsunterlagen an die zuständigen Gemeindebehörden stellen. Die Unterlagen werden dann postalisch übersandt oder können in der entsprechenden Behörde abgeholt werden. Der Stimmzettel kann dann zu Hause ausgefüllt und im beigelegten Umschlag an die zuständige Stelle zurückgeschickt werden. Wichtig ist, dass der Brief mit den Abstimmungsunterlagen rechtzeitig losgeschickt wird, in Deutschland bedeutet dies in der Regel, dass alles bis um 18:00 Uhr am Abstimmungstag an der richtigen Stelle eingegangen sein muss. Auf der Landesebene gelten diese Regelungen für Volksentscheide in sämtlichen Bundesländern in vergleichbarer Form. Lediglich in Hamburg ist eine spezielle Regelung vorgesehen: hier werden bei Volksentscheiden, die nicht zeitgleich mit Wahlen stattfinden, automatisch Briefabstimmungsunterlagen zusammen mit der Abstimmungsbenachrichtigung und der Abstimmungsbroschüre an alle Bürgerinnen und Bürger verschickt. Es muss also kein entsprechender Antrag gestellt werden. Einerseits soll so die Hürde gesenkt werden, an einem Volksentscheid teilzunehmen, da gerade bei Abstimmungen, die nicht an Wahlen gekoppelt sind, eine bedeutend geringere Abstimmungsbeteiligung zu beobachten ist. Andererseits wird für die zuständige Behörde so der Aufwand

A
B
C
D
E
F
G
H
I
J
K
L
M
N
O
P
Q
R
S
T
U
V
W
X
Y
Z

verringert, da insgesamt weniger Abstimmungslokale eingerichtet werden müssen und auch die Anzahl der Wahl- bzw. Abstimmungshelfer verringert werden kann. In der Praxis zeigt sich, dass entsprechende Abstimmungen in Hamburg – wie im Falle des Volksentscheids über die Hamburger Schulreform im Juli 2010 – tatsächlich fast reine Briefwahlen sind.

Auf der kommunalen Ebene ist das Recht auf eine Briefabstimmung bei Bürgerentscheiden ebenfalls flächendeckend gegeben. In insgesamt vier Bundesländern finden sich jedoch hierzu spezielle Regelungen. In Hamburg werden auch bei bezirklichen Bürgerentscheiden die Briefabstimmungsunterlagen automatisch an alle Abstimmungsberechtigten verschickt. In Nordrhein-Westfalen sowie in Mecklenburg-Vorpommern können die einzelnen Gemeinden sogar vorsehen, dass ein Bürgerentscheid ausschließlich als Briefabstimmung durchgeführt wird. Hingegen können die Gemeinden in Brandenburg die Möglichkeit der Briefabstimmung untersagen.

Andreas Kost/Marcel Solar

Bürgerantrag ➤ Einwohnerantrag

Bürgerbefragung In einigen Bundesländern vorgesehenes Instrument des Bürgermeisters und/oder des Rates, die in der Bürgerschaft vorherrschende Meinung zu einem Thema über kommunalpolitische Angelegenheiten durch Konsultation zu ermitteln. Die Teilnahme der Bürgerschaft ist freiwillig und anonym. Eine Bürgerbefragung wird schriftlich durchgeführt. Als eine Form der Bürgerbeteiligung dient sie insbesondere bei Baumaßnahmen und ordnungsrechtlichen Angelegenheiten dazu, im Vorfeld der Maßnahmen Zustimmung oder Ablehnung in der Bürgerschaft herauszufinden. Eine Bürgerbefragung soll auch die Akzeptanz von kommunalpolitischen Entscheidungen bei den Bürgerinnen und Bürgern erhöhen. Ihre Vermittlungsfunktion besteht darin, dass diese in Entscheidungsprozesse eingebunden sind. Ebenso werden Entscheidungen für Bürgerinnen und Bürger transparenter und deren Wünsche können stärker berücksichtigt werden. Das Ergebnis von Bürgerbefragungen ist für das Kommunalparlament jedoch nicht bindend. Die Bürgerbefragung kann beispielsweise in Bürgerversammlungen sowie beim Abhalten von Fragestunden in Ratssitzungen erörtert werden. Selbst wenn aber noch zusätzlich Gelegenheit zur Äußerung und Erörterung für die Bürgerschaft mit dem Rat und dem Bürgermeister besteht, schließt diese Partizipationsform ein unmittelbares Mitspracherecht aus.

Andreas Kost/Marcel Solar

Bürgerbegehren und Bürgerentscheid (Grundsatzartikel)

Definition

Wenn unmittelbare bürgerschaftliche Entscheidungsrechte verbindlich werden sollen, bei denen politische und administrative Fragen eine Rolle spielen, kommt auf kommunaler Ebene nur der Bürgerentscheid als einziges Element direkter Demokratie in Frage. Nur durch ihn und das vorgeschaltete Bürgerbegehren wird den Bürgerinnen und Bürgern bei wichtigen kommunalen Angelegenheiten (z. B. über die Nutzung öffentlicher Einrichtungen oder die Erstellung von Verkehrskonzepten) ein unmittelbares Mitspracherecht eingeräumt, welches den Entscheidungen eines Stadt- oder Gemeinderates praktisch gleichgestellt ist. Aufgrund der Verzahnung der beiden Beteiligungsverfahren, auch dokumentiert in den Gemeindeordnungen, sollen Bürgerbegehren und Bürgerentscheid in diesem Artikel gemeinsam dargestellt werden (siehe auch Volksbegehren und Volksentscheid).

Die Gemeindeordnungen in den deutschen Ländern legen das Verfahren bei Bürgerbegehren und Bürgerentscheiden ziemlich detailliert fest. Als Beispiel für eine offizielle Definition dieser Partizipationsinstrumente kann man die Formulierungen in der nordrhein-westfälischen Gemeindeordnung heranziehen: »Die Bürger können beantragen (Bürgerbegehren), dass sie an Stelle des Rates über eine Angelegenheit der Gemeinde selbst entscheiden (Bürgerentscheid).« (§ 26 Abs. 1 GO) Ein Bürgerbegehren ist also der Antrag der Bürgerinnen und Bürger an die Gemeindevertretung, einen Bürgerentscheid durchzuführen, und ein Bürgerentscheid ist die Abstimmung der Bürgerinnen und Bürger über eine kommunalpolitische Sachfrage.

Entwicklungen

Seit den 1990er Jahren gibt es zunehmende Bemühungen um eine stärkere partizipatorische Einbindung der Bürgerinnen und Bürger jenseits von

Kommunalwahlen: Verfassungs- und auch kommunalpolitisch bietet die direkte Demokratie in Deutschland seit den frühen 1990er Jahren ein spannendes Szenario. Vor 1990 gab es mit Baden-Württemberg – dort bereits seit 1955 – erst ein Bundesland mit Bürgerbegehren und Bürgerentscheid auf kommunaler Ebene. Seither haben 15 Länder diese Partizipationsinstrumente eingeführt: 1990 Schleswig-Holstein, 1990 Sachsen-Anhalt, 1993 Mecklenburg-Vorpommern, 1993 Brandenburg, 1993 Sachsen, 1993 Thüringen, 1993 Hessen, 1994 Rheinland-Pfalz, 1994 Nordrhein-Westfalen, 1994 Bremen, 1995 Bayern, 1996 Niedersachsen, 1997 Saarland, 1998 Hamburg (Bezirke), 2005 Berlin (Bezirke).

So kam es auf lokaler Ebene bis 2016 schon zu rund 7 000 von Bürgerinnen und Bürgern per Unterschriftensammlung angestoßenen Bürgerbegehren und über 3 500 Bürgerentscheiden in Deutschland (wobei Konkurrenzvorlagen/Gegenvorschläge nicht mitgezählt sind). Spitzenreiter ist dabei Bayern mit über 2 700 kommunalen Begehren. Dort existiert die am weitest gehende Referendums-Variante. Allerdings weisen in Bayern und in anderen Bundesländern Bürgerbegehren und Bürgerentscheid keinen unbeschränkten Geltungsbereich auf. Dies liegt an substanziellen Einschränkungen der strukturellen sowie materiellen Voraussetzungen dieser Partizipationsinstrumente. Doch können durchaus differenzierte Ausprägungen von Bürgerbegehren und Bürgerentscheid in den einzelnen Bundesländern identifiziert werden.

Verfahren

Bürgerbegehren und Bürgerentscheide unterscheiden sich zwar in ihren Ausprägungen in den Gemeindeordnungen der deutschen Länder erheblich im Detail (durchaus mit entsprechenden Auswirkungen), aber es existieren länderübergreifende identische Voraussetzungen. Die wichtigsten Voraussetzungen, die in den meisten Ländern gelten, seien daher an dieser Stelle genannt:

- Das Bürgerbegehren als Antrag muss *schriftlich* eingereicht werden.
- Weiterhin wird vorausgesetzt, dass das Bürgerbegehren eine *Begründung* für die zur Entscheidung zu bringende Frage enthält.
- Es muss einen nach den gesetzlichen Vorschriften durchführbaren Vorschlag für die *Deckung der Kosten* der verlangten Maßnahme beinhalten. In Bayern, Hamburg, Berlin und in Nordrhein-Westfalen entfällt bemerkenswerter Weise ein Kostendeckungsvorschlag. Die Anforderungen an

Tabelle 1 Verfahren für Bürgerbegehren und Bürgerentscheid in den 16 Bundesländern

Bundesland	Themen Anwendungsbereich 000 weit 00 eng 0 punktuell	Bürgerbegehren Unterschriftenhürde (in Prozent)	Bürgerentscheid Zustimmungsquorum (in Prozent)
Baden-Württemberg	0	4,5–7	20
Bayern	000	3–10	10–20
Berlin (Bezirke)[1]	000	3	10
Brandenburg	0	10	25
Bremen (Stadt)	000	5	20
Stadt Bremerhaven	00	5	20
Hamburg (Bezirke)[1]	000	2–3	Kein Quorum
Hessen	00	3–10	15–25
Mecklenburg-Vorpommern	0	2,5–10	25
Niedersachsen	0	10	25
Nordrhein-Westfalen	00	3–10	10–20
Rheinland-Pfalz	0	6–10	20
Saarland	0	5–15	30
Sachsen	000	(5–)10[2]	25
Sachsen-Anhalt	0	4,5–10	25
Schleswig-Holstein	00	4–10	8–20
Thüringen	000	4,5–7[3]	10–20

Quelle: Mehr Demokratie e.V.: Bürgerbegehrensbericht 2016 – Bürgerbegehren in den Bundesländern, Stand: September 2016.

[1] Da die Stadtbezirke deutlich weniger Kompetenzen haben als Gemeinden, sind die Anwendungsbereiche nur bedingt vergleichbar.

[2] In Sachsen kann das Unterschriftenquorum für ein Bürgerbegehren von den Gemeinden auf ein Minimum von fünf Prozent gesenkt werden.

[3] In Thüringen beträgt das Unterschriftenquorum bei Amtseintragung sechs Prozent.

einen Kostendeckungsvorschlag lassen sich nicht nach einheitlichen Kriterien einordnen, sodass durch den Gesetzgeber nur darüber Konsens erzielt wurde, das Kostenbewusstsein der Bürgerinnen und Bürger zu stärken, damit jedoch keine weiteren Erschwernisse für die Durchführung des Bürgerbegehrens zu begründen. Zumindest aber müssen die Finanzierungsvorstellungen im Rahmen des geltenden Haushaltsrechts angewendet werden und somit nach den gesetzlichen Vorschriften durchführbar sein.

- Das Bürgerbegehren verlangt außerdem eine *Mindestzahl von Unterschriften* der stimmberechtigten Bürgerinnen und Bürger. Auf allen Unterschriftenbögen müssen die Abstimmungsfrage, die Begründung und (soweit erforderlich) der Kostendeckungsvorschlag aufgeführt sein.

- Eine weitere Zulässigkeitsvoraussetzung ist die Forderung, bei der bis zu drei beziehungsweise genau drei Personen benannt werden müssen, die berechtigt sind, die *Unterzeichnenden* zu vertreten. In Brandenburg und Thüringen sind Vertretungsberechtigte nicht notwendig.

- Richtet sich ein Bürgerbegehren gegen einen Beschluss des Rates (sog. kassierendes Bürgerbegehren), muss es innerhalb einer bestimmten Frist (z. B. in sechs Wochen) nach Bekanntmachung des Beschlusses eingereicht werden bzw. wenn der Beschluss keiner Bekanntmachung bedarf (z. B. innerhalb von drei Monaten). Die gewählte *Frist* dient dazu, die Ausführung von Gemeinderatsbeschlüssen in wichtigen Gemeindeangelegenheiten nicht unnötig zu verzögern oder rückgängig zu machen.

- Sobald das Bürgerbegehren bei der Gemeinde eingereicht ist, stellt der Rat fest, ob dieses *zulässig* ist. Dabei muss der Rat als das politische Leitungsorgan in der Gemeinde die rechtlichen Anforderungen überprüfen, die an zulässige Bürgerbegehren gestellt sind. Kernpunkt der inhaltlichen Zulässigkeitsregelungen ist die Frage, welche *Angelegenheiten* von Bürgerbegehren und Bürgerentscheid ausgeschlossen oder aber vorgesehen sind. In sog. Negativkatalogen werden die Angelegenheiten einzeln aufgelistet, über die ein Bürgerbegehren unzulässig ist. Dabei ist zunächst zu prüfen, ob das eingebrachte Thema in den gemeindlichen Wirkungskreis fällt und damit eine Angelegenheit der Gemeinde ist. Im Wesentlichen bleiben bei einem Bürgerbegehren die staatlich vorgegebenen und rechtlich feststehenden Angelegenheiten (Rechtsverhältnisse) sowie die innere Organisation der Gemeindeverwaltung ausgeschlossen.

- Der Rat kann entweder die Sache im Sinne eines zulässigen Bürgerbegehrens entscheiden oder dieses ablehnen und die Bürgerinnen und Bürger über das Bürgerbegehren abstimmen lassen. Diese Abstimmung ist der *Bürgerentscheid.*

- Beim Bürgerentscheid wird über die zur Abstimmung gestellte Frage nur mit *Ja* oder *Nein* entschieden. Sonderfälle sind Brandenburg, Niedersachsen, Sachsen-Anhalt und Thüringen, wo festgelegt ist, dass nur ein mit »Ja« beantworteter Bürgerentscheid Gültigkeit hat.
- Ein Bürgerentscheid ist positiv entschieden, wenn er von der Mehrheit der gültigen Stimmen befürwortet wurde, sofern diese Mehrheit mindestens zwischen 8 % bis 30 % der Bürger beträgt (Ausnahme Hamburg). Bei Stimmengleichheit gilt die Frage als mit Nein beantwortet.
- Der Bürgerentscheid hat die *Wirkung eines Ratsbeschlusses.* Die Bürger und Bürgerinnen werden damit zum kommunalen Entscheidungsorgan.

Scheitert letztlich ein Bürgerentscheid, ist in einigen Bundesländern der Sachverhalt auch komplett abgeschlossen. Allerdings sind in Baden-Württemberg, Brandenburg, Hessen, Mecklenburg-Vorpommern, Rheinland-Pfalz, Sachsen, Sachsen-Anhalt und Schleswig-Holstein die Gemeindevertretungen verpflichtet, erneut eine Entscheidung in der Sache herbeizuführen. Ein gescheiterter Bürgerentscheid führt in allen Bundesländern zur so genannten »Initiativsperre«. Den Bürgerinnen und Bürgern bleibt dabei innerhalb von zwei Jahren (Mecklenburg-Vorpommern, Niedersachsen, Nordrhein-Westfalen, Saarland, Schleswig-Holstein, Thüringen) bzw. drei Jahren (Baden-Württemberg, Hessen, Rheinland-Pfalz, Sachsen, Sachsen-Anhalt) ein neues Bürgerbegehren in derselben Sache verwehrt.

Der erfolgreiche Bürgerentscheid – mit der Wirkung eines Ratsbeschlusses – löst wiederum eine »Abänderungssperre« aus. Hier kann der Bürgerentscheid innerhalb einer bestimmten Zeitspanne entweder überhaupt nicht oder nur auf Initiative des Rates durch einen neuen Bürgerentscheid abgeändert werden. Interessant ist in diesem Zusammenhang, dass ein erfolgreicher Bürgerentscheid damit einen höheren Bestandsschutz hat als ein Ratsbeschluss, der von der Gemeindevertretung jederzeit geändert werden kann. Die Abänderungssperre liegt zwischen einem Jahr (Bayern, Sachsen-Anhalt), zwei Jahren (Brandenburg, Mecklenburg-Vorpommern, Niedersachsen, Nordrhein-Westfalen, Saarland, Schleswig-Holstein, Thüringen) und drei Jahren (Baden-Württemberg, Hessen, Rheinland-Pfalz, Sachsen). Vor Ablauf dieser Frist darf der Rat den Bürgerentscheid nicht durch einen einfachen Ratsbeschluss wieder aufheben. Er kann allerdings (außer in Hessen, Rheinland-Pfalz und Thüringen) innerhalb dieser Frist einen erneuten Bürgerentscheid (sog. Ratsbegehren) anberaumen. Die in der Abstimmung unterlegenen Bürgerinnen und Bürger beziehungsweise Initiatoren dürfen jedoch in dieser Zeit kein neues Bürgerbegehren einleiten (Ausnahme Sachsen, Sachsen-Anhalt, Schleswig-Holstein, und zwar wenn der Bürgerentscheid aufgrund eines Ratsbegehrens durchgeführt worden ist, darf auch innerhalb der Frist ein Bürgerbegehren initiiert werden). Bayern bildet auch hier wieder eine Ausnahme, denn die jeweils unterlegene Seite darf sofort nach einem verlorenen Bürgerentscheid ein neues Bürgerbegehren starten. Grundsätzlich aber gilt dann in jedem Bundesland: Nach Ablauf der Sperrfrist darf der Gemeinderat den Bürgerentscheid ohne einen neuen Bürgerentscheid durch einfachen Ratsbeschluss wieder aufheben.

Bürgerbegehren und Bürgerentscheid beleben die kommunale Szene. Die Möglichkeiten, sich zu kommunalpolitischen Einzelthemen artikulieren zu können und darüber hinaus direkte Entscheidungen zu treffen, stellen durchaus eine wirksame Form unmittelbarer Demokratie auf lokaler Ebene dar. So haben beide Institutionen zu einer Stärkung der kommunalen Selbstverwaltung im bürgerschaftlichen Sinne geführt. Auf der »Haben-Seite« stehen Grundvoraussetzungen einer beteiligungsfreundlichen Kommunalverfassung: Schaffung von Transparenz, Förderung von Minderheiten sowie Erleichterung von Initiativen. Das Repräsentationsprinzip sowie die Sicherung der kommunalen Selbstverwaltung und der lokalen Autonomie blieben dabei seit Einführung von Bürgerbegehren und Bürgerentscheiden im Grundsatz unangetastet. Dennoch ist zu beobachten, dass diese Partizipationsinstrumente auch auf den Widerstand der Gemeinderäte und der Kommunalverwaltungen stoßen, obwohl weder die Verantwortung der gewählten Ratsvertreter (plebiszitär) ausgehebelt wurde, noch diffuse Sachthemen bei Bürgerentscheiden zur Abstimmung gelangen. Die institutionalisierte Bürgerbeteiligung entpuppte sich tatsächlich als relativ sparsam und gezielt genutzter Seismograph für Stimmungslagen zu bestimmten Sachfragen. Die überschaubare Anwendung bestätigt eigentlich den Ausnahmecharakter der Gemeindeparagraphen über Bürgerbegehren und Bürgerentscheide, wobei die institutionell-strukturellen Zulässigkeitsvoraussetzungen sowie die sächliche Beschränkung nur auf bestimmte Themengebiete dieser letztlich relativ geringen Anzahl Vorschub geleistet haben. Immerhin waren aber schon über 1 600 Bürgerentscheide im Sinne der Initiatoren erfolgreich.

Themen und Anwendungen

Aus den bisherigen empirischen Erhebungen lassen sich auf der thematischen Seite der Bürgerbegehren und der Bürgerentscheide gewisse inhaltliche Schwerpunkte erkennen. In Deutschland dominieren Begehren über öffentliche Einrichtungen (insbesondere Schulen und Schwimmbäder) sowie Verkehrs- und Wirtschaftsprojekte. Auch Fragen zu Gebietsreformen sind von erkennbarer Relevanz. Diskussionswürdig ist jedoch der Umstand, dass das grundsätzlich anerkannte Repräsentationsprinzip kaum ausgehöhlt würde, wenn mehr materielle Sachthemen als bisher in den meisten deutschen Ländern vorgesehen bei Bürgerentscheiden zur Abstimmung kämen. Ob nun über alle kommunalen Selbstverwaltungsangelegenheiten entschieden werden sollte oder bestimmte Verwaltungskernbereiche (z. B. Haushaltssatzung und innere Verwaltungsorganisation) wegen einer antizipierten funktionalen Handlungsautonomie und -fähigkeit ausgeblendet bleiben sollten, ist letztlich eine praktisch zu lösende Ermessensfrage. Warum sollte man den Bürgerinnen und Bürgern nicht mehr Vertrauen schenken und sie bspw. über kommunale Abgaben oder abfallrechtliche, immissionsschutzrechtliche und wasserrechtliche Zulassungsverfahren abstimmen lassen? In einigen Bundesländern, wie z. B. in Bayern, Sachsen und in Hessen, sind diese Themenfelder durchaus Gegenstand von Bürgerentscheiden und bilden einen beachtlichen Anteil bei den zur Abstimmung stehenden Sachfragen. Damit könnte bei den Bürgerinnen und Bürgern weiteres politisches Interesse und auch ein erhöhtes Verantwortungsbewusstsein geweckt werden. Die Bürgerinnen und Bürger haben bei den Bürgerbegehren und den Bürgerentscheiden durchaus Kostenbewusstsein bewiesen, so dass ihnen der Zugang zu den genannten Themenbereichen nicht verwehrt bleiben sollte.

Weil diese Partizipationsinstrumente in einem überschaubaren Maße zum kommunalpolitischen Alltagsgeschäft gehören, haben nicht nur Parteien, sondern gerade auch Bürgerinitiativen und einzelne bzw. sich zusammenschließende aktive Bürgerinnen und Bürger diese Form der unmittelbaren Bürgerbeteiligung für sich entdeckt. Auch wenn die allermeisten Entscheidungen weiterhin in den Gemeinderäten fallen, ist die beschworene Gefahr einer elitären Gegenmobilisierung durch stärker institutionalisierte Akteure – wie Parteien, Verwaltungen – geringer ausgefallen als zunächst vermutet werden konnte. Allerdings fungierten die Parteien häufiger als »Trittbrettfahrer«, indem sie ein Bürgerbegehren erst dann unterstützten, wenn der Entscheidungsprozess durch unterschiedliche Akteure bereits eingeleitet war. Für Hessen und Bayern ist festgestellt worden, dass jeweils nur gut ein Viertel aller Bürgerbegehren von Parteien initiiert wurde, und auch Daten aus Nordrhein-Westfalen haben das bestätigt. Insgesamt hat sich gezeigt, dass von einem pauschalen Bedeutungsverlust der Parteien oder einer Schwächung des kommunalen Parteiensystems durch Bürgerbegehren und Bürgerentscheid nicht die Rede sein kann, da sie dadurch neue Möglichkeiten der politischen Einflussnahme und die Chance erhalten haben, ihre alten Funktionen zu revitalisieren.

Insgesamt wurden Bürgerbegehren und Bürgerentscheid, nicht zuletzt wegen der vorhandenen Zulässigkeitsvoraussetzungen, von den aktiven Bürgerinnen und Bürgern sowie Interessengruppen dosiert angewendet. Die Relevanz von Bürgerbegehren und Bürgerentscheiden ist in den vergangenen Jahren aber deutlich gestiegen, und immerhin konnten ca. 40 Prozent aller Begehren im Sinne der Initiatoren zumindest als Teilerfolg verbucht werden (unabhängig von einer Wertung der Einzelergebnisse). Hin und wieder erinnerte diese Form der unmittelbaren Bürgerbeteiligung die kommunalpolitisch Verantwortlichen daran, dass auch deren Handlungssouveränität inhaltlich und zeitlich begrenzt ist und der Bürgerstatus im Hinblick auf eine

Tabelle 2 Anzahl erfasster Bürgerbegehren in den deutschen Ländern

Bundesland	Anzahl	Anteil (in Prozent)
Baden-Württemberg	595	10,3
Bayern	2260	39,0
Berlin	37	0,6
Brandenburg	148	2,6
Bremen	9	0,2
Hamburg	108	1,9
Hessen	426	7,4
Mecklenburg-Vorpommern	92	1,6
Niedersachsen	301	5,2
Nordrhein-Westfalen	704	12,2
Rheinland-Pfalz	184	3,2
Saarland	16	0,3
Sachsen	227	3,9
Sachsen-Anhalt	95	1,6
Schleswig-Holstein	407	7,0
Thüringen	179	3,1

Quelle: Mehr Demokratie e.V.: Bürgerbegehrensbericht 2016, Stand Ende 2015.

ausgeweitete Dimension von politischer Partizipation an Einfluss gegenüber (möglicher) Uneinsichtigkeit und Ignoranz gewonnen hat.

Wirksamkeit

Es hat sich allerdings ebenfalls gezeigt, dass die Effizienz bzw. die Wirksamkeit von Bürgerbegehren sich nicht nur am formalen Ausgang der Bürgerbeteiligung messen lassen können. Auf den ersten Blick dominiert als Ergebnis der Misserfolg der unmittelbaren Bürgerbeteiligung mit einem Anteil von ca. 60 Prozent, die durch das Scheitern von durchgeführten Bürgerentscheiden und unzulässigen Bürgerbegehren zu erklären ist. Eine solche Sicht der Dinge wäre aber zu eindimensional, da nicht nur die Veränderung der ursprünglichen Beschlüsse durch die Räte aufgrund erfolgreicher Begehren, sondern auch erneute Beratungen der Gemeinderäte über die anstehenden Sachverhalte nach einem gescheiterten Bürgerbegehren bzw. einem Bürgerentscheid einen Erfolg oder einen Teilerfolg für die Initiatoren darstellten.

Einige Beispiele mögen dies veranschaulichen. So hob bspw. der Rat der Stadt Bielefeld, trotz Unzulässigkeitserklärung des Bürgerbegehrens durch das nordrhein-westfälische Innenministerium wegen eines nicht ausreichenden Deckungsvorschlags, seinen Beschluss zur Schließung eines öffentlichen Hallenbades wieder auf. Nach weitergehendem Beschluss des Rates zum Erhalt bzw. zur Substitution im Rahmen eines »Bäderkonzepts« erklärten die Initiatoren des Bürgerbegehrens ihr Anliegen für erledigt. Auch in Engelskirchen hob der Rat das ursprünglich für unzulässig erklärte Bürgerbegehren gegen die Einführung von Parkscheinautomaten (öffentliche Abgaben) wieder auf. Schließlich kamen nach einem Bürgerbegehren auch Kompromisse zustande. So wurde das Bürgerbegehren in Kamen mit dem Thema »Aufhebung der Durchfahrtsperre am Alten Markt« einerseits als unzulässig eingestuft (Frist nach § 26 Abs. 3 GO wurde nicht eingehalten), andererseits fand man eine gemeinsame Lösung, welche die Antragsteller bewegte, das Begehren freiwillig zurückzuziehen. Ähnlich kompromissbereit verfuhr man bspw. bei zwei unzulässig erklärten Bürgerbegehren in Wuppertal (»Denkmalschutz für die Wuppertaler Schwebebahn« und »Rückbau von Bushaltestellen«). In Schwelm wurde das unzulässig erklärte Bürgerbegehren (»Gegen die Einführung einer Parkraumbewirtschaftung mit Parkgebühren«) aufgrund der großen Beteiligung zumindest im Rahmen eines Gesprächs am »Runden Tisch« fortgesetzt, um mit den Beteiligten nach einer breiteren Basis für eine Akzeptanz in der Sache zu suchen. Hier wird erkennbar, dass die

A
B
C
D
E
F
G
H
I
J
K
L
M
N
O
P
Q
R
S
T
U
V
W
X
Y
Z

Handhabung bzw. Kombination mit informellen Beteiligungsverfahren wie »Runden Tischen«, Mediationen oder auch Bürgergutachten zu einer breiteren Akzeptanz bei allen Beteiligten führen können. Insofern solche Verfahren eine breite Repräsentativität der Bevölkerung ermöglichen, ließe sich zudem sozialen Ausschlussmechanismen bei Bürgerabstimmungen besser entgegensteuern.

Diese Beispiele sollen zeigen, dass über die unmittelbare Bürgermitwirkung hinaus in Einzelfällen Sachverhalte neu überdacht und verhandelt werden konnten, selbst wenn sie nicht den Zulässigkeitsvoraussetzungen entsprachen. Insgesamt gelangten somit über 50 Prozent der erfassten Bürgerbegehren zu einem Erfolg oder zumindest zu einem Teilerfolg. Aufgrund dieser wechselseitigen Prozesse des Anbietens und Ablehnens, des Gebens und Nehmens in politischen Aushandlungen konnten Bürgerbegehren und Bürgerentscheid auch eine integrative Wirkung entfalten. Es trat ein sog. »Bargaining-Effekt« durch Bürgerbegehren und Bürgerentscheide auf. Damit hat diese Form der politischen Partizipation zusätzlich etwas auf der Output-Seite des politischen Systems bewirkt. Die Wechselwirkungen von Bürgerbegehren und Bürgerentscheiden stehen in einem komplexen Zusammenhang, d. h. einerseits sind die institutionellen Zulässigkeitsvoraussetzungen der direktdemokratischen Instrumente von erheblicher Relevanz und andererseits sind auch die intendierten und nicht intendierten (umfassenden) Auswirkungen der implementierten Policy auf die gesellschaftlichen Akteure zu berücksichtigen.

Andreas Kost

Literatur
Kost, Andreas. 2002. *Demokratie von unten. Bürgerbegehren und Bürgerentscheide in NRW.* Schwalbach/Ts.: Wochenschau Verlag.
Kost, Andreas. 2013. *Direkte Demokratie,* 2. Aufl. Wiesbaden: Springer VS.
Kost, Andreas 2018. Einleitung. In *Kommunalpolitik in meiner Stadt,* C. E. Heil, A. Kost, B. Schmitt, 7–46. Stuttgart: Richard Boorberg Verlag.
Rehmet, F., T. Weber und D. Pavlovic. 1999. Bürgerbegehren und Bürgerentscheide in Bayern, Hessen und Schleswig-Holstein. In *Direkte Demokratie in Theorie und kommunaler Praxis,* Hrsg. T. Schiller, 117–164. Frankfurt a. M.: Campus Verlag.

Bürgerentscheid ⇥ Bürgerbegehren und Bürgerentscheid

Bürgerfragestunden In vielen Bundesländern in den Gemeindeordnungen vorgesehene Form der Bürgerbeteiligung, in der Bürgermeister, Ratsmitglieder oder Gemeindebeamte zur Beantwortung kommunalpolitischer Fragen den Bürgerinnen und Bürgern in oder außerhalb von Ratssitzungen zur Verfügung stehen. Nähere Ausgestaltungen der Bürger- oder Einwohnerfragestunde finden sich in Satzungen und/oder Geschäftsordnungen der Gemeinde bzw. des Rates. Die Fragen müssen sich auf Angelegenheiten der Gemeinde oder des jeweiligen Stadtbezirks beziehen und öffentlichen Charakter haben. Selbst wenn aber Gelegenheit zur Äußerung und Erörterung für die Bürgerinnen und Bürger mit den entsprechenden Kommunalinstitutionen besteht, hat diese Partizipationsform ausschließlich Informationscharakter und schließt ein Mitspracherecht aus.

Andreas Kost/Marcel Solar

Bürgerhaushalt Freiwillige und noch recht neue in den 1980er Jahren entwickelte Beteiligungsform, in der Bürgerinnen und Bürger die Möglichkeit erhalten, an der Aufstellung des kommunalen Haushalts, meist frei verfügbarer Haushaltsmittel, mitzuwirken. Grundgedanke ist dabei, die Bürgerinnen und Bürger in ihrem Wohnmittelpunkt aktiv an einem kommunalen Haushaltsverfahren zu beteiligen. Bürgerinnen und Bürger können beim Bürgerhaushalt in einem eigenständigen Verfahren Vorschläge zur Erstellung des kommunalen Haushalts unterbreiten und diskutieren. Die Entscheidung über deren Annahme trifft der Gemeinderat, der dann auch Rechenschaft über seine Entscheidungen und die Handhabung mit den Vorschlägen ablegen soll. Die Gemeindeverwaltung wiederum berät moderierend die Bürgerinnen und Bürger bei einem solchen Haushaltsprozess. Diese Form der Bürgerbeteiligung soll zu mehr Haushaltstransparenz beitragen, da eine Gemeinde- bzw. Stadtverwaltung ihre Bilanzen für alle nachvollziehbar offenzulegen hat. In Porto Alegre (Brasilien) wurde der Bürgerhaushalt, auch Beteiligungshaushalt genannt, erstmals durchgeführt und hat seitdem weltweit (unter anderem in Deutschland) Nachahmer gefunden. Als freiwilliges und deliberatives Partizipationsinstrument agieren die Kommunen in Deutschland auch sehr unterschiedlich damit. Während manche Kommunen in Deutschland Finanzvorschläge der Bürgerinnen und Bürger in ihre Haushaltspolitik einfließen lassen, ist sie bei anderen lediglich eine Vortragemöglichkeit von unverbindlichen »Wunschkonzerten« in kommunalen Internetforen. Und es gibt auch Kommunen, die keinen Gebrauch vom Bürgerhaushalt machen. Kommt der Bürgerhaushalt zur Anwendung, werden die Bürgerinnen und Bürger aus ihrer Zuschauerrolle bei kommunalen finanzpolitischen Entscheidungen herausgeführt und treten als Mitwirkende über die Beschaffung und Verwendung kommunaler Finanzmittel neben Gemeinderat und Gemeindeverwaltung in Erscheinung.

Andreas Kost/Marcel Solar

Literatur

Günther, Albert, und E. Beckmann. 2008. Bürgerhaushalt. In *Kommunal-Lexikon. Basiswissen Kommunalrecht und Kommunalpolitik*. Hrsg. dies., 45. Stuttgart: Richard Boorberg Verlag.

Kost, Andreas. 2018. Einleitung. In *Kommunalpolitik in meiner Stadt*, C. E. Heil, A. Kost, B. Schmitt, 7–46. Stuttgart: Richard Boorberg Verlag.

Bürgerversammlung In vielen Gemeindeordnungen vorgesehene Zusammenkunft der Bürgerinnen und Bürger, bei der Fragen an die Gemeinderepräsentanten gestellt, kommunale Themen (auch mit Experten) erörtert und zur Beratung an das Kommunalparlament weitergegeben werden können. Bürgerversammlungen können andererseits auch Rat und Bürgermeisterin bzw. Bürgermeister dazu dienen, die Bürgerinnen und Bürger über wichtige Gemeindeangelegenheiten zu informieren. In einigen Bundesländern ist eine regelmäßige Bürgerversammlung verpflichtend vorgeschrieben. Als relativ schwache Form der Bürgerbeteiligung erhalten die Bürgerinnen und Bürger zwar dadurch einen Informationsgewinn, aber auch hier gilt: Selbst wenn Gelegenheit zur Äußerung und Erörterung für die Bürgerinnen und Bürger mit den gemeindlichen Repräsentanten und Organen besteht, hat die Bürgerversammlung ausschließlich Informationscharakter und schließt ein Mitspracherecht aus. Die Sachentscheidungskompetenz verbleibt bei der kommunalen Vertretungskörperschaft.

Andreas Kost/Marcel Solar

Bundesebene Artikel 20 Absatz 2 des Grundgesetzes besagt: »Alle Staatsgewalt geht vom Volke aus. Sie wird vom Volke in Wahlen und Abstimmungen und durch besondere Organe der Gesetzgebung, der vollziehenden
Gewalt und der Rechtsprechung ausgeübt.« Auch wenn der Terminus »Abstimmungen« in Art. 20 Abs. 2 auftaucht, ist die Bundesrepublik Deutschland
in erster Linie eine konsequent repräsentative Demokratie. Wenn die Bürgerinnen und Bürger Volksvertretungen wählen, obliegt diesen prinzipiell
die alleinige Entscheidungskompetenz für Ämterbesetzungen und Sachentscheidungen. Dem Volk werden im Grundgesetz praktisch so gut wie keine
direktdemokratischen Rechte eingeräumt. Insbesondere bei Einführung des
Grundgesetzes 1949 wurden die vermeintlich schlechten Erfahrungen mit
Elementen direkter Demokratie während der Zeit der Weimarer Republik
(1918 bis 1933) als Ablehnungsgrund für eine Aufnahme in die Verfassung
der Bundesrepublik Deutschland angeführt. So fürchtete man die unheilvolle Beeinflussung der Bevölkerung durch Demagogen und antizipierte eine
Emotionalisierung und Polarisierung bei zentralen Volksabstimmungen, die
rationale Vernunftentscheidungen erschweren würden. Vorschläge zur Einführung direktdemokratischer Elemente in das Verfassungsgefüge mussten
sich deshalb für viele Jahre mit dieser dominierenden Grundhaltung in Politik und Gesellschaft der Bundesrepublik Deutschland auseinandersetzen.

Als Ausnahmen gelten die Artikel 29 (als Sonderfall daran angelehnt
118 und 118 a) sowie 146 des Grundgesetzes. Art. 29 Abs. 2 ff. GG regelt die
seltene Neugliederung der Bundesländer (z. B. Veränderungen der Grenzen bzw. Fusionen), bei denen ein Volksentscheid zur Bestätigung notwendig ist. Obwohl es einige Anläufe gab, ist bisher nur eine Neugliederung per
Volksentscheid realisiert worden: die Fusion der Länder Baden, Württemberg-Baden und Württemberg-Hohenzollern zum neuen Bundesland Baden-Württemberg im Jahre 1952. Der Versuch einer Fusion von Berlin und
Brandenburg zu einem neuen Bundesland Berlin-Brandenburg scheiterte 1996 an der verfassungsmäßig notwendigen Mindestzustimmung von
25 Prozent, die zwar von den Berlinerinnen und Berlinern (überwiegende
Zustimmung im ehemaligen Westteil, allerdings mehrheitliche Ablehnung
im Ostteil) überschritten wurde, aber – bei getrennter Abstimmungszere-
monie – nicht von den Brandenburgerinnen und Brandenburgern. Der Anteil der Nein-Stimmen lag insgesamt bei 63 Prozent. Eine Abstimmung über
die Neugliederung der Bundesländer gemäß Artikel 29 GG stellt jedoch von
vornherein keine bundesweite Volksabstimmung dar, sondern ist nur eine
Territorialabstimmung in den betroffenen Bundesländern. Die Bevölkerung

A
B
C
D
E
F
G
H
I
J
K
L
M
N
O
P
Q
R
S
T
U
V
W
X
Y
Z

dort kann den Zusammenschluss oder auch die mögliche Teilung der Länder in einem Volksentscheid bestätigen oder ablehnen. Erschwerend kommt hinzu, dass die Bevölkerung kein Initiativrecht für eine Neugliederung der Bundesländer besitzt.

Eine direktdemokratische Erweiterung des Grundgesetzes scheint bis heute wegen eines grundsätzlichen Misstrauens in nicht unerheblichen Teilen der verantwortlichen Parteien gegenüber der demokratischen Reife der deutschen Bevölkerung zu scheitern. Größte Bremserin auf Bundesebene ist die CDU, die sich bisher gegenüber erweiterten direktdemokratischen Beteiligungsmöglichkeiten der Bevölkerung sperrt. Die übrigen im Bundestag vertretenen Parteien befürworten mit unterschiedlich starken Ausprägungen grundsätzlich die Einführung direktdemokratischer Elemente in das Grundgesetz.

Andreas Kost/Marcel Solar

Literatur

Kost, A. 2016. Direkte Demokratie im politischen Mehrebenensystem der Bundesrepublik. In *Gesellschaft. Wirtschaft. Politik (GWP)* Heft 2: 223–231.

Bundesländer → Länderebene

52

D

Demokratieprinzip In einem enger gefassten, juristischen Verständnis ist das Demokratieprinzip eines der Staatsstrukturprinzipien, die sich aus dem Grundgesetz ergeben. Demnach ist die Bundesrepublik Deutschland eine Demokratie, eine Republik sowie Bundes-, Rechts- und Sozialstaat. Das Demokratieprinzip manifestiert sich insbesondere in Artikel 20 Absatz 2 des Grundgesetzes, demnach alle Staatsgewalt vom Volke ausgeht. Kern des Demokratieprinzips ist demnach die Volkssouveränität, alle Entscheidungen müssen sich auf das Volk zurückführen lassen, was sich insbesondere in der Garantie freier und wiederkehrender Wahlen und der Notwendigkeit von Mehrheitsentscheidungen manifestiert. Auch die Möglichkeit von direktdemokratischen Verfahren und weiterer Beteiligungsmöglichkeiten leitet sich aus dem Demokratieprinzip ab, die Einführung direktdemokratischer Instrumente auf Bundesebene ist nach herrschender Meinung durch eine entsprechende Änderung des Grundgesetzes möglich. Auf der Ebene der Bundesländer und Kommunen drückt sich das Demokratieprinzip bereits heute in der Möglichkeit von Volks- oder Bürgerbegehren und weiterer Verfahrensarten der direkten Demokratie aus.

In einem weiteren, eher ideengeschichtlich geprägten Verständnis wird das Demokratieprinzip vor allem in Abgrenzung zum Prinzip der Rechtsstaatlichkeit diskutiert. Etwas zugespitzt stellt das Demokratieprinzip auf die Umsetzung des Willens des Volkes ab, dieser sollte möglichst ohne Beschränkung umgesetzt werden. In Ermangelung eines eindeutig zu definierenden Volkswillens ist daher die Mehrheitsentscheidung das Mittel zum Zweck, um dem Demokratieprinzip Genüge zu leisten. Das Rechtsstaatsprinzip stellt hingegen auf den Schutz des Individuums gegen willkürliche Entscheidungen ab, es manifestiert sich beispielsweise im besonderen Schutz von Grundrechten, die im Extremfall – wie es beispielsweise in der sogenannten Ewigkeitsklausel des Grundgesetzes vorgesehen ist – dem Zugriff von Mehrheitsentscheidungen entzogen wird. Die Prinzipien der Demokratie und der Rechtsstaatlichkeit stehen in einem Spannungsverhältnis, welches gerade im Kontext von direktdemokratischen Abstimmungen deutlich wird. In einer Volksabstimmung über eine Sachfrage wird das Demokratieprinzip in ge-

© Springer Fachmedien Wiesbaden GmbH, ein Teil von Springer Nature 2019
A. Kost und M. Solar (Hrsg.), *Lexikon Direkte Demokratie in Deutschland*,
https://doi.org/10.1007/978-3-658-21783-9_4

radezu idealtypischer Art und Weise umgesetzt. Das Volk entscheidet selbst ohne den Filter von Repräsentanten oder anderen Institutionen, der mehrheitliche Willen wird im Anschluss umgesetzt. Gerade wenn eine Abstimmung die Rechte von Minderheiten berührt, treten die Probleme deutlich zutage, die aus einer reinen Umsetzung des Demokratieprinzips resultieren können. Das Prinzip der Rechtsstaatlichkeit würde in diesem Fall nach dem Ausschluss bestimmter Themen, erhöhten Mehrheitserfordernissen oder einer strengen Kontrolle durch Verfassungsgerichte rufen. Dadurch könnte das grundsätzliche Spannungsverhältnis zwar nicht aufgelöst, zumindest aber eingehegt werden. In seiner extremen Ausformung entzieht das Prinzip der Rechtsstaatlichkeit dem Souverän aber die Kompetenz, über bestimmte Themenbereiche frei zu entscheiden und setzt den Grundsatz der Mehrheitsentscheidung außer Kraft.

Die Frage, die sich daraus mit Blick auf die Ausgestaltung direktdemokratischer Verfahren ergibt, lautet, welchem Prinzip man mehr Raum zugesteht. Dies hängt unweigerlich mit dem Aufbau des politischen Systems zusammen, in dem ein direktdemokratisches Verfahren verortet ist. So stellen letztlich sämtliche politischen Systeme eine Abwägung verschiedener Prinzipien dar, von denen Demokratie und Rechtsstaatlichkeit eine herausgehobene Rolle spielen. Eine weitreichende Betonung des Demokratieprinzips findet sich beispielsweise in der Schweiz, in der das Letztentscheidungsrecht im Zweifel dem Volk zugestanden wird. Die Bundesrepublik Deutschland ist hingegen das Beispiel für ein System, welches dem Prinzip der Rechtsstaatlichkeit einen sehr weiten Raum zugesteht. Darüber hinaus kommt es auch auf das jeweilige Instrument der direkten Demokratie an, in welchem Maße sich Probleme in der Abwägung von Demokratie und Rechtsstaatlichkeit ergeben. So ist es vor allem das Verfahren der Volksgesetzgebung, welches für Spannungen sorgen kann, da die Themensetzung durch sämtliche gesellschaftlichen Gruppen erfolgen kann und zumindest in der Formulierung die Abwägung von Gemeinwohl und Einzelinteressen keine Rolle spielen muss.

Andreas Kost/Marcel Solar

Literatur

Abromeit, Heidrun. 1995. Volkssouveränität, Parlamentssouveränität, Verfassungssouveränität: Drei Realmodelle der Legitimation staatlichen Handelns. In *Politische Vierteljahresschrift* 36 (1): 49–66.

Christmann, Anna. 2012. Direct Democracy and the Rule of Law. Assessing a Tense Relationship. In *Direct Democracies and Minorities,* Hrsg. Wilfried Marxer, 47–63. Wiesbaden: VS Verlag für Sozialwissenschaften.

Kirchgässner, Gebhard. 2010. Direkte Demokratie und Menschenrechte. In *Jahrbuch für direkte Demokratie 2009,* Hrsg. L. P. Feld, P. M. Huber, O. Jung, C. Welzel und F. Wittreck, 66–89. Baden-Baden: Nomos.

Direkte Demokratie (Grundsatzartikel)

1. In der Wirklichkeit der modernen Staaten bezeichnet »direkte Demokratie« alle durch Verfassung und weitere Rechtsvorschriften ermöglichten Verfahren, durch die die stimmberechtigten Bürgerinnen und Bürger eines Staates/eines Bundeslandes/einer Kommune politische Sachfragen durch Abstimmung selbst und unmittelbar entscheiden bzw. auf die politische Agenda setzen. Direkte Demokratie ist also eine Ergänzung und Erweiterung des politischen Entscheidens in repräsentativen Demokratien, wo politisch verbindliche Entscheidungen (im Rahmen der Verfassungsordnung) von gewählten Repräsentanten getroffen werden. Zu den wichtigsten Elementen der direkten Demokratie zählen auf staatlicher Ebene das (Verfassungs-) Referendum, die Volksinitiative, das Volksbegehren und der Volksentscheid, auf der kommunalen Ebene der Bürgerantrag, das Bürgerbegehren und der Bürgerentscheid. Zu den Elementen der direkten Demokratie dürfen (in einem eingeschränkten Sinne) auch weitere Instrumente gezählt werden, die den Bürgerinnen und Bürgern eine direkte Partizipation am politischen Prozess oder einen Einfluss auf die Auswahl des politischen Personals ermöglichen, so z. B. die Direktwahl der Bürgermeister oder der Landräte.

2. In einem weiteren, eher theoretischen Sinne versteht man unter »direkter Demokratie« eine Herrschaftsordnung, in der die Verfassung der politischen Gemeinschaft und alle verbindlichen politischen Entscheidungen grundsätzlich von allen stimmberechtigten Bürgerinnen und Bürgern bestimmt werden. Dieses Modell einer Politik durch die Vollversammlung aller Bürgerin-

A
B
C

D

E
F
G
H
I
J
K
L
M
N
O
P
Q
R
S
T
U
V
W
X
Y
Z

nen und Bürger kann nur in kleinen politischen Gemeinschaften realisiert werden, wie sie etwa in der antiken Polis gegeben war. In der politischen Theorie hat der französische Philosoph Jean-Jacques Rousseau am radikalsten das Idealbild einer direkten Demokratie gezeichnet.

Grundsätze

Direkte Demokratie ist grundsätzlich erst einmal ein Zusammenspiel von unterschiedlichen in den jeweiligen Verfassungen und Gesetzen festgeschriebenen Mitwirkungs- und Mitbestimmungsrechten der Bürgerinnen und Bürger und bedeutet die unmittelbare Einwirkung in einem politischen System auf eine bestimmte Entscheidung. Dies geschieht unter Umgehung von Repräsentanten in Form von Abstimmungen durch Entscheidungen über Personen als Amtsträger oder als Votum über Sachfragen. Damit unterscheidet sie sich vom allgemeinen Wahlprinzip. Dabei wird nicht, im prinzipiellen Gegensatz zur reinen repräsentativen Demokratie, die Volkssouveränität auf die Wahl von Parlament und/oder Regierung beschränkt. Gleichwohl wird direkte Demokratie hier nicht als Gegenprinzip zur repräsentativen Demokratie verstanden, sondern als eine Ergänzung im Prozess politischer Entscheidungsfindung. Weiterhin können verschiedene Formen direkter Demokratie unterschieden werden, und zwar verfasste oder nicht verfasste und auf welche Ebene des politischen Systems sie abzielen. Verfasst ist direkte Demokratie an der Politik, wenn sie auf verbindliche Art institutionell verankert ist. Dies ist bei Einbindung in das Grundgesetz, einer Landesverfassung oder in einer Gemeindeordnung der Fall. Dazu können z. B. die kommunalen Partizipationsinstrumente Bürgerbegehren und Bürgerentscheid, die in den Gemeindeordnungen aufgeführt sind, gerechnet werden – im Gegensatz zu der nicht verfassten Beteiligungsform der Bürgerinitiative. Die Zielebene des politischen Systems, die durch eine Handlung erreicht werden soll, verbindet spezielle Beteiligungsformen der Bürgerinnen und Bürger einmal auf den zentralen Systemebenen (Bund und Länder) und zum anderen in der Gemeinde.

In der repräsentativen Demokratie übt das Volk die Herrschaft mittels repräsentativer Organe (Parlamente und ihre Volksvertreter) aus, die auf Verfassungsgrundlage in allgemeinen Wahlen turnusmäßig konstituiert werden. Durch die Repräsentation kommt der Volkswille als Herrschaftsform nicht ungeteilt und unmittelbar zum Ausdruck, sondern dies geschieht »lediglich« im Namen des Volkes, ohne dass es einen explizit bindenden Auftrag für die gewählten Volksvertreter beziehungsweise Abgeordneten gibt. Die Repräsentanten setzen die Willensbildung des Volkes erst in Gang und interpretieren und antizipieren eigenverantwortlich politische Entscheidungen. Zwischen Repräsentanten und Repräsentierten muss damit ein Auftrags- und Vertrauensverhältnis bestehen (Fraenkel 1991). Es gilt eine grundlegende Balance herzustellen, in der sowohl die Unabhängigkeit und Ermessenskompetenz der Abgeordneten als auch der Wahlauftrag durch das Volk im Rahmen der verfassungsmäßig festgelegten Grenzen austariert werden. Der politische Willensbildungsprozess über Parteien und Wahlen, in dem die Volksvertreter das (freie) Mandat erlangen und in Sachfragen für die Wählerinnen und Wähler bindende Entscheidungen treffen, steht zumindest in einem Spannungsverhältnis zu den Elementen direkter Demokratie, die gleichwohl in den meisten repräsentativen Demokratien, wie auch in der Bundesrepublik Deutschland, vorzufinden sind.

Historie

Die ursprüngliche Entstehung der Demokratie ist nicht auf einen exakten Termin zu datieren, aber vor ungefähr 2500 Jahren wurden im antiken Griechenland Reformen entwickelt, so z. B. durch den Athener Staatsreformer Kleisthenes (geb. um 570 v. Chr.), die als Vorläufer einer auf das Prinzip der Volkssouveränität gegründeten politischen Ordnung gelten können. In diesem Zusammenhang ist es durchaus hilfreich, den Demokratiebegriff mit einem stammwörtlichen und begriffsgeschichtlichen Rückblick zu verbinden. Denn »Demokratie« setzt sich aus den griechischen Wortbestandteilen *demos* = Volk und *kratein* = herrschen zusammen. Demokratie ist also eine Herrschaft des Volkes. So wurde im antiken Griechenland ein Verfassungstypus, wenn auch nicht vergleichbar mit den Prinzipien heutiger Gewaltenteilung, eingesetzt, der bereits demokratische Ansätze im Sinne von direkter Demokratie zeigte. In der sog. Attischen Demokratie, die im 5. Jahrhundert v. Chr. zur vollen Blüte gelangte und zugleich die Zeit der größten Machtentfaltung und kulturellen Bedeutung Athens darstellte, wurde einem Teil der Bevölkerung über Volksversammlungen (Ekklesia) das Recht zur politischen Beteiligung zugestanden. Dort wurden Gesetze erlassen, und es wurde auch über Krieg und Frieden entschieden. Diese Volksversammlungen ließen keine Vertretung zu, da nur die »Bürger« Zutritt hatten. Frauen, Kinder, Sklaven und Metöken (Bewohner Athens auswärtiger Herkunft) waren vom politischen Beteiligungsprozess ausgeschlossen. Für die 30 000 männlichen Vollathener gab es dagegen ein politisches Rede- und Stimmrecht sowie die Möglichkeit der Ausübung von politischen Ämtern mit Rotation, in denen der

A
B
C
D
E
F
G
H
I
J
K
L
M
N
O
P
Q
R
S
T
U
V
W
X
Y
Z

Vorsitzende täglich (!) ausgetauscht wurde. Die Übernahme eines politischen Amtes wurde dabei übrigens mit einer Ausgleichszahlung versehen. Untereinander waren die Stimmen der »Bürger« im Übrigen durchaus auch nicht gleichberechtigt, da Besitz und Herkunft eine wesentliche Rolle spielten.

Die Entwicklung zur Attischen Demokratie in der Geschichte Athens verlief dabei nicht wirklich zielgerichtet, sondern dauerte über mindestens zwei Jahrhunderte an und führte nach Beseitigung des Königtums erst einmal zu einer Oligarchie der Adelsgeschlechter. Die Herausbildung der klassischen Attischen Demokratie gelang schließlich durch die Umsetzung unterschiedlicher struktureller Reformen, die aus der Bewältigung von politischen Krisen resultierten und zu einer institutionell eingebundenen Mitverantwortlichkeit der Vollbürger für das Gemeinwesen führten.

Ausgehend von der ursprünglichen Wortverwendung wurde in der griechischen Antike »Demokratie« praktisch nur als Begriff der Staatsformenlehre verwendet. Demokratie stellte für bedeutende und einflussreiche politische Philosophen wie Platon, Aristoteles sowie andere klassische Denker nicht eine besondere Form der Gesellschaft, sondern ihrer staatlichen Herrschaftsorganisation dar, in der alle herrschen. Insbesondere Aristoteles hatte mit seiner Typologie der drei »guten« Staatsformen und ihrer Entartungen (Tyrannis = Gewaltherrschaft, Oligarchie = Herrschaft einer kleinen aristokratischen Schicht, Demokratie oder Ochlokratie = Pöbelherrschaft) neben quantitativen Merkmalen (»Wer herrscht?«) auch qualitative (»Wie wird geherrscht?«) geltend gemacht, wobei die Demokratie bei ihm insgesamt schlecht abschnitt. Als Entartungsform der Politie beschrieben, verblieb die Demokratie für fast zwei Jahrtausende in der Folge dieses Verdikts im Bannkreis polemischer Begriffskonnotationen (Guggenberger 2005, S. 135). Einsetzend mit dem peleponesischen Krieg (431–404 v. Chr.) und dem Siegeszug Philipps II. von Makedonien und Alexander des Großen (338 v. Chr.) wurde auch das vorläufige Ende der Demokratie eingeläutet. Der Begriff Politie bezieht sich nach Aristoteles auf die Verfassung als politische Ordnung überhaupt, meint aber auch eine spezielle Verfassung als diejenige unter den guten, am Gemeinwohl orientierten Staatsformen, in welcher die Herrschaft auf viele verteilt ist (im Gegensatz zum Königtum und zur Aristokratie). Später entwickelte Aristoteles die Politie als gemischte Verfassung aus Demokratie (der armen Vielen) und Oligarchie (der reichen Wenigen), um einen quantitativen und qualitativen Ausgleich zu erzielen, der die vielen durchschnittlichen Handlungskompetenzen zu einer relativ besten Gesamtqualität summiert.

Neue Impulse für die Demokratie setzten dann vom Ende des 17. Jh. bis in das 19. Jh. im Zeitalter der Aufklärung mit deren Philosophien ein. Ideen von Freiheit, Gerechtigkeit, Solidarität und Toleranz trafen einen breiten Resonanzboden, und es entwickelten sich unterschiedliche ideologische Strömungen (siehe Liberalismus, Sozialismus, Konservatismus). Die von Aristoteles favorisierte Politie enthielt jedoch eine ganze Reihe von Merkmalen, die insbesondere im Gefolge der Französischen Revolution positiven Sichtweisen von Demokratie recht nahe kommen sollte.

Ähnliche Volksversammlungen wie in der Attischen Demokratie gab es auch schon im späten Mittelalter an zahlreichen Orten Europas. So existieren beispielsweise urkundliche Aufzeichnungen aus dem Jahre 1447 über die Praxis in Fosses-la-Ville, eine Stadt im damaligen Fürstenbistum Lüttich, in der die Organisation der Lokalverwaltung und die Aufgaben des politischen Alltags von einem Gemeinderat übernommen wurden, der jedes Jahr per Volksversammlung neu gewählt wurde. Unter Einschluss der Rezeption vormoderner Erfahrungen der Antike, ersten Demokratieformen ab dem 16. Jahrhundert in den Niederlanden und der Schweiz (hier als Urform die Landsgemeinde) wurde die direkte Demokratie im 17. und 18. Jahrhundert in den neuenglischen Gründerstaaten der USA über sog. Town Meetings und dem revolutionären Frankreich mit seinen aufkeimenden radikaldemokratischen Ideen schließlich weiterentwickelt. Der Schweiz fiel letztlich bei der weiträumigen faktischen Anwendung direkter Demokratie eine Schlüsselrolle zu, da sie zwischen 1830 und 1890 direktdemokratische Ideen und Modelle (re)importierte und zuerst in einigen Kantonen und später im Bund etablierte. Die im 19. Jahrhundert neu entstandene Schweiz, hervorgegangen aus demokratischen Oppositionsbewegungen gegen das herrschende liberale Einparteienregime, wurde zu einem Synonym für ein Land mit tatsächlich weitgehenden Volksrechten. Versinnbildlicht wurde dies zwischen 1867 und 1869 mit der Erarbeitung der damals direktdemokratischsten Verfassung der Welt durch die Demokratische Bewegung des Kantons Zürich (Gross 2002, S. 14). Noch vor dem Ende des 19. Jahrhunderts wurden die Volksrechte in fast allen schweizerischen Kantonsverfassungen und im Bund verankert (1874 fakultatives Referendum, 1891 Volksinitiative zur Teilrevision der Verfassung).

Diese Entwicklungen in der Schweiz inspirierten bereits vor ca. 100 Jahren eine ganze Reihe von Demokraten in anderen Ländern konkret nach demokratischen Alternativen zu suchen. Teilweise existierte in einigen Ländern ein Unmut, der durch mangelnde Problemlösungsfähigkeit oder auch

A
B
C
D
E
F
G
H
I
J
K
L
M
N
O
P
Q
R
S
T
U
V
W
X
Y
Z

Ignoranz gegenüber den Bürgerinnen und Bürgern in manchen Parlamenten hervorgerufen wurde. Unter ausdrücklichem Bezug auf die Schweizer Erfahrungen wurden bis zum Ersten Weltkrieg in 18 US-Bundesstaaten sowie in Australien und Neuseeland Volksrechte verankert. Nach dem Ersten Weltkrieg folgten Volksrechte in den baltischen Staaten und in der Weimarer Republik – ein historischer Gesprächsstoff, der bis zum heutigen Tag in Deutschland Kontroversen auslösen kann.

Direktdemokratische Instrumente erhielten jedoch erst nach dem Ende des Zweiten Weltkrieges weltweite Bedeutung. Bisher fanden über 1 500 landesweite Abstimmungen in den letzten 200 Jahren auf der ganzen Welt statt, davon ca. die Hälfte seit 1990. Denn nach dem Ende der kommunistischen Herrschaft in weiten Teilen Mittel- und Osteuropas erfuhr die direkte Demokratie einen beachtlichen Schub. Fast alle der in diesen Staaten nach dem Zusammenbruch des kommunistischen Systems entstandenen neuen nationalen Verfassungen wurden mit Elementen direkter Demokratie versehen beziehungsweise von den neuen Demokraten per Volksabstimmungen angenommen. Der direktdemokratische Schub ist noch nachvollziehbarer, wenn man die subnationalen Initiativ- und Referendumsabstimmungen mit berücksichtigt. Mittlerweile haben allein in Deutschland alle Bundesländer Verfassungen mit Volksrechten aufzuweisen und zahlreiche Erfahrungen mit weit über 2 000 landesweiten und kommunalen Volksabstimmungen gemacht. Allerdings zählt Deutschland bis heute zu den europäischen Ausnahmestaaten, die noch nie eine nationale Volksabstimmung durchgeführt haben. Gleichwohl dominiert Europa die direktdemokratische Statistik weltweit mit einem Anteil von rund 60 Prozent. Für die Qualität der direkten Demokratie ist jedoch nicht die Anzahl der Volksabstimmungen entscheidend, sondern in einem praktischen Sinne, wie diese zustande kommen und wie die entsprechenden Verfahren und Mehrheitserfordernisse ausgestaltet sind (Gross 2002, S. 14).

Theoretische Ansätze und institutionelle Ausprägungen

Als normativer Anknüpfungspunkt wird aus demokratietheoretischer Sicht auf den Topos »Volksherrschaft« Bezug genommen, da die Volkssouveränität die höchste Legitimationsbasis darstellt. Allerdings behalten sich die repräsentativen Steuerungsakteure (sprich verantwortlichen Politiker) vor, wofür sie Bürgerentscheidungen öffnen, um aus einer Vielzahl von politischen Themen Sachbereiche herauszufiltern. Damit wird ersichtlich, dass direktdemokratische Partizipationsinstrumente keine eigenständigen und »frei schwebenden« Beteiligungsformen sind, sondern innerhalb der repräsentativen Demokratie institutionell gefasste Politikinstrumente.

Ein komplementäres Verhältnis von direktdemokratischen Komponenten und repräsentativer Demokratie muss jedoch auch berücksichtigen, ob direktdemokratische Politikentscheidungen auf der Output-Seite einen Niederschlag finden, um über ein allgemeines Demokratiepostulat (mehr Bürgerbeteiligung = mehr Demokratie) hinaus bewertet werden zu können, da sie sonst auf die Input-Seite des politischen Systems beschränkt bleiben. So muss direkte Demokratie auch nach Effekten von Bürgerbeteiligung fragen, und ebenso muss der Umfang der Bürgerbeteiligung mit den Funktionserfordernissen des politischen Systems und seinen Institutionen abgestimmt sein.

Die bisher zu beobachtenden Anwendungen und teilweise aufgetretenen Unzulänglichkeiten der »Strukturen« in Deutschland haben aber nicht dazu geführt, den prinzipiellen demokratischen Fortschritt direktdemokratischer Verfahren in Abrede zu stellen. Obwohl diese Partizipationsinstrumente kaum zum politischen »Alltagsgeschäft« gehören, haben nicht nur Parteien, sondern gerade auch Bürgerinitiativen und einzelne bzw. sich zusammenschließende aktive Bürger diese Form der unmittelbaren Bürgerbeteiligung für sich entdeckt. Auch wenn die allermeisten Entscheidungen weiterhin in den Volksvertretungen, insbesondere Gemeinderäten und Landtagen fallen, ist die beschworene Gefahr eines elitären Moments der Gegenmobilisierung durch stärker institutionalisierte Akteure – Parteien, Verwaltungen – geringer ausgefallen als zunächst vermutet werden konnte. Der Bundestag bleibt hier praktisch ausgeblendet, da bis auf die Artikel 29 und 118 GG (Neugliederung der Länder) überhaupt keine direktdemokratischen Entscheidungsmöglichkeiten auf Bundesebene existieren.

Doch ist direkte Demokratie auch zweck- und zielorientiertes Handeln und zugleich abhängig von den jeweiligen politisch-institutionellen Kontexten. Unter demokratietheoretischen Gesichtspunkten können dabei direktdemokratische Instrumente das politische System entlasten, um die – vor überzogenen Erwartungen nicht selten überforderte – repräsentative Demokratie differenzierter zu beurteilen und um die Akzeptanz politischer Entscheidungen zu erhöhen. So haben die Menschen das Bedürfnis, bei wichtigen politischen Entscheidungen mitbestimmen zu wollen (dies hat sich bei Umfragen über mögliche Volksabstimmungen zur Einführung der Europäischen Verfassung oder einer zukünftigen Aufnahme der Türkei in die Europäische Union gezeigt). Die Anwendung direkter Demokratie könnte es den Menschen erleichtern, Veränderungen zu akzeptieren, da sie auf Sachverhal-

A
B
C
D
E
F
G
H
I
J
K
L
M
N
O
P
Q
R
S
T
U
V
W
X
Y
Z

te selbst Einfluss nehmen. Werden daher direktdemokratische Elemente in das repräsentative System eingebaut, kann dieser Aspekt tatsächlich gewisse entlastende und Legitimation stiftende Wirkungen für das Modell der repräsentativen Demokratie hervorbringen.

In der Verfassungswirklichkeit sind Konzeptionen der direkten Demokratie in Reinform jedoch bisher nicht verwirklicht worden. Jean Jacques Rousseau, französisch-schweizerischer Philosoph, Schriftsteller und Pädagoge (geb. 28. 6. 1712, verst. 2. 7. 1778), gilt als einflussreicher theoretischer Begründer der klassischen und normativen Demokratietheorie(n), welcher die Ideen der direkten Demokratie weiterentwickelt hat. Eine Vielzahl nachfolgender Demokratietheorieansätze geht bis zum heutigen Tage auf ihn zurück. So sind beispielsweise das Konzept der »Starken Demokratie« von Benjamin Barber, die Ansätze der deliberativen Demokratie (bekanntester Vertreter Jürgen Habermas), aber auch die nicht verwirklichte Utopie des Rätemodells zu nennen. Rousseau entwarf im 18. Jahrhundert eine theoretische Konzeption der absoluten Volkssouveränität nach dem Credo, dass jedes Gesetz, das das Volk nicht persönlich bestätigt hat, null und nichtig und damit kein Gesetz sei. Diese rigide Vorstellung oder auch Fiktion beruht auf einem homogen gedachten allgemeinen Volkswillen (volonté générale) und der Annahme, dass der Mensch von Natur aus gut sei und in öffentlichen Angelegenheiten tugendhaft handeln müsse (Rousseau 1977). So gilt bei Rousseau von vornherein ein (allerdings nicht belegtes) Gemeinwohl, in dem Regierte und Regierende identisch sind und eine Unterscheidung zwischen Herrschenden und Beherrschten obsolet wird. Der Gegensatz zur repräsentativen Demokratie wird dabei an dieser Stelle besonders deutlich. Rousseaus Ideal einer direkten Demokratie enthält keine Gewaltenteilung und Repräsentation, dafür aber die Freiheit aller Bürgerinnen und Bürger, wobei nicht befriedigend geklärt ist, wie diese sich dem Gemeinwohl freiwillig untergliedern sollen – eine Vorstellung, die ohne Zwang kaum denkbar sein dürfte und Rousseau außerdem den Vorwurf eingetragen hat, ein Vorläufer des modernen Totalitarismus zu sein. Als ein Vertreter einer modifizierten Konzeption der direkten Demokratie beziehungsweise eines volonté générale gilt der ehemalige deutsche Bundesverfassungsrichter Gerhard Leibholz (geb. 15. 11. 1901, verst. 19. 02. 1982), der in der Entwicklung zum Parteienstaat die rationalisierte Erscheinungsform der plebiszitären Demokratie sah. Der Parteienstaat stellt einen Ersatz für die direkte Demokratie dar, und die jeweilige Mehrheit in Parlament und Regierung bildet den allgemeinen Volkswillen ab (Leibholz 1958).

Solche modifizierten Konzeptionen wären für Rousseau nicht akzeptabel gewesen, weil sich damit nicht die Vorstellungen eines absoluten identischen Gemeinwillens realisieren ließen. Auch wenn in der heutigen Zeit – es darf dabei nicht übersehen werden, dass Rousseaus Ideen im spannungsreichen Vorfeld der Französischen Revolution ihren Ursprung hatten – direkte Demokratie einen deutlich moderateren Anstrich aufweist, läuft sie auf tendenzielle Aufhebung von Herrschaft hinaus.

Andreas Kost

Literatur

Barber, Benjamin. 1994. *Starke Demokratie*. Hamburg: Rotbuch Verlag.

Fraenkel, Ernst. 1991. *Deutschland und die westlichen Demokratien. Erweiterte Ausgabe*. Frankfurt am Main: Suhrkamp Verlag.

Gross, A. 2002. Eine Idee macht ihren Weg. Die Schweiz und die zunehmende Verbreitung der direkten Demokratie. *Neue Zürcher Zeitung (Nr. 294)*.

Guggenberger, Bernd. 2005. Demokratietheorien. In *Lexikon der Politikwissenschaft. Theorien, Methoden, Begriffe. Band 1: A-M*, Hrsg. D. Nohlen, R.-O. Schultze, 135–143. 3. Aufl. München: Beck Verlag

Habermas, Jürgen. 1992. *Faktizität und Geltung. Beiträge zur Diskurstheorie des Rechts und des demokratischen Rechtsstaates*. Frankfurt am Main: Suhrkamp Verlag.

Kost, Andreas. 2013. *Direkte Demokratie*, 2. Aufl. Wiesbaden: Springer VS.

Leibholz, Gerhard. 1974. *Strukturprobleme der modernen Demokratie*. Frankfurt am Main: Athenäum Fischer Taschenbuch Verlag.

Rousseau, Jean-Jacques. 1977. *Der Gesellschaftsvertrag*. Stuttgart: Reclam.

Direktwahl Bürgermeister (und Landrat) Mittlerweile wählen die Bürgerinnen und Bürger in allen Flächenländern der Bundesrepublik Deutschland ihre Bürgermeister direkt (zumeist auch analog die Landräte in den Kreisen). Zahlreiche Landesregierungen leiteten kommunalpolitische Reformen ein, die ihre Impulse aus dem Prozess der deutschen Vereinigung 1989/1990 bezogen. Bis in die Mitte der 1990er Jahre hinein gab es nur in Baden-Württemberg und Bayern die Direkt- oder Urwahl des Bürgermeisters. Ansonsten wählten die Bürgerinnen und Bürger im Sinne einer strikten repräsentativen Demokratie ihre kommunalen Vertretungsorgane bzw. Räte, welche

A
B
C
D
E
F
G
H
I
J
K
L
M
N
O
P
Q
R
S
T
U
V
W
X
Y
Z

aus ihrer Mitte dann die Bürgermeister selbst bestimmten. Mit den Reformen zu verstärkter Bürgerbeteiligung (siehe hier insbesondere Bürgerbegehren und Bürgerentscheid) wurden die Beteiligungsmöglichkeiten der Bürgerinnen und Bürger in den Kommunen ausgeweitet und die Qualität der Kommunalpolitik verbessert: Ein durch die Direktwahl gestärkter Bürgermeister sollte mehr Verantwortlichkeit und Transparenz des kommunalen Entscheidungsprozesses und eine unmittelbarere Rückkoppelung an die Bürgerinnen und Bürger ermöglichen. Denn diese Volkswahl bedeutet durchaus einen Zuwachs an Legitimation und damit eine Art zusätzliche Beglaubigung, die mit entsprechenden Handlungserwartungen der Bürgerinnen und Bürger einhergeht. Diese Entwicklung wurde auch als Weg zur Dominanz des Bürgermeisters charakterisiert.

Die Direktwahl der Bürgermeister in den Städten und Gemeinden und (vom Wahlverfahren deckungsgleich) der Landräte in den Kreisen funktioniert in der Regel nach den Prinzipien der Mehrheitswahl, d. h., gewählt ist, wer mehr als die Hälfte der gültigen Stimmen erhalten hat. Erreicht keiner der Kandidaten im ersten Wahlgang die absolute Mehrheit, also über 50 Prozent der Stimmen, findet in den meisten Bundesländern nach der Direktwahl eine Stichwahl unter den zwei Bewerbern mit den höchsten Stimmenanteilen statt.

Die Bürgermeisterdirektwahlen zeichnen sich, wie Kommunalwahlen insgesamt, in den deutschen Bundesländern (bei gebotener differenzierter Sichtweise) durch eine eher geringe Wahlbeteiligung aus. Die durchschnittliche Wahlbeteiligung liegt nicht selten unter 50 Prozent. Dabei unterscheidet sich die Wahlbeteiligung in den Kommunen teilweise jedoch erheblich. Insgesamt wird erkennbar, dass die Wahlbeteiligung mit der Gemeindegröße sinkt. Man kann auch einen Zusammenhang zwischen Größe der Kommune, Kandidatenangebot und Parteieneinfluss erkennen: Je kleiner die Kommune ist, desto konzentrierter ist das Kandidatenangebot. Je größer wiederum die Gemeinde ist, desto größer ist der Einfluss der Parteien auf die Bürgermeisterwahl und desto größer ist das Kandidatenangebot. Im Vergleich zu den Ratswahlen ist der Einfluss der Parteiorientierung auf das Wahlverhalten bei Bürgermeisterwahlen jedoch eher gering. Die Kandidatenorientierung wird als stärkerer Einflussfaktor ausgemacht. Diese ist wiederum von der Kandidatenkonstellation, dem taktischen und strategischen Wahlverhalten der Anhänger kleinerer Parteien und dem Kandidatenprofil abhängig. Hingegen kann man einen niedrigen Stammwähleranteil beobachten, weswegen man die Bürgermeisterwahl in Abgrenzung zu den Ratswahlen eindeutig als Per-

Tabelle 1   Urwahl von hauptamtlichen Bürgermeistern in den Bundesländern[1]

Bundesland	Amtszeit in Jahren	Abwahl	Altersgrenzen
Baden-Württemberg	8	Nein	25–65
Bayern	6	Nein	18–67
Brandenburg	8	Ja	mind. 18
Hessen	6	Ja	mind. 18
Mecklenburg-Vorpommern	7–9[2]	Ja	18–60/64[3]
Niedersachsen	5	Ja	23–67
Nordrhein-Westfalen	5	Ja	mind. 23
Rheinland-Pfalz	8	Ja	23–65
Saarland	10	Ja	25–65
Sachsen	7	Ja	18–65
Sachsen-Anhalt	7	Ja	21–65
Schleswig-Holstein	6–8[2]	Ja	27–62
Thüringen	6	Ja	21–65

Quelle: Eigene Darstellung

[1] Die Bürgermeister der Stadtstaaten Berlin, Bremen und Hamburg sind vergleichbar mit den Ministerpräsidenten der Bundesländer und werden nicht direkt gewählt.

[2] Die Gemeindeordnungen von Mecklenburg-Vorpommern und Schleswig-Holstein nennen diesen flexiblen Zeitraum für eine Amtsperiode.

[3] Bei Wiederwahl.

sonenwahl einstufen kann. So führt die herausragende Position der Bürgermeisterkandidaten in den jeweiligen Kommunen zu einer recht dominierenden Personenwahrnehmung. Die Wahl des Gemeinderates kann dabei etwas in den Hintergrund treten.

Bürgermeister agieren eigentlich dann erfolgreich, wenn Personentypen bzw. Kandidaten hervorgebracht werden, die über verwaltungsfachliche Qualifikationen verfügen und Eigenschaften wie Bürgernähe (z. B. offenes Auftreten, Redegewandtheit, Glaubwürdigkeit) zeigen. Eine gewisse Parteibindung, z. B. Engagement in Parteiarbeit, Identifikation mit den inhaltlichen Parteipositionen, ist allerdings zumeist schon hilfreich, um überhaupt die Chance für eine parteiinterne Auswahl als Kandidat zu erhalten. Dieser Umstand hebt sich aber von den Ausnahmebestimmungen in Baden-Württemberg ab, wo nur Einzelbewerber zugelassen sind und die Bürgermeister traditionell eine starke individuelle Stellung besitzen.

An dieser Stelle sei erwähnt, dass es in der wissenschaftlichen Diskussion hinsichtlich der Direktwahlmöglichkeiten von Personen auch Auffassungen gibt, die durchaus einer Zuordnung zur direkten Demokratie widersprechen.

(Schiller und Mittendorf 2002, S. 11) oder dies zumindest kritisch betrachten (Patzelt 2005, S. 255). Richtig ist, dass die Urwahl von Bürgermeistern und Landräten in die repräsentativen Sphären der Kommunalwahlen eingebunden und daher nicht als eigentliches direktdemokratisches Instrument anzusehen ist. Jedoch wurden diese Direktwahlen ausschließlich zu wählender Personen als Amtsträger häufig parallel mit weiteren (direkt-)demokratischen Kommunalverfassungsreformen (siehe z. B. Bürgerbegehren und Bürgerentscheide) eingeführt, so dass eine Einbeziehung nicht ungerechtfertigt erscheint (Wehling 1994, S. 26; Weixner 2006, S. 130). Außerdem werden sie auch mit direktdemokratischen Instrumenten verknüpft (siehe die Abwahlmöglichkeit von direkt gewählten Bürgermeistern per Bürgerentscheid).

Prägende und mittlerweile generalisierende Kennzeichen für die Bürgermeisterwahl als Personenwahlen in Deutschland sind bisher

- ein relativ niedriger Stammwähleranteil,
- ein schwächerer Einfluss der Parteiorientierung auf das Wahlverhalten,
- eine zunehmende Kommunalorientierung der Wählerinnen und Wähler,
- eine Profil- bzw. Kandidatenorientierung als stärkster Erklärungsfaktor.

Andreas Kost/Marcel Solar

Literatur

Gehne, David H. 2012. *Bürgermeister. Führungskraft zwischen Bürgerschaft, Rat und Verwaltung.* Stuttgart: Richard Boorberg Verlag.

Kost, Andreas. 2013. *Direkte Demokratie*, 2. Aufl. Wiesbaden: Springer VS.

Kost, Andreas 2018. Einleitung. In *Kommunalpolitik in meiner Stadt*, C. E. Heil, A. Kost, B. Schmitt, 7–46. Stuttgart: Richard Boorberg Verlag.

Patzelt, Werner J. 2005. Direkte Demokratie in Sachsen. In *Direkte Demokratie in den deutschen Ländern. Eine Einführung*, Hrsg. Andreas Kost, 246–263. Wiesbaden: VS Verlag für Sozialwissenschaften.

Schiller T. und V. Mittendorf, Hrsg. 2002. *Direkte Demokratie. Forschung und Perspektiven.* Wiesbaden: Westdeutscher Verlag.

Wehling, Hans-Georg. 1994. *Kommunalpolitik* (Informationen zur politischen Bildung 242). Bonn: Bundeszentrale für politische Bildung.

Weixner, Bärbel Martina. 2006. Direktdemokratische Beteiligung in Ländern und Kommunen. In *Politische Partizipation zwischen Konvention und Protest. Eine studienorientierte Einführung*, Hrsg. Beate Hoecker, 100–132. Opladen. Verlag Barbara Budrich.

E

Effekte direkter Demokratie Direktdemokratische Verfahren haben immer zum Ziel, die politische Lage – oder besser gesagt den Status quo – zu verändern. Dies gelingt nicht immer, in jedem Fall lässt sich aber ein Effekt ausmachen, der auf ein direktdemokratisches Verfahren folgt. Dabei kann eine abstrakte von einer konkreten Ebene der Effekte unterschieden werden.

Auf der abstrakten Ebene kann man insgesamt vier Arten von Effekten direkter Demokratie voneinander unterscheiden (Christmann und Solar 2013):

- Direkte Effekte

Ein direktdemokratisches Verfahren hat dann einen direkten Effekt, wenn eine Änderung der politischen Beschlussgrundlage vollständig auf es zurückgeführt werden kann. In den deutschen Ländern ist das zum Beispiel der Fall, wenn sich eine Initiative mit ihrem Vorschlag in einem Volksentscheid durchsetzt. So wurde etwa das Nichtraucherschutzgesetz in Bayern aus dem Jahr 2010 durch einen Volksentscheid angenommen, ohne die Initiative hätte es das Gesetz in dieser Form nicht gegeben. Es ist aber auch vorstellbar, dass ein Landtag oder eine Kommunalvertretung ein Begehren schon zu einem früheren Zeitpunkt vollständig übernimmt, da sie mit dem Anliegen übereinstimmt oder sich abzeichnet, dass es in einer Abstimmung mit großer Sicherheit eine Mehrheit erhalten würde. Auch in diesem Fall hat das direktdemokratische Verfahren einen direkten Effekt. Die Forderung der Initiatoren wird vollständig in ein neues Gesetz oder eine neue Entscheidung umgesetzt.

- Halbdirekte Effekte

Nicht jedes direktdemokratische Verfahren ist im oben genannten Sinne erfolgreich, teilweise kommt es aber dennoch zu einer Änderung der bestehenden Politik, wenn auch nicht im eigentlich gewünschten Umfang. In solchen Fällen kann man von einem halbdirekten Effekt eines direktdemokratischen Verfahrens sprechen. So kann es zum Beispiel dazu kommen, dass eine Regierungsmehrheit mit den Initiatoren eines Volksbegehrens ei-

© Springer Fachmedien Wiesbaden GmbH, ein Teil von Springer Nature 2019
A. Kost und M. Solar (Hrsg.), *Lexikon Direkte Demokratie in Deutschland*,
https://doi.org/10.1007/978-3-658-21783-9_5

nen Kompromiss schließt, in dem sich beide mit ihren Positionen aufeinander zu bewegen, dass sich in einem Bürgerentscheid ein nicht ganz so weitreichender Gegenvorschlag der Ratsmehrheit durchsetzt oder dass nur Teile eines Begehrens übernommen werden. In diesem Sinne erzielen die Initiatoren einen Teilerfolg, eine Änderung der politischen Beschlusslage erfolgt aber dennoch.

- **Keine Effekte**

Kein Ergebnis ist auch ein Ergebnis. Nicht selten folgt auf ein direktdemokratisches Verfahren überhaupt keine Änderung der politischen Beschlusslage, das Verfahren hat keinen Effekt. Dabei kann es sich um ein frühes Scheitern handeln, weil zu wenige Unterstützungsunterschriften gesammelt wurden oder das Anliegen als rechtlich unzulässig eingestuft wird. Oder ein Volksgesetzgebungsverfahren nimmt alle Hürden, die Vorlage wird dann aber von den Abstimmenden in einem Volksentscheid abgelehnt. Selbst wenn sich der Blick oftmals nur auf diejenigen direktdemokratischen Verfahren richtet, die einen politischen Richtungswechsel oder eine Gesetzesänderung nach sich ziehen, ist es wichtig und sinnvoll, alle Verfahren ohne Effekte ebenfalls nicht aus den Augen zu verlieren. Denn gerade wenn der Anteil dieser Verfahren sehr hoch ist, sollte darüber nachgedacht werden, aus welchen Gründen dies so ist. Nicht selten kann hieraus abgeleitet werden, dass die direktdemokratischen Verfahren in der vorliegenden Form reformbedürftig sind, da eine Anwendung nur schwerlich möglich ist.

- **Indirekte Effekte**

Damit direktdemokratische Verfahren Wirkung entfalten können, müssen diese nicht unbedingt zur Anwendung kommen. Ihr bloßes Vorhandensein kann das Verhalten und die Entscheidungen der politisch Verantwortlichen beeinflussen. Da das (Nicht-)Handeln der Regierenden nicht direkt auf ein konkretes direktdemokratisches Verfahren zurückgeführt werden kann, spricht man in diesem Zusammenhang auch von indirekten Effekten direkter Demokratie. Ein Beispiel soll diese indirekte Wirkungsweise verdeutlichen: Eine Regierung möchte eine Reform der Schulstruktur auf den Weg bringen. Da sie befürchtet, dass eine sehr weitreichende Reform den Unmut vieler Eltern auf sich ziehen und diese ein Volksbegehren gegen die Reform auf den Weg bringen könnten, entscheidet sie sich für einen moderateren Vorschlag. Ohne dass ein Volksbegehren tatsächlich gestartet wurde, wirkt sich das Vorhandensein direktdemokratischer Verfahren so – quasi im vorauseilenden Gehorsam – auf die Politikergebnisse aus. Tatsächlich kann das Scheitern der Schulreform in Hamburg durch einen Volksentscheid im Juli 2010 als Begründung herangezogen werden, warum der Reformeifer in anderen Bundesländern im Anschluss merklich gedämpft wurde. Es sollte klar sein, dass sich solche indirekten Effekte nur einstellen, wenn die Kompetenz zur Auslösung eines direktdemokratischen Verfahrens ausdrücklich nicht in der Hand der Regierenden liegt oder aber eine Volksabstimmung obligatorisch ist, wenn eine bestimmte Maßnahme (z. B. eine Verfassungsänderung) umgesetzt werden soll. Zudem sind indirekte Effekte umso wahrscheinlicher, je stärker direktdemokratische Verfahren zum politischen Alltag in einem politischen System gehören. Nur wenn das Scheitern eines Vorhabens in einem Volksentscheid als realistische Option erscheint, wird dieses in den vorherigen Überlegungen überhaupt eingepreist. Es verwundert daher nicht, dass solche indirekten Effekte am ehesten in der Schweiz (Christmann 2010) und in den Gliedstaaten der USA (Gerber 1998) nachgewiesen werden konnten. Tatsächlich verweist auch der Sprachgebrauch auf die Bedeutung, die die direktdemokratischen Verfahren dort jeweils gewonnen haben. So spricht man in der Schweiz vom Damoklesschwert in Form des fakultativen Referendums welches über allen Entscheidungen schwebt, während in den USA die Initiative als *gun behind the door,* also als das Gewehr hinter der Tür, bezeichnet wird, da Interessengruppen nicht selten nur mit deren Einsatz drohen, um Politik in ihrem Sinne zu beeinflussen.

Auf einer konkreteren Ebene können Effekte direktdemokratischer Verfahren auf wirtschaftliche Kennzahlen, Politikfelder, politische Einstellungen oder politisches Engagement untersucht werden. Auch hier dienen meist die Schweiz und die Gliedstaaten der USA als Fallbeispiele, da die mittlerweile jahrhundertealte Praxis eine vergleichsweise breite Datengrundlage geschaffen hat. Eindeutige Aussagen über Zusammenhänge zwischen dem Vorhandensein bzw. der Nutzung direkter Demokratie und Politikergebnissen oder Verhaltensweisen sind dabei aber nur schwer zu treffen. Zum einen unterscheiden sich politische Systeme in ihren Institutionen und ihrer politischen Kultur oft so stark, dass die Effekte direkter Demokratie kaum verallgemeinerbar sind. So wirkt sich die direkte Demokratie in den US-Bundesstaaten beispielsweise positiv auf die Wahlbeteiligung aus (Smith und Tolbert 2004), während ihr in der Schweiz ein dämpfender Effekt auf die Beteiligung an Wahlen zugeschrieben wird (Freitag und Stadelmann-Steffen 2010). Dies hängt unter anderem damit zusammen, dass in den USA Volksabstimmungen grundsätzlich zusammen mit den Wahlen der Repräsentanten auf national- sowie gliedstaatlicher Ebene abgehalten werden und somit bestimmte Themen mehr Wähler an die Urnen locken, während in der Schweiz die Volksabstimmungen an gesonderten Terminen im Jahr abgehalten werden und somit wichtige Streitpunkte aus den Wahlen heraushalten. Zum anderen wirkt sich die direkte Demokratie auch nicht immer gleich über den zeitlichen Verlauf hinweg aus. So resultierten aus den Volksabstimmungen in der ersten Hälfte des 20. Jahrhunderts in den Gliedstaaten der USA insgesamt höhere Staatsausgaben, während spätestens seit Ende der 1970er Jahre ein dämpfender Effekt auf die Staatsausgaben von den dort abgehaltenen Volksabstimmungen ausgeht (Matsusaka 1995, 2000).

Als mehr oder weniger universell kann lediglich ein Effekt direktdemokratischer Verfahren festgehalten werden: dort, wo sie häufig zum Einsatz kommen, liegen die Politikergebnisse tendenziell näher an den Einstellungen und Wünschen der durchschnittlichen Bevölkerung als in anderen politischen Systemen, da die Bürgerinnen und Bürger entweder selbst die Entscheidung über eine Sachfrage treffen können oder die Repräsentanten versuchen, gar nicht erst Situationen entstehen zu lassen, in denen ihre Politik von Seiten der Bürgerinnen und Bürger konterkariert oder abgestraft wird (Gerber 1999; Hug 2004). Wie eine Gesellschaft aber bestimmte Themen bewertet kann hierdurch nicht beantwortet werden. Insofern kann direkte Demokratie sowohl progressiv als auch konservativ, ausgabe- oder sparfreudig, links oder rechts wirken.

Andreas Kost/Marcel Solar

Literatur

Christmann, Anna. 2010. Damoklesschwert Referendum? Die indirekte Wirkung ausgebauter Volksrechte auf die Rechte religiöser Minderheiten. In *Swiss Political Science Review* 16 (1): 1–41.

Christmann, Anna/Marcel Solar. 2013. *How to Assess Direct Democratic Effects. A Typology and an Example for the German Länder.* Paper vorgestellt auf der Jahrestagung des AK Demokratieforschung, DVPW, 6.–8. Juni 2013, Hagen.

Freitag, M., und I. Stadelmann-Steffen. 2010. Stumbling Block or Stepping Stone? The Influence of Direct Democracy on Individual Participation in Parliamentary Elections. In *Electoral Studies* 29 (3): 472–483.

Gerber, Elisabeth R. 1998. Pressuring Legislatures through the Use of Initiatives. Two Forms of Indirect Influence. In *Citizens as Legislators. Direct Democracy in the United States,* Hrsg. S. Bowler, T. Donovan und C. J. Tolbert, 191–208. Columbus: Ohio State University Press.

Gerber, Elisabeth R. 1999. *The Populist Paradox. Interest Group Influence and the Promise of Direct Legislation.* Princeton: Princeton University Press.

Hug, Simon. 2004. Occurrence and Policy Consequences of Referendums. A Theoretical Model and Empirical Evidence. In *Journal of Theoretical Politics* 16 (3): 321–356.

Matsusaka, John G. 1995. Fiscal Effects of the Voter Initiative. Evidence from the Last 30 Years. In *Journal of Political Economy* 103 (3): 587–623.

Matsusaka, John G. 2000. Fiscal Effects of the Voter Initiative in the First Half of the Twentieth Century. In *Journal of Law and Economics* 43 (2): 619–650.

Smith, Daniel A. und C. J. Tolbert. 2004. *Educated by Initiative. The Effects of Direct Democracy on Citizens and Political Organizations in the American States.* Ann Arbor: University of Michigan Press.

Einleitungsquorum Ein Einleitungsquorum ist der vorgeschriebene Mindestanteil von Unterstützungsunterschriften aus der Menge aller stimmberechtigten Bürgerinnen und Bürger eines Volksbegehrens, der gesammelt werden muss, damit erfolgreich ein Volksentscheid eingeleitet werden kann. Analog gilt ein Einleitungsquorum auf kommunaler Ebene bei Bürgerbegehren auch für die erfolgreiche Einleitung eines Bürgerentscheids. So können Bürgerbegehren in den Städten und Gemeinden sowie Volksbegehren in den Bundesländern tatsächlich nur dann realisiert werden, wenn diese Begehren von einer ausreichenden Zahl von Bürgerinnen und Bürgern unterschrieben worden sind. In vielen Bundesländern werden bestimmte Gemeindegrößenklassen festgelegt, die für eine Mindestzahl von Unterschriften bei Bürgerbegehren auf kommunaler Ebene notwendig sind. So sind die Quoren abgestuft, die mit steigender Gemeindegröße um einige Prozentpunkte bzw. in absoluten Zahlen sinken. Auf Länderebene existieren keine abgestuften Quoren. Dort werden feste Prozentzahlen bzw. absolute Zahlen vorgegeben, da keine variierenden Größenordnungen vorliegen. Nachdem die nötigen Unterschriften gesammelt wurden, werden die Listen an die Gemeindeverwal-

Tabelle 1 Einleitungsquoren bei Volksbegehren und Volksentscheiden

Bundesland	Volksbegehren Einleitungsquorum/Unter- schriftenhürde (in Prozent und teilweise absoluten Zahlen)	Bürgerbegehren Einleitungsquorum/Unter- schriftenhürde (in Prozent)
Baden-Württemberg	10	4,5–7
Bayern	10	3–10
Berlin (Bezirke)[1]	7 20[2]	3
Brandenburg	3,7 (80 000)	10
Bremen (Stadt)	5 10[2]	5
Stadt Bremerhaven	–	5
Hamburg (Bezirke)[1]	5	2–3
Hessen	20	3–10
Mecklenburg- Vorpommern	8,5 (120 000)	2,5–10
Niedersachsen	10	10
Nordrhein-Westfalen	8	3–10
Rheinland-Pfalz	Ca. 10 (300 000)	6–10
Saarland	7	5–15
Sachsen	450 000 (13,2)	(5 –) 10[3]
Sachsen-Anhalt	11	4,5–10
Schleswig-Holstein	5	4–10
Thüringen	10 8[4]	4,5–7

Quelle: Eigene Darstellung

[1] In Berlin und Hamburg wird auf kommunaler Ebene in den Stadtbezirken abgestimmt.

[2] Die zweite Zahl bezieht sich auf die nötige Unterschriftenzahl bei verfassungsändernden Volksbegehren auf Länderebene.

[3] In Sachsen kann das Unterschriftenquorum für ein Bürgerbegehren von den Gemeinden auf ein Minimum von fünf Prozent gesenkt werden.

[4] In Thüringen beträgt das Unterschriftenquorum bei Amtseintragung acht Prozent.

tungen übergeben. Nicht alle gesammelten Unterschriften müssen auf einmal eingereicht werden. Allerdings müssen die Unterschriften bis zum Ende der Sammelfrist vorliegen. Die Namen der Unterzeichnerinnen und Unterzeichner auf den Eintragungslisten dürfen nicht bekanntgegeben werden.

Andreas Kost/Marcel Solar

Eintragungsfrist ➤ Sammlungsfrist

Einwohnerantrag In den Gemeindeordnungen einiger Bundesländer vorgesehene Möglichkeit der Bürgerinnen und Bürger, das Gemeindeparlament mit einem kommunalen Anliegen zu befassen. Da der Einwohnerantrag, in einigen Ländern auch Bürgerantrag genannt, nicht zwingend eine Sachentscheidung des Gemeindeparlaments zur Folge hat, genügt in der Regel eine geringere Unterstützung als bei Bürgerbegehren und Bürgerentscheid. Auch besteht die Möglichkeit, dass nicht stimmberechtigte Einwohnerinnen und Einwohner (z. B. Jugendliche ab 14 Jahren) ihre Anliegen zur Geltung bringen können. So wurden dem Einwohner- oder Bürgerantrag, auch schon als ›kleines Bürgerbegehren‹ tituliert, bereits recht große Erwartungen entgegen gebracht. Sein Antragsrecht liegt im Grenzbereich zwischen der Massenpetition und der plebiszitären Beteiligung der Bürgerinnen und Bürger an der Willensbildung. Durch den Einwohnerantrag wird ein Gemeinderat verpflichtet, sofern die gesetzlich festgelegten Zulässigkeitsvoraussetzungen (unter anderem das Unterschriftenquorum) erfüllt sind, sich innerhalb einer bestimmten Frist mit einer schriftlich eingereichten Angelegenheit zu befassen und auch darüber zu entscheiden. Die Aufforderung für den Rat zur Entscheidung gilt nicht in allen Gemeindeordnungen der Bundesrepublik, in denen ein Einwohnerantrag verankert ist. Hier darf nicht übersehen werden, dass vom Einwohnerantrag keine Beschlusswirkung ausgeht. Die Entscheidungskompetenz liegt weiterhin in den Händen der Kommunalvertretung. Lehnt ein Rat den Einwohnerantrag ab, besteht – anders als beim Bürgerbegehren – keine Möglichkeit für die Einwohnerinnen und Einwohner mehr die Angelegenheit selbst zu entscheiden, so wie dies beim Bürgerentscheid der Fall sein kann. Bisherige Erkenntnisse und Ergebnisse zum Einwohnerantrag: Viel Aufwand, wenig Ertrag – das Partizipationsinstrument spielt in der kommunalpolitischen Praxis praktisch keine Rolle. In Thüringen und Bremen im Übrigen als Bürgerantrag bezeichnete Variante der Volksinitiative auf Landesebene.

Andreas Kost/Marcel Solar

Europa (und direkte Demokratie) (Grundsatzartikel) Parlamente und Regierungen, die durch freie und faire Wahlen legitimiert werden, bilden den institutionellen Kern nationalstaatlicher Demokratien.* Direktdemokratische Institutionen zählen dagegen zu den optionalen Komponenten repräsentativ-demokratischer Regierungssysteme. Je nach Staats- und Verfassungstradition können sie höchst unterschiedlich ausgestaltet sein und unterschiedliche Bedeutung für die politische Willensbildung und Entscheidung haben. Dies zeigt sich auch im europäischen Vergleich. Den mit Abstand größten Stellenwert hat die direkte Demokratie traditionell in der Schweiz, wo seit Mitte des 19. Jahrhunderts die meisten Volksabstimmungen weltweit stattgefunden haben. Danach folgt das Fürstentum Liechtenstein, das auf eine knapp 100jährige Referendumstradition zurückblicken kann. In den Mitgliedstaaten der Europäischen Union (EU) waren direktdemokratische Verfahren weit weniger bedeutsam. In den ersten Jahrzehnten nach dem Zweiten Weltkrieg fanden lediglich in Italien, Irland, Dänemark und Frankreich mehrere Volksentscheide statt, während die Bürgerinnen und Bürger der anderen EU-Staaten nur selten oder nie über politische Sachfragen abstimmen durften.

Seit den 1990er Jahren hat sich die Bedeutung der direkten Demokratie in der EU offensichtlich erhöht. Zum einen haben die neuen Mitgliedstaaten Mittel- und Osteuropas (MOE) nach dem Ende der sozialistischen Regime weitgehende Möglichkeiten zur sachunmittelbaren Volksbeteiligung geschaffen. Zum anderen haben einige alte Mitglieder vermehrt Referenden abgehalten. Wie sind nun die direktdemokratischen Institutionen in den 28 EU-Staaten ausgestaltet und welche Bedeutung haben sie für die politische Willensbildung und Entscheidung?

---

* Ich danke Maren Bestehorn für Unterstützung bei der Datenrecherche.

Hinsichtlich der rechtlichen Grundlagen ergibt sich zunächst eine relativ homogene Ausgangssituation (Tab. 1). In 25 der 28 EU-Staaten sind direktdemokratische Institutionen in der Verfassung verankert, und selbst in den drei britisch geprägten Ländern, wo dies nicht der Fall ist, haben schon Volksabstimmungen auf nationaler Ebene stattgefunden (Vereinigtes Königreich, Malta, Zypern). Auch auf lokaler Ebene ist die direkte Demokratie EU-weit verbreitet; nur sechs Staaten sehen hier keine sachunmittelbare Bürgerbeteiligung vor. Auf regionaler Ebene hingegen halten sich die Fälle mit und ohne direktdemokratische Institutionen die Waage. Das hat damit zu tun, dass in kleinen EU-Ländern wie Luxemburg, Slowenien, Zypern und den baltischen Staaten keine regionale Systemebene existiert, während politisch starke Regionen wie die deutschen Länder oder die spanischen Gemeinschaften auch über direktdemokratische Volksrechte verfügen. Allerdings gilt dies nicht für alle Staaten mit regionalen Gebietskörperschaften: Im föderalen Belgien existieren keine Volksabstimmungen auf regionaler Ebene, in Holland sind sie nur auf den niederländischen Antillen zulässig.

Die bloße Existenz direktdemokratischer Institutionen sagt noch wenig darüber aus, welche Stellung sie im repräsentativ-demokratischen Regierungssystem einnehmen. Ein differenzierteres Bild ergibt sich, wenn man nach den wichtigsten Formen sachunmittelbarer Bürgerbeteiligung auf nationaler Ebene unterscheidet (Tab. 2).

Am häufigsten findet sich in den EU-Staaten das *fakultative Referendum* über ein bestehendes Gesetz, das »von oben« von einem oder mehreren Staatsorganen angesetzt werden kann. Deutschland und Zypern sind hier die einzigen Ausnahmen. Diese Verfahrensform folgt meist der »normalen« Logik des Parteienwettbewerbs, zumal wenn die Regierung das Referendum anberaumt, um sich politische Vorteile zu verschaffen. Solche plebiszitären Kalküle gehen jedoch nicht immer auf. So musste der französische Staatspräsident Charles de Gaulle 1969 sein Amt niederlegen, nachdem er eine von ihm initiierte Volksabstimmung über die Reform der Regionalverwaltung verloren hatte. Ähnlich erging es dem britischen Premierminister David Cameron, der im Wahlkampf 2015 ein Referendum über den »Brexit« versprach und dann aufgrund des unerwarteten Abstimmungsergebnisses im Juni 2016 zum Rücktritt gezwungen wurde.

Das *obligatorische Referendum,* das »automatisch« bei Verfassungsreformen stattfindet, gibt es in 16 der 28 EU-Staaten. In den meisten Fällen kam es jedoch nur selten oder nie zum Einsatz, da es nur für bestimmte fundamentale Änderungen der Verfassungsordnung vorgesehen ist, z. B. eine territo-

Tabelle 1   Direktdemokratische Institutionen (DDI) in den EU-Staaten

Land	DDI in Verfassung	DDI nach politischen Systemebenen		
		National	Regional	Lokal
Belgien	Ja[a]	Ja	Nein	Ja
Bulgarien	Ja	Ja	Nein	Ja
Dänemark	Ja	Ja	Ja	Ja
Deutschland	Ja	Ja	Ja	Ja
Estland	Ja	Ja	Nein	Ja
Finnland	Ja	Ja	Nein	Ja
Frankreich	Ja	Ja	Ja	Ja
Griechenland	Ja	Ja	Nein	Nein
Irland	Ja	Ja	Nein	Nein
Italien	Ja	Ja	Ja	Ja
Kroatien	Ja	Ja	Ja	Ja
Lettland	Ja	Ja	Nein	Nein
Litauen	Ja	Ja	Nein	Nein
Luxemburg	Ja	Ja	Nein	Ja
Malta	Nein	Ja	Ja[b]	Ja
Niederlande	Ja[a]	Ja	Ja[c]	Ja
Österreich	Ja	Ja	Ja	Ja
Polen	Ja	Ja	Ja	Ja
Portugal	Ja	Ja	Nein	Nein
Rumänien	Ja	Ja	Nein	Ja
Slowakei	Ja	Ja	Nein	Ja
Slowenien	Ja	Ja	Nein	Ja
Schweden	Ja	Ja	Ja	Ja
Spanien	Ja	Ja	Ja	Ja
Tschechien	Ja[a]	Ja	Ja	Ja
Ungarn	Ja	Ja	Ja	Ja
UK	Nein	Ja	Ja	Ja
Zypern	Nein	Ja	Nein	Nein
Gesamt EU-28 (% der Staaten)	89 %	100 %	50 %	79 %
MOE-11[d] (% der Staaten)	100 %	100 %	36 %	82 %

Quelle: eigene Zusammenstellung nach www.c2d.ch, Walter-Rogg (2008, S. 248 ff.) und Vospernik (2014); Stand: 30.06.2017.

Anmerkungen: [a] Nur Abstimmungen auf lokaler Ebene in der Verfassung verankert. [b] 1973 wurde auf der Insel Gozo, die einen eigenen Verwaltungsbezirk bildet, ein Referendum über regionale Autonomie abgehalten. [c] Nur Abstimmungen auf den niederländischen Antillen. [d] Elf post-sozialistische Staaten Mittel- und Osteuropas, die seit 2004 der EU beigetreten sind (Bulgarien, Estland, Kroatien, Lettland, Litauen, Polen, Rumänien, Slowakei, Slowenien, Tschechien, Ungarn).

Tabelle 2 Direktdemokratische Verfahrensformen in den EU-Staaten (nationale Ebene)

Land	Obligatorisches Referendum (per Verfassung)	Fakultatives Referendum (durch Staatsorgane)	Fakultatives Referendum (durch Wähler)	Volksgesetzgebung (durch Wähler)	Konsultative Volksinitiative (durch Wähler)
Belgien	Nein	Ja	Nein	Nein	Nein
Bulgarien	Nein	Ja	Nein	Ja	Ja
Dänemark	Ja	Ja	Nein	Nein	Nein
Deutschland	Ja[a]	Nein	Nein	Nein	Nein
Estland	Ja	Ja	Nein	Nein	Nein
Finnland	Nein	Ja	Nein	Nein	Ja
Frankreich	Ja	Ja	Nein	Nein	Nein
Griechenland	Nein	Ja	Nein	Nein	Nein
Irland	Ja	Ja	Nein	Nein	Nein
Italien	Ja[b]	Ja	Ja	Nein	Ja
Kroatien	Ja	Ja	Nein	Ja	Nein
Lettland	Ja	Ja	Ja	Ja	Nein
Litauen	Ja	Ja	Ja	Ja	Ja
Luxemburg	Nein	Ja	Ja	Nein	Nein
Malta	Ja[c]	Ja	Ja	Nein	Nein
Niederlande	Nein	Ja	Ja[d]	Nein	Ja
Österreich	Ja	Ja	Nein	Nein	Ja
Polen	Nein	Ja	Nein	Nein	Ja
Portugal	Ja[b]	Ja	Nein	Nein	Ja
Rumänien	Ja	Ja	Nein	Nein	Ja
Slowakei	Ja	Ja	Ja	Ja	Ja
Slowenien	Nein	Ja	Ja	Nein	Ja
Schweden	Nein	Ja	Nein	Nein	Nein
Spanien	Ja[e]	Ja	Nein	Nein	Ja
Tschechien	Nein	Ja	Nein	Nein	Nein
Ungarn	Ja	Ja	Ja	Ja	Ja
UK	Nein	Ja	Nein	Nein	Nein
Zypern[f]	Nein	Nein	Nein	Nein	Nein
Gesamt EU-28 (% der Staaten)	57%	93%	32%	21%	46%
MOE-11[d] (% der Staaten)	64%	100%	45%	55%	64%

Quelle: eigene Zusammenstellung nach www.c2d.ch, Walter-Rogg (2008, S. 248 ff.) und Vospernik (2014); Stand: 30.06.2017.

Anmerkungen: [a] Nur bei Verabschiedung einer neuen Verfassung und bei einer Neugliederung des Bundesgebiets. [b] Nur bei Gründung neuer Regionen. [c] Nur bei Änderungen des Scheidungsgesetzes oder der Legislaturperiode. [d] Abstimmungsergebnis ist nicht verbindlich. [e] Nur bei Totalrevision der Verfassung oder Änderung zentraler Verfassungsartikel. [f] Das einzige Referendum in Zypern fand 2004 über die staatliche Wiedervereinigung auf Basis eines UN-Plans statt; aufgrund seines speziellen Charakters passt es in keine der genannten Kategorien.

A
B
C
D
E
F
G
H
I
J
K
L
M
N
O
P
Q
R
S
T
U
V
W
X
Y
Z

riale Neugliederung (Deutschland, Italien, Portugal), den Beitritt zu einem Staatenbund (Kroatien, Slowakei, Ungarn), die Aufnahme neuer EU-Mitglieder (Frankreich) oder eine Totalrevision der Verfassung (Deutschland, Österreich, Spanien). Einen Abstimmungszwang für sämtliche Verfassungsänderungen kennen lediglich Dänemark, Irland und Rumänien. Darunter bildet wiederum Irland einen Sonderfall, weil dort nahezu alle politischen Grundsatzfragen einem Verfassungsvorbehalt unterliegen und somit per Referendum ratifiziert werden müssen. Deswegen ist Irland das EU-Mitglied, das nach Italien die meisten nationalen Volksabstimmungen abgehalten hat.

Direktdemokratische Verfahrensformen, die »von unten« durch das Volk initiiert werden können, sind auf nationaler Ebene weniger verbreitet. In 13 EU-Staaten gibt es die *konsultative Volksinitiative*, bei der eine bestimmte Anzahl von Wählerinnen und Wählern dem Parlament einen Gesetzesvorschlag unterbreiten kann. Da jedoch kein Zwang zur Übernahme des Vorschlags besteht, hat diese Volksinitiative einen ähnlichen (untergeordneten) Stellenwert wie ein allgemeines Petitionsrecht, das in allen parlamentarischen Demokratien existiert. Politisch bedeutsamer ist das *fakultative Referendum »von unten«* (auch: Vetoreferendum), bei dem eine bestimmte Wähleranzahl eine verbindliche Volksabstimmung über ein bestehendes Gesetz herbeiführen kann. Diese Verfahrensform gibt es in neun EU-Staaten, darunter fünf aus MOE. Praktische Bedeutung erlangt hat sie vor allem in Italien. Dort wurden seit Mitte der 1970er Jahre zahlreiche »abrogative« Referenden gegen Gesetze angestrengt, die zuvor geraume Zeit in Kraft gewesen waren. Besonders folgenreich war etwa eine Volksabstimmung im Juni 1991, die die Präferenzstimmen beim Wahlsystem zum italienischen Abgeordnetenhaus abschaffte und dadurch eine Restrukturierung des gesamten Regierungssystems auslöste. Unter den neuen EU-Staaten hat das Vetoreferendum in Slowenien die größte Relevanz erlangt: Dort wurde es wiederholt von Gewerkschaften und anderen zivilgesellschaftlichen Organisationen genutzt, um sozialpolitische Reformprojekte der amtierenden Regierung zu Fall zu bringen.

Das direktdemokratische Instrument, das die Funktionslogik der parlamentarischen Demokratie am stärksten verändern kann, ist die *Volksgesetzgebung*. Dabei können Wählerinnen und Wähler einen eigenen Gesetzesentwurf einbringen und diesen über ein mehrstufiges Verfahren und einen abschließenden Volksentscheid Realität werden lassen, ohne dass das Parlament daran beteiligt ist. Diese Verfahrensform, die auf regionaler und lokaler Ebene weit verbreitet ist (z. B. in den deutschen Ländern), war auf nationaler Ebene bis Ende der 1980er Jahre so gut wie unbekannt. Nach dem Zusammenbruch der sozialistischen Regime wurde sie jedoch von mehreren MOE-Staaten eingeführt. Gegenwärtig gibt es Volksgesetzgebungsverfahren in sechs EU-Mitgliedern. In Litauen, Lettland, der Slowakei und Ungarn kam sie jeweils mehrfach zum Einsatz, in Kroatien nur einmal, in Bulgarien noch nie. Auch in Slowenien kam es nach 1990 zu einigen Volksbegehren, bis sie 2005 abgeschafft wurden.

Neben den genannten Verfahrensarten gibt es noch einige Sonderformen. Darunter fallen auch Volksabstimmungen, die über die vorzeitige Abberufung gewählter Amtsträger befinden. Auf lokaler und regionaler Ebene kommt dieser *recall* gelegentlich vor, auf nationaler Ebene war er lange Zeit unbekannt. Nur zwei mittel- und osteuropäische EU-Staaten haben nach 1990 spezifische Abberufungsverfahren eingeführt: In der Slowakei kann ein Volksbegehren über vorzeitige Parlamentswahlen lanciert werden, während in Rumänien das Parlament einen Volksentscheid über die Amtsenthebung des Staatspräsidenten ansetzen kann. In beiden Ländern kamen die *Recall*-Verfahren bereits zum Einsatz (Slowakei 2000 und 2004, Rumänien 2012), blieben allerdings erfolglos.

Die Bedeutung direktdemokratischer Institutionen resultiert nicht allein aus dem formalen Umfang, in dem die Bürgerinnen und Bürger die politische Willensbildung und Entscheidung bestimmen können, sondern vor allem auch daraus, wie sie praktisch genutzt werden. Blickt man auf die *Anzahl nationaler Volksabstimmungen* (Tab. 3), lassen sich einige Aussagen dazu treffen. Zwischen 1945 und Mitte 2017 fanden in den EU-Staaten insgesamt 304 Abstimmungen statt. Diese stattlich erscheinende Anzahl relativiert sich stark, wenn man die Vielzahl der Länder und die Länge des Zeitraums einbezieht: Pro Land kam es dann nur noch alle sieben Jahre zu einer Abstimmung. Allein in der Schweiz haben seit 1848 doppelt so viele Volksabstimmungen stattgefunden (612).

In der EU scheinen direktdemokratische Verfahren auf nationaler Ebene also eher Ausnahmecharakter zu besitzen. Ein genauerer Blick fördert gleichwohl einige bedeutsame Unterschiede zutage. Erstens ist die Abstimmungshäufigkeit im Zeitverlauf angestiegen: Seit den 1990er Jahren wurden in den heutigen EU-Staaten mehr als doppelt so viele Volksabstimmungen abgehalten als in den viereinhalb Jahrzehnten zuvor. Zweitens ist ein regionaler Unterschied unverkennbar: In den elf post-sozialistischen Ländern Mittel- und Osteuropas wurde seit 1990 häufiger abgestimmt als in den anderen Mitgliedstaaten. Drittens konzentriert sich die direktdemokratische Pra-

Tabelle 3   Nationale Volksabstimmungen in den EU-Staaten (1945–2017)

Land	1945–1960	1961–1970	1971–1980	1981–1990	1991–2000	2001–2010	2011–2017	Gesamt
Belgien	1	0	0	0	0	0	0	1
Bulgarien	2	0	1	0	0	0	2	5
Dänemark	3	6	3	1	3	2	2	20
Deutschland	0	0	0	0	0	0	0	0
Estland	0	0	0	0	3	1	0	4
Finnland	0	0	0	0	1	0	0	1
Frankreich	1	4	1	1	1	3	0	11
Griechenland	1	1	3	0	0	0	1	6
Irland	1	2	5	4	10	8	8	38
Italien	2	0	3	12	32	19	6	74
Kroatien	0	0	0	0	2	0	2	4
Lettland	0	0	0	0	3	5	2	10
Litauen	0	0	0	0	17	2	2	21
Luxemburg	0	0	0	0	0	1	3	4
Malta	0	1	0	0	0	1	2	4
Niederlande	0	0	0	0	0	1	0	1
Österreich	0	0	1	0	1	0	1	3
Polen	3	0	0	2	6	1	3	15
Portugal	0	0	0	0	2	1	0	3
Rumänien	1	0	0	1	1	3	0	6
Slowakei	0	0	0	0	6	3	9	18
Slowenien	0	0	0	0	5	9	8	22
Schweden	7	0	0	4	1	1	0	13
Spanien	0	0	1	1	0	1	0	3
Tschechien	0	0	0	0	0	1	0	1
Ungarn	0	0	0	4	2	6	0	12
UK	0	0	1	0	0	0	2	3
Zypern	0	0	0	0	0	1	0	1
Gesamt (EU-28)	22	14	19	30	96	70	53	304
MOE-11	6	0	1	7	45	31	28	118

Quelle: eigene Zusammenstellung nach www.c2d.ch; Stand: 30.06.2017.

xis in beiden Regionen auf relativ wenige Staaten. In Westeuropa fanden 70 % aller nationalen Volksabstimmungen in Italien, Irland und Dänemark statt; in MOE entfielen 83 % der Abstimmungen auf sechs Länder (Slowenien, Litauen, Slowakei, Polen, Ungarn, Lettland). Umgekehrt gibt es fünf EU-Staaten, in denen seit 1945 nur eine einzige Volksabstimmung abgehalten wurde (Belgien 1950, Finnland 1994, Niederlande 2004, Tschechien 2003, Zypern 2004). Allein in der Bundesrepublik Deutschland ist es noch nie zu einer nationalen Abstimmung gekommen.

Betrachtet man schließlich die *Ergebnisse der nationalen Volksabstimmungen* in den EU-Staaten (Tab. 4), zeigt sich ein relativ ausgeglichenes Gesamtbild: 138 der 304 Abstimmungsvorlagen wurden positiv beschieden (45 %), 166 abgelehnt (55 %). In den MOE-Staaten ist die Verteilung asymmetrischer: Dort wurden nur 43 von 118 Abstimmungsvorlagen angenommen (36 %). Besonders interessant ist dabei die Frage, ob die abgelehnten Vorlagen keine Stimmenmehrheit erhalten haben oder ob sie nur deshalb zurückgewiesen wurden, weil sie *trotz Stimmenmehrheit* das jeweilige Beteiligungsquorum verfehlt haben und damit »unecht« gescheitert sind. In dieser Hinsicht gibt es bemerkenswerte Unterschiede: Während sich in den elf MOE-Staaten »echt« und »unecht« gescheiterte Abstimmungsvorlagen die Waage halten (38 zu 37), sind in den übrigen Mitgliedsländern zwei Drittel der zurückgewiesenen Vorlagen auf fehlende Stimmenmehrheiten zurückzuführen (61 von 91) und nur ein Drittel auf zu geringe Beteiligungsraten (30 von 91). Diese West-Ost-Differenz liegt weniger an unterschiedlich hohen Quoren, sondern vielmehr an den deutlich geringeren Partizipationsraten in MOE. Der extremste Fall ist die Slowakei, wo die durchschnittliche Beteiligung bei nationalen Volksabstimmungen nur 20,1 % betrug. Dementsprechend scheiterten dort alle Abstimmungen am Beteiligungsquorum von 50 %; die einzige Ausnahme war das Referendum über den EU-Beitritt 2003, bei dem 52,1 % der Wahlberechtigten zur Urne gingen. Dass in Slowenien mit einer ebenfalls sehr geringen Durchschnittsbeteiligung von 38,9 % fast keine Abstimmungsvorlage »unecht« scheiterte, liegt daran, dass es dort bis 2013 kein Beteiligungsquorum gab. In Italien wiederum hat sich die Anzahl »unecht« gescheiterter Vorlagen erst in jüngster Zeit stark erhöht, weil die Abstimmungsbeteiligung seit Mitte der 1990er Jahre auf etwa 30 % eingebrochen ist.

Ungeachtet der formalen Erfolgsquoten variieren die politischen Auswirkungen nationaler Volksabstimmungen innerhalb und zwischen den EU-Staaten. Das »Brexit«-Votum dürfte für das britische Regierungssystem einschneidendere Konsequenzen haben als die meisten Parlamentsentschei-

Tabelle 4   Ergebnisse nationaler Volksabstimmungen in den EU-Staaten (1945–2017)

Land	Volksab-stimmun-gen	Annahme	Ableh-nung	Davon: ge-scheitert am Mehrheits-quorum	Davon: ge-scheitert am Beteili-gungsquo-rum	Durchschnittl. Beteiligung (in %)
Belgien	1	1	0	0	0	92,9
Bulgarien	5	2	3	1	2	68,5
Dänemark	20	11	9	9	0	70,0
Deutschland	0	–	–	–	–	–
Estland	4	3	1	1	0	70,1
Finnland	1	1	0	0	0	70,8
Frankreich	11	8	3	3	0	65,3
Griechenland	6	4	2	2	0	75,5
Irland	38	27	11	11	0	51,4
Italien	74	27	47	18	29	53,6
Kroatien	4	3	1	1	0	62,1
Lettland	10	3	7	3	4	50,5
Litauen	21	4	17	15[a]	2	48,5
Luxemburg	4	1	3	3	0	87,8
Malta	4	4	0	0	0	80,0
Niederlande	1	0	1	1	0	63,3
Österreich	3	2	1	1	0	66,3
Polen	15	7	8	2	6	46,1
Portugal	3	0	3	2	1	41,2
Rumänien	6	3	3	1	2	54,6
Slowakei	18	1	17	0	17[b]	20,1
Slowenien	22	7	15	14	1[c]	38,9
Schweden	13	4	9	9	0	70,6
Spanien	3	3	0	0	0	56,1
Tschechien	1	1	0	0	0	55,2
Ungarn	12	9	3	0	3[d]	61,7
UK	3	2	1	1	0	59,5
Zypern	1	0	1	1	0	89,2
Gesamt (EU-28)	304	138	166	99	67	61,8[e]
MOE-11	118	43	75	38	37	52,4

Quelle: eigene Zusammenstellung nach www.c2d.ch; Stand: 30.06.2017.

Anmerkungen: [a] Bis 2003: 50 % Zustimmungsquorum. Seit 2003 bei einfachen Gesetzen 50 % Beteiligungsquorum und 33,3 % Zustimmungsquorum; bei verfassungsändernden Gesetzen 50 % Zustimmungsquorum; bei obligatorischen Referenden 50 % Zustimmungsquorum, bei Fragen bezüglich internationaler Organisationen 50 % Beteiligungsquorum, bei Änderung Art. 1 Verfassung 75 % Zustimmungsquorum. [b] Darunter vier ungültige Abstimmungen vom 24.05.1997. [c] Gescheitert am Zustimmungsquorum (20 %). [d] 1997–2012: 25 % Zustimmungsquorum. [e] Durchschnitt von 27 Staaten (ohne Deutschland).

dungen der vergangenen Jahrzehnte. Andere Entscheidungsvorlagen – z. B. ein Höchstpreis für staatliche Dienstfahrzeuge von 40 000 Euro, der in einem slowakischen Referendum von 2010 gefordert wurde – waren von vornherein weniger bedeutsam. Darüber hinaus können auch formal gescheiterte Abstimmungsvorlagen zum politischen Erfolg führen. Beispielsweise wurde in Portugal 2007 bei einer Volksabstimmung über eine Lockerung der Abtreibungsgesetze das Beteiligungsquorum klar verfehlt; trotzdem übernahm das Parlament die Entscheidung, da sich eine deutliche Mehrheit der Abstimmenden dafür ausgesprochen hatte. Auch bezüglich der Frage, ob direkte Demokratie minderheitenfreundlich oder -feindlich wirkt, gibt es in den EU-Staaten unterschiedliche Erfahrungen. So kam in Lettland 1998 eine klare Abstimmungsmehrheit für ein liberaleres Staatsbürgerschaftsgesetz zustande, obwohl dies vor allem der russischen Minderheit nutzte. Bei einem Referendum in Kroatien 2013 votierten dagegen zwei Drittel der Abstimmungsteilnehmer für ein Verbot der »Homo-Ehe« und entschieden sich somit für die Diskriminierung sexueller Minderheiten.

Obwohl die Abstimmungshäufigkeit in der EU seit den 1990er Jahren zugenommen hat, hat die direkte Demokratie in keinem Mitgliedstaat annähernd die systemprägende Wirkung erlangt, die sie in der Schweiz seit langem innehat. Daher werden Volksabstimmungen in den EU-Staaten auch weiterhin durch situative Faktoren bestimmt sein und müssen mithin stark kontextbezogen analysiert und beurteilt werden.

Florian Grotz

Literatur

Decker, Frank. 2016. *Der Irrweg der Volksgesetzgebung. Eine Streitschrift.* Bonn: Dietz.

Grotz, Florian. 2009. Direkte Demokratie in Europa: Probleme, Erträge und Perspektiven der vergleichenden Forschung. In *Politische Vierteljahresschrift* 50 (2): 286–305.

Grotz, Florian. 2012. Direkte Demokratie in Mittel- und Osteuropa. Befunde und Perspektiven des internationalen Vergleichs. In *Sachunmittelbare Demokratie im interdisziplinären und internationalen Kontext 2010/11,* Hrsg. P. Neumann und D. Renger, 13–34. Baden-Baden: Nomos.

Jacobs, Kristof. 2011. *The Power or the People? Direct Democratic and Electoral Reforms in Austria, Belgium and the Netherlands.* Ph. Diss., Radboud University Nijmegen.

Ruth, Saskia P., Y. Welp, und L. Whitehead, Hrsg. 2017. *Let the People Rule? Direct Democracy in the Twenty-first Century.* Colchester: ECPR Press.

Schiller, Theo. 2016. Direkte Demokratie in der Vergleichenden Politikwissenschaft. In *Handbuch Vergleichende Politikwissenschaft*, Hrsg. H.-J. Lauth et al., 441–452. Wiesbaden: Springer VS.

Setälä, M., und T. Schiller, Hrsg. 2012. *Citizens' Initiatives in Europe. Procedures and Consequences of Agenda-Setting by Citizens.* New York: Palgrave.

Somer, Evren. 2015. *Direct Democracy in the Baltic States. Institutions, Procedures and Practice in Estonia, Latvia and Lithuania.* Frankfurt a. M.: PL Acad. Research.

Vospernik, Stefan. 2014. *Modelle direkter Demokratie. Volksabstimmungen im Spannungsfeld von Mehrheits- und Konsensdemokratie – Ein Vergleich von 15 Mitgliedsstaaten der Europäischen Union.* Baden-Baden: Nomos Verlag.

Walter-Rogg, Melanie. 2008. Direkte Demokratie. In *Die EU-Staaten im Vergleich. Strukturen, Prozesse, Politikinhalte*, Hrsg. O. W. Gabriel und S. Kropp, 236–267. Wiesbaden: VS Verlag.

Europäische Bürgerinitiative Die Europäische Bürgerinitiative (EBI) ist ein direktdemokratisches Instrument mit dem Bürgerinnen und Bürger der Mitgliedstaaten der Europäischen Union die Europäische Kommission auffordern können, im Rahmen ihrer Kompetenzen Vorschläge für einen Rechtsakt vorzulegen. Damit ist die EBI ein über Ländergrenzen hinaus einsetzbares direktdemokratisches Verfahren und somit eine echte Rarität. Sie ist verankert in Art. 11 Abs. 4 des Vertrages über die Europäische Union (EUV) und wurde konkretisiert durch eine Verordnung, die zum 1. April 2012 in Kraft trat. Seitdem kann die EBI zum Einsatz gebracht werden. Dazu müssen insgesamt mindestens eine Millionen Bürgerinnen und Bürger aus Mitgliedstaaten der EU eine konkrete Initiative mit einer Unterschrift unterstützen. Um zu gewährleisten, dass es sich bei dem Anliegen tatsächlich um eine Thematik handelt, die über verschiedene Ländergrenzen hinweg von Relevanz ist, müssen die Unterstützer einer EBI aus mindestens einem Viertel der EU-Mitgliedstaaten kommen, zudem sind für die einzelnen Staaten Beteiligungsquoren festgelegt, die sich am Anteil der Parlamentarier des jeweiligen Staates an den insgesamt 750 Sitzen des Europäischen Parlamentes orientieren. Inhaltlich darf sich eine EBI auf alle Themen richten, für welche die Kommission befugt ist, einen Rechtsakt vorzuschlagen. Nach der förmlichen Anmeldung einer neuen Initiative bei der Europäischen Kommission haben die Initiatoren insgesamt ein Jahr Zeit, um die erforderliche Anzahl an Unterstützungsunterschriften entweder schriftlich oder elektronisch zu sammeln. Gelingt dies, muss sich die Kommission mit der EBI auseinandersetzen und prüfen, ob sie einen Rechtsakt vorschlagen möchte. Verpflichtet ist sie hierzu aber keineswegs, weshalb die EBI insgesamt ein nur schwaches direktdemokratisches Verfahren darstellt. Es liegt allein in der Hand der Kommission, wie mit dem Anstoß umgegangen werden soll, die Möglichkeit einen Volksentscheid zu erzwingen, wenn sie nicht tätig wird, haben die Initiatoren nicht. Der primäre Nutzen des Instruments der EBI liegt daher darin, ein Thema auf die politische Agenda zu setzen und öffentlichen Druck zu erzeugen, damit die Kommission und im Anschluss das Europäische Parlament und der Europäische Rat handeln. Die bislang öffentlichkeitswirksamste EBI war die Initiative »right2water«, mit der die Europäischen Institutionen u. a. dazu bewegt werden sollten zu garantieren, dass alle Unionsbürgerinnen und -bürger ein unbeschränktes Recht auf Wasser und eine sanitäre Grundversorgung haben. Mehr als 1,6 Millionen Unterstützungsunterschriften wurden der Kommission Ende 2013 übergeben, sie war damit die erste EBI mit der erforderlichen Anzahl an Unterschriften. Die Kommission kam im Anschluss dem Anliegen der Initiatoren, einen entsprechenden Gesetzentwurf vorzulegen, nicht nach, ergriff aber verschiedene Maßnahmen, um das Anliegen der Initiatoren anderweitig aufzugreifen. Weitere Informationen zum Entstehungshintergrund, der Ausgestaltung und der bisherigen Praxis mit Blick auf die EBI finden sich im Artikel Europäische Union (und direkte Demokratie).

Andreas Kost/Marcel Solar

Europäische Union (und direkte Demokratie) (Grundsatzartikel)

Einleitung

Die Europäische Union (EU) gründet sich auf das Funktionsprinzip der repräsentativen Demokratie (Art. 10 EUV). Damit orientiert die EU sich an dem Modell ihrer Mitgliedstaaten, in denen die Übertragung von Entscheidungskompetenzen an politische Repräsentanten in regelmäßigen Wahlen

A
B
C
D
E
F
G
H
I
J
K
L
M
N
O
P
Q
R
S
T
U
V
W
X
Y
Z

das vorherrschende Organisationsprinzip zur Verwirklichung von Volkssouveränität darstellt. Die Europäische Bürgerinitiative (EBI), auch »Bürgerbegehren« genannt (Hrbek 2012, S. 35; Seeger 2009), zielt darauf ab, das Prinzip der repräsentativen Demokratie in der EU um ein direktdemokratisches Element zu ergänzen. Mit der Einführung durch den Vertrag von Lissabon verband sich die Erwartung, dass so die Legitimation von Entscheidungen auf EU-Ebene erhöht, der Apathie und Politikverdrossenheit der Bürger entgegengewirkt und die Identifikation mit dem politischen System der EU gestärkt werden könne. Nicht zuletzt wurde in die EBI die Hoffnung gesetzt, dass sie die transnationale Kommunikation stärken und somit eine europäische Öffentlichkeit herstellen könne (Hrbek 2012, ebd.).

Geschichtliche Entwicklung der direktdemokratischen Instrumente in der EU
Über Jahrzehnte blieb das »Europa der Bürger« ein Lippenbekenntnis. Erst 1984, fünf Jahre nach der Einführung von Direktwahlen zum Europäischen Parlament (EP), nahm der in der Öffentlichkeit nahezu unbekannte Adonnino-Ausschuss seine Arbeit auf, um konkretere Vorschläge für eine Stärkung von demokratischen Beteiligungsrechten auf europäischer Ebene auszuarbeiten (Hrbek 2012, S. 37). Der 1992 unterzeichnete Vertrag von Maastricht griff diese Impulse im Wesentlichen auf und führte mit der Unionsbürgerschaft insbesondere das aktive und passive Wahlrecht für alle Unionsbürger bei Kommunalwahlen sowie bei Wahlen zum EP ein. Auch das Petitionsrecht beim EP sowie die die Schaffung des Amtes eines europäischen Bürgerbeauftragten, an den Beschwerden über die Tätigkeit der Organe, Einrichtungen und sonstigen Stellen der Union gerichtet werden können (Art. 20 AEUV, ex-Art. 17 EGV), geht auf Anregungen des Adonnino-Ausschusses zurück. Wesentliche Anstöße für die Einführung genuin direktdemokratischer Instrumente auf EU-Ebene lieferte in den frühen 1990er Jahren erst ein zivilgesellschaftliches Netzwerk namens ›eurotopia‹. Die Idee wurde im Vorfeld der Regierungskonferenz zum Vertrag von Amsterdam durch die Außenminister Italiens und Österreichs aufgegriffen, die einen ersten Entwurf vorlegten: Demnach sollten zehn Prozent der Unionsbürger, die aus mindestens drei Mitgliedstaaten kommen, dem EP eine Initiative vorlegen können, die diese zwingend berücksichtigen müsse (Kaufmann 2012, S. 231 f.). Doch weder der Vertrag von Amsterdam, noch der nachfolgende Vertrag von Nizza brachten einen Durchbruch. Erst mit der Einberufung eines sog. Verfassungskonvents, der inhaltliche Vorschläge für eine Reform des Vertragswerks ausarbeiten sollte, nahm die Reformdebatte wieder Fahrt auf. Das mehrheit-

lich mit Abgeordneten der nationalen Parlamente und des EP besetzte Gremium diskutierte teils sehr ehrgeizige Reformvorschläge. Die Idee EU-weiter Referenden konnte sich letztlich nicht durchsetzen, doch auf Betreiben einer als ›Lobby Suisse‹ bekannten Gruppe von Abgeordneten fand der Vorschlag einer EBI nach Vorbild der italienischen Volksinitiative eine Mehrheit und Eingang ins Abschlussdokument (Hrbek 2012, S. 39 f.). Der Vertrag über eine Verfassung Europas (VVE) enthielt in Art. I-47 Abs. 4 eine Bestimmung zur EBI, die der Vertrag von Lissabon sinngemäß übernahm.

Die Europäische Bürgerinitiative
Primär- und sekundärrechtliche Grundlagen
Im Vertragstext finden sich nur knappe Ausführungen zur EBI. Gemäß Art. 11 Abs. 4 EUV können »Unionsbürgerinnen und Unionsbürger, deren Anzahl mindestens eine Million betragen und bei denen es sich um Staatsangehörige einer erheblichen Anzahl von Mitgliedstaaten handeln muss, […] die Initiative ergreifen und die Europäische Kommission auffordern, im Rahmen ihrer Befugnisse geeignete Vorschläge zu Themen zu unterbreiten, zu denen es nach Ansicht jener Bürgerinnen und Bürger eines Rechtsakts der Union bedarf, um die Verträge umzusetzen.« Eindeutig festgelegt wird damit nur das EU-weite Beteiligungsquorum für eine erfolgreiche EBI sowie die Gegenstände, auf welche die Initiative sich beziehen darf: Es muss sich um eine Angelegenheit handeln, für welche die Kommission zuständig und befugt ist, einen Rechtsakt vorzuschlagen. Für die Verfahren und Bedingungen einer EBI wird auf Art. 24 Abs.1 AEUV verwiesen. Dieser nimmt seinerseits auf eine einfachgesetzliche Regelung Bezug, die von Rat und EP gemäß dem ordentlichen Gesetzgebungsverfahren zu erlassen ist und mit der u. a. geklärt wird, aus wie vielen Mitgliedstaaten genau die eine Million Bürgern kommen müssen.

Die entsprechende Verordnung Nr. 211/2011 wurde am 16. Februar 2011 nach einer öffentlichen Konsultation und teils strittigen Verhandlungen beschlossen und trat zum 1. April 2012 in Kraft. Die wichtigsten Regelungen beziehen sich auf die Beteiligungsquoren, das Mindestalter, die Vorgaben zur Initiierung einer EBI sowie die zeitlichen Fristen.

- Die Unterzeichner einer EBI müssen aus mindestens einem Viertel der EU-Mitgliedstaaten kommen.
- Das Beteiligungsquorum innerhalb der Mitgliedstaaten orientiert sich an der Anzahl der Mandate, die diesen im EP zustehen. Es berechnet sich als

Produkt aus der Anzahl der Mandate und der Zahl 750 (d. h. der Gesamtzahl der Mitglieder des EP ohne seinen Präsidenten). So ergibt sich z. B.
für Deutschland eine Mindestzahl von 72 000, für Polen von 38 250 und
für Malta von 3 750 Unterstützern.

- Das Mindestalter zur Beteiligung an einer EBI orientiert sich am aktiven
  Wahlrecht zum EP. Es beträgt mit Ausnahme Österreichs, wo Bürger bereits mit Vollendung des 16. Lebensjahres wahlberechtigt sind, 18 Jahre.
- Eine EBI muss durch einen sogenannten Bürgerausschuss eingeleitet und
  repräsentiert werden. Dem Bürgerausschuss müssen Personen aus mindestens sieben Mitgliedstaaten angehören, wobei ein Vertreter und ein
  Stellvertreter als Ansprechpartner für die Organe der EU fungieren.
- Die Kommission hat nach einer förmlichen Anmeldung der EBI binnen
  zwei Monaten zu prüfen, ob der Gegenstand der Initiative in Einklang
  mit den Bestimmungen der Verträge steht. Insbesondere darf eine EBI
  nicht gegen höherrangiges EU-Recht oder die Grundrechte der EU verstoßen. Erst nach dieser Vorprüfung und Registrierung dürfen die Organisatoren der EBI mit der Sammlung der Unterstützungsunterschriften
  beginnen. Dafür haben sie zwölf Monate Zeit. Die Bekundungen können
  elektronisch oder in Papierform abgegeben werden. Die Prüfung der Ab-
  stimmungsberechtigung obliegt den zuständigen Behörden in den Mitgliedstaaten und muss innerhalb von drei Monaten abgeschlossen sein.

Theoretische Einordnung als direktdemokratisches Element
Die EBI ist, wie der Name bereits suggeriert, dem Typus der Initiative zu-
zurechnen: Auslösende Instanz ist das Volk und nicht – wie bei einfachen
Referenden – ein Staatsoberhaupt, eine Regierung oder eine Parlamentsmehrheit oder – wie bei obligatorischen Referenden – verfassungsrechtliche
Vorgaben (Solar 2016, S. 15 ff.). Wie die Volksinitiative, die in ähnlicher Form
in acht Mitgliedstaaten der EU existiert (Vospernik 2014, S. 157), zielt die EBI
darauf ab, eine Sachfrage auf die Agenda zu setzen. Da im politischen System der EU die Kommission das alleinige Recht der Gesetzesinitiative hat,
wird folgerichtig sie durch eine EBI mit einem politischen Anliegen befasst.
Neben dem Rat der EU und dem EP besitzen nun also auch Unionsbürger
ein Aufforderungsrecht gegenüber der Kommission, von ihrem Gesetzesinitiativrecht Gebrauch zu machen (Maurer und Vogel 2009, S. 8). Eine zulässige EBI, welche das Quorum erreicht hat, verpflichtet die Kommission indes nicht zur Vorlage eines Gesetzentwurfs. Sie ist lediglich dazu aufgerufen,
binnen drei Monaten ihre rechtlichen und politischen Schlussfolgerungen

zur EBI darzulegen und ihr weiteres Vorgehen bzw. den Verzicht auf weitere Schritte zu begründen. Im Unterschied zur in Deutschland auf Länderebene verbreiteten Volksgesetzgebung (Solar 2016) bildet eine erfolgreiche EBI mithin nicht die Vorstufe zu einem Volksbegehren. Die EBI muss insofern als ein schwaches direktdemokratisches Instrument eingestuft werden. Dennoch stellt sie einen qualitativen Sprung gegenüber dem Petitionsrecht dar. Erstens richten sich Petitionen an das EP, das im Unterschied zur Kommission kein echtes Recht der Gesetzesinitiative besitzt. Zweitens werden die Initiatoren einer erfolgreichen EBI eingeladen, ihr Anliegen in einer öffentlichen Anhörung im EP vorzustellen, an der die Kommission »auf geeigneter Ebene« vertreten ist und zu der weitere Organe und Einrichtungen der EU hinzugezogen werden können. Eine Petition wird dagegen lediglich im Petitionsausschuss des EP behandelt. Drittens kann eine Petition von natürlichen wie juristischen Personen eingebracht werden, wohingegen die EBI nur von natürlichen Personen unterstützt und eingereicht werden kann. Viertens darf eine Petition bereits von einem einzelnen EU-Bürger eingebracht werden. Hingegen muss eine EBI das genannte Quorum von einer Million Unterstützungsunterschriften von Bürgern aus mindestens einem Viertel der Mitgliedstaaten erreichen. Dies setzt einen transnationalen Kommunikationsprozess voraus, der als das eigentlich Innovative an der EBI gelten kann (Hrbek 2012, S. 45).

Die EBI in der Praxis
Seit Einführung der EBI sind insgesamt 60 Initiativen angestrengt worden. Jedoch wurden nur vier Initiativen von der Kommission registriert und erreichten das erforderliche Quorum. Zuletzt wurde im Oktober 2017 eine EBI zum Verbot des Pflanzenschutzmittels Glyphosat angenommen. 25 Initiativen scheiterten an der erforderlichen Anzahl von Unterstützungsbekundungen, 14 wurden zurückgezogen, und in 17 Fällen verweigerte die Kommission die Registrierung mit der Begründung, die Initiative ziele auf einen Rechtsakt ab, der außerhalb ihrer Zuständigkeit liege. Aktuell (Stand: Juli 2018) laufen fünf weitere Initiativen. Als erste erfolgreiche EBI erreichte die im Mai 2012 registrierte Initiative ›Right2Water‹ 1 659 543 Unterstützungsbekundungen. Das Quorum wurde in 13 Mitgliedstaaten erreicht. Die Kommission kam der Forderung nach einer neuen Gesetzesvorlage jedoch nicht nach, sondern sagte lediglich zu, »sich dafür einsetzen, dass der universelle Zugang zu unbedenklichem Trinkwasser und zu Abwasserentsorgung eine Priorität künftiger Ziele für die nachhaltige Entwicklung ist« (Europä-

ische Kommission 2014: 15). Die Tatsache, dass bislang keine formal erfolgreiche EBI einen Rechtsakt der Kommission angestoßen hat, hat Rufe nach einer Reform lauter werden lassen. Die Quoren scheinen jedenfalls nicht die größte institutionelle Hürde in der Praxis der EBI zu sein. Die vier erfolgreichen Initiativen erhielten durchweg Unterstützungsbekundungen aus mehr als der Mindestanzahl von sieben Mitgliedstaaten, und in allen Fällen gab es mindestens einen Mitgliedstaat, in dem das nationale Quorum deutlich übererfüllt wurde. So wurden 1 236 455 Unterstützungsunterschriften für die Initiative ›Right2Water‹ in Deutschland abgeben, fast 17mal so viel wie erforderlich (s. Abb. 1).

Abbildung 1   Erfolgreiche EBIs, Unterstützungsbekundungen gruppiert nach Mitgliedstaat

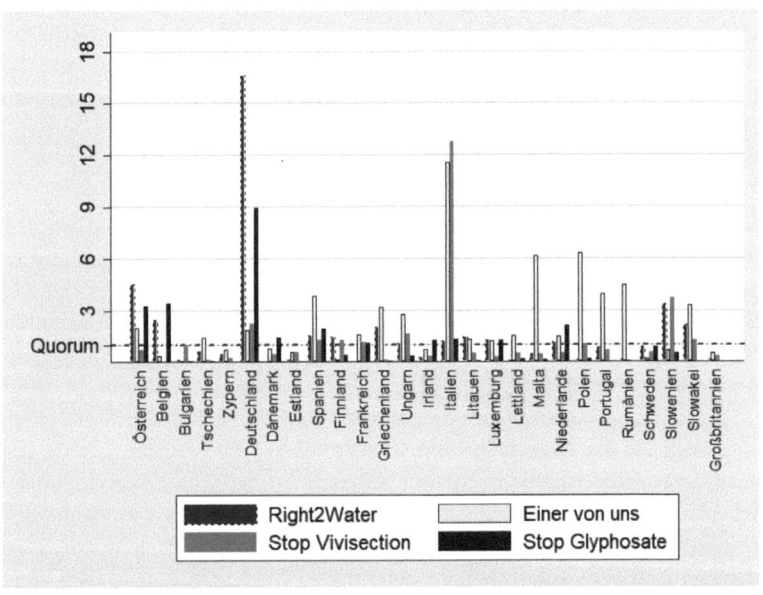

Quelle: eigene Zuammenstellung.

Anmerkungen: Auf der vertikalen Achse ist die Anzahl der abgegebenen Unterstützungsbekundungen als Faktor der erforderlichen Mindestzahl an Unterzeichnern abgetragen. Die gestrichelte Linie gibt das Beteiligungsquorum je Mitgliedstaat an.

Ähnlich verhält es sich mit der EBI ›Stop TTIP‹. Mit dieser Initiative wurde die Kommission aufgefordert, dem Rat der EU vorzuschlagen, das Verhandlungsmandat über das transatlantische Freihandels- und Investitionsabkommen TTIP zurückzunehmen und das Freihandelsabkommen mit Kanada (CETA) nicht zu unterzeichnen. Die Kommission verweigerte die Zulassung der EBI mit dem Hinweis, bei den Verhandlungsmandaten zu TTIP und CETA handele es sich nicht um Rechtsakte, sondern um interne Vorbereitungsakte ohne Wirkung für Dritte. Überdies dürfe sich eine EBI nur auf einen positiv formulierten Vorschlag für einen Rechtsakt beziehen; die Aufforderung zum Nicht-Erlass eines Vorschlags sei dagegen unzulässig. Gegen diese Argumentation reichten Vertreter des Bürgerausschusses im November 2014 Klage beim Europäischen Gerichtshof (EuGH) ein. Unterdessen verfolgten die Initiatoren ihr Anliegen als sogenannte selbst-organisierte EBI weiter. Diese wurde binnen eines Jahres von 3 284 289 Bürgern aus insgesamt 23 Mitgliedstaaten unterstützt. Annähernd die Hälfte der Unterstützungsbekundungen kamen allein aus Deutschland, das Quorum wurde hier um mehr als das Zwanzigfache übertroffen.

Die bisherige Erfahrung mit der EBI deutet darauf hin, dass zumindest die erfolgreichen EBIs sich darauf konzentrierten, in wenigstens einem bevölkerungsreichen Mitgliedstaat eine große Zahl an Unterschriften zu sammeln und in einem Rest der Mitgliedstaaten die Beteiligungsquoren zu erfüllen. Eine wirklich transnationale Kampagne ist indes gar nicht notwendig (Weisskircher 2017). Auch hat sich gezeigt, dass die für eine EBI erforderliche Mobilisierung kaum ohne vermittelnde Instanzen möglich ist. Nichtregierungsorganisationen und Verbände waren die zentralen Treiber hinter Initiativen wie ›Stop Vivisection‹ oder ›Stop Glyphosate‹, während ›Right2-Water‹ maßgeblich über den Europäischen Gewerkschaftsverband für den öffentlichen Dienst (EGÖD) und nationale Mitgliedsgewerkschaften organisiert wurde. Unabhängig von der Mobilisierungs- und Kampagnenfähigkeit der Initiatoren besteht die zentrale Hürde darin, dass selbst von einer erfolgreichen EBI keine Bindungswirkung für die Kommission ausgeht. Ein weiterer Kritikpunkt an der bisherigen Praxis besteht darin, dass die Kommission die Zuständigkeitsprüfung selbst übernimmt und tendenziell eng auslegt.

Reformdiskussionen und -optionen

Die fehlende Zuständigkeit wurde bereits in einem ersten Bericht der Kommission über die Anwendung der EBI-Verordnung als »Problem« (Europäische Kommission 2015, S. 16) für die Organisatoren identifiziert, da somit viele Initiativen bereits an der Registrierung scheitern. Auch in ihrer im Mai 2017 vorgelegten Roadmap gibt sich die Kommission selbstkritisch und erkennt an, die EBI habe ihr Potenzial, die demokratische Teilhabe der Bürger und die Stimulierung von Debatten zu fördern, bislang nicht ausgeschöpft und sich für Initiatoren und Unterstützer als zu restriktiv und kompliziert erwiesen (Europäische Kommission 2017a). Die von der Kommission identifizierten Reformbedarfe konzentrieren sich indes vorrangig auf technisch-bürokratische Aspekte wie die Harmonisierung der teils sehr unterschiedlichen Datenschutzanforderungen der Mitgliedstaaten bei der Unterschriftensammlung, die Unterstützung beim Aufbau von Plattformen für die Online-Sammlung von Unterschriften, deren Zertifizierung durch mitgliedstaatliche Behörden oder die Klärung haftungsrechtlicher Fragen im Zusammenhang mit der Sammlung von Unterstützungsbekundungen. Abgesehen davon kommen konkrete Reformvorschläge in Bezug auf die EBI aus dem EP. So fordert die Fraktion der Grünen/Europäische Freie Allianz, die Prüfung der rechtlichen Zuständigkeit für die Ausarbeitung eines Rechtsakts von der Kommission auf ein unabhängiges Gremium zu übertragen. Ein weiterer Vorschlag sieht vor, dass die Kommission nach Einreichung einer erfolgreichen EBI binnen zwölf Monaten einen Gesetzentwurf vorlegen müsse. Dieses Anliegen war bislang aber selbst im EP nicht mehrheitsfähig. Auch hat eine Mehrheit der Europaparlamentarier eine Selbstverpflichtung des EP abgelehnt, einer erfolgreichen EBI, der die Kommission nicht folgt, mittels eines eigenen legislativen Initiativberichts Nachdruck zu verleihen. Unterdessen dürfte der EuGH weitere Impulse für eine Reform der rechtlichen Ausgestaltung und Handhabung der EBI liefern. In seinem Urteil zur EBI ›Stop TTIP‹ vom 10. Mai 2017 stellte das Gericht in Luxemburg im Ergebnis klar, dass eine EBI auch auf die Verhinderung oder Abänderung von Rechtsakten hinwirken darf. Weiterhin bekräftigten die Richter, Sinn und Zweck der EBI bestehe darin, den Bürgern die Mitwirkung am demokratischen Leben in der EU zu ermöglichen. Daher stelle die von der Kommission zurückgewiesene EBI auch »keine unzulässige Einmischung in den Gang des Gesetzgebungsverfahrens dar, sondern löst zur rechten Zeit eine legitime demokratische Debatte aus«.

Fazit und Ausblick

Rund sechs Jahre nach Inkrafttreten der EBI-Verordnung steht das Instrument an einer entscheidenden Wegmarke. Die EBI in ihrer derzeitigen Form ist allenfalls ein »transnational ›babystep‹« (Kaufmann 2012) in Richtung mehr direkter Demokratie auf EU-Ebene. Auch wenn zuletzt wieder mehr EBIs registriert worden sind, sieht die Kommission selbst Handlungsbedarf. Im April 2017 kündigte Vize-Kommissionspräsident Frans Timmermans an, die EBI zu einem leichter zugänglichen und bürgerfreundlichen Instrument umzubauen. Von Mai bis August 2017 lief eine öffentliche Konsultation, bei der sich die Zivilgesellschaft mit weiteren Vorschlägen für eine Überarbeitung der EBI-Verordnung einbringen konnte. Eine der weitgehendsten Forderungen, die u. a. von zivilgesellschaftlichen Interessengruppen erhoben wurde, zielt auf die Möglichkeit, mittels einer EBI eine Änderung der EU-Verträge anzustoßen (Europäische Kommission 2017b, S. 4). Dies verweist auf einen entscheidenden Aspekt: Jenseits technisch-administrativer Unterstützung der Initiatoren bedarf es vor allem des konkreten politischen Willens seitens der EU-Organe, den Bürgern einen stärkeren Einfluss auf die Gesetzgebung und Systemgestaltung der EU einzuräumen. In ihrer derzeitigen Form ist die EBI weit entfernt von einer Gleichstellung der EU-Bürger mit dem EP und dem Rat in Bezug auf die Politikinitiative. Die Geschichte lehrt indes, dass die hochgradig gewaltenteilige institutionelle Architektur der EU allenfalls inkrementell reformiert werden kann. Die jüngste Rechtsprechung des EuGH hat den Unionsbürgern zweifellos den Rücken gestärkt und dürfte für eine Reform der EBI wichtige Leitplanken setzen.

Stefan Thierse

Literatur

Europäische Kommission. 2014. Mitteilung der Kommission über die Europäische Bürgerinitiative »Wasser und sanitäre Grundversorgung sind ein Menschenrecht! Wasser ist ein öffentliches Gut, keine Handelsware«. COM(2014) 177 final, Brüssel 19. 3. 2014. http://eur-lex.europa.eu/resource.html?uri=cellar:9bf48961-b030-11e3-86f9-01aa75ed71a1.0002.05/DOC_1&format=PDF. Zugegriffen: 3. Januar 2018.
Europäische Kommission. 2015. Bericht der Kommission an das Europäische Parlament und den Rat. Bericht über die Anwendung der Verordnung (EU) Nr. 211/2011 über die Bürgerinitiative. COM(2015) 145 final, Brüssel 31. 03. 2015. http://ec.europa.eu/transparency/regdoc/rep/1/2015/DE/1-2015-145-DE-F1-1.PDF. Zugegriffen: 9. Januar 2018.

A
B
C
D
E
F
G
H
I
J
K
L
M
N
O
P
Q
R
S
T
U
V
W
X
Y
Z

Europäische Kommission. 2017a. Roadmap Revision of the European Citizens' Initiative, Brüssel 18. 05. 2017. https://ec.europa.eu/info/law/better-regulation/initiatives/ares-2017-2537702_en. Zugegriffen: 9. Januar 2018.

Europäische Kommission. 2017b. Zusammenfassender Bericht über die Konsultation der Interessengruppen zur Europäischen Bürgerinitiative. http://www.ec.europa.eu/citizens-initiative/files/SG_2017_Synopsis_Report_de.pdf. Zugegriffen: 3. Januar 2018.

Hrbek, Rudolf. 2012. Die Europäische Bürgerinitiative: Möglichkeiten und Grenzen eines neuen Elements im EU-Entscheidungssystem. *integration* 35 (1): 35–50.

Kaufmann, Bruno. 2012. Transnational ›Babystep‹: The European Citizens' Initiative. In *Citizens' initiatives in Europe. Procedures and consequences of agenda-setting by citizens,* Hrsg. Theo Schiller und Maija Setälä, 228–242. Houndmills, Basingstoke, Hampshire, New York: Palgrave Macmillan.

Maurer, Andreas und Stephan Vogel. 2009. Die Europäische Bürgerinitiative: Chancen, Grenzen und Umsetzungsempfehlungen. Berlin.

Seeger, Sarah. 2009. Bürgerbegehren. In *Das Europalexikon. Begriffe, Namen, Institutionen,* Hrsg. Martin Grosse Hüttmann und Hans-Georg Wehling, 56. Bonn: Dietz.

Solar, Marcel. 2016. *Regieren im Schatten der Volksrechte. Direkte Demokratie in Berlin und Hamburg.* Wiesbaden: Springer VS.

Vospernik, Stefan. 2014. *Modelle der direkten Demokratie. Volksabstimmungen im Spannungsfeld von Mehrheits- und Konsensdemokratie. Ein Vergleich von 15 Mitgliedsstaaten der Europäischen Union.* Baden-Baden: Nomos.

Weisskircher, Manès. 2017. The European Citizens' Initiative is five years old – and it has been no step forward for EU democracy. LSE EUROPP Blog. http://blogs.lse.ac.uk/europpblog/2017/04/07/european-citizens-initiative-five-years-old/. Zugegriffen: 31. Juli 2017.

Ex-ante-Kontrolle Der Begriff der Ex-ante-Kontrolle bezieht sich auf die Möglichkeit einer richterlichen Überprüfung, ob ein direktdemokratisches Verfahren den rechtlichen Anforderungen entspricht, zu einem frühen Zeitpunkt im Prozess. Dies kann sowohl die formellen Anforderungen an ein direktdemokratisches Verfahren betreffen als auch – zumindest in politischen Systemen wie der Bundesrepublik Deutschland – die inhaltliche Vereinbarkeit der Vorlage mit höherrangigem Recht wie z. B. der Landesverfassung. Noch bevor es also zu einem möglichen Volksentscheid kommt, können rechtliche Streitigkeiten bereits im Vorfeld abgeräumt werden und es besteht rechtliche Klarheit über die Vorlage. So können Situationen verhindert werden, in denen ein Gericht das Ergebnis eines Volksentscheides aufhebt, an dem mitunter bis zu mehrere Millionen Bürgerinnen und Bürger teilgenommen haben. Andererseits hat die Ex-ante-Kontrolle das Potenzial, das gesamte Verfahren zu verzögern.

In den deutschen Bundesländern ist die Möglichkeit zur richterlichen Ex-ante-Kontrolle von Volksgesetzgebungsverfahren flächendeckend verbreitet. Allerdings ist diese in den seltensten Fällen obligatorisch vorgesehen, sondern steht als Option prinzipiell zur Verfügung, wenn es zu Streitigkeiten kommt. Dies ist nicht zuletzt darauf zurückzuführen, dass die Volksgesetzgebung in den deutschen Ländern durch eine enge Verknüpfung mit den jeweiligen Landesparlamenten gekennzeichnet ist. In einigen Bundesländern beraten die Parlamente die Vorlagen direkt nach ihrer Einbringung oder hören die Initiatoren in Ausschusssitzungen an. Die Entscheidung über eine Übernahme eines erfolgreichen Volksbegehrens oder die Einbringung eines Gegenvorschlags in einem Volksentscheid ist darüber hinaus in sämtlichen Bundesländern vorgesehen. Folglich können bereits im Vorfeld eines Volksentscheides zahlreiche Situationen entstehen, in denen die (rechtlichen) Einschätzungen von Initiatoren und der Regierungsmehrheit auseinander gehen. In diesem Fall steht der Weg zum zuständigen Landesverfassungsgericht offen. In Nordrhein-Westfalen können die Initiatoren beispielsweise den Landesverfassungsgerichtshof in Münster anrufen, wenn die Landesregierung den Antrag auf ein Volksbegehren für unzulässig erklärt, das Volksbegehren selbst nach Einreichung der Unterstützungsunterschriften für nicht rechtswirksam zustande gekommen hält, aber auch wenn die Landesregierung einem Volksbegehren entspricht, die Initiatoren dies jedoch als unzureichend zurückweisen. In all diesen Fällen greift die gerichtliche Kontrolle auf Verlangen der Initiatoren. In Berlin ist eine gerichtliche Prüfung hingegen obligatorisch, sobald die Landesregierung bei ihrer Prüfung des Volksbegehrens zu dem Schluss kommt, dass der Gegenstand des Begehrens unzulässig ist, also gegen die materiellen Anforderungen verstoßen wird.

Die Möglichkeit der Ex-ante-Kontrolle in den deutschen Ländern schließt die Befassung eines Verfassungsgerichtes mit einem Volksgesetzgebungsver-

A
B
C
D
E
F
G
H
I
J
K
L
M
N
O
P
Q
R
S
T
U
V
W
X
Y
Z

fahren in dessen Nachgang allerdings ausdrücklich nicht aus. Genau wie Parlamentsgesetze können auch Volksgesetze jederzeit durch das zuständige Verfassungsgericht auf ihre Vereinbarkeit mit höherrangigem Recht überprüft werden.

Andreas Kost/Marcel Solar

Literatur

Eule, Julian N. 1990. Judicial Review of Direct Democracy In *Yale Law Review* 99 (7): 1503–1590.

Miller, Kenneth P. 1999. *The Role of Courts in the Inititiative Process. A Search for Standards.* Paper vorgestellt auf dem Annual Meeting of the American Political Science Association, 2.–5. September 1999, Atlanta.

Neumann, Peter. 2009. Sachunmittelbare Demokratie im Bundes- und Landesverfassungsrecht unter besonderer Berücksichtigung der neuen Länder. Baden-Baden: Nomos.

Solar, Marcel. 2011. Die Initiative und das Referendum in den Gliedstaaten der USA. Impulse für die Debatte um direkte Demokratie in Nordrhein-Westfalen. In *regierungsforschung.de,* Regieren in NRW, online verfügbar unter: http://regierungsforschung.de/die-initiative-und-das-referendum-in-den-gliedstaaten-der-usa/.

Ex-post-Kontrolle Im Gegensatz zur Ex-ante-Kontrolle versteht man unter dem Begriff der Ex-post-Kontrolle eine richterliche Überprüfung eines direktdemokratischen Verfahrens, welche erst nach dessen Abschluss durchgeführt wird, in der Regel also im Anschluss an eine Volksabstimmung. Hieraus ergibt sich der Vorteil, dass Gerichte erst dann angerufen werden können, wenn eine direktdemokratische Vorlage tatsächlich Gesetzesform erlangt hat. Dies reduziert zumindest die Anzahl der Fälle, die potentiell vor Gericht landen können. Zudem wird der direktdemokratische Prozess nicht zu einem frühen Zeitpunkt durch Gerichtsverfahren unterbunden. Der Nachteil dieses Ansatzes liegt auf der Hand: eine Überprüfung durch ein Gericht, ob eine direktdemokratische Initiative der Verfassung und/oder anderem höherrangigen Recht entspricht, erfolgt erst zu einem Zeitpunkt, wenn tausende Unterstützungsunterschriften gesammelt, (teure) Kampagnen geführt und mitunter Millionen Abstimmende an die Urnen bewegt wurden.

Dass dies dem (direkt-)demokratischen Prozess nicht unbedingt zuträglich ist, fasst der amerikanische Politikwissenschaftler Mathew Manweller (2005, S. 87) treffend zusammen in der Aussage: »Wenn ein Richter dazu verpflichtet ist, die Wünsche von zwei Millionen Wählern zu verwerfen, ist es unwahrscheinlich, dass die Öffentlichkeit darauf mit einem Lob der Integrität des Systems der Gewaltenteilung reagiert.«

Eine ausschließliche Ex-post-Kontrolle direktdemokratischer Verfahren durch (Verfassungs-)Gerichte – zumindest was die materielle Vereinbarkeit einer Initiative mit den geltenden Verfassungsbestimmungen anbelangt – ist in den meisten US-Bundesstaaten, in denen direkte Demokratie in den Verfassungen verankert ist, vorgesehen. Das prominenteste Beispiel ist der Bundesstaat Kalifornien. Hier gelangt eine Initiative, die alle formellen Voraussetzungen wie die erforderliche Anzahl an Unterstützungsunterschriften oder die Einhaltung der vorgesehenen Fristen erfüllt, automatisch zur Abstimmung im Rahmen der nächsten anstehenden Wahlen. Eine inhaltliche Befassung der kalifornischen Parlamentskammern mit der Vorlage ist vor der Volksabstimmung nicht vorgesehen. Somit ist ein potentielles Gerichtsverfahren nach der Abstimmung der erste und einzige Zeitpunkt, an dem die Initiative auf ihre Vereinbarkeit mit gliedstaatlichem sowie nationalem Recht geprüft werden kann. So bedurfte es beispielsweise mehrerer Volksabstimmungen und anhängiger Gerichtsverfahren, bis die gleichgeschlechtliche Ehe in ihrer jetzigen Form in Kalifornien Bestand hatte.

Andreas Kost/Marcel Solar

Literatur

Eule, Julian N. 1990. Judicial Review of Direct Democracy In *Yale Law Review* 99 (7): 1503–1590.

Manweller, Mathew. 2005. The »Angriest Crocodile«. Information Costs, Direct Democracy Activists, and the Politicization of State Judicial Elections. In *State & Local Government Review* 37 (2): 86–102.

Miller, Kenneth P. 1999. *The Role of Courts in the Inititiative Process. A Search for Standards.* Paper vorgestellt auf dem Annual Meeting of the American Political Science Association, 2.–5. September 1999, Atlanta.

Neumann, Peter. 2009. Sachunmittelbare Demokratie im Bundes- und Landesverfassungsrecht unter besonderer Berücksichtigung der neuen Länder. Baden-Baden: Nomos.

Solar, Marcel. 2011. Die Initiative und das Referendum in den Gliedstaaten der USA. Impulse für die Debatte um direkte Demokratie in Nordrhein-Westfalen. In *regierungsforschung.de,* Regieren in NRW, online verfügbar unter: http://regierungsforschung.de/die-initiative-und-das-referendum-in-den-gliedstaaten-der-usa/.

A
B
C
D
E
F
G
H
I
J
K
L
M
N
O
P
Q
R
S
T
U
V
W
X
Y
Z

Exklusion ⇸ Soziale Selektion

F

Fakultatives Referendum → Vetoinitiative

Finanzierung direktdemokratischer Instrumente Direktdemokratische Verfahren kosten Geld. Von der Erstellung und Vervielfältigung der Unterschriftenlisten, über die Bereitstellung von Personal und Räumlichkeiten bis zu den Abstimmungskampagnen. Insbesondere wenn direktdemokratische Verfahren von unten – d. h. aus dem Volk heraus – ausgelöst werden können, wird die Frage danach gestellt, wie eine solche Initiative finanziert wird, da befürchtet wird, dass sich Interessengruppen über den Weg der direkten Demokratie Einfluss auf den politischen Entscheidungsprozess verschaffen möchten. Auch wenn man wertneutral auf die Intentionen der Initiatoren direktdemokratischer Verfahren blickt, ist die Frage nach der Finanzierung von Interesse.

In der Regel fallen während eines direktdemokratischen Verfahrens Kosten auf zwei verschiedenen Seiten an: einerseits bei den staatlichen Institutionen, andererseits bei den Initiatoren. In Deutschland übernimmt die öffentliche Hand bei direktdemokratischen Verfahren in den Kommunen und den Ländern klassischerweise jene Kosten, die aus den Arbeitsschritten resultieren, die von Seiten der staatlichen Einrichtungen durchgeführt werden. Darunter fallen beispielsweise Kosten für Räume für die Eintragung in Volksbegehren, Sach- und Personalkosten bei der Prüfung von Unterstützungsunterschriften, der Versand von Abstimmungsbenachrichtigungen und Informationsbroschüren sowie die Organisation und Durchführung von Bürger- und Volksentscheiden. Wenn direktdemokratische Verfahren von Seiten der Regierenden ausgelöst werden oder im Falle von obligatorischen Referenden, kommt der Staat für sämtliche Schritte des Verfahrens auf. In diesem Falle ist auch eindeutig, woher die Mittel zur Finanzierung der Maßnahmen stammen. Es handelt sich um öffentliche Mittel, d. h. letztlich um Steuergelder.

© Springer Fachmedien Wiesbaden GmbH, ein Teil von Springer Nature 2019
A. Kost und M. Solar (Hrsg.), *Lexikon Direkte Demokratie in Deutschland*,
https://doi.org/10.1007/978-3-658-21783-9_6

Die Initiatoren eines Bürger- oder Volksbegehrens müssen kreativer sein, was die Finanzierung ihrer Initiative angeht. Zunächst einmal fallen vielfältige Kosten an. In so gut wie allen Bundesländern müssen die Kosten für die Herstellung und Versendung der Unterschriftenlisten sowie alle weiteren Kosten bis zur ersten Anmeldung bzw. Einbringung einer Initiative von Seiten der Initiatoren übernommen werden. Hinzu kommen Ausgaben für sämtliche Maßnahmen der Öffentlichkeitsarbeit wie z. B. Plakate, Veranstaltungen, Werbespots, Give-Aways, Unterstützung durch professionelle Agenturen oder auch Personalkosten. Da die Initiatoren von Volksgesetzgebungsverfahren in Hamburg, die die Stufe des Volksentscheides erreichen, über sämtliche Einnahmen und Ausgaben im Zusammenhang mit dem Verfahren Rechenschaft ablegen müssen, gewinnt man hier sehr gut einen Einblick, in welcher Höhe Kosten anfallen. So schlug die Kampagne für die Initiative »Wir wollen lernen«, die sich gegen die vom schwarz-grünen Senat verabschiedete Schulreform richtete, mit ca. 500 000 € zu Buche, während die Initiatoren der Vorlage »Unser Hamburg, unser Netz« zur Rekommunalisierung der Energienetze ca. 300 000 € Ausgaben zu stemmen hatten (Solar 2016, S. 236 f.). Zieht man Beispiele von direktdemokratischen Verfahren in den US-Bundesstaaten zum Vergleich heran, sind die Angaben aus dem Hamburger Beispiel durchaus als moderat zu bezeichnen (Donovan et al. 2001). Die Rechenschaftsberichte der beiden Hamburger Initiativen verdeutlichen gleichzeitig, woher die Mittel zur Finanzierung solcher Kampagnen stammen, wobei sich die Ergebnisse gleichfalls auf die übrigen Länder übertragen lassen. Als mit Abstand wichtigste Quelle dienen Spenden. Diese können sowohl von natürlichen als auch von juristischen Personen wie Firmen oder Stiftungen stammen, dabei kann es sich sowohl um Geld- als auch um Sachspenden handeln. Eine Begrenzung der Summe, die die Initiatoren einer Kampagne über Spenden erhalten dürfen gibt es in Deutschland nicht, in einigen Ländern sind diese aber an bestimmte Offenlegungspflichten gebunden. Als zweite wichtige Einnahmequelle können staatliche Mittel angeführt werden, allerdings nicht in allen Bundesländern. So gibt es in insgesamt sieben Bundesländern Regelungen zur Kostenerstattung, um eine angemessene Information der Öffentlichkeit über die Ziele des Verfahrens zu ermöglichen, die angelehnt sind an die Bestimmungen zur Wahlkampfkostenrückerstattung für politische Parteien. In Hamburg, Niedersachsen, Rheinland-Pfalz, Sachsen, Sachsen-Anhalt, Schleswig-Holstein und Thüringen erhalten die Initiatoren einen bestimmten Geldbetrag pro Unterstützungsunterschrift für das Volksbegehren und/oder pro Ja-Stimme für die Vorlage im Volksentscheid, falls bestimmte Bedingungen erfüllt sind. In Baden-Württemberg werden zudem die Kosten von Verfahren übernommen, die erfolgreich zur Auflösung des Landtages führen. In Nordrhein-Westfalen bekommen die Initiatoren die Kosten für Erstellung und Versand der Unterschriftenlisten erstattet, wenn das Verfahren erfolgreich ist. Schließlich bleiben noch andere Finanzierungsmöglichkeiten, die jedoch in der Praxis meistens nur eine geringe Rolle: so können beispielsweise Mitgliedsbeiträge oder Einnahmen aus dem Vermögen der Initiatoren herangezogen werden oder aber Geld eingenommen werden durch Veranstaltungen und den Vertrieb von z. B. Veröffentlichungen. Insgesamt sind die finanziellen Herausforderungen, die an die Planung und Durchführung einer Kampagne für direktdemokratische Verfahren geknüpft sind, sicherlich ein Grund dafür, dass oftmals etablierte Interessengruppen deren Initiatoren sind.

Andreas Kost/Marcel Solar

Literatur

Braun Binder, Nadja, H. K. Heußner, und T. Schiller. 2014. *Offenlegungsbestimmungen, Spenden- und Ausgabebegrenzungen in der direkten Demokratie. Gutachten im Auftrag der Friedrich-Ebert-Stiftung.* Berlin: Friedrich-Ebert-Stiftung.

Donovan, T., S. Bowler und D. S. McCuan. 2001. Political Consultants and the Initiative Industrial Complex. In *Dangerous Democracy? The Battle Over Ballot Initiatives in America,* Hrsg. L. Sabato, H. R. Ernst, B. A. Larson, 101–134. Lanham: Rowman & Littlefield Publishers.

Solar, Marcel. 2016. *Regieren im Schatten der Volksrechte. Direkte Demokratie in Berlin und Hamburg.* Wiesbaden: Springer VS.

Finanzierungsvorschlag ⇥ Kostendeckungsvorschlag

Finanzreferendum Das Finanzreferendum ist ein direktdemokratisches Instrument, das vor allem in der Schweiz verbreitet ist. In gewisser Weise ist es die logische Antithese zum Finanztabu, welches in den Bestimmungen zur Volksgesetzgebung in den deutschen Ländern verankert ist. Die Auslösung eines Finanzreferendums wird nämlich gerade dann ermöglicht, wenn staat-

A
B
C
D
E
F
G
H
I
J
K
L
M
N
O
P
Q
R
S
T
U
V
W
X
Y
Z

liche Ausgaben einen gewissen Betrag überschreiten. Das Finanzreferendum kommt grundsätzlich in zwei Ausprägungen daher. Von einem fakultativen Finanzreferendum spricht man, wenn eine Abstimmung über einen Ausgabeposten ausgelöst werden *kann* durch die Sammlung einer bestimmten Anzahl von Unterschriften aus dem Volk heraus oder die Zustimmung eines bestimmten Anteils von Parlamentariern. Obligatorische Finanzreferenden sind hingegen dadurch gekennzeichnet, dass eine Volksabstimmung stattfinden *muss,* sobald eine bestimmte Ausgabenschwelle überschritten wird. So findet sich beispielsweise im Kanton St. Gallen in der Schweiz das Instrument des fakultativen Finanzreferendums für alle Beschlüsse zu Lasten des Staates, die entweder eine neue Ausgabe mit einem Volumen zwischen drei und 15 Millionen Schweizer Franken oder während eines Zeitraums von mindestens zehn Jahren jährliche Ausgaben zwischen 300 000 und 1,5 Millionen Schweizer Franken nach sich ziehen. Übersteigen die Ausgaben eines Gesetzes oder eines Beschlusses des Kantonsrates von St. Gallen diese Grenzwerte, ist ein Finanzreferendum obligatorisch. Fakultative und/oder obligatorische Finanzreferenden sind in allen Kantonsverfassungen der Schweiz verankert, auch viele Gemeinden kennen entsprechende Instrumente. Die Grenzwerte für die Ausgaben sind dabei jeweils unterschiedlich. Auf der Schweizer Bundesebene wird das Instrument des Finanzreferendums regelmäßig diskutiert, tatsächlich scheiterte eine Einführung von Formen des Finanzreferendums bereits zwei Mal in Volksabstimmungen auf der Bundesebene. Es gibt aber immer neue Vorstöße im Schweizer Parlament, entsprechende Verfahren in die Verfassung aufzunehmen. Außerhalb der Schweiz kommen Finanzreferenden nur sehr selten zur Anwendung.

Andreas Kost/Marcel Solar

Literatur
Feld, Lars P. 2008. Das Finanzreferendum als Institution einer rationalen Finanzpolitik. *LI-Studien des Liberalen Instituts.*

Finanztabu, Finanzvorbehalt Explizit formulierter Ausschluss von allen Fragen, die den Haushalt eines Landes/einer Gemeinde betreffen. In der Bundesrepublik Deutschland übliche Einschränkung der möglichen Themen direktdemokratischer Entscheidung. Der Finanzvorbehalt kann greifen, wenn ein Thema nicht direkt den Finanzhaushalt betrifft, aber indirekt

Auswirkungen auf ihn hat. Dann ist es möglich, dass ein Begehren als nicht zulässig betrachtet wird. Auf Landesebene und Kommunalebene sind Finanzthemen, die den Haushalt berühren, praktisch ausgeschlossen. Die Begrifflichkeiten und Formen der Finanzthemenausschlüsse variieren auf Gemeindeebene etwas; zumeist wird der Ausschluss auf die Haushaltssatzung bezogen (auch Kommunalabgaben oder Haushaltsplan). Lediglich in Berlin existiert auf Bezirksebene kein Themenausschluss. Aber auch hier gibt es eine gewisse Einschränkung, da Begehren über Bezirkshaushaltspläne oder bezirkliche Sondermittel nur ersuchend möglich sind. Auf Landesebene sind generell Volksbegehren Themen über Haushaltsangelegenheiten vorenthalten (Haushaltsgesetze, Haushaltspläne, Finanzfragen, Abgabegesetze etc.). Im Jahre 2002 konnte jedoch eine gewisse Ausweitung der direkten Demokratie durch ein Urteil des sächsischen Verfassungsgerichts erzielt werden. Es wurde erstmals ein Volksbegehren zugelassen, das im Erfolgsfall weitreichendere Folgen für den Landeshaushalt gehabt hätte (Volksbegehren für kleinere Schulen in Sachsen). Auch ermöglichte 2009 in Berlin ein Urteil des dortigen Verfassungsgerichts zu einem Volksbegehren über eine bessere Betreuung in Kindertagesstätten eine ähnliche Entwicklung. Volksbegehren dürfen in Berlin zwar nicht in den laufenden, aber in den Haushalt der folgenden Jahre eingreifen. Das reine Finanztabu gilt dadurch nicht mehr. In den Ländern Bremen und Hamburg sind seit 2009 ebenfalls Volksbegehren mit weitreichenden finanziellen Folgen möglich. Verglichen mit den Abstimmungsmöglichkeiten zu Themen mit finanzieller Relevanz in den Schweizer Kantonen oder den US-Bundesstaaten ist der Entscheidungsrahmen in den deutschen Bundeländern jedoch viel enger.

Andreas Kost/Marcel Solar

Föderalismus (und direkte Demokratie) (Grundsatzartikel) Anders als die territoriale Herrschaftsorganisation, die Verfassungsgerichtsbarkeit oder das Wahlsystem gehören direktdemokratische Verfahren nicht zu den zwingend notwendigen, sondern zu den »optionalen« Einrichtungen eines demokratischen Regierungssystems. Weder das demokratische noch das verfassungsstaatliche Prinzip sind an ihr Vorhandensein gebunden. Wer die direktdemokratischen Verfahren neu einführen will, ist deshalb in einer doppelten Beweispflicht. Zum einen muss er zeigen können, dass der direkten Demokratie ein demokratischer Mehrheit innewohnt, indem sie zu einer besseren Entscheidungsqualität (»Output-Legitimation«) und/oder zu einer höheren Systemzufriedenheit (»Input-Legitimation«) beiträgt. Zum anderen gilt es die neuen Verfahren in das Regierungssystem so einzubetten, dass sie mit dessen Funktionsweise in Einklang stehen und das Zusammenspiel der vorhandenen Institutionen nicht beeinträchtigen. Die Frage nach der »Systemverträglichkeit« stellt sich mit Blick auf drei Bereiche: (1) die Verfassungs- bzw. Rechtsstaatlichkeit im allgemeinen und die verfassungsgerichtliche Normenkontrolle im besonderen (2) die parlamentarische Regierungsform einschließlich ihrer semi-präsidentiellen Variante und (3) den Föderalismus.

Obwohl die verfassungsrechtliche Einführung und der Ausbau der direktdemokratischen Verfahren in den letzten beiden Jahrzehnten vorangeschritten ist und die Zahl der Volksabstimmungen zunimmt, hat sich die Politikwissenschaft für deren systemische Einordnung bislang wenig interessiert. In den beiden wichtigsten Typologien demokratischer Systeme – Parlamentarismus versus Präsidentialismus und Mehrheits- versus Konsensdemokratie – kommt die direkte Demokratie nicht oder nur am Rande vor (Decker 2016, S. 57 ff.). Am günstigsten gestaltet sich die Literaturlage noch in Bezug auf den ersten Bereich – die Verfassungsgerichtsbarkeit –, was vor allem mit der Zunahme grundrechtsrelevanter Volksinitiativen in den direktdemokratischen Vorreiterstaaten Schweiz und Kalifornien zu tun haben dürfte. Am schlechtesten ist sie im hier zu behandelnden dritten Bereich – beim Föderalismus –, dessen Verhältnis zur direkten Demokratie allein in der deutschen Forschung ausführlicher adressiert worden ist – wegen der hiesigen Sonderstellung des Bundesrates.

Dieses Versäumnis ist deshalb merkwürdig, weil die verfassungsrechtlichen und -politischen Probleme, die dieses Verhältnis aufwirft, ziemlich klar auf der Hand liegen. Zum einen geht es darum, auf welcher Ebene und in welcher Form die direktdemokratischen Verfahren sinnvollerweise eingeführt werden: nur in den Gliedstaaten und/oder auf der darunterliegenden kommunalen Ebene oder auch auf nationaler Ebene/im Gesamtstaat? Zum anderen stellt sich die Frage, wie föderale Interessen bei nationalen Volksabstimmungen berücksichtigt werden (können). Beiden Fragen liegt eine – im engeren Sinne verstandene – staatsrechtliche Definition von Föderalismus zugrunde, die diesen an vier institutionellen Merkmalen festmacht:

1) Der föderale Staatsaufbau ist in der Verfassung festgeschrieben.
2) Ohne im völkerrechtlichen Sinne souverän zu sein, verfügen die Gliedstaaten über wesentliche Attribute der Staatlichkeit. Darin unterscheiden

sie sich von bloßen Verwaltungsuntergliederungen, die unter verschiedenen Bezeichnungen (Provinzen, Grafschaften, Departments) auch in Einheitsstaaten anzutreffen sind. Formell findet die Staatsqualität in eigenen Verfassungen und Regierungssystemen Ausdruck, die demjenigen des Gesamtstaates für gewöhnlich nachgebildet werden. So weisen die Länder in der Bundesrepublik allesamt parlamentarische Systeme auf, während die US-Bundesstaaten sich am präsidentiellen Vorbild der amerikanischen Bundesverfassung orientieren.

3) Die Staatsqualität setzt weiter voraus, dass die Gliedstaaten bestimmte politische Zuständigkeiten bzw. Kompetenzen besitzen (»Kompetenzföderalismus«). Dabei kann es sich um materielle oder um funktionelle Kompetenzen handeln. Materielle Kompetenzen beziehen sich auf einzelne Politikfelder oder -bereiche. Die funktionellen Kompetenzen liegen quer dazu; sie orientieren sich an der klassischen Trias von Gesetzgebung, Verwaltung und richterlicher Kontrolle. Die Kompetenzverteilung ist verfassungsrechtlich geregelt und kann gegen den Willen der unteren Ebene nicht einseitig verändert werden.

4) Die Gliedstaaten wirken an der Gesetzgebung des Gesamtstaates mit (»Beteiligungsföderalismus«). Realisiert wird das über eine eigene legislative Körperschaft, die aus gewählten oder delegierten Vertretern besteht. In der Literatur werden die föderativen Vertretungsorgane zumeist als »Zweite Kammern« apostrophiert, was auf eine Abstufung gegenüber der direkt gewählten ersten Kammer hindeutet. Tatsächlich sind die Zweiten Kammern in Föderalstaaten den Ersten Kammern im Gesetzgebungsprozess aber häufig gleichgestellt, während sie in den Einheitsstaaten – wo es sie gibt – nur über eingeschränkte Mitwirkungsbefugnisse verfügen.

Legt man alle vier Merkmale zugrunde, lässt sich die Zahl der Bundesstaaten unter den verfassungsstaatlichen Demokratien auf ein knappes Dutzend eingrenzen. Darunter befinden sich mit den USA, Kanada, Australien, Deutschland, Österreich und der Schweiz lediglich sechs konsolidierte Demokratien, während bei den lateinamerikanischen Vertretern Mexiko, Brasilien und Argentinien sowie bei Südafrika und Indien gewisse Abstriche in der Demokratiequalität gemacht werden müssen. Indien und Südafrika bleiben in der weiteren Betrachtung wegen fehlender bzw. unzureichender Datenlage außen vor – die direkte Demokratie spielt hier weder auf der nationalen noch auf der gliedstaatlichen Ebene eine nennenswerte Rolle. Anders verhält es sich mit Belgien, Spanien und dem Vereinigten Königreich, die als »Quasi-Föderalstaaten« strenggenommen nur das dritte Föderalismusmerkmal erfüllen. Sie müssen allein deshalb einbezogen werden, weil die direkte Demokratie hier ein potenzielles Vehikel für die Autonomiebestrebungen einzelner Provinzen darstellt.

Bei der direkten Demokratie bietet sich eine typologische Differenzierung der Verfahren nach vier Kriterien an: (1) Verbindlichkeit, (2) auslösende Instanz, (3) Entscheidungsgegenstand und (4) rechtliche Ausgestaltung (Decker 2016, S. 52 ff.). Im ersten Punkt geht es darum, ob das Ergebnis einer Volksabstimmung unmittelbar Rechtskraft erlangt bzw. gesetzgeberisch umgesetzt werden muss, oder ob es – wie bei einer Volksbefragung oder einer Agenda-Initiative – lediglich konsultativen Charakter hat. Im zweiten Punkt lässt sich grob zwischen von der Verfassung, von Parlament und/oder Regierung und von den Bürgern ausgelösten Verfahren unterscheiden *(obligatorisches Referendum, einfaches Referendum, Initiative)*. Im dritten Punkt geht es zum einen darum, ob sich der Entscheid auf ein bereits beschlossenes Gesetz bezieht, das einem plebiszitären »Nachentscheid« unterworfen wird *(Zustimmungsreferendum, Vetoinitiative/fakultatives Referendum)*, oder ob das Volk über eine von den Regierenden oder von ihm selbst stammende Vorlage abstimmt *(Entscheidungsreferendum, Volksgesetzgebung)*. Zum anderen ist nach dem inhaltlichen Gegenstand zwischen einfachen Gesetzen, Verfassungsgesetzen, Territorialplebisziten und sonstigen Beschlüssen zu unterscheiden. Im viertem Punkt sind vor allem die Themenausschlüsse und die in den verschiedenen Stadien zu überwindenden Quoren anzusprechen, deren Ausgestaltung für die Anwendbarkeit und Erfolgswahrscheinlichkeit der Verfahren maßgebliche Bedeutung gewinnt. Sie sind in der Regel unterhalb der Verfassung in einfachen Gesetzen und Verordnungen geregelt.

Um einen vollständigen Überblick zu erhalten, müsste man jeweils ermitteln, welche Verfahren in einem Land in welcher Ausgestaltung auf den verschiedenen Ebenen des politischen Systems anzutreffen sind und welche Rolle diese Verfahren in der Praxis spielen. Dabei müsste auch die Entwicklung im Zeitverlauf dargestellt werden. Es liegt auf der Hand, dass dies forschungspraktisch nicht zu leisten ist. Was die lokale Ebene betrifft, ist es schon für die Bundesrepublik schwierig, die Daten zusammenzustellen. Obwohl die direkte Demokratie gerade hier am stärksten verbreitet sein dürfte, finden die Kommunen daher in der nachfolgenden Vergleichsbetrachtung keine Berücksichtigung. Dasselbe gilt für die Ausgestaltung der Verfahren, sofern sie nicht einen direkten Bezug zum Föderalismus aufweist. Auch die

Tabelle 1 Verfahren der direkten Demokratie in Föderalstaaten (seit 1950)

Land	nationale Ebene					Zahl	Gliedstaaten/Provinzen				
	TP	OR	ER	VI	VG		TP	OR	ER	VI	VG
Belgien											
Deutschland	×					2	×	×		×	
Österreich	×	×				3	×	×			
Schweiz	×	×		×	×*	463	×			×	×
Spanien		×	×			4	×	×			
V. Königreich			×			3	×		×		
Australien	×**	×				23	×	×			
Kanada			×			1	×	×	×		
USA								×	×		×
Argentinien			×			1	×	×	×		
Brasilien	×	×	×			4	×	×	×		×
Mexiko			×	×			×	×	×	×	

Quelle: www.direct-democracy-navigator.org, www.sudd.ch Stand: 31. März 2018

TP = Territorialplebiszit, OR = obligatorisches Referendum, ER = einfaches Referendum, VI = Vetoinitiative (fakultatives Referendum), VG = Volksgesetzgebung. Die dominierenden Verfahren sind fett markiert.

* nur als Verfassungsinitiative und mit doppelter Mehrheit

** mit doppelter Mehrheit

Verfahren auf der Gliedstaatenebene können angesichts der Vielzahl der Fälle nur summarisch und ohne Hinweise auf ihre tatsächliche Nutzung aufgelistet werden. Abberufungsverfahren *(recall)* sowie unverbindliche Agenda-Initiativen und Volksbefragungen bleiben ausgeklammert. Allein für die nationale Ebene wird die Zahl der Verfahren genannt.

Wie die Unabhängigkeitsreferenden in Katalonien, Schottland und Québec zeigen, gewinnen Territorialplebiszite vor allem in den asymmetrischen Föderal- oder Quasi-Föderalstaaten Bedeutung. Alle drei Fälle sind mit Blick auf das Verhältnis von Zentralstaat und abtrünniger Provinz unterschiedlich gelagert. Im Vereinigten Königreich wurde das schottische Referendum 2014 durch eine Vereinbarung mit der Londoner Regierung rechtlich ermöglicht, während in Katalonien das spanische Verfassungsgericht die im Oktober 2017 unter widrigen Bedingungen durchgeführte Abstimmung schon im Vorwege für unzulässig erklärt hatte. In Québec umging man das Problem 1995 dadurch, dass formal nur über die Aufnahme von Verhandlungen mit der Bundesregierung über ein Assoziationsabkommen entschieden werden sollte. In den symmetrischen Föderalstaaten spielen Territorialplebiszite eine untergeordnete Rolle. So gab es in der Schweiz (Jura 1978) und in Deutschland (Baden-Württemberg 1951) bisher nur jeweils einen Fall einer durch Volksabstimmungen herbeigeführten territorialen Neuordnung, ein weiterer Versuch in Deutschland – die Fusion von Berlin und Brandenburg – blieb 1996 ohne Erfolg. In der Bundesrepublik stellen die in Art. 29 des Grundgesetzes geregelten Verfahren der Länderneugliederung bis heute das einzige direktdemokratische Instrument auf der Bundesebene dar.

Betrachtet man die übrigen Verfahrensarten, so bestätigt der internationale Vergleich die Vermutung, dass die direkte Demokratie auf der gliedstaatlichen (und lokalen) Ebene weiter verbreitet ist als auf der nationalen. Demokratietheoretisch lässt sich das damit begründen, dass die plebiszitären Verfahren ihre Vorteile gerade dort am besten ausspielen können, wo die Angelegenheiten aufgrund ihrer örtlichen und Betroffenennähe leicht überschaubar sind. Für die komplexeren Materien der nationalen Politik treten sie dagegen hinter das repräsentative Prinzip zurück. Der Zusammenhang wird auch durch die stärkere Verbreitung der Initiative in den Gliedstaaten belegt, während im nationalen Rahmen die obligatorischen und einfachen Referenden dominieren. Die Erfahrungen, die man mit den vom Volk selbst betriebenen Verfahren auf der unteren staatlichen Ebene macht, lassen sich insofern nicht umstandslos auf die höhere Ebene übertragen.

Generell könnte man annehmen, dass plebiszitäre Elemente in Bundesstaaten häufiger vorkommen als in Einheitsstaaten, weil die erstgenannten eine zusätzliche (staatliche) Handlungsebene aufweisen. Das lässt sich aber empirisch nicht erhärten – zumal wenn man die lokale Ebene mit einbezieht, wo die direktdemokratischen Verfahren auch in Einheitsstaaten gängig sind (Möckli 1998, S. 93). Eine andere Frage ist, ob das Vorhandensein direktdemokratischer Elemente auf der gliedstaatlichen Ebene ihre gleichzeitige Einrichtung im nationalen (gesamtstaatlichen) Rahmen eher befördert oder erschwert. Auch hier ergibt der Vergleich keinen eindeutigen Befund, da sich für beide Annahmen plausible institutionentheoretische Gründe finden lassen. Einerseits gehen vom Vorhandensein oder Nicht-Vorhandensein der direktdemokratischen Elemente auf einer staatlichen Ebene potenzielle Ausstrahlungseffekte auf die andere Ebene aus, die eine Angleichung der institutionellen Strukturen herbeiführen. Andererseits könnten sich Föderalstaaten, die direktdemokratische Verfahren auf der einzelstaatlichen Ebene vorhalten, leichter tun, auf die Einführung derselben Instrumente im Gesamtstaat zu verzichten. Tatsächlich findet man mit den USA und Deutschland für einen solchen Entlastungseffekt zwei markante Beispiele, die aber gegenüber den Bundesstaaten mit institutionell angeglichenen Strukturen in der Minderheit bleiben. Hierzu gehören z. B. die Schweiz, Österreich und Australien, die die Instrumente auf beiden Ebenen kennen, sowie das – trotz Regionalismus – bis heute plebiszitfreie Belgien.

Blickt man auf die Genese speziell der von unten ausgelösten Verfahren, so war der Föderalismus für deren Siegeszug nur in der Schweiz eine treibende Kraft. Um ihrer Opposition gegen die von den Liberalen beherrschte Bundesregierung Ausdruck zu verleihen, griffen die bei der Staatsgründung unterlegenen Katholiken auf die in einzelnen Kantonen bereits eingerichteten Volksrechte zurück. Diese Entwicklung mündete in die Einführung des fakultativen Gesetzesreferendums im Rahmen einer Gesamtrevision der Verfassung (1874), die die Grundlage des bis heute bestehenden Konkordanzsystems schuf (Schaffner 1998).

In den USA und in Deutschland verlief die Entwicklung anders. Den überwiegend im Westen des Landes gelegenen US-Bundesstaaten, die die Initiative ab Ende des 19. Jahrhunderts reihenweise in ihre Verfassungen übernahmen, diente die direkte Demokratie vor allem dazu, die grassierende Korruption aus Parlamenten und Parteien zu vertreiben. Durch die weitreichenden Zuständigkeiten der Einzelstaaten in der Gesetzgebung eröffnete sich dabei ein breites Anwendungsfeld, was sich in einer entsprechend lebhaften Nutzung der Verfahren (etwa in Kalifornien) niederschlug (Stelzenmüller 1994). Anders als das aus ähnlichen Gründen eingeführte Vorwahlsystem konnten sich Referendum und Initiative jedoch weder flächendeckend durchsetzen noch nennenswerte Rückwirkungen auf die gesamtstaatliche Ebene entfalten. Ernsthafte und erfolgversprechende Bestrebungen, die Plebiszite in die Bundesverfassung einzuführen, gibt es in den USA bis heute nicht – die Debatte darüber ist eine mehr oder weniger akademische geblieben (Cronin 1989, S. 157 ff.).

In Deutschland wurde die direkte Demokratie 1918 gleichzeitig im Reich und in den Ländern zusammen mit dem parlamentarischen System eingeführt. Dessen historisch verspätete Durchsetzung ist der Hauptgrund für die im Vergleich zu den älteren Demokratien merkwürdige Fixierung der Verfassungsgeber auf die von unten ausgelöste, dem Parlamentarismus eigentlich wesensfremde Volksgesetzgebung, die in der Folge auch anderen europäischen Ländern zum Vorbild geriet. Entgegen der Legende von den »negativen Weimarer Erfahrungen« hatte diese in den vor dem Grundgesetz entstandenen Länderverfassungen nach 1945 weiter Bestand – nur auf der Bundesebene nahm der Parlamentarische Rat sie zurück. Als die Legitimationsschwächen der parlamentarischen Parteiendemokratie den Ruf nach mehr direkter Demokratie seit Ende der achtziger Jahre lauter werden ließen, griff man deshalb in den Ländern wie selbstverständlich auf das tradierte Verfahren der Initiative zurück, das damit zugleich als »Modell« für den Bund gesetzt war (Decker 2016, S. 69 ff.).

Die Volksgesetzgebung wirft in der Bundesrepublik ein weiteres Problem auf, das in dieser Form weder in der Schweiz noch in den anderen hier betrachteten Föderal- oder Quasi-Föderalstaaten besteht, nämlich die Beteiligung des Bundesrates. Der normative Ausgangspunkt ist einfach: Dem Volk die Möglichkeit einzuräumen, selbst als Gesetzgeber an die Stelle von Parlament und Regierung zu treten, macht nur Sinn, wenn es beim abschließenden Gesetzesbeschluss die staatlichen Organe vollständig verdrängt (Maurer 1997, S. 27). In den USA wird dieser Sachverhalt etwa dadurch anerkannt, dass der Gouverneur gegen volksbeschlossene Gesetze kein Veto einlegen kann. Für die fakultativen Referenden in der Schweiz stellt sich das Problem dagegen ebensowenig wie für die einfachen Referenden in anderen Föderalstaaten, weil (und soweit) die Vorlage hier aus den Parlament stammt, also von der föderal konstituierten Kammer mitbeschlossen wurde. Bei der vom Volk ausgelösten Verfassungsinitiative berücksichtigt die Schweiz die föderalen Belange durch ein doppeltes Mehrheitserfordernis: Sowohl die Mehrheit des Gesamtvolkes als auch die Mehrheit der Völker in den Kantonen müssen zustimmen. Dieselbe Regelung hat Australien 1901 für sein obligatorisches Verfassungsreferendum übernommen (Kaufmann et al. 2008, S. 120).

Ein Zustimmungsrecht des Bundesrates im Volksgesetzgebungsverfahren halten in der Bundesrepublik heute nur noch wenige Autoren für zwingend geboten. Die meisten Verfassungsrechtler vertreten die Ansicht, dass das Ewigkeitsgebot des Art. 79 Abs. 3 lediglich die »grundsätzliche Mitwirkung der Länder bei der Gesetzgebung« schütze und keine Aussage darüber treffe, in welcher Form diese Mitwirkung zu erfolgen habe. Positiv gewendet heißt das, dass die Mitwirkung auch durch die »Landesvölker« selbst erfolgen könne – nach dem Vorbild der »doppelten Mehrheit« in der Schweiz (Leonardy 1992, S. 166).

Die Übertragung dieses Modells auf die Bundesrepublik hätte den Vorteil, dass sie die unterschiedlichen Stimmengewichte der Länder im Bundesrat berücksichtigen würde; die Mehrheit des Landesvolkes wäre dann gleichbedeutend mit der Abgabe der Bundesratsstimmen des Landes. Dies erschien den Befürwortern der direkten Demokratie seinerzeit so plausibel, dass sie die Ländermehr-Lösung 1993 in ihrem Vorschlag für eine plebiszitäre Ergänzung des Grundgesetzes verankerten, der anschließend der Gemeinsamen Verfassungskommission vorgelegt wurde. Als die rot-grüne Koalition 2002 ihren – letztlich erfolglosen – Entwurf für die Einführung der Volksgesetzgebung in den Bundestag einbrachte, konnte sie an dieses Konzept anknüpfen.

Die Schwächen der Ländermehr-Lösung erschließen sich einem erst auf den zweiten Blick. Sie liegen erstens darin, dass sie nur bei den zustimmungspflichtigen Gesetzen greift, von denen ein Großteil dem Volksgesetzgeber durch das Finanztabu ohnehin versperrt wäre. Bei den Einspruchsgesetzen bliebe die Beteiligung der Länderkammer auf die Möglichkeit einer Vorab-Stellungnahme beschränkt, die dem heutigen »ersten Durchgang« entspricht. Zweitens hätten die Anrufung des Vermittlungsausschusses und das anschließende Vermittlungsverfahren keinen Bestand mehr, da diese nur durch gewählte oder delegierte Vertreter wahrgenommen werden können. Dabei zählen gerade sie zu den funktional unentbehrlichen Bestandteilen der föderativen Mitregierung. Und drittens übersieht die Ländermehr-Lösung die fundamentalen Unterschiede zwischen dem schweizerischen und deutschen Föderalismus. In der Schweiz verfügen die Kantone sowohl in der materiellen Gesetzgebung als auch bei der Umsetzung der Bundesgesetze über weitreichende eigene Befugnisse, was die Schutzfunktion einer föderativ konstituierten Zweiten Kammer bis zu einem gewissen Grade entbehrlich macht und die Wahrnehmung der Kantonsinteressen durch das Ständemehr als ausreichend erscheinen lässt. In der Bundesrepublik kommt man dagegen nicht umhin, den Ländern auch ein inhaltliches Mitgestaltungsrecht an den Bundesgesetzen einzuräumen, weil der Bund hier durch die Regelung der Verwaltungsverfahren, die Steuergesetzgebung und die Überwälzung von Finanzierungslasten unmittelbar in deren Domäne eingreift. Diese Aufgabe, die ein hohes Maß an Expertise voraussetzt, kann nicht ersatzweise von den »Landesvölkern« wahrgenommen werden (Estel 2006).

Gegen diese Argumentation ließe sich einwenden, dass das Gros der Gesetze lediglich Routineangelegenheiten umfasst, für die die Einbringung der Verwaltungskompetenz im ersten Durchgang ausreichen würde. Unter den wichtigen Gesetzen könnten sich andererseits aber auch Fälle finden, bei denen die Länderbelange nur vorgeschoben sind und die Ablehnung durch den Bundesrat in Wahrheit aus parteipolitischen Gründen erfolgt. So vertretbar eine Umgehung der Länderkammer unter solchen Bedingungen wäre, scheidet sie als Lösung dennoch aus. Dies gilt insbesondere dann, wenn zusätzlich zur Volksgesetzgebung ein von der Regierungsmehrheit auslösbares einfaches Referendum eingeführt würde. Die Regierung hätte dann nämlich die Möglichkeit, ihre Gesetzesvorhaben von vornherein auf dem plebiszitären Wege zu betreiben, um die gegnerische Mehrheit im Bundesrat auszuschalten. Stellt man diese systemischen Weiterungen in Rechnung, bleibt von der scheinbaren Eleganz des Schweizer Modells am Ende nicht mehr viel übrig.

Frank Decker

Literatur

Cronin, Thomas E. 1989. *Direct Democrcy. The Politics of Initiative, Referendum, and Recall.* Cambridge: Harvard University Press.

Decker, Frank. 2011. *Regieren im »Parteienbundesstaat«. Zur Architektur der deutschen Politik.* Wiesbaden: VS Verlag für Sozialwissenschaften.

Decker, Frank. 2016. *Der Irrweg der Volksgesetzgebung. Eine Streitschrift.* Bonn: Dietz Verlag.

Estel, Denise. 2006. *Bundesstaatsprinzip und direkte Demokratie im Grundgesetz.* Baden-Baden: Nomos.

Kaufmann, Bruno, R. Büchi und N. Braun. 2008. *Handbuch zur Direkten Demokratie in der Schweiz und weltweit.* Marburg/Bülach: Initiative and Referendum Institute.

Leonardy, U. 1992. Plebiszit und Bundesstaat. Eine Rezension mit Ergänzungen zur Diskussion. In *Zeitschrift für Parlamentsfragen* 23 (1): 163–167.

Maurer, Hartmut. 1997. *Plebiszitäre Elemente in der repräsentativen Demokratie.* Heidelberg: C. F. Müller.

Möckli, S. 1998. Direktdemokratische Einrichtungen und Verfahren in den Mitgliedstaaten des Europarates. In *Zeitschrift für Parlamentsfragen* 29 (1): 90–107.

Schaffner, Martin. 1998. Direkte Demokratie. »Alles für das Volk – alles durch das Volk«. In *Eine kleine Geschichte der Schweiz,* Hrsg. M. Hettling et al., 189–226. Frankfurt a. M.: Suhrkamp.

Stelzenmüller, Constanze. 1994. *Direkte Demokratie in den Vereinigten Staaten von Amerika.* Baden-Baden: Nomos.

Freie Unterschriftensammlung Im Unterschied zur Amtseintragung die Möglichkeit, die notwendigen Unterschriften für eine Begehren auf jede Weise und an allen Orten sammeln zu können, die den Initiatoren möglich sind, z. B. an Infoständen, durch Hausbesuche, in Versammlungen usw. In den letzten Jahren führten immer mehr Länder bei Volksbegehren die freie Unterschriftensammlung ein, so Nordrhein-Westfalen 2011, Baden-Württemberg und Rheinland-Pfalz 2015 sowie Schleswig-Holstein 2016. Insgesamt 12 der 16 Bundesländer erlauben die freie Unterschriftensammlung. Baden-Württemberg, Berlin, Hamburg, Mecklenburg-Vorpommern, Nordrhein-Westfalen und Thüringen sehen zusätzlich auch die Amtseintragung vor. Nur Bayern, Brandenburg (zumindest auch Briefeintragung), Hessen und das Saarland verweigern bisher die freie Unterschriftensammlung. Es bleibt im Übrigen festzuhalten, dass die ausschließliche Amtseintragung bei Unterschriftensammlungen für Volksbegehren lediglich in Deutschland bzw. den genannten Bundesländern angewendet wird und somit einen Sonderweg darstellt. In Staaten mit Volksbegehren und Volksentscheiden können die Bürgerinnen und Bürger die Unterschriften frei sammeln. Staaten wie die Schweiz, die USA oder Italien praktizieren ausschließlich die freie Unterschriftensammlung.

Andreas Kost/Marcel Solar

A
B
C
D
E
F
G
H
I
J
K
L
M
N
O
P
Q
R
S
T
U
V
W
X
Y
Z

G

Gegenentwurf ⇸ Konkurrenzvorlage

Grundgesetz Die Bundesrepublik Deutschland ist in erster Linie eine konsequent repräsentative Demokratie. Wenn die Bürgerinnen und Bürger Volksvertretungen wählen, obliegt diesen prinzipiell die alleinige Entscheidungskompetenz für Ämterbesetzungen und Sachentscheidungen. Dem Volk werden im Grundgesetz praktisch so gut wie keine direktdemokratischen Rechte eingeräumt. Insbesondere bei Einführung des Grundgesetzes wurden die vermeintlich schlechten Erfahrungen in der Weimarer Republik mit Elementen direkter Demokratie als Ausschlussgrund herangeführt. So fürchtete man die unheilvolle Beeinflussung des Volkes durch Demagogen und antizipierte eine Emotionalisierung und Polarisierung der Bevölkerung bei zentralen Volksabstimmungen, die rationale Vernunftentscheidungen erschweren würden. Vorschläge zur Einführung direktdemokratischer Elemente in das Verfassungsgefüge mussten sich deshalb für viele Jahre mit dieser dominierenden Grundhaltung in Politik und Gesellschaft der Bundesrepublik Deutschland auseinandersetzen. Als betonte Ausnahmen gelten aber die Artikel 29 (als Sonderfall daran angelehnt 118 und 118 a) sowie 146 des Grundgesetzes.

Art. 29 Abs. 2 ff. GG regelt die seltene Neugliederung der Bundesländer (z. B. Veränderungen der Grenzen bzw. Fusionen), bei denen ein Volksentscheid zur Bestätigung notwendig ist. Obwohl es einige Anläufe gab, ist bisher nur eine Neugliederung per Volksentscheid realisiert worden: die Fusion der Länder Baden, Württemberg-Baden und Württemberg-Hohenzollern zum neuen Bundesland Baden-Württemberg im Jahre 1952. Der recht spektakuläre Versuch einer Fusion von Berlin und Brandenburg zu einem neuen Bundesland Berlin-Brandenburg scheiterte 1996 an der verfassungsmäßig notwendigen Mindestzustimmung von 25 Prozent. Dazu kam ein Nein-Stimmenanteil von 63 Prozent. Die fünf deutschen Bundesländer Mecklenburg-Vorpommern, Brandenburg, Thüringen, Sachsen-Anhalt und Sachsen,

© Springer Fachmedien Wiesbaden GmbH, ein Teil von Springer Nature 2019
A. Kost und M. Solar (Hrsg.), *Lexikon Direkte Demokratie in Deutschland*,
https://doi.org/10.1007/978-3-658-21783-9_7

hervorgegangen aus dem ehemaligen Staatsgebiet der DDR, wurden 1990 durch Annahme des Grundgesetzes und durch Einheitsvertrag in das Staatsgebiet der Bundesrepublik Deutschland aufgenommen. Eine Neugliederung fand jedoch im Sinne der Definition des Grundgesetzes nicht statt, so dass (juristisch gesehen) eine Volksabstimmung nicht in Betracht kam. Die Neugliederung der Bundesländer gemäß Artikel 29 GG stellt jedoch von vornherein keine bundesweite Volksabstimmung dar, sondern ist nur eine Territorialabstimmung in den betroffenen Bundesländern. Die Bevölkerung dort kann den Zusammenschluss oder auch die mögliche Teilung der Länder in einem Volksentscheid bestätigen oder ablehnen. Erschwerend kommt hinzu, dass die Bevölkerung kein Initiativrecht für eine Neugliederung der Bundesländer besitzt.

Bei dem besonderen Fall einer Verfassungsablösung nach Artikel 146 GG, wenn also gar eine neue Verfassung in Kraft treten soll, ist das Volk grundsätzlich direkt zu beteiligen. Doch diese Annahme ist nicht ohne juristischen Widerspruch geblieben, weil der Artikel erst einmal nur besagt, dass eine neue Verfassung »von dem deutschen Volke in freier Entscheidung beschlossen« werden soll. Dieser Passus wurde teilweise im staatsrechtlichen Sinne so interpretiert, dass auch eine repräsentativ geführte Entscheidung den freien Willen des Volkes zum Ausdruck bringen kann. Ein Volksentscheid würde sich damit erübrigen. So blieb die um 1989/1990 zeitweise auf der politischen Tagesordnung stehende Überlegung, bei Herstellung der deutschen Einheit eine neue Verfassung zu installieren und das Grundgesetz sowie die alte DDR-Verfassung abzulösen, nur eine vorübergehende Betrachtung. Aus politischen, juristischen und letztlich pragmatischen Erwägungen heraus wurden bekanntermaßen Beitrittsverhandlungen von den damaligen bundesrepublikanischen Entscheidungsträgern mit der DDR-Seite geführt, die mit dem Beitritt der DDR zur Bundesrepublik abgeschlossen wurden und eine direktdemokratische Beteiligung zur Installierung einer neuen Verfassung obsolet machten. Das Grundgesetz blieb weiter bestehen und wurde lediglich an einigen Stellen verändert. So wurde Artikel 23 GG (sog. »Beitrittsartikel«) nach der Wiedervereinigung gestrichen und durch den »Europa-Artikel« ersetzt; Präambel und eben Artikel 146 wurden modifiziert.

Andreas Kost/Marcel Solar

Literatur

Kost, Andreas. 2013. *Direkte Demokratie*, 2. Aufl. Wiesbaden: Springer VS.

115

H

Haushaltstabu ⇸ Finanztabu

© Springer Fachmedien Wiesbaden GmbH, ein Teil von Springer Nature 2019
A. Kost und M. Solar (Hrsg.), *Lexikon Direkte Demokratie in Deutschland*,
https://doi.org/10.1007/978-3-658-21783-9_8

I

Initiatoren Direktdemokratische Verfahren, die aus dem Volk heraus aus-gelöst werden – so wie es in Deutschland bei Bürger- und Volksbegehren der Fall ist –, zielen darauf ab, dass sich viele Bürgerinnen und Bürger poli-tisch beteiligen und ihre Unterstützungsunterschriften und ihre Stimmen für das Anliegen abgeben. Der Impuls für das Verfahren geht aber in der Regel von einer kleineren Anzahl an Personen, einer Interessengruppe oder einem Bündnis aus verschiedenen Akteuren aus. Diesen Personenkreis bezeichnet man in der direkten Demokratie als Initiatoren des Verfahrens. Den Initia-toren kommt jedoch nicht nur die Rolle des Ideengebers zu, vielmehr fun-gieren sie als Ansprechpartner für Bürgerinnen und Bürger sowie staatliche Institutionen und Behörden und verleihen einer Initiative damit erst Sprech- und Handlungsfähigkeit. Im Rahmen des direktdemokratischen Prozesses, der in Deutschland sehr stark durch Interaktionen mit Parlamenten, Regie-rungsbehörden und Gerichten geprägt ist, fallen den Initiatoren dabei eine Vielzahl an Aufgaben, Pflichten aber auch Rechten zu.

Zunächst einmal ist festzuhalten, dass die genaue Bezeichnung der Ini-tiatoren von Bundesland zu Bundesland unterschiedlich ist. So wird in den Gesetzestexten von Vertrauensleuten oder -personen, Antragstellern, Be-auftragten, Vertretern, Trägern oder eben auch Initiatoren gesprochen. Das Aufgabenspektrum, das den Initiatoren zukommt, ist dann wiederum recht ähnlich bzw. unterscheidet sich meist lediglich an den Stellen, an denen grundsätzliche Charakteristika der Verfahren zwischen den Ländern abwei-chen. Als zentraler Punkt kann für alle Länder festgehalten werden, dass die Initiatoren dem direktdemokratischen Verfahren ein Gesicht geben und als fester und verbindlicher Ansprechpartner fungieren. Ihre Namen und An-schriften werden – z. B. auf den Unterschriftenlisten – veröffentlicht. Nur die Personen, die als Initiatoren oder Vertrauensleute benannt werden, dürfen für das Begehren verbindliche Erklärungen abgeben und entgegennehmen. In Sachsen oder dem Saarland handelt es sich dabei jeweils um eine Per-son und eine Stellvertretung, in Niedersachsen können hierfür bis zu neun Personen benannt werden. Konkret reichen Initiatoren in Deutschland bei-spielsweise den Zulassungsantrag für ein Verfahren ein oder ziehen diesen

© Springer Fachmedien Wiesbaden GmbH, ein Teil von Springer Nature 2019
A. Kost und M. Solar (Hrsg.), *Lexikon Direkte Demokratie in Deutschland*,
https://doi.org/10.1007/978-3-658-21783-9_9

zurück. Sie beantragen die nächste Stufe eines direktdemokratischen Verfahrens, wo dies erforderlich ist. Sie nehmen Stellung in Ausschussanhörungen oder Abstimmungsbroschüren. Sie können Gerichte anrufen, wenn z. b. die Zulassung eines Volksbegehrens verweigert wird, und dort in einer möglichen Verhandlung ebenfalls Stellung beziehen. Sie verfassen Rechenschaftsberichte und kommen den Offenlegungsbestimmungen nach, falls solche erforderlich sind. Abseits der gesetzlich festgehaltenen Rechte und Pflichten fungieren die Initiatoren als Ansprechpartner für Bürgerinnen und Bürger sowie Medien im Rahmen der Öffentlichkeitskampagnen. Zudem kann ihnen die Rolle zufallen, in Verhandlungen mit den politischen Repräsentanten mögliche Kompromisse auszuloten, wenn diese beispielsweise einen Volksentscheid verhindern möchten. Dabei können Situationen entstehen, die zu politischen Entscheidungen führen, die eventuell nicht deckungsgleich sind mit den Forderungen, die in dem zu Grunde liegenden Bürger- oder Volksbegehren festgehalten waren. Dies unterstreicht die zentrale Rolle, die den Initiatoren innerhalb eines direktdemokratischen Verfahrens über die bloßen gesetzlichen Regelungen zukommt bzw. zukommen kann.

Andreas Kost/Marcel Solar

Interessengruppen Interessengruppen setzen sich für die Belange bestimmter gesellschaftlicher Gruppen, Schichten oder auch Interessen ein und versuchen, deren gesellschaftliche Position und Wahrnehmung zu verbessern. Ein zentrales Wirkungsfeld vieler Interessengruppen ist daher der politische Raum, da hier versucht werden kann, auf Gesetzgebung Einfluss zu nehmen und damit auf die verbindlichen Regelungen, denen sich eine Gesellschaft unterwirft. Dabei unterscheiden sich politische Systeme darin, auf welchen Wegen Interessengruppen versuchen können, ihre Vorstellungen in die Entscheidungsfindung einzubringen. In korporatistischen Systemen finden sich mehr oder weniger institutionalisierte Formen der Beratung zwischen Regierenden und großen Interessengruppen (beispielsweise Arbeitgebervertreter und Gewerkschaften), in pluralistisch geprägten Systemen treten Interessengruppen von außen an die Regierenden heran, dies kennt man klassischerweise als Lobbying (Siaroff 1999). Stehen direktdemokratische Verfahren in einem politischen System zur Verfügung, vergrößern sich in jedem Fall die Möglichkeiten für Interessengruppen, ihren Einfluss geltend zu machen. Dies gilt bereits für direktdemokratische Verfahren, die von Seiten der Regierenden oder von Verfassungswegen aus ausgelöst werden, da sie sich hier in den Abstimmungskampf einschalten können. In noch größerem Ausmaß ermöglichen aber direktdemokratische *bottom-up*-Verfahren, also solche, die durch die Sammlung von Unterschriften aus dem Volk heraus ausgelöst werden können, die Chance, sich in den Gesetzgebungsprozess einzuschalten, da hier auch eigene Anliegen verfolgt bzw. bestimmte Gesetzgebungsverfahren konterkariert werden können.

Innerhalb direktdemokratischer Verfahren können Interessengruppen an verschiedenen Stellen tätig werden. Zunächst einmal können sie selbst als Initiatoren fungieren und z. B. eigene Vorlagen auf dem Wege der Volksgesetzgebung auf den Weg bringen. Daneben können sie als Unterstützer von Verfahren auftreten, die andere Gruppen gestartet haben. Die Unterstützung kann z. B. aus Geld- oder Sachspenden bestehen oder dem zur Verfügung stellen von Räumlichkeiten oder Beratungsleistungen. Zudem können Interessengruppen als Multiplikatoren Informationen zur Initiative an ihre eigenen Mitglieder weitergeben. Schließlich können Verbände und andere Interessengruppen im Vorfeld von Volksentscheidungen Abstimmungsempfehlungen abgeben, die den Abstimmenden wichtige Hinweise darauf geben können, wie eine Vorlage einzuschätzen ist. So kann etwa die Unterstützung einer Initiative durch Umweltverbände für Personen, die dem Umweltschutz einen hohen Stellenwert einräumen, eine schnelle Einordnung ermöglichen, wie sie sich in der Abstimmung selbst positionieren wollen (Lupia 1994).

Je geringer die Anforderungen sind, um ein direktdemokratisches Verfahren zu starten und je bedeutsamer die Stellung, die die direkte Demokratie insgesamt im politischen System einnimmt, desto bedeutsamer kann der Einfluss von Interessengruppen auf den politischen Entscheidungsprozess werden. Einen Extremfall stellt dabei das Mutterland der direkten Demokratie – die Schweiz – dar. Hier hat das Vorhandensein der direktdemokratischen Instrumente und vor allem des fakultativen Referendums einen großen Anteil an der Etablierung eines Entscheidungssystems gehabt, in dem gut organisierte Interessengruppen eine zentrale Position in den Beratungen von Gesetzesvorhaben haben. Im Zuge der sogenannten Vernehmlassung gehen sämtliche Gesetzesvorhaben im Entwurfsstadium zur Stellungnahme an die relevanten Interessengruppen. Da sie im Zweifel ein fakultatives Referendum gegen ein Gesetz anstreben könnten, finden schwerwiegende Einwände von Seiten der Interessengruppen häufig Berücksichtigung. Teilweise reicht auch die Androhung vom Einsatz direktdemokratischer Verfahren, um den

A
B
C
D
E
F
G
H
I
J
K
L
M
N
O
P
Q
R
S
T
U
V
W
X
Y
Z

Gesetzgebungsprozess zu beeinflussen. Dies hat dem direktdemokratischem Prozess in der Schweiz von manchen Seiten den Vorwurf eingebracht, dass die direkte Demokratie weniger dem Volk als vielmehr den gut organisierten und kampagnenfähigen Interessengruppen nützt (Abromeit und Stoiber 2006, S. 93; Vatter 2014, S. 237 ff.).

In den deutschen Bundesländern ist der Einfluss von Interessengruppen auf den direktdemokratischen Prozess als nicht so weitreichend einzuschätzen, was jedoch auch darauf zurückzuführen ist, dass die direkte Demokratie in den meisten Bundesländern nach wie vor nicht in den politischen Alltagsgebrauch Einzug gehalten hat. Ein Blick auf die Praxis in den Stadtstaaten Berlin und Hamburg, die gerade in den vergangenen zehn Jahren eine Hochburg direktdemokratischer Praxis in Deutschland waren, ermöglicht aber einen Einblick, welche Interessengruppen sich direktdemokratischer Instrumente bedienen. So sind es insbesondere Gruppen, die sich in den Bereichen Umwelt- und Verbraucherschutz einsetzen sowie Gewerkschaften und kirchliche Initiativen. Insgesamt hängt die Zusammensetzung der Initiatoren aber auch immer stark davon ab, welche Regierungsbündnisse in Verantwortung sind. Konservative Regierungsbündnisse rufen beispielsweise eher Interessengruppen aus dem linken und linksalternativen Spektrum auf den Plan. Einen Sonderfall stellt in Deutschland der Verein Mehr Demokratie e. V. dar. Als Lobbyist in Sachen direkter Demokratie starten die Landesverbände des Vereins immer wieder Volksgesetzgebungsverfahren in den verschiedenen Bundesländern, um die gesetzlichen Regelungen zur direkten Demokratie anwendungsfreundlicher zu gestalten, sie beraten andere Initiatoren und betreiben auch klassisches Lobbying gegenüber Parlamenten und Parteien, um auch auf diesem Wege Erleichterungen direktdemokratischer Verfahren auf den Weg zu bringen (Solar 2016, S. 420 ff.).

Andreas Kost/Marcel Solar

Literatur

Abromeit, Heidrun, und M. Stoiber. 2006. *Demokratien im Vergleich. Einführung in die vergleichende Analyse politischer Systeme.* Wiesbaden: VS Verlag für Sozialwissenschaften.

Lupia, A. 1994. Shortcuts Versus Encyclopedias. Information and Voting Behavior in California Insurance Reform Elections. In *American Political Science Review* 88 (1): 63–76.

Siaroff, A. 1999. Corporatism in 24 industrial democracies: Meaning and measurement. In *European Journal of Political Research* 36 (2): 175–205.

Solar, Marcel. 2016. *Regieren im Schatten der Volksrechte. Direkte Demokratie in Berlin und Hamburg.* Wiesbaden: Springer VS.

Vatter, Adrian. 2014. *Das politische System der Schweiz.* Baden-Baden: Nomos.

Wagschal, Uwe. 2007. Diskurs oder Machtpolitik: Welche Interessen setzen sich in der Direktdemokratie am erfolgreichsten durch? In *Direkte Demokratie. Bestandsaufnahmen und Wirkungen im internationalen Vergleich,* Hrsg. M. Freitag und U. Wagschal, 303–329. Berlin: LIT-Verlag.

K

Kommunale Ebene Die Gemeinde ist die unterste selbstständige Gebietseinheit im Rahmen des Staatsaufbaus in Deutschland, mit abgegrenztem Gebiet (Gemeindegebiet), eindeutigen personellen Zugehörigkeiten (Gemeindebürger, mit bestimmten politischen Teilhaberechten ausgestattet), eigenen Organen (Gemeindevertretung – Gemeinderat, Gemeindevorstand – Bürgermeister) und eigenen Kompetenzen (Selbstverwaltungsaufgaben). Grundlage für das politische Leben in einer Gemeinde ist das föderale System der Bundesrepublik Deutschland. Die Regelung kommunaler Strukturen, Aufgaben und Befugnisse ist grundsätzlich Sache der Bundesländer. Sie sind dabei an Artikel 28 des Grundgesetzes gebunden, dem zufolge in den Kreisen und Gemeinden eine aus allgemeinen, unmittelbaren, freien und geheimen Wahlen hervorgegangene Volksvertretung bestehen muss und die Gemeinden ihre Angelegenheiten im Rahmen der Gesetze in eigener Verantwortung regeln sollen. Die Stellung der Gemeinden wird an Traditionslinien kommunaler Selbstverwaltung, an ihrer Einbettung in das föderalistische System, an der räumlichen und funktionalen Organisation (siehe Gebiets- und Funktionalreformen), an den Besonderheiten der jeweiligen Gemeindeordnung und am kommunalen Entscheidungsprozess festgemacht.

Die Kommunalverfassung des jeweiligen Bundeslandes wird in einem Gesetz als Gemeindeordnung beschlossen. Die Gemeindeordnung enthält alle wichtigen Bestimmungen über Zuständigkeiten, Verfahrensregelungen, Rechte und Aufgaben der Gemeinden, ihre Beschlussorgane, ihre Finanz- und Wirtschaftsführung, die Kommunalaufsicht und die Rechte und Pflichten ihrer Wohnbevölkerung. Die Gemeinden übernehmen bestimmte Aufgaben, gekennzeichnet als Selbstverwaltungsaufgaben (Pflichtaufgaben und freiwillige Aufgaben) sowie Auftragsangelegenheiten. Doch werden auf der kommunalen Ebene immer wieder Unsicherheiten über die Kompetenzen und Aufgaben der Gemeinden geäußert, da sie in ihrer finanziellen Ausstattung und der Gesetzgebung von der Bundes- und Landesebene abhängig sind und letztere in den verschiedenen Bundesländern zusätzlich variiert. In dieser ›beweglich scheinenden Situation‹ müssen bestimmte verfassungsrechtliche Grundlagen und politische Bedingungsfaktoren der Gemeinde-

© Springer Fachmedien Wiesbaden GmbH, ein Teil von Springer Nature 2019
A. Kost und M. Solar (Hrsg.), *Lexikon Direkte Demokratie in Deutschland*,
https://doi.org/10.1007/978-3-658-21783-9_10

ebene berücksichtigt werden, da sie das Maß der staatlichen Abhängigkeiten von Bund und Land, aber auch politische Handlungs- bzw. Gestaltungsräume erkennen lassen.

So ist bei den Gemeinden auch der informelle und besondere Aspekt der Bürgernähe/Bürgerbeteiligung (›Schule der Demokratie‹) zu berücksichtigen, weil hier der kommunalen Ebene eine besondere Bedeutung zugewiesen wird. Sie erscheint wie ein ursprüngliches Feld für eine politische Betätigung der Bürgerinnen und Bürger. Die örtlichen Verhältnisse gelten als überschaubar, die Problemlagen als durchschaubar, die Entscheidungsprozesse als unmittelbar beeinflussbar und Maßnahmen in der Kommunalpolitik als persönlich erfahrbar. In der Bezeichnung ›Schule der Demokratie‹ steckt auch ein elitentheoretisches Element, da sie dem interessierten Bürger bzw. ehrenamtlichen Kommunalpolitiker die Möglichkeit bieten soll, sich für eine höhere politische Ebene (Land, Bund) zu qualifizieren. Zweifellos kommt ein demokratietheoretischer Grundgedanke hinzu, da die kommunale Ebene eine praktische Chance zu mehr Bürgerbeteiligung bedeuten kann. So wird den Gemeinden eine unverzichtbare Rolle als Ansprechpartner für die Bürgerinnen und Bürger zugewiesen und die Notwendigkeit einer konkreten Bürgerpartizipation artikuliert, in der die Gemeinde Beteiligungsmöglichkeiten anbietet. Auf diese Weise soll das Interesse an kommunalen Entscheidungsprozessen gefördert werden. In diesem Kontext steht das viel zitierte Schlagwort der Bürgernähe. Ferner werden Effizienzargumente als Entlastung der höheren Ebene vom Problem- und Entscheidungsdruck und als Chance sachgerechter Lösungen geltend gemacht (Orts- und Gegenstandsnähe gegenüber ›grünem Tisch‹). Die Gemeindeordnungen sind der von den Länderparlamenten verabschiedete gesetzliche Leitfaden. Neben der Kommunalverfassung stellt wohl die jeweilige Gemeindegröße die wichtigste Variable für die Kommunalpolitik dar: für die Inhalte, für den Verlauf und für den Stil von Kommunalpolitik. In welchem Maße der Parteienstaat auch die Kommunalpolitik erobert hat, ist nicht zuletzt von der Größe der Gemeinde abhängig. Unterschiede in der Kommunalverfassung nach Größentypen gibt es in Deutschland nicht – die jeweilige Gemeindeordnung gilt für alle Gemeinden in jedem Land gleich.

Für eine politische Beteiligung an der Kommunalpolitik gilt es im Grundsatz zu beachten, dass die Bürgerinnen und Bürger in einer Gemeindeordnung an erster Stelle stehen, noch vor dem Gemeinderat, dem Bürgermeister und der Verwaltung. Es wird allgemein anerkannt, dass Kommunalpolitik von ihnen auszugehen hat und auf sie und ihre Alltagsbedürfnisse bezogen ist. »Kommunalpolitik ist die Politik des Volkes in der Gemeinde, für das Volk und *durch das* Volk – das letzte aber nur in begrenztem Maße, zudem noch von Bundesland zu Bundesland unterschiedlich ausgedehnt« (Wehling 1994, S. 54; Kost 2013, S. 33 ff.).

Andreas Kost/Marcel Solar

Literatur

Kost, Andreas. 2013. *Direkte Demokratie*, 2. Aufl. Wiesbaden: Springer VS.

Wehling, Hans-Georg. 1994. *Kommunalpolitik* (Informationen zur politischen Bildung 242). Bonn: Bundeszentrale für politische Bildung.

Konkurrenzvorlage Eine Konkurrenzvorlage ist die Möglichkeit eines Länderparlamentes, den Bürgerinnen und Bürgern im Verfahren der Volksgesetzgebung einen eigenen Vorschlag bzw. einen zusätzlichen eigenen Gesetzentwurf zum Volksentscheid und damit zur Abstimmung vorzulegen. Die Bürgerinnen und Bürger erhalten damit die erweiterte Auswahlmöglichkeit, um entweder dem Volksbegehren der Initiatoren oder der Konkurrenzvorlage des Parlaments zuzustimmen oder gar beide Vorlagen abzulehnen. Schließlich entscheidet die Mehrheit der abgegebenen Stimmen, wobei grundsätzlich nur mit Ja oder Nein abgestimmt werden kann. Insbesondere in Bayern, dem Bundesland mit der intensivsten Nutzung von Volksabstimmungen, wurde in frühen Jahren vom Landtag dem Volk regelmäßig eine parlamentarische Konkurrenzvorlage zur Entscheidung mit vorgelegt. Einerseits kam der Landtag damit dem Anliegen der Initiatoren etwas entgegen, andererseits wurden die von den Bürgerinnen und Bürgern initiierten Projekte dadurch »erfolgreich« ausgebremst. Ab 1995 (Einführung des kommunalen Bürgerentscheids) und folgend 1998 (Abschaffung des Senats) funktionierte diese Taktik nicht mehr so recht, weil sich verstärkt originäre Volksgesetze durchsetzen konnten.

Andreas Kost/Marcel Solar

Kostendeckungsvorschlag In neun Bundesländern vorgeschriebenes Zulässigkeitskriterium eines Bürgerbegehrens. Dem Begehren ist ein (mehr oder weniger ausgearbeiteter) Vorschlag beizufügen, wie dessen Gegenstand bei entsprechender Haushaltsrelevanz zu finanzieren ist. So muss ein Bürgerbegehren (bzw. im Falle eines erfolgreichen Bürgerentscheids) ein nach den gesetzlichen Vorschriften durchführbaren Vorschlag für die Deckung der Kosten der verlangten Maßnahme enthalten. Die Anforderungen an einen Kostendeckungsvorschlag lassen sich, das hat sich in der Praxis gezeigt, nicht nach einheitlichen Kriterien einordnen. Gleichwohl müssen die Finanzierungsvorstellungen im Rahmen des jeweils geltenden Haushaltsrechts angewendet werden und somit nach den gesetzlichen Vorschriften durchführbar sein. Daraus ist abzuleiten, dass der Kostendeckungsvorschlag mit dem Grundsatz der Sparsamkeit und Wirtschaftlichkeit der Haushaltsführung gemäß den entsprechenden Regelungen in den Gemeindeordnungen vereinbar sein muss. Berücksichtigt werden somit Anschaffungs- und Herstellungskosten sowie Betriebs- und Folgekosten. Die eher mangelnde Klarheit hat in der kommunalen Praxis durchaus zu Problemen geführt und sich oftmals als beträchtliche Hürde erwiesen. Allerdings haben bei Rechtsstreitigkeiten auch einige Verwaltungsgerichte in ihrer Rechtsprechung darauf hingewiesen, dass die Initiatoren eines Bürgerbegehrens in der Regel mit dem kommunalen Haushaltsrecht nicht vertraut sind und nicht über hinreichendes Fachwissen verfügen. Daher sollen lediglich überschlägige, aber schlüssige Angaben über die geschätzte Höhe der anfallenden Kosten und die Folgen der Umsetzung der Maßnahme für den Gemeindehaushalt genügen. Allerdings stellt sich der Kostendeckungsvorschlag weiterhin als relevantes Hindernis dar, weil bei fehlerhafter Einbringung ein Bürgerbegehren unzulässig ist. In Bayern, Hamburg und Rheinland-Pfalz entfällt diese Hürde komplett, in Thüringen muss der Kostendeckungsvorschlag nur zur Höhe von Abgaben vorgelegt werden. In Berlin, Nordrhein-Westfalen und Schleswig-Holstein muss die Verwaltung auf Anzeige eines Begehrens eine Kostenschätzung vornehmen und sie den Initiatoren zur Verfügung stellen. Kommen ein Kostendeckungsvorschlag oder eine Kostenschätzung bei einem Begehren zur Anwendung, müssen diese auf den Unterschriftenlisten dokumentiert sein.

Andreas Kost/Marcel Solar

Kostenerstattung Analog zur Wahlkampfkostenerstattung der Parteien eine Kompensation der durch eine gültige direktdemokratische Abstimmung entstandene Kosten für die Organisatoren. Diese Kosten können erheblich sein (z. B. durch den Druck von Unterschriftenformularen, von Infomaterialien), werden aber nicht in allen Bundesländern erstattet. Es gibt jedoch Abstufungen hinsichtlich der Kostenerstattung in den Bundesländern. So sieht z. b. das Landeswahlgesetz in Rheinland-Pfalz vor, dass die Kosten der Herstellung der Eintragungslisten und der Versendung an die Gemeindeverwaltungen den Antragstellern erstattet werden, wenn ein durch Volksbegehren vorgelegtes Gesetz – aber nur im Erfolgsfall – vom Landtag verabschiedet oder im Wege eines Volksentscheids angenommen wurde. Andere Bundesländer haben weitergehende Regelungen getroffen, die neben einer Kostenerstattung für die Durchführung von Volksinitiativen, Volksbegehren und Volksentscheiden auch die Kosten einer angemessenen Information der Öffentlichkeit einschließen. Denn das finanzielle Engagement für Begehren auf Landes- und auch Kommunalebene ist erheblich. Aus demokratietheoretischen und Legitimität gestützten Erwägungen kann zudem angeführt werden, dass direktdemokratische Verfahren eine verfassungsrechtlich garantierte Form der politischen Willensbildung darstellen, bei der die Staatsbürger an der Ausübung der Staatsgewalt teilnehmen (Paulus 2005, S. 211). Eine Unterstützung zumindest durch eine teilweise Erstattung der Kosten erscheint daher nicht abwegig. Zweifellos existiert eine Ungleichbehandlung der Kostenerstattung bei direktdemokratischen Verfahren gegenüber der existierenden Parteien- und Fraktionsfinanzierung in repräsentativen Entscheidungsstrukturen.

Andreas Kost/Marcel Solar

Literatur

Paulus, Petra. 2005. Direkte Demokratie in Rheinland-Pfalz. In *Direkte Demokratie in den deutschen Ländern. Eine Einführung,* Hrsg. Andreas Kost, 204–227. Wiesbaden: VS Verlag für Sozialwissenschaften.

Kostenschätzung In Berlin, Nordrhein-Westfalen und Schleswig-Holstein wurde bei kommunalen Begehren der Zwang des Kostendeckungsvorschlags durch die einfachere Kostenschätzung ersetzt, die nunmehr die Kommunalverwaltungen und nicht mehr die Initiatoren von Bürgerbegehren selbst erstellen müssen. Durch die Neuregelung sollen die Bürger bei der Initiierung eines Bürgerbegehrens von den strengen Voraussetzungen des Kostendeckungsvorschlages entlastet werden. Auch die Kostenschätzung hat die

Funktion, die Bürger über die Kostenfolge der vom Bürgerbegehren beabsichtigten Maßnahme zu informieren. Die Kosten der Maßnahme sind von großer Bedeutung und oftmals ein wesentliches Entscheidungskriterium für die Bürgerinnen und Bürger bei Referenden. Die dabei von den Verwaltungen errechneten Kosten müssen die Initiatoren dann nur noch auf ihre Unterschriftenliste übernehmen. Auf allen Unterschriftenlisten muss eine entsprechende Kostenschätzung vorliegen. Diese bezieht sich auf die Folgekosten eines Bürgerbegehrens für die Gemeinde im Falle eines Erfolges des Begehrens durch Übernahme durch den Rat oder durch einen Abstimmungserfolg beim Bürgerentscheid. Die Gemeindeverwaltung erhält die schriftliche Mitteilung über die Einleitung eines Bürgerbegehrens und nimmt dann die Kostenschätzung vor. Bis zur Mitteilung der Kostenschätzung ist die Einreichungsfrist über jeweils eine bestimmte Zahl von Wochen bzw. Monaten für Bürgerbegehren gegen Ratsbeschlüsse unterbrochen. Sollten die Initiatoren eines Bürgerbegehrens zu einer abweichenden Einschätzung der entstehenden Kosten kommen, die von der Verwaltung vorgenommen wurden, kann diese den Unterzeichnern in der Begründung mitgeteilt werden. Hier haben sich in der kommunalen Praxis allerdings bereits einige Schwächen offenbart, da einzelne Gemeindeverwaltungen fehlerhafte Kostenschätzungen erstellten, die erheblich von den späteren tatsächlichen Kosten abwichen – nicht selten zu Ungunsten der Initiatoren von Bürgerbegehren.

Andreas Kost/Marcel Solar

L

Länderebene (Grundsatzartikel) Direktdemokratische Verfahren finden sich in den Verfassungen sämtlicher Bundesländer. Flächendeckend ist dabei das Instrument der Volksgesetzgebung verbreitet. Mit ihm können Bürgerinnen und Bürger eigene Gesetzesvorlagen in den politischen Entscheidungsprozess einbringen. Die Entscheidung für die weitreichendste Form der direkten Demokratie hatte im Gegenzug zur Folge, dass die Hürden zur Auslösung der Verfahren teils sehr hoch sind, weshalb es in einigen Bundesländern keine nennenswerte Praxis der direkten Demokratie gibt. Seit der Einführung der Volksgesetzgebung in Hamburg im Jahr 1996, dem zu diesem Zeitpunkt letzten Bundesland ohne dieses Instrument, haben jedoch in den Bundesländern zahlreiche Reformen stattgefunden, die die Anwendung der Volksgesetzgebung insgesamt erleichtert haben. Seitdem lässt sich auch eine deutlich gestiegene Anwendungspraxis beobachten. Auch weitere Formen der direkten Demokratie haben eine Aufwertung in ihrer Bedeutung erfahren, wie beispielsweise der Volksentscheid über das Infrastrukturprojekt Stuttgart 21 zeigt.

Kleine Geschichte der direkten Demokratie in den Bundesländern

Die Geschichte der direktdemokratischen Verfahren in den deutschen Bundesländern lässt sich bis in die Weimarer Republik zurückverfolgen. Neben den Bestimmungen in der Weimarer Reichsverfassung fanden sich auch in allen Ländern Verfahren der direkten Demokratie, von denen in der Praxis das Instrument des Volksbegehrens zur Parlamentsauflösung die größte Rolle spielte (Hsu 2014). Somit stellte sich für die Verfassungsmütter und -väter in den deutschen Ländern nach dem Zweiten Weltkrieg mit Blick auf die direkte Demokratie nicht die Frage nach einer grundlegenden Neuerung, sondern, ob an bereits vorhandene Traditionen angeknüpft werden sollte. Tatsächlich nahmen acht der elf Länder in der Bundesrepublik direktdemokratische Verfahren in ihre Verfassungen auf, in Bayern, Bremen, Hessen, Nordrhein-Westfalen, Rheinland-Pfalz sowie den drei Vorgängerstaaten Baden-Württembergs wurden darüber hinaus die Verfassungen selbst in Verfassungsreferenden bestätigt. Lediglich in Hamburg, Niedersachsen und

© Springer Fachmedien Wiesbaden GmbH, ein Teil von Springer Nature 2019
A. Kost und M. Solar (Hrsg.), *Lexikon Direkte Demokratie in Deutschland*,
https://doi.org/10.1007/978-3-658-21783-9_11

Schleswig-Holstein verzichtete man auf die Einführung von Instrumenten der direkten Demokratie. Bis Anfang der 1990er Jahre sollte sich an dieser Verteilung sowie an der institutionellen Ausgestaltung der Verfahren in den einzelnen Ländern nur wenig ändern. Lediglich in Baden-Württemberg wurde 1974 die Volksgesetzgebung eingeführt, was allerdings mit einer erheblichen Anhebung des erforderlichen Unterschriftenquorums für Parlamentsauflösungen aus dem Volk heraus einherging. In Berlin wurden im selben Jahr sogar alle direktdemokratischen Verfahren außer dem Recht auf die Abberufung des Abgeordnetenhauses aus der Verfassung gestrichen (Eder 2010, S. 94 ff.). Eine nennenswerte direktdemokratische Praxis lässt sich für den Zeitraum bis 1990 ohnehin nur in Bayern festhalten, als bekannte Ausnahme lässt sich allenfalls das Volksbegehren »Stopp Koop« aus dem Jahr 1978 in Nordrhein-Westfalen anführen, mit dem die Einführung einer sog. Kooperativen Schule verhindert wurde (Kost 2005).

Eine neue Dynamik auf dem Gebiet der direkten Demokratie entfaltete sich dann ab 1990. Zum einen wurde in Schleswig-Holstein 1990 als Konsequenz aus der Barschel-Affäre eine neue Verfassung verabschiedet, die nun auch direktdemokratische Verfahren vorsah. Zum anderen griffen die neuen Bundesländer den Schwung aus der demokratischen Revolution, die zur Wiedervereinigung geführt hatte, auf, und führten allesamt Mitwirkungsrechte für die Bürgerinnen und Bürger mit ihren neuen Verfassungen ein. In diesem Zuge zogen schließlich mit Niedersachsen und Hamburg auch die letzten verbliebenen Bundesländer nach (Decker 2010). Durch die Einführung der Volksgesetzgebung in der Hansestadt im Jahr 1996 stehen seitdem allen Bürgerinnen und Bürgern in ihren jeweiligen Bundesländern direktdemokratische Beteiligungsverfahren zur Verfügung. Anders als in der Zeit vor der Wiedervereinigung ist das Bild jedoch nicht durch Stillstand, sondern durch ständigen Wandel und große Aktivität geprägt. Seit 1996 ist es in fast allen Bundesländern zu Reformen der direktdemokratischen Instrumente gekommen, die teils zu erheblichen Erleichterungen in deren Anwendbarkeit geführt haben. Und darüber hinaus hat sich die Anwendungspraxis seitdem erheblich gesteigert (Solar 2016, S. 117 ff.). Wie der nachfolgende Blick auf die heutige Verteilung direktdemokratischer Verfahren und die Praxis in den Ländern zeigt, gibt es dabei jedoch – teils erhebliche – Unterschiede zwischen den Bundesländern.

A
B
C
D
E
F
G
H
I
J
K
L
M
N
O
P
Q
R
S
T
U
V
W
X
Y
Z

Direktdemokratische Instrumente

In den deutschen Ländern findet sich eine Vielzahl verschiedener direktdemokratischer Verfahren. Allerdings ist lediglich das Initiativverfahren der
Volksgesetzgebung in sämtlichen Landesverfassungen verankert, während
die übrigen Verfahrensarten meist nur in wenigen Bundesländern verbreitet sind, wo sie wiederum nur unter sehr spezifischen Umständen anwend-
bar sind.

Referenden, die von Seiten der Regierenden angesetzt werden können,
finden sich in insgesamt fünf Bundesländern. In den meisten Fällen geht es
dabei darum, dass die Regierungsmehrheit eine Verfassungsänderung über
einen Volksentscheid erreichen kann, wenn ihr im Parlament eine nötige Zweidrittelmehrheit fehlt. Entsprechende Regelungen gibt es in Baden-
Württemberg, Bremen, Nordrhein-Westfalen und Sachsen. Darüber hinaus
sieht die Verfassung Baden-Württembergs ein arbitrierendes Referendum
vor, welches zur Konfliktlösung bei Meinungsverschiedenheiten zwischen
Landesregierung und Parlament beitragen kann. Das Verfahren kann dem
Typus des Referendums zugeordnet werden, im Falle des Konfliktes um das
Infrastrukturprojekt Stuttgart 21 bot das arbitrierende Referendum die Möglichkeit, eine Volksabstimmung über das Projekt herbeizuführen. Schließlich
kann die Bremische Bürgerschaft dem Volk auch alle übrigen in ihrer Zuständigkeit liegenden Fragen unterbreiten. Dasselbe Recht steht ebenfalls der
Hamburgischen Bürgerschaft zu.

Obligatorische Referenden gibt es in vier Bundesländern. In Bayern und
Hessen müssen sämtliche Verfassungsänderungen durch das Volk bestätigt
werden, während es in Berlin lediglich dann zu einem obligatorischen Referendum kommt, wenn diejenigen Verfassungsartikel geändert werden sollen, die die Ausgestaltung der Volksgesetzgebung betreffen. Eine Sonderform
des obligatorischen Referendums findet sich in Bremen. Hier sind Privatisierungen von öffentlichen Unternehmen immer dann automatisch mit einem
Volksentscheid verbunden, wenn sie im Parlament lediglich von einer einfachen Mehrheit verabschiedet wurden. Findet sich hingegen eine Zweidrittelmehrheit in der Bremischen Bürgerschaft, so kann eine Volksabstimmung
auch auf dem Wege einer Vetoinitiative erzwungen werden. Die übrigen
beiden Beispiele für Formen der Vetoinitiativen in den deutschen Ländern
sind ebenfalls für sehr spezifische Fälle vorgesehen. So können in Hamburg
durch die Sammlung von Unterschriften Volksabstimmungen über Änderungen an Volksgesetzen sowie dem Wahlrecht herbeigeführt werden. Und
in Rheinland-Pfalz können vom Landtag verabschiedete Gesetze durch ein

Volksbegehren zur Abstimmung gebracht werden, wenn zuvor mindestens ein Drittel der Landtagsmitglieder verlangt hat, die Verkündung dieses Gesetzes auszusetzen.

Während die genannten Verfahren – mit Ausnahme der obligatorischen Verfassungsreferenden in Bayern und Hessen – lediglich eine untergeordnete Rolle in Theorie und Praxis spielen, bildet die Volksgesetzgebung eindeutig das Herzstück der direkten Demokratie in den deutschen Bundesländern, wo sie flächendeckend zu finden ist. Die Volksgesetzgebung kann dazu genutzt werden, eigene Gesetzesinitiativen durch die Sammlung von Unterstützungsunterschriften zur Abstimmung zu bringen. Dabei kann es sich in der Regel sowohl um einfache Gesetze als auch verfassungsändernde Gesetze handeln, nur in Hessen ist letzteres nicht möglich. Die Volksgesetzgebungsverfahren laufen dabei für gewöhnlich in drei Verfahrensschritten ab. Auf eine einleitende Phase, in der für einen Gesetzesentwurf vergleichsweise wenige Unterschriften gesammelt werden müssen, folgt das Volksbegehren, bei welchem eine ungleich höhere Anzahl an Bürgerinnen und Bürgern eine Unterstützungsunterschrift für das Anliegen abgeben muss. Kann auch diese Hürde genommen werden, so findet das Verfahren seinen Abschluss im Volksentscheid, bei dem die Bürgerinnen und Bürger über den eingebrachten Entwurf entscheiden können, das jeweilige Landesparlament kann zudem einen Gegenentwurf zur Abstimmung stellen. Der Volksentscheid entfällt, sofern das jeweilige Landesparlament den Entwurf vorher übernimmt. Bei genauerer Betrachtung lassen sich in den deutschen Ländern zwei Modelle voneinander unterscheiden: eine konventionelle sowie eine antizipierende Variante der Volksgesetzgebung (vgl. Eder und Magin 2008, S. 273). Die Unterscheidung lässt sich am Zeitpunkt festmachen, an dem sich das Parlament mit der Gesetzesinitiative beschäftigt, im antizipierenden Modell erfolgt dies schon früher als beim klassischen Verfahren. Insgesamt sind aber bei beiden Varianten die Parlamente in den Initiativprozess integriert, die Initiativverfahren können folglich als indirekt bezeichnet werden.

Die Tatsache, dass die Volksgesetzgebung in allen Bundesländern verbreitet ist, bedeutet allerdings keineswegs, dass die Verfahren – insbesondere mit Blick auf die Anwendungsfreundlichkeit – als identisch betrachtet werden können. Der Teufel steckt dabei wie so oft im Detail, in der konkreten Ausgestaltung gibt es teilweise erhebliche Unterschiede in den Bestimmungen der einzelnen Länder. So gibt es beispielsweise unterschiedliche Regelungen, ob Unterstützungsunterschriften nur in Amtsräumen oder auch auf der Straße gesammelt werden dürfen, in welcher Form die Bürgerinnen

Tabelle 1 Direktdemokratische Verfahren in den deutschen Bundeländern

	Volksgesetz-gebung	Vetoinitiative	Einfaches Referendum	Obligatorisches Referendum
Baden-Württemberg	×		×	
Bayern	×			×
Berlin	×			×
Brandenburg	×			
Bremen	×	×	×	×
Hamburg	×	×	×	
Hessen	×			×
Mecklenburg-Vorpommern	×			
Niedersachsen	×			
Nordrhein-Westfalen	×		×	
Rheinland-Pfalz	×	×		
Saarland	×			
Sachsen	×		×	
Sachsen-Anhalt	×			
Schleswig-Holstein	×			
Thüringen	×			

Quelle: Eigene Zusammenstellung auf Basis der Landesverfassungen.

und Bürger vor Abstimmungen informiert werden oder ob es eine Kostenerstattung durch die öffentliche Hand vergleichbar mit der Wahlkampfkostenrückerstattung gibt. Unterschiede gibt es auch bei sehr zentralen Aspekten des Volksgesetzgebungsverfahrens, etwa hinsichtlich der erforderlichen Unterstützungsunterschriften für ein Volksbegehren und den hierzu gewährten Fristen. So müssen beispielsweise in Nordrhein-Westfalen innerhalb eines Jahres Unterstützungsunterschriften von acht Prozent der Abstimmungsberechtigten gesammelt werden, damit ein Volksbegehren erfolgreich ist. In Bayern müssen hingegen zehn Prozent der Abstimmungsberechtigten innerhalb von 14 Tagen mobilisiert werden, was selbstverständlich mit erheblich größerem Aufwand verbunden ist. Durch die unzähligen Reformen der direktdemokratischen Verfahren in den deutschen Ländern innerhalb der vergangenen 20 Jahre haben die Unterschiede im Ländervergleich insgesamt aber sehr stark abgenommen (Solar 2016, S. 122).

Besonderheiten des deutschen Volksgesetzgebungsverfahrens, weniger im internen Bundesländervergleich als vielmehr gegenüber vergleichbaren Initiativverfahren in anderen Staaten, sind schließlich die Beteiligungs- und Zustimmungsquoren im Stadium des Volksentscheides und die Ausschlüsse bestimmter Themen, zu denen entsprechend kein Volksgesetzgebungsverfahren eingeleitet werden darf. Durch die verschiedenen Quorenarten soll dafür gesorgt werden, dass Entscheidungen im Volksentscheid durch eine Gruppe von einer bestimmten Mindestgröße getragen werden müssen. Beispielsweise ist ein Volksentscheid über ein einfaches Gesetz in Nordrhein-Westfalen nur dann erfolgreich im Sinne der Initiatoren, wenn diese die Mehrheit der abgegebenen Stimmen für ihre Position gewinnen können und diese Mehrheit gleichzeitig mindestens 15 Prozent aller Abstimmungsberechtigten ausmacht. Vergleichbare Regelungen finden sich in (fast) allen Bundesländern, bei Vorlagen, mit denen die Verfassung geändert werden soll, sind die Anforderungen meist noch einmal erheblich höher. In der Praxis führen solche Quoren nicht selten dazu, dass eine Vorlage unecht scheitert, d. h. sie erhält zwar die Mehrheit der abgegebenen Stimmen, scheitert aber am zusätzlichen Mehrheitserfordernis. Den direktdemokratischen Bestimmungen in der Schweiz oder den Gliedstaaten der USA sind qualifizierte Mehrheitserfordernisse in dieser Form in der Regel fremd (Meerkamp 2011).

Hinsichtlich der Themenbeschränkungen sticht in den deutschen Bundesländern vor allem das sogenannte Finanztabu hervor. In allen Ländern sind damit finanzwirksame Initiativen, wenn nicht ausgeschlossen, so doch stark beschränkt. Beispielsweise heißt es in Nordrhein-Westfalen, dass Volksbegehren über Finanzfragen, Abgabengesetze und Besoldungsordnungen nicht zulässig sind, eine Formulierung, die sich in dieser Form in den meisten Landesverfassungen wiederfindet. Gleichzeitig ergibt sich aus dem Finanztabu ein erheblicher Interpretationsspielraum, da weder Schwellenwerte eindeutig definiert sind, noch deutlich wird, ob überhaupt finanzielle Auswirkungen mit einer Vorlage einhergehen dürfen, was das Instrument letztendlich ad absurdum führen würde. Insofern kommt den Landesverfassungsgerichten in dieser Frage eine zentrale Rolle zu (Jung 2005, S. 317 ff.).

Direktdemokratische Praxis

Bei der direktdemokratischen Praxis soll der Blick zunächst erneut auf die Verfahren abseits der Volksgesetzgebung geworfen werden. Im gesamten Zeitraum nach Ende des Zweiten Weltkriegs zählt der Verein Mehr Demokratie e. V. in den deutschen Bundesländern insgesamt 48 Volksentscheide, die nicht durch Volksgesetzgebungsverfahren angestoßen wurden (Mehr Demokratie e. V. 2018). Bei zwölf dieser Abstimmungen handelt es sich um Verfassungsreferenden, mit denen in verschiedenen Ländern über die Landesverfassungen abgestimmt wurde. Bei den übrigen Volksentscheiden handelt es sich insbesondere um obligatorische Verfassungsreferenden, die auf das Konto von Bayern und Hessen gehen. Bei den zeitlich betrachtet letzten beiden Abstimmungen handelt es sich jedoch um Referenden, die durch Landesparlamente ausgelöst wurden: die Abstimmung über Olympia in Hamburg aus dem November 2015 und die Abstimmung über eine Verlängerung der Legislaturperiode der Bremischen Bürgerschaft aus dem September 2017. In beiden Fällen wurden die Positionen der Regierenden zurückgewiesen.

Auch hinsichtlich der direktdemokratischen Praxis in den deutschen Ländern macht die Volksgesetzgebung den Löwenanteil aus. Zwischen 1946 und Januar 2018 wurden insgesamt 334 Volksgesetzgebungsverfahren auf den Weg gebracht. Mit einer Anzahl von 94 Verfahren erreichte etwas weniger als ein Drittel dieser Initiativen mit dem Volksbegehren die zweite Verfahrensstufe. In insgesamt 24 Fällen entschied schließlich das jeweilige Landesvolk über die per Volksgesetzgebung eingebrachte Vorlage in einem Volksentscheid.

Tabelle 2 Praxis der Volksgesetzgebung in den deutschen Bundesländern

Bundesland	Anträge auf Volksbegehren/ Volksinitiativen gesamt	davon Volksbegehren	davon Volksentscheid
Bayern	53	20	6
Hamburg	47	16	7
Brandenburg	46	14	
Berlin	34	10	6
Schleswig-Holstein	34	5	2
Mecklenburg-Vorpommern	29	4	1
Nordrhein-Westfalen	14	3	
Sachsen	13	4	1
Bremen	11	3	
Thüringen	10	5	
Niedersachsen	10	3	
Baden-Württemberg	9	0	
Saarland	8	2	
Hessen	7	1	
Rheinland-Pfalz	6	1	
Sachsen-Anhalt	3	3	1
Gesamt	**334**	**94**	**24**

Quelle: Datenbank Volksbegehren von Mehr Demokratie e.V., Stand: 25. 01. 2018, die Daten wurden dem Verfasser dankenswerterweise von Frank Rehmet zur Verfügung gestellt, der die Datenbank Volksbegehren des Vereins Mehr Demokratie e.V. pflegt und betreut.

Blickt man auf die bloßen Zahlen der eingeleiteten Verfahren, so kann man zunächst festhalten, dass die Volksgesetzgebung bislang am häufigsten in Bayern, Hamburg und Brandenburg zur Anwendung gekommen ist, während Hessen, Rheinland-Pfalz und Sachsen-Anhalt am Ende des Tableaus erscheinen. Diese Beobachtung ist jedoch in zweierlei Hinsicht zu ergänzen. Zum einen sollte ebenfalls in Betracht gezogen werden, wie häufig Verfahren auch die Stufen des Volksbegehrens sowie des Volksentscheids erreichten, um bewerten zu können, welche Rolle die Volksgesetzgebung im politischen Leben des jeweiligen Bundeslandes spielt. So steht etwa Brandenburg mit 46 eingeleiteten Verfahren sehr weit vorne in der Aufstellung, abstimmen konnten die Bürgerinnen und Bürger Brandenburgs bislang aber noch nie über eine dieser Vorlagen. Gleichzeitig wurden in Sachsen-Anhalt bisher nur drei Initiativen gestartet, eine davon mündete aber tatsächlich in den Volksentscheid über eine Reform der Kinderbetreuung im Januar 2005. Zum anderen ist auch die zeitliche Komponente von Belang. In Bayern wurden zwar die meisten Volksgesetzgebungsverfahren auf den Weg gebracht, das Instrument ist aber auch schon seit 1946 in der Verfassung verankert. Die knapp auf dem zweiten Platz folgenden Hamburgerinnen und Hamburger können die Volksgesetzgebung hingegen erst seit 1996 nutzen, es wurden also annähernd gleich viele Verfahren in einem ungemein kürzeren Zeitraum gestartet. Nimmt man nur den Zeitraum seit 1996 oder sogar nur die letzten zehn Jahre in den Blick, so zeigt sich, dass die Hotspots der direktdemokratischen Praxis vor allem in den beiden Stadtstaaten Berlin und Hamburg liegen. Hier zeigt sich eine rege Nutzung der Verfahren, allein acht der zehn letzten Volksentscheide nach Volksgesetzgebungsverfahren fanden in jeweils einem der beiden Länder statt (Solar 2016, S. 131 f.).

Thematisch ist die Bandbreite der aufgegriffenen Themen – trotz der Einschränkungen durch das Finanztabu – groß. Zieht man die Analysen des Vereins Mehr Demokratie e. V. zu Rate, so finden sich Schwerpunkte in den Themenbereichen »Bildung und Kultur« sowie »Demokratie, Staatsorganisation und Innenpolitik« (Mehr Demokratie e. V. 2017, S. 19). Dies mag nicht verwundern, da der erste Themenbereich als klassisches Feld der Landespolitik eingestuft werden kann und somit auch potentiell Ziel von Volksgesetzgebungsverfahren sein kann. In den zweiten Themenbereich fallen beispielsweise die Ausgestaltung der direktdemokratischen Verfahren selbst sowie das Wahlrecht, beides Themen, die nicht zuletzt durch den Verein Mehr Demokratie e. V. selbst immer wieder mit Volksgesetzgebungsverfahren auf die Agenda gesetzt werden. Teilweise erlangen einzelne Volksgesetzgebungsverfahren auch bundesweite Bedeutung. Dies kann beispielsweise für die erfolgreichen Initiativen zur Einführung eines strengen Nichtraucherschutzgesetzes in Bayern im Jahr 2010 oder den Stopp der Schulreform in Hamburg im selben Jahr festgehalten werden. Beide Volksentscheide hatten erhebliche Auswirkungen innerhalb des eigenen Bundeslandes und beeinflussten ebenso die Debatte zu den Themen in den übrigen Bundesländern.

Fazit

Direkte Demokratie in den deutschen Ländern wird vor allem durch das Instrument der Volksgesetzgebung geprägt. Als einzige Verfahrensart ist diese flächendeckend verbreitet und auch mit Blick auf die praktische Nutzung spielt die Volksgesetzgebung die größte Rolle im Verfassungsleben der deutschen Bundesländer. Seit Mitte der 1990er, als mit der Einführung der direkten Demokratie in Hamburg der letzte weiße Fleck auf der Karte in Deutschland verschwunden war, lässt sich zudem sowohl eine stetige Weiterentwicklung der direktdemokratischen Verfahren in den Ländern beobachten als auch eine langsam aber sicher steigende Nutzung der verschiedenen Instrumente. Man kann aber keineswegs davon sprechen, dass die direkte Demokratie in den deutschen Bundesländern ein politisches Alltagsinstrument ist. In der Mehrheit der Länder hat noch nie ein Volksentscheid stattgefunden und auch wenn man die Zahl der 334 eingeleiteten Volksgesetzgebungsverfahren betrachtet, wird schnell deutlich, dass die Anzahl doch eher gering ist, wenn man sie auf die 16 Bundesländer und den jeweiligen Zeitraum des Bestehens herunterbricht. Allenfalls in Hamburg und Bayern erkennt man, dass die Volksgesetzgebung durchaus einen Einfluss auf das politische Alltagsgeschäft hat. In Hamburg tatsächlich als effektiver Vetopunkt über den etwa Elterninitiativen, Gewerkschaften und andere Vereine und Verbände Einfluss auf den politischen Entscheidungsprozess nehmen (Solar 2016, S. 424) und in Bayern vor allem als gelegentliches Ventil für Unzufriedenheit mit der Hegemonialpartei CSU (Decker 2010). Interessant wird zu beobachten sein, wie die Entwicklung der direkten Demokratie in den deutschen Ländern weitergeht. Denn als weitreichendstes Instrument der direkten Demokratie kann die Volksgesetzgebung immer wieder als Hebel eingesetzt werden, um die Rahmenbedingungen für das direktdemokratische Verfahren zu stärken und somit die Grundlage für eine stärkere Nutzung zu schaffen. Es scheint, als wäre die Entwicklung der vergangenen 20 Jahre die Blaupause für weitere Bewegung auf diesem Gebiet.

Marcel Solar

Literatur

Decker, F. 2010. Zwischen Placebo und Erfolgsmodell. Direkte Demokratie auf der Landesebene. In *Zeitschrift für Parlamentsfragen* 41 (3): 564–579.

Eder, Christina. 2010. *Direkte Demokratie auf subnationaler Ebene. Eine vergleichende Analyse der unmittelbaren Volksrechte in den deutschen Bundesländern, den Schweizer Kantonen und den US-Bundesstaaten.* Baden-Baden: Nomos.

Eder, C., und R. Magin. 2008. Direkte Demokratie. In *Die Demokratien der deutschen Bundesländer. Politische Institutionen im Vergleich,* Hrsg. M. Freitag und A. Vatter, 257–308. Opladen/Farmington Hills: Verlag Barbara Budrich.

Hsu, Yu-Fang. 2014. *Die Pfadabhängigkeit direkter Demokratie in Deutschland. Eine Untersuchung zu den ideen- und realgeschichtlichen Ursprüngen der Volksgesetzgebung.* Baden-Baden: Nomos.

Jung, Otmar. 2005. Grundsatzfragen der direkten Demokratie. In: *Direkte Demokratie in den deutschen Ländern,* Hrsg. A. Kost, 312–366. Wiesbaden: VS Verlag für Sozialwissenschaften.

Kost, A., Hrsg. 2005. *Direkte Demokratie in den deutschen Ländern.* Wiesbaden: VS Verlag für Sozialwissenschaften.

Meerkamp, Frank. 2011. *Die Quorenfrage im Volksgesetzgebungsverfahren. Bedeutung und Entwicklung.* Wiesbaden: VS Verlag für Sozialwissenschaften.

Mehr Demokratie e. V. 2017. Volksbegehrensbericht 2017, Berlin.

Mehr Demokratie e. V. 2018. Volksentscheide in Deutschland. https://www.mehr-demokratie.de/themen/volksbegehren-in-den-laendern/bisherige-volksentscheide/. Zugriff: 24. 01. 2018.

Solar, Marcel. 2016. *Regieren im Schatten der Volksrechte. Direkte Demokratie in Berlin und Hamburg.* Wiesbaden: Springer VS.

Landesverfassungen Vor allem vier Merkmale zeigen die Staatsqualität sowohl des Bundes als auch der Länder: eine eigene Verfassung, eigene Verfassungsinstitutionen, eigene Amtsträger und jeweils eigene Zuständigkeiten. Spezifischer Ausgangspunkt des politischen Systems in den deutschen Ländern sind die Landesverfassungen. Sie orientieren sich im föderalen System der Bundesrepublik Deutschland wie das Grundgesetz an den Grundsätzen eines republikanischen, demokratischen und sozialen Rechtsstaats.

Ein ausführlicher Grundrechtekatalog existiert in den Landeverfassungen nicht, sondern stützt sich auf die im Grundgesetz verankerten Grundrechte und staatbürgerlichen Rechte, die durch eigene Rechtsgarantien und Staatszielbestimmungen ergänzt werden. Nach dem Prinzip der Gewaltenteilung werden auch in den Landesverfassungen der Aufbau und die Aufgaben der politischen Organe festgelegt. Die Gesetzgebung (Legislative) liegt beim Volk und den Landtagen bzw. Landesparlamenten, die als Volksvertretungen mit Regierungs- und Oppositionsparteien fungieren. Die Verwaltung (Exekutive) wird von den Landesregierungen ausgeübt und schließlich die Rechtsprechung (Jurisdiktion) von unabhängigen Richtern wahrgenommen. Obwohl die Mitglieder des Parlamentarischen Rates nach dem Zweiten Weltkrieg von einem tiefen Misstrauen gegen die Fähigkeit des Volkes zur plebiszitären Willensbildung erfüllt waren, nicht zuletzt durch die Kritik an der Ausgestaltung zahlreicher Elemente direkter Demokratie in der Weimarer Verfassungsordnung, wurden im Gegensatz zum Grundgesetz in den meisten Landesverfassungen direktdemokratische Partizipationsinstrumente wie Volksbegehren und Volksentscheid – wenn auch mit manchem Vorbehalt – eingeführt. Damit wurde der Bevölkerung die Möglichkeit eingeräumt, unmittelbar an der Gesetzgebung teilnehmen zu können. Für die Verfassungspraxis der Länder war auch bedeutend, dass Volksbegehren und Volksentscheid an hervorgehobenen Stellen in den Artikeln verankert wurden. Schließlich kam mit der Volksinitiative/dem Bürgerantrag in zwölf Bundesländern ein weiteres Instrument hinzu, welches eine unmittelbare Teilnahme der Bürgerinnen und Bürger an der politischen Willensbildung eröffnet.

Andreas Kost/Marcel Solar

Landsgemeinde Älteste und einfachste Form schweizerischer Demokratie. Wahl- und stimmberechtigte Bürgerinnen und Bürger versammeln sich an einem bestimmten Tag unter freiem Himmel, um die Regierung zu wählen sowie über Gesetze und Ausgaben zu entscheiden. Jeder Stimmberechtigte kann dabei zu einer Frage das Wort ergreifen. Die schweizerischen Landsgemeinden kommen dem Typus des frühdemokratischen Beschlussforums, wie z. B. der athenischen Volksversammlung, durchaus recht nahe. Allerdings haben diese direktdemokratischen Formen ihren Ursprung in mittelalterlichen Korporationen. Landsgemeinden als höchste kantonale Instanz existieren noch im Kanton Appenzell (Innerrhoden und Glarus) und als regionale Landsgemeinden in einigen Bezirken des Kantons Schwyz und kleineren Kreisen des Kantons Graubünden. Die Zuständigkeiten sind von Kanton zu Kanton verschieden. Auch die in den kleineren und mittleren deutschschweizerischen Gemeinden üblichen Gemeindeversammlungen gelten als örtliche Landsgemeinden. In kleineren Gemeinden existieren zum Teil keine Gemeindeparlamente; dort können die Stimmberechtigten mehrere Male im Jahr in Gemeindeversammlungen über Sachfragen (z. B. Steuern, Bauprojekte) diskutieren und abstimmen. An einem Abstimmungswochenende können durchaus mehrere Fragen auf Bundes-, Kantons- und Gemeindeebene zur Entscheidung anstehen. Dabei ist eine große Zahl von ehrenamtlichen, gewählten Stimmenzählern in Wahllokalen im Einsatz.

Andreas Kost/Marcel Solar

M

Minderheitenschutz Spätestens seit im Jahr 2009 der Bau von Minaretten in der Schweiz per Volksabstimmung verboten wurde, spielt die Frage nach dem Schutz von Minderheitenrechten in der Diskussion über direkte Demokratie eine bedeutende Rolle. Im Schweizer Beispiel war aus den Reihen von Politikern der rechtsgerichteten Parteien der Eidgenössisch-Demokratischen Union (EDU) und der Schweizer Volkspartei (SVP) eine Volksinitiative gestartet worden, die ein Verbot des Baus von Minaretten in der Schweizer Verfassung festschreiben sollte. Entgegen der Abstimmungsempfehlungen der Regierung und beinahe sämtlicher Parteien und Verbände sowie entgegen der veröffentlichten Meinungsumfragen im Vorfeld des Volksentscheides, war die Initiative in der Abstimmung erfolgreich. Mit der sogenannten Ausschaffungsinitiative aus dem Jahr 2010, die eine vereinfachte Abschiebung straftätig gewordener Ausländer aus der Schweiz zum Ziel hatte, oder Volksabstimmungen über die Abschaffung der gleichgeschlechtlichen Ehe in Kalifornien und anderen US-Bundesstaaten in den vergangenen Jahren, finden sich weitere Beispiele, die ein negatives Bild des Schutzes von Minderheitenrechten in der direkten Demokratie zeichnen.

Eine genauere Betrachtung der Thematik zeigt, dass die Zusammenhänge nicht so eindeutig sind, wie der Blick auf einzelne Negativbeispiele vermitteln mag. Zunächst einmal ist aber festzuhalten, dass es durchaus in der Wirkungsweise der direkten Demokratie liegt, dass Minderheitengruppen Gefahr laufen, benachteiligt zu werden. Schließlich setzt sich in einer Volksabstimmung diejenige Seite durch, die eine Mehrheit der Stimmen hinter sich bringen kann. Daraus automatisch zu schließen, dass direktdemokratische Verfahren grundsätzlich zu einer Einschränkung von Minderheitenrechten führen, wäre jedoch aus verschiedenen Gründen ein Fehlschluss. So ist ein reiner Fokus auf Abstimmungen, in denen der Status von Minderheiten verschlechtert werden soll oder zumindest eine Verbesserung von deren Situation verhindert werden soll, zu kurzsichtig. Tatsächlich stehen solche Themen in den meisten Volksabstimmungen gar nicht zur Abstimmung. Vielmehr geht es etwa um wirtschaftspolitische Entscheidungen, Fragen der Schulpolitik oder Kürzungen im Kulturbereich. Gleichzeitig sind auch Mitglieder von Minderheitengruppen nicht ausschließlich an Fragen interessiert, die ihren Minderheitenstatus berühren. So ergeben sich durch direktdemokratische Abstimmungen eben auch zahlreiche Möglichkeiten, in der Entscheidung über eine Sachfrage auf der Gewinnerseite zu stehen, unabhängig vom Mehrheits- oder Minderheitenstatus (Hajnal et al. 2002). In anderen Studien wird darauf verwiesen, dass sich die Größe eines Gemeinwesens und auch der Integrationsstatus einer Minderheitengruppe positiv darauf auswirkt, ob sie in einer Volksabstimmung benachteiligt wird oder nicht (Frey und Goette 1998; Donovan und Bowler 1998; Vatter und Danaci 2010).

Diese Einschränkungen sollen jedoch nicht verdecken, dass es durchaus dazu kommen kann, dass Minderheitenrechte durch direktdemokratische Abstimmungen eingeschränkt werden können. Bestimmte direktdemokratische Verfahren sind dabei als problematischer zu beurteilen. Es sind vor allem die sogenannten *bottom-up*-Verfahren, also solche, die durch die Sammlung von Unterschriften aus dem Volk heraus ausgelöst werden, mit denen der Ausbau von Minderheitenrechten aktiv verhindert werden bzw. auch proaktiv eine minderheitenfeindliche Initiative eingebracht werden kann (Christmann 2012). Doch auch in diesen Fällen kommt es auf den genauen Rahmen des politischen Systems und die Ausgestaltung der direktdemokratischen Verfahren an, welche Auswirkungen auf den Status von Minderheiten erfolgen können. So könnten beispielsweise bestimmte Themen für die Nutzung direktdemokratischer Verfahren ausgeschlossen oder durch die Einführung von Abstimmungsquoren eine höhere Hürde für die Verabschiedung solcher Vorlagen eingeführt werden. Zudem stellt sich immer die Frage, inwiefern es ein System der Verfassungsgerichtsbarkeit gibt, welches eine Initiative oder ein Volksgesetz auf die Vereinbarkeit mit bestimmten Normen hin überprüfen kann. Während es beispielsweise in der Schweiz keine gerichtliche Instanz gibt, die ein Gesetz wie das im Volksentscheid angenommene Minarettverbot auf seine Vereinbarkeit mit den übrigen Verfassungsbestimmungen hin überprüfen kann, ist in Deutschland eine umfassende verfassungsgerichtliche Kontrolle im direktdemokratischen Prozess der Kommunen und Länder vorgesehen.

Letztlich sind es auch nicht die Instrumente der direkten Demokratie, die minderheitenfeindliche Entscheidungen treffen, vielmehr drücken sich hierdurch die politischen Einstellungen der Abstimmenden aus. Die direkte Demokratie gibt insofern zusätzliche Möglichkeiten, sich direkt zu Sachfragen zu äußern. Kann man dies nicht tun, herrschen dieselben politischen Einstellungen in der Gesellschaft dennoch vor, die Debatte findet dann aber in der

A
B
C
D
E
F
G
H
I
J
K
L
M
N
O
P
Q
R
S
T
U
V
W
X
Y
Z

öffentlichen Diskussion und in Gremien politischer Repräsentanten statt. Es ist also eher die Frage, in welchem Rahmen man solche gesellschaftspolitische Diskussionen führen möchte.

Andreas Kost/Marcel Solar

Literatur

Bolliger, Christian. 2007. Minderheiten in der direkten Demokratie: Die Medaille hat auch eine Vorderseite. In *Direkte Demokratie. Bestandsaufnahmen und Wirkungen im internationalen Vergleich,* Hrsg. M. Freitag und U. Wagschal, 419–446, Berlin: LIT-Verlag.

Christmann, Anna. 2012. *Die Grenzen direkter Demokratie: Volksentscheide im Spannungsverhältnis von Demokratie und Rechtsstaat.* Baden-Baden: Nomos.

Donovan, T., und S. Bowler. 1998. Direct Democracy and Minority Rights. An Extension. In *American Journal of Political Science* 42 (3): 1020–1024.

Frey, B. S., und L. Goette. 1998. Does the Popular Vote Destroy Civil Rights? In *American Journal of Political Science* 42 (4): 1343–1348.

Gamble, B. S. 1997. Putting Civil Rights to a Popular Vote. In *Journal of Political Science* 41 (1), S. 245–269.

Hajnal, Z. L., E. R. Gerber, und H. Louch. 2002. Minorities and Direct Legislation. Evidence from California Ballot Proposition Elections. In *Journal of Politics* 64 (1): 154–177.

Kirchgässner, Gebhard. 2010. Direkte Demokratie und Menschenrechte. In *Jahrbuch für direkte Demokratie 2009,* Hrsg. L. P. Feld, P. M. Huber, O. Jung, C. Welzel und F. Wittreck, 66–89. Baden-Baden: Nomos.

Marxer, Wilfried, Hrsg. 2012. *Direct Democracy and Minorities.* Wiesbaden: Springer VS.

Vatter, A., und D. Danaci. 2010. Mehrheitstyrannei durch Volksentscheide? Zum Spannungsverhältnis zwischen direkter Demokratie und Minderheitenschutz. In *Politische Vierteljahresschrift* 51 (2): 205–222.

N

Negativkatalog Eine Liste von Themen, die nicht Gegenstand eines Volksbegehrens oder eines Bürgerbegehrens sein dürfen. In der Bundesrepublik
betrifft das i. d. R. Fragen des Haushalts (Finanztabu), Fragen der Besoldung
von Beamten und Landes-/Gemeindeangestellten, Abgaben und Gebühren
sowie die Organisation der Verwaltung. Kernpunkt der materiellen Zulässigkeitsregelungen ist also die Frage, welche Angelegenheiten bzw. Themen von
Volksbegehren und Bürgerbegehren ausgeschlossen sind (Themenausschlüsse). In sogenannten Negativkatalogen, die in der Regel in Gemeindeordnungen für Bürgerbegehren und Bürgerentscheide festgeschrieben sind, werden
die Angelegenheiten enumerativ aufgelistet, über die ein Begehren unzulässig ist. In den drei Stadtstaaten sowie in Bayern, Sachsen und Thüringen gelten auf gemeindlicher Ebene die Negativkataloge bzw. Themenausschlüsse
als nicht so weitreichend, sondern eher als bürgerbegehrensfähig. Dabei ist
zunächst zu prüfen, ob das eingebrachte Thema in den Wirkungskreis einer
Gemeinde (für ein Bürgerbegehren) oder eines Bundeslandes (für ein Volksbegehren) fällt und damit Angelegenheiten der Gemeinde oder des Bundeslandes sind. Gemeinderäte und Landesparlamente müssen für die zu treffen-
den Entscheidungen die Organkompetenz besitzen, da ein Bürgerbegehren
und ein Volksbegehren nicht unter die jeweiligen gesetzlichen Unzulässig-
keitsmerkmale fallen dürfen. Im Wesentlichen sind die staatlich vorgegebenen und rechtlich feststehenden Angelegenheiten (Rechtsverhältnisse),
inkl. der Haushaltsangelegenheiten sowie die innere Organisation der Verwaltungen, davon berührt. Dies zeigt, dass die Negativkataloge recht um-
fangreich ausfallen. Zudem mussten Negativkataloge bei Rechtsbegriffen in
einigen Fällen als präzisierungsbedürftig angesehen werden. Die Einschal-
tung so mancher Verwaltungsgerichte zeugt von differierenden Auffassungen zwischen den Initiatoren von Begehren auf der einen Seite sowie von Politik und Verwaltung auf der anderen Seite. Bis 2014 (zuletzt abgeschafft in
Sachsen-Anhalt) gab es noch als einschränkendes Pendant zum Negativkatalog in Form eines Positivkatalogs eine vorgeschriebene Liste von Themen,
die Gegenstand eines Bürgerbegehrens und des darauf folgenden Entscheids
sein konnten.

Andreas Kost/Marcel Solar

© Springer Fachmedien Wiesbaden GmbH, ein Teil von Springer Nature 2019
A. Kost und M. Solar (Hrsg.), *Lexikon Direkte Demokratie in Deutschland*,
https://doi.org/10.1007/978-3-658-21783-9_13

A
B
C
D
E
F
G
H
I
J
K
L
M
N
O
P
Q
R
S
T
U
V
W
X
Y
Z

Neutralitätsgebot Das Neutralitätsgebot bzw. die Neutralitätspflicht wird in der Regel im Kontext von Wahlen diskutiert. Demnach sind Staatsorgane – wie z. B. eine Landesregierung – zur parteipolitischen Neutralität verpflichtet. Sie dürfen im Vorfeld von Wahlen nicht für die Stimmabgabe für bestimmte politische Parteien eintreten oder einseitige Werbung betreiben. Da eine Regierung aber durch politische Parteien gebildet wird, die selbst als Wettbewerber bei Wahlen antreten, befindet sich hier ein permanentes Spannungsfeld. Selbst wenn in der politischen Praxis immer wieder Abgrenzungsprobleme auftreten, ist zumindest formell eine klare Rollentrennung möglich. Hinsichtlich der Rolle von Staatsorganen im direktdemokratischen Prozess ist eine solche Abgrenzung nicht ganz so eindeutig zu treffen. Es ist fraglich, ob ein Neutralitätsgebot überhaupt umsetzbar ist bzw. in welchem Umfang es zu gewährleisten ist.

Die Problematik ergibt sich dabei aus der doppelten Rolle, die die Staatsorgane in einem direktdemokratischen Verfahren einnehmen. Einerseits haben die staatlichen Einrichtungen den fairen und transparenten Ablauf eines direktdemokratischen Verfahrens zu gewährleisten und zu organisieren, andererseits tritt der Staat als Partei in der Diskussion über die zur Abstimmung stehende Sachfrage auf. Gerade wenn durch ein Volksgesetzgebungsverfahren oder eine Vetoinitiative ein Regierungsvorhaben gestoppt oder konterkariert werden soll, stellt sich die Frage, wie die Regierung im Abstimmungskampf für ihre eigene Position eintreten darf. Konkret geht es hierbei vor allem um Stellungnahmen in amtlichen Abstimmungsbroschüren oder anderen Veröffentlichungen, die im Namen der Regierung auf den Weg gebracht werden. Verfechter eines strikten Neutralitätsgebotes sehen hierbei sehr enge Grenzen für die Betätigung der Regierung, letztlich verbleibt lediglich die Möglichkeit zur neutralen Information, keineswegs aber zur Überzeugungsarbeit für die eigene Position gegenüber den Abstimmenden. Mit einer weniger strengen Auslegung eines Neutralitätsgebotes wird den staatlichen Organen ein größerer Spielraum eingeräumt, um Stellung zu beziehen und Werbung für die Regierungsposition zu machen. Die Grenze ist hierbei insbesondere im sog. Sachlichkeitsgebot zu finden, die staatlichen Informationen müssen also sachlich korrekt sein, zudem dürfen die Positionen der Initiatoren nicht verkürzt oder irreführend dargestellt werden. Im Nachgang des Volksentscheides über die Offenhaltung des Verkehrsflughafens Tegel in Berlin im April 2008 beschäftigte sich bereits der dortige Verfassungsgerichtshof mit der Frage nach der staatlichen Neutralitätspflicht im Kontext eines Volksgesetzgebungsverfahrens. Die Initiatoren hatten unter anderem beanstandet, dass der Berliner Senat und das Abgeordnetenhaus im Vorfeld des Volksentscheides sehr offensiv für eine Ablehnung der Vorlage in der Abstimmung geworben hatten (Solar 2016, S. 275 f.). Der Berliner Verfassungsgerichtshof wies diesen Punkt jedoch – wie den gesamten Einspruch – zurück. In seinem Urteil vom 27. Oktober 2008 heißt es unter anderem: »Bei der Darlegung ihrer Argumente sind Abgeordnetenhaus und Senat nicht verpflichtet, lediglich eine moderierende, sich eigener Wertungen enthaltende Haltung einzunehmen. Sie dürfen ihre Position auch als aus ihrer Sicht zwingend vertreten und werbend dafür eintreten.« Insofern sei eine Neutralitätspflicht wie vor Wahlen für Volksgesetzgebungsverfahren zurückzuweisen.

Andreas Kost/Marcel Solar

Literatur

Braun Binder, Nadja, H. K. Heußner, und T. Schiller. 2014. *Offenlegungsbestimmungen, Spenden- und Ausgabebegrenzungen in der direkten Demokratie. Gutachten im Auftrag der Friedrich-Ebert-Stiftung.* Berlin: Friedrich-Ebert-Stiftung.

Solar, Marcel. 2016. *Regieren im Schatten der Volksrechte. Direkte Demokratie in Berlin und Hamburg.* Wiesbaden: Springer VS.

Normenkontrolle ⇸ Verfassungsgerichtliche Kontrolle

O

Obligatorisches Finanzreferendum (→ Finanzreferendum)

Obligatorisches Referendum Ein Referendum, das für bestimmte Gesetze zwingend vorgeschrieben ist und nicht von Parlament, Regierung oder von der Bevölkerung initiiert werden muss. In vielen Staaten und in einigen deutschen Bundesländern, so in Bayern und in Hessen, ist z. B. eine Verfassungsänderung durch ein *obligatorisches Verfassungsreferendum* zu entscheiden. In Deutschland spielt das obligatorische Referendum als Ausprägungsform der direkten Demokratie nur eine untergeordnete Rolle. Auf Bundesebene kommt es lediglich im Ausnahmefall der Ablösung des Grundgesetzes durch eine Verfassung (Art. 146 GG) sowie durch eine Neugliederung des Bundesgebietes (Art. 29 Abs. 3 GG) zur Anwendung. Eine Ablösung des Grundgesetzes nach Art. 146 wurde in der Geschichte der Bundesrepublik bisher nicht realisiert, auch wenn 1989/1990 bei Herstellung der deutschen Einheit darüber diskutiert wurde, eine neue Verfassung zu installieren. Die Idee wurde von politischer Seite jedoch bald verworfen. Wäre es zu einem obligatorischen Referendum gekommen, hätten alle wahlberechtigten Bürgerinnen und Bürger in Deutschland an der Abstimmung teilnehmen können. Eine Neugliederung des Bundesgebietes nach Art. 29 Abs. 3 GG fand seit Bestehen der Bundesrepublik bisher zwei Mal statt. 1952 wurde durch ein solches Referendum das Land Baden-Württemberg gegründet, während 1996 die geplante Zusammenlegung der Länder Berlin und Brandenburg von der Bevölkerung mehrheitlich abgelehnt wurde. An Volksabstimmungen über territoriale Neugliederungen können jedoch nur die in den jeweiligen Gebieten lebenden bzw. wahlberechtigten Bürgerinnen und Bürger teilnehmen. Erschwerend kommt hinzu, dass die Bevölkerung kein Initiativrecht für eine Neugliederung der Bundesländer besitzt. In den deutschen Ländern ist das obligatorische Referendum bei jeglicher Landesverfassungsänderung in Bayern und Hessen vorzufinden. Dort existieren somit die weitreichendsten Referendumsformen obligatorischer Natur. Brandenburg kennt die einschrän-

© Springer Fachmedien Wiesbaden GmbH, ein Teil von Springer Nature 2019
A. Kost und M. Solar (Hrsg.), *Lexikon Direkte Demokratie in Deutschland*,
https://doi.org/10.1007/978-3-658-21783-9_14

kende Variante, vergleichbar dem Bund, das bei Ausarbeitung einer neuen Landesverfassung die brandenburgische Bevölkerung zwingend zu beteiligen ist. Berlin und Bremen kennen Sonderregelungen für obligatorische Referenden, und zwar bei einer Änderung der direktdemokratischen Regeln in der Landesverfassung (Berlin) und bei Parlamentsbeschlüssen über Privatisierungen (Bremen). Ansonsten ist das Instrument des obligatorischen Referendums in Deutschland – im Gegensatz beispielsweise zur Schweiz als zentralem Beteiligungsmerkmal – nicht gebräuchlich.

Andreas Kost/Marcel Solar

Offenlegungsbestimmungen Um größtmögliche Transparenz herzustellen, aus welchen Quellen sich die Kampagne eines direktdemokratischen Verfahrens speist, sind Offenlegungspflichten für Spenden und andere Zuwendungen ein probates Mittel. Teilweise können solche Offenlegungspflichten dazu beitragen, dass die Abstimmungsberechtigten das Ziel und die Stoßrichtung eines Verfahrens besser einschätzen können. Dies sei an einem – zugegebenermaßen extremen – Beispiel aus dem US-amerikanischen Bundesstaat Kalifornien verdeutlicht (Lupia 1994): Hier standen im Jahr 1988 gleich fünf Vorlagen zur Abstimmung, die alle auf eine Reform der Rahmenbedingungen für Autoversicherungen abzielten und in ihren Titeln alle das Wohl der Autofahrer und Verbraucher hervorhoben. Die Urheber verfolgten dabei allerdings sehr unterschiedliche Ziele, eine Initiative wurde von Seiten der Vereinigung der Prozessanwälte gestartet, gleich drei Initiativen stammten von Autoversicherungen bzw. ihren Vereinigungen und eine Initiative wurde von einer Verbraucherschutzinitiative eingebracht. Tatsächlich setzte sich die letztgenannte Vorlage in der Abstimmung durch, obwohl der Kampagne erheblich weniger Mittel zur Verfügung standen, als dies bei den übrigen vier Initiativen der Fall war. Ein zentraler Aspekt zur Erklärung der Ergebnisses ist die Tatsache, dass sich für die Abstimmenden durch die vorhandenen Offenlegungsbestimmungen im direktdemokratischen Prozess Kaliforniens eindeutig nachvollziehen ließ, hinter welchen Initiativen mit den Versicherern und den Prozessanwälten diejenigen Gruppen standen, die ein geschäftliches Interesse verfolgten.

In Deutschland mag es in der direktdemokratischen Praxis kaum hierzu vergleichbare Fälle geben, dennoch sehen einige Bundesländer ebenfalls Offenlegungsbestimmungen für Spenden vor, um die Transparenz des di-

A
B
C
D
E
F
G
H
I
J
K
L
M
N
O
P
Q
R
S
T
U
V
W
X
Y
Z

rektdemokratischen Prozesses zu erhöhen. So müssen die Initiatoren eines direktdemokratischen Verfahrens auf Landesebene in Berlin Geld- oder Sachspenden, die den Gesamtwert von 5 000 € überschreiten, unter Nennung des Namens und der Adresse des Spenders, der Landesregierung übermitteln. Diese veröffentlicht die Angaben sowohl im Amtsblatt als auch parallel im Internet, um die Informationen öffentlich zugänglich zu machen. Nordrhein-Westfalen und Rheinland-Pfalz haben weitgehend identische Regelungen ebenfalls in den jeweiligen Ausführungsgesetzen zur direkten Demokratie festgeschrieben. In Hamburg müssen die Initiatoren von Verfahren, die bis zum Volksentscheid gelangen, im Rahmen eines Rechenschaftsberichtes sämtliche Einnahmen und Ausgaben ihrer Kampagne veröffentlichen, dabei sind ebenfalls – analog zu Bestimmungen im Parteiengesetz – die Namen und Anschriften von Spendern ab einem gewissen Schwellenwert zu nennen. In abgeschwächter Form finden sich Offenlegungsbestimmungen z. B. in Sachsen-Anhalt oder Thüringen, da hier eine staatliche Kostenerstattung die tatsächlichen Ausgaben für Werbemaßnahmen nicht überschreiten darf, weshalb zumindest Angaben zur Höhe dieser Ausgaben nachgewiesen werden müssen.

Gemeinsam haben hingegen alle deutschen Länder, dass Offenlegungsbestimmungen – so überhaupt vorhanden – lediglich die Initiatoren eines direktdemokratischen Verfahrens binden. Nicht berücksichtigt werden hingegen die Ausgaben, die von Seiten derjenigen Gruppen getätigt werden, die sich gegen eine zur Abstimmung stehende Vorlage wenden. So war beispielsweise klar, dass sich im Hamburger Volksentscheid über die Rekommunalisierung der Energienetze kleinere Stromproduzenten und Umweltschutzorganisationen für die Kampagne der Initiatoren mit Spenden einsetzten, während über die Urheber der z. B. über ganzseitige Zeitungsannoncen aufwändig betriebenen Gegenkampagne nur gemutmaßt werden konnte (Solar 2016, S. 236). Dies ist anders geregelt in den US-Bundesstaaten, in denen direktdemokratische Verfahren vorgesehen sind. Hier müssen sich Unterstützer wie Gegner einer Vorlage als sogenannte Komitees registrieren lassen und ihre Einnahmen und Ausgaben vollständig offenlegen (Solar 2011). Insofern ist der direktdemokratische Prozess in den USA zumindest in diesem Punkt auf eine größtmögliche Transparenz bedacht. Die Offenlegungsbestimmungen sorgen jedoch dort nicht dafür, dass insgesamt weniger Geld von Seiten der verschiedenen Interessengruppen ausgegeben wird, um Einfluss auf die Abstimmungen zu nehmen.

Andreas Kost/Marcel Solar

Literatur

Braun Binder, Nadja, H. K. Heußner, und T. Schiller. 2014. *Offenlegungs-bestimmungen, Spenden- und Ausgabebegrenzungen in der direkten Demokratie. Gutachten im Auftrag der Friedrich-Ebert-Stiftung.* Berlin: Friedrich-Ebert-Stiftung.

Lupia, A. 1994. Shortcuts Versus Encyclopedias. Information and Voting Behavior in California Insurance Reform Elections. In *American Political Science Review* 88 (1): 63–76.

Solar, Marcel. 2011. Die Initiative und das Referendum in den Gliedstaaten der USA. Impulse für die Debatte um direkte Demokratie in Nord-rhein-Westfalen. In *regierungsforschung.de,* Regieren in NRW, online verfügbar unter: http://regierungsforschung.de/die-initiative-und-das-referendum-in-den-gliedstaaten-der-usa/.

Solar, Marcel. 2016. *Regieren im Schatten der Volksrechte. Direkte Demo-kratie in Berlin und Hamburg.* Wiesbaden: Springer VS.

A
B
C
D
E
F
G
H
I
J
K
L
M
N
O
P
Q
R
S
T
U
V
W
X
Y
Z

P

Parlamentsauflösung durch das Volk In einigen Bundesländern vorgesehene Möglichkeit, das Parlament innerhalb der Legislaturperiode durch Volksbegehren und Volksentscheid vorzeitig aufzulösen. Die Landesverfassungen von Baden-Württemberg, Bayern, Berlin, Brandenburg, Bremen und Rheinland-Pfalz sehen diese Möglichkeit vor. Ein solches Verfahren soll nur Anwendung in Phasen von instabilen bzw. krisenanfälligen politischen Verhältnissen finden. Eine entsprechende Krise würde hierbei aus der mangelnden Unterstützung des Parlaments bzw. der Parlamentsmehrheit durch das Volk resultieren. Bei der Parlamentsauflösung geht somit die Initiative vom Volk aus. Ein solcher Volksentscheid würde den Zweck erfüllen, entweder Neuwahlen herbeizuführen oder aber eine Minderheitsregierung durch sachliche Mitentscheidung des Volkes zu stützen und letztlich zu legitimieren. Über den sog. »Recall« hat damit das Volk als Träger der Staatsgewalt das Recht, seinen gewählten Vertreterinnen und Vertretern während der laufenden Legislaturperiode das Mandat wieder zu entziehen. Ein plebiszitäres Auflösungsrecht geht dabei parallel einher mit dem Selbstauflösungsrecht des Parlaments. Die Verfahrensregeln von Auflösungsbegehren entsprechen grundsätzlich denen für sonstige Volksbegehren, wobei das Antragsquorum auf Parlamentsauflösung sich von den Begehren für Landesgesetze in der Regel unterscheidet. Entweder sind diese über ein Zahlenfixum definiert (z. B. eine Million Wahlberechtigte in Bayern und 200 000 in Brandenburg) oder über prozentuale Anteile wie in Baden-Württemberg, Berlin, Bremen und Rheinland-Pfalz. Über den Erfolg eines stattfindenden Volksentscheids entscheidet primär die Wahlbeteiligung bzw. das Mobilisierungspotenzial der Befürworter des Volksbegehrens (Weixner 2002, 179 ff.).

Andreas Kost/Marcel Solar

Literatur

Weixner, Bärbel Martina. 2002. *Direkte Demokratie in den Bundesländern. Verfassungsrechtlicher und empirischer Befund aus politikwissenschaftlicher Sicht.* Opladen: Leske + Budrich Verlag.

© Springer Fachmedien Wiesbaden GmbH, ein Teil von Springer Nature 2019
A. Kost und M. Solar (Hrsg.), *Lexikon Direkte Demokratie in Deutschland*,
https://doi.org/10.1007/978-3-658-21783-9_15

Partikularinteressen Als Partikularinteressen bezeichnet man Bestrebungen einzelner Akteure und Akteursgruppen, Sonder- oder Eigeninteressen, seien sie zum Beispiel politischer oder wirtschaftlicher Natur, durchzusetzen. Im Vordergrund steht die eigene Sichtweise, die gruppenübergreifende Gesichtspunkte, das Gemeinwohl oder den allgemeinen Willen nicht hinreichend berücksichtigt. Dem häufig negativ konnotierten Begriff des Partikularinteresses wird das Gemeinwohl gegenübergestellt, wenngleich eine Unvereinbarkeit damit nicht automatisch vorliegen muss. Der Ausgleich zwischen sich widerstreitenden Partikularinteressen ist durchaus ein wichtiges Merkmal für verantwortungsvolles politisches Handeln und Entscheiden in der politischen Arena der repräsentativen Demokratie. Auch in der direktdemokratischen Arena treffen einzelne Interessen aufeinander und spiegeln die etablierten Konfliktlinien der repräsentativen Arena wider. Insofern lassen sich politische Entscheidungsmuster zwischen repräsentativer und direkter Demokratie miteinander vergleichen. Gesellschaftliche Gruppen organisieren sich, um ihre Interessen durchzusetzen und werden damit zu Partikularinteressen. Direkte Demokratie ist auf diese Weise ein Mittel der Durchsetzung von Partikularinteressen neben anderen Interessen (Hornig 2016, S. 282). Doch auch für Volksabstimmungen, wie Volksentscheide, gilt, dass diese erst einmal nur Mehrheitsentscheidungen sind und dass das jeweilige Resultat nicht vorherzusagen ist. Hinzu kommen verschiedene Quoren bzw. institutionelle Hürden, die überwunden werden müssen. So kann in Deutschland eben nicht konstatiert werden, dass engagierte Minderheiten sich bisher überproportional durchgesetzt haben. Denn direkte Demokratie reicht weiter als die Betroffenheit von Beteiligten. Sie lebt vielmehr von der Kultur der Kommunikation. So funktioniert direkte Demokratie vor allen Dingen, wenn den Bürgerinnen und Bürgern die Auswirkungen ihres Votums sachgerecht deutlich gemacht werden – und zwar an erster Stelle von der Politik.

Andreas Kost/Marcel Solar

Literatur

Hornig, Eike-Christian. 2016. Zu viel Rousseau, zu wenig Fraenkel. Zur Debatte über direkte Demokratie in Deutschland. In *Politik mit Bürgern – Politik für Bürger. Praxis und Perspektiven einer neuen Beteiligungskultur*, Hrsg. Manuela Glaab, 273–288. Wiesbaden: Springer VS.

Parteien (und direkte Demokratie) (Grundsatzartikel)

Einleitung

Während das Verhältnis zwischen der Regierungs- und Demokratieform und der direkten Demokratie schon untersucht worden ist (Jung 2001; Vatter 2009), wirft das Verhältnis von direkter Demokratie und politischen Parteien immer noch Fragen auf. Parteien sind die zentralen politischen Akteure in den repräsentativen Demokratien Westeuropas. Die Implementierung von direktdemokratischen Instrumenten führt daher verbreitet zur Annahme, dass direkte Demokratie Parteien schwächen würde. Insbesondere wird von rechtspopulistischen Parteien direkte Demokratie in jüngster Zeit als Mythos in diesem Sinne verklärt (Hornig 2016, 2017). Systematisch betrachtet, bestehen verschiedene Schnittstellen in den Funktionsweisen beider Bereiche, die eine wechselseitige Beeinflussung erlauben. Einerseits greifen Parteien selbst aktiv auf die Instrumente der direkten Demokratie zurück und können über ihre Positionen Einfluss auf die Bürgerinnen und Bürger und damit auf den Output der direkten Demokratie nehmen. In Anlehnung an das »Party Government«-Konzept (Katz 1987) spricht der Autor an anderer Stelle von der »Parteiendominanz direkter Demokratie« (Hornig 2011a). Andererseits sind politische Parteien selbst Gegenstand direktdemokratischer Prozesse. Über Volksabstimmungen werden immer wieder die rechtlichen Grundlagen und Wettbewerbsregeln der Parteien verändert. Dieses wechselseitige Verhältnis wird im Folgenden näher dargestellt.

Parteien als Betreiber direkter Demokratie

Als »Parties in public office« verfügen Parteien bei den – im internationalen Vergleich häufigen – »top-down«-Verfahren der direkten Demokratie über einen Zugriff auf Auslösung und Inhalt. Einschränkend kommt hier oftmals lediglich ein obligatorischer Auslösungsmechanismus bei Änderungen von Verfassungen zum Tragen. Beispiele für eine starke parteipolitische Prägung von Auslösung und Urheberschaft sind zu finden in Dänemark, in Großbritannien, den Niederlanden, Italien, Schweden und auch in der Schweiz (Hornig 2011a). Demgegenüber stehen die selteneren »bottom-up«-Instrumente. Hier sind Auslösung und Urheberschaft offen und die Parteien stellen eine Akteursgruppe unter vielen dar. Beispiele sind die Verfassungsinitiative in der Schweiz oder das abrogative Referendum in Italien. Auch in diesem Kontext sind Parteien als Betreiber sehr aktiv (Hornig 2011a, S. 249–254; Hornig und Steinke 2017, S. 77–83). In den deutschen Bundesländern findet sich ein breites Spektrum an direktdemokratischen Instrumenten, wobei mit der Volksgesetzgebung grundsätzlich in Urheberschaft und Auslösung für alle politischen Akteure offene »bottom-up«-Verfahren zur Verfügung stehen (Hornig 2013). Diese wurden dann auch in Berlin, Bayern oder Hamburg von zivilgesellschaftlichen Akteuren als Input-Kanäle in das repräsentative System zum Teil erfolgreich genutzt. Obligatorische Referenden, wie etwa in Hessen, lassen wiederum den Parteien über ihre Rolle als »Parties in public office« viel Spielraum zur Einflussnahme.

Worum geht es den Parteien bei der Nutzung der direkten Demokratie? Hierfür können fünf idealtypische Motive unterschieden werden (Morel 2007; Hornig 2011a, 2011b). (1) Mediations-Funktion: Verlagerung von intern strittigen Entscheidungen an das Wahlvolk, um parteiinterne Konflikte zu vermeiden. (2) Agenda-Funktion: Politische Entscheidungen mittels der direkten Demokratie aufschieben oder vorziehen, um Themen aus anstehenden Wahlen herauszuhalten (Müller 1999). (3) Legislative Funktion: Widerstände im Parlament umgehen, um bestimmte Inhalte umzusetzen. (4) Legitimations-Funktion: Rückhalt für eigene Politik oder Positionen stärken, aber auch gesellschaftlichen Konsens herstellen. (5) Veto-Funktion: Inkrafttreten eines Gesetzes verhindern. Übertragen auf die klassischen Zielen von Parteien (Harmel und Janda 1994) entsprechen die Funktionen Mediation, Agenda und Legitimation eher kurzfristigen, parteitaktisch motivierten »politics«-Zielen, während die legislative und die Veto-Funktion in erster Linie einer »policy«-Orientierung – also der Beeinflussung politischer Inhalte – dienen. Die Analyse von 160 Parteimotiven bei der Auslösung direkter Demokratie in Westeuropa auf nationaler Ebene zeigt, dass die »policy«-orientierte Nutzung mit einem Anteil von 57,5 % überwiegt. In 42,5 % ging es um eher kurzfristige parteitaktische Motive (Hornig 2011a, S. 311). Direkte Demokratie ist für Parteien also ein Instrument, über das sie häufig weitgehend exklusiv verfügen und ebenso häufig zur Verbesserung ihrer Position im Parteienwettbewerb nutzen, wenn auch nicht in der Mehrheit der Fälle.

Parteien als Faktor im Abstimmungskampf

Die meiste Forschung zum Verhältnis von Parteien und direkter Demokratie betrifft die Beeinflussung der Wählerinnen und Wähler durch die Parteien bei der Abstimmung. Die Parteien und ihre Positionen dienen dabei als wichtige Hilfestellung (Kriesi 2005; Le Duc 2002; Hobolt 2006; Milic et. al 2014). Nach Kriesi ist es ausreichend, die Konfiguration der parteipolitischen Kräfte heran zu ziehen, um das Ergebnis einer Abstimmung zu kennen (Kriesi 2006,

A
B
C
D
E
F
G
H
I
J
K
L
M
N
O

P

Q
R
S
T
U
V
W
X
Y
Z

S. 618). In der großen Mehrheit der Abstimmungen überschneiden sich die Ergebnisse der Volksabstimmungen mit den Positionierungen der Parteien recht deutlich. Dies zeigt eine Auswertung von 228 Referenden, Initiativen und obligatorischen Referenden in 13 westeuropäischen Ländern (Hornig 2011a; Hornig 2017). Demnach haben sich durchschnittlich 85 % der Wahlberechtigten bei den direktdemokratischen Abstimmungen so verhalten, wie es nach den Empfehlungen der Parteien zu erwarten wäre. Ausgerechnet die Schweiz weist mit 92 % Übereinstimmung den zweithöchsten Durchschnittswert im internationalen Vergleich auf. Die deutschen Bundesländer liegen bei einem Durchschnitt von 82 % Überschneidung. Bei der Stuttgart 21-Abstimmung zum Beispiel entspricht das Abstimmungsergebnis zu 88 % dem, was nach den Abstimmungsvorgaben der Parteien zu erwarten gewesen ist. Im internationalen Vergleich ist die Mehrheit der Abstimmungen damit in ihrer Ergebnisstruktur eher ein Spiegel der repräsentativen Kräfteverhältnisse und anhand der Positionierungen der Parteien in ihrer Tendenz vorhersehbar. Das schließt aber nicht aus, dass es immer wieder einzelne Abstimmungen mit größeren Abweichungen gibt.

Abbildung 1 Übereinstimmung zwischen Stimmenpotentialen und Abstimmungsergebnissen in Prozent der Wahlberechtigten im westeuropäischen Vergleich

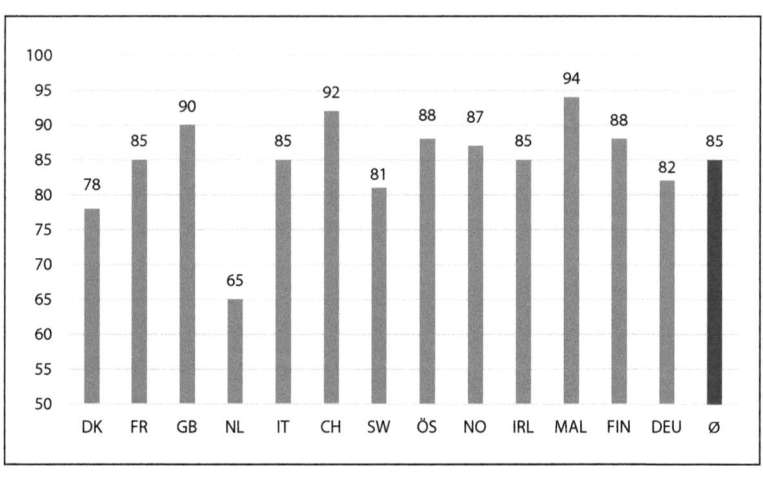

Quelle: Hornig (2017, S. 77)

Neben dieser grundsätzlichen Übereinstimmung von Abstimmungsergebnissen und Prognosen ist auch die Frage, welche Partei besser ihre Anhänger für ihre jeweilige Position mobilisieren konnte (Le Duc 2002). Dabei zeigen Studien, dass vor allem kleinere und inhaltlich pointiertere Parteien erfolgreich darin sind, ihre Anhänger zu mobilisieren, während sich große zentristische Parteien schwerer damit tun (Vreese und Semetko 2004, S. 28; Vreese 2006, S. 589). Parteien spielen insbesondere dann eine Rolle, wenn die Abstimmungsthemen auf den etablierten Bahnen des Parteienwettbewerbes liegen oder es sich um vergleichsweise komplexe oder neue Abstimmungsthemen handelt (Svensson 2007, S. 165). Ist das Gegenteil der Fall, dann fällt es auch den Parteien schwerer sich zu positionieren und ihre Empfehlungen verlieren an Schlagkraft, z. B. durch parteiinterne Abweichler. Auch der institutionelle Charakter des Abstimmungsinstrumentes beeinflusst die Wirkung der Empfehlungen der Parteien (Hug und Sciarini 2000).

Direkte und indirekte Effekte der direkten Demokratie auf politische Parteien
Politische Parteien sind nicht nur Subjekte im Bereich der direkten Demokratie, sondern auch Objekte. Verschiedentlich haben direktdemokratische Vorlagen sich auf die Rolle, die finanzielle oder rechtliche Grundlage sowie die Wettbewerbsbedingungen von Parteien bezogen. Die Veränderung der finanziellen Grundlage ist dabei wohl der stärkste Eingriff. Beispiele sind Abstimmungen in Italien mit denen gegen die überbordende Parteienherrschaft zu Anfang der 1990er Jahre vorgegangen werden sollte (Capretti 2001). Erstmals kam 1977 eine entsprechende Vorlage über das abrogative Referendum an die Urne, wurde aber noch abgelehnt. Mit dem nächsten Versuch im Jahr 1992 wurde dann die staatliche Parteienfinanzierung erheblich beschnitten. Eine dritte Vorlage zu diesem Thema scheiterte im Jahr 1999 am Beteiligungsquorum von 50 % der Wahlberechtigten (Hornig und Steinke 2017). Auch in der Schweiz werden die Parteien selbst zum Gegenstand der direkten Demokratie, wie die Transparenzinitiative von 2017 zeigt.

Das Wahlrecht stellt die zentrale Selektionslogik zur Besetzung von Legislative und Exekutive dar, um die politische Parteien miteinander im Wettbewerb stehen. Veränderungen am Wahlrecht beeinflussen direkt den Parteienwettbewerb und die Struktur des Parteiensystems. In verschiedenen Fällen ist diese Geschäftsgrundlage der parteipolitischen Auseinandersetzung Gegenstand von direktdemokratischen Entscheidungen gewesen. Allein in Italien wurden bis 2004 sieben Vorlagen zum Thema Wahlrecht abgestimmt oder übernommen (Donovan 1994; Hornig und Steinke 2017, S. 98).

In Dänemark gab es eine ganz Reihe von Abstimmungen, die die schrittweise Senkung des Mindestalters für das aktive Wahlrecht vorsahen (Hornig 2011a). In Hamburg folgte auf eine Volksabstimmung über das Wahlrecht 2004 eine jahrelange Kontroverse (David 2010). Gerade der Hamburger Fall steht exemplarisch für die Spannungen, die zwischen der parteipolitisch geprägten Sphäre der repräsentativen Demokratie und der direktdemokratischen Arena entstehen können. Einerseits fand eine Instrumentalisierung der direkten Demokratie für die Auseinandersetzung von Regierung und Opposition statt. Andererseits bestanden auf Seiten der repräsentativen Akteure insgesamt große Akzeptanzprobleme für die direkte Demokratie (Decker 2007; Solar 2014). Weitere Wahlrechtsreferenden gab es in Großbritannien (2011), der kanadischen Provinz Ontario (2011) und in Luxemburg (2015). Zu dieser Gruppe von Abstimmungen passen schließlich auch jene, die direkt auf die Konstitution der repräsentativen Handlungsarena Einfluss genommen haben. So wurden per Volksabstimmung die zweiten parlamentarischen Kammern in Dänemark (1953) und in Bayern (1998) abgeschafft.

Ein letzter Aspekt aus dem Bereich der direkten und indirekten Effekte der direkten Demokratie auf die Parteien umfasst die Frage, inwiefern sich die Präsenz direktdemokratischer Instrumente auf die Organisation von politischen Parteien auswirkt. Hier haben etwa Ladner und Brändle (1999) für die Schweizer Kantone gezeigt, dass das Vorhandensein direktdemokratischer Verfahren mit professionelleren und formalisierten Parteistrukturen einhergeht.

Fazit

Im Verhältnis von politischen Parteien und direkter Demokratie scheinen zwei grundsätzlich verschiedene Vorstellungen von Politik aufeinander zu treffen, die mit den Worten von Wagschal treffend zu charakterisieren sind. »Insbesondere wird – im Anschluss an Jürgen Habermas – der Direktdemokratie implizit unterstellt, dass ihre Ergebnisse sachpolitisch orientierter, ergebnisoffener, weniger von Interessen beeinflusst und bestenfalls in einem öffentlichen Diskurs entschieden werden. Ein solcher herrschaftsfreier, deliberativer Diskurs, in dem sich die einzelnen (»vernünftig agierenden«) Partner als gleichwertig anerkennen, würde bedeuten, dass letztendlich die Kraft der Argumente entscheidet« (2007, S. 303). Aus dieser deliberativen Sicht läge es nahe, den eher kurzfristigen parteipolitischen Interessen nur eine geringe Rolle zuzugestehen, da sie Partikularinteressen transportieren, die nicht unbedingt etwas mit der Richtigkeit eines Argumentes zu tun haben müssen. Wenn dessen Kraft überwiegt, somit Einsicht entscheidet, müssten alle Akteure dieselbe, argumentativ einzig sinnvolle Position vertreten. Die Frage nach taktischem, unsachlichem Einfluss der Parteien wäre obsolet, da die Wählerinnen und Wähler selbst vernünftig entschieden.«Die Gegenposition hierzu lässt sich auf Max Weber zurückführen, wonach Macht jede Chance bedeutet, ›innerhalb einer sozialen Beziehung den eigenen Willen auch gegen Widerstand durchzusetzen‹. Volksabstimmungen sind von dieser Warte aus auch Machtfragen, in denen es um Ressourcen, Werte, Regelungen, Personen und andere politische Inhalte geht. Und politische Akteure, wie die Exekutive, Parteien und Verbände, haben dabei freilich auch ein vehementes Interesse, ihre Präferenzen, sprich: ihre ideologischen Ziele, gerade auch in direktdemokratischen Entscheidungen umzusetzen« (Wagschal 2007, S. 304).

Die bisher vorliegenden Erkenntnisse stützen besonders die zweite These. Direkte Demokratie erweitert den Handlungsbereich der politischen Parteien, die ihre Möglichkeiten zur Beeinflussung unumwunden nutzen. Dadurch ist oftmals viel Parteipolitik drin, wo direkte Demokratie draufsteht. Das betrifft den Prozess von der Auslösung bis hin zur Abstimmung. Nichtsdestotrotz erweitert direkte Demokratie das Akteursspektrum und sorgt dafür, dass »bottom-up«-Instrumente funktionierende Input-Kanäle für gesellschaftlich marginalisierte Gruppen darstellen können. In solchen Fällen erweist sich das Verhältnis zwischen politischen Parteien, insbesondere denen des politischen Establishments, und der direkten Demokratie als sehr spannungsgeladen.»Parties in public office« verweisen immer wieder auf die Unverbindlichkeit von Abstimmungen und ignorieren Abstimmungsergebnisse. In diesem Sinne werden Quoren von Befürwortern von mehr direkter Demokratie auch als Brandmauern verstanden, die Parteien zur Bewahrung ihrer privilegierten Stellung gezielt hoch halten. Direkte Demokratie ist in der Masse also stark von Parteien geprägt – gilt dies nicht, entstehen Spannungen. Die Verstärkung der Verbindlichkeit von Abstimmungen könnte hier ein erster Schritt zur Entspannung sein.

Grundsätzlich besteht allerdings noch weiterer Forschungsbedarf. Etwa ist der Zusammenhang zwischen Parteiempfehlung und Abstimmungsverhalten nicht hinreichend erforscht, wie ausgerechnet am Beispiel der Schweiz deutlich wird. Zwar überschneiden sich oft die Positionen der Parteien und ihrer Anhänger (Milic 2010, S. 9), doch gibt es keinen linearen oder direkten Einfluss. Denn tatsächlich sind »die Parteiparolen nur einer Minderheit der Stimmenden bekannt und einer noch geringeren Zahl dienten sie als Referenzpunkt bei der Meinungsbildung« (Milic et. al. 2014, S. 338). Die hohe Parolenkonformität könnte hypothetisch auch durch eine umgekehrte Kausalbeziehung zu Stande kommen: die Parteien reagieren also auf die Präferenzen der Wählerinnen und Wähler. In diesem Falle wäre der tatsächliche Einfluss der Parteien geringer. Allerdings gibt es über die Determinanten der Parteien bei der Positionierung in der direkten Demokratie noch kaum Forschungsergebnisse (Mueller und Bernauer 2017).

Eike-Christian Hornig

Literatur

Capretti, Anna. 2001. *Öffnung der Machtstrukturen durch Referenden in Italien.* Frankfurt am Main: Peter Lang Verlag.

David, K. 2010. Wechselfälle des Wahlrechts in Hamburg. Oder: Die Verhinderung eines weiteren Volksentscheids. In *Zeitschrift für Parlamentsfragen* 3: 598–622.

Decker, F. 2007. Parlamentarische Demokratie versus Volksgesetzgebung. Der Streit um ein neues Wahlrecht in Hamburg. In *Zeitschrift für Parlamentsfragen* 38 (1): 118–133.

Donovan, M. 1995. The Politics of Electoral Reform in Italy. In *International Political Science Review* 1: 47–64.

Harmel, R., und K. Janda. 1994. An Integrated Theory of Party Goals and Party Change. In *Journal of Theoretical Politics* 3: 259–287.

Hobolt, S. B. 2006. How Parties affect vote choice in European Integration referendums. In *Party Politics* 5: 623–647.

Hornig, Eike-Christian. 2011a. *Die Parteiendominanz direkter Demokratie in Westeuropa.* Baden-Baden: Nomos.

Hornig, E.-C. 2011b. Direkte Demokratie und Parteienwettbewerb – Überlegungen zu einem obligatorischen Referendum als Blockadelöser auf Bundesebene. In *Zeitschrift für Parlamentsfragen* 3: 475–492.

Hornig, E.-C. 2013. Intention und Effekt direkter Demokratie im deutschen Parteienstaat. In *Parteien in der Gesellschaft – Abkehr von den Parteien?*, Hrsg. U. Jun und O. Niedermayer, 125–154. Wiesbaden: Springer VS.

Hornig, Eike-Christian. 2016. Zu viel Rousseau, zu wenig Fraenkel. Zur Debatte über direkte Demokratie in Deutschland. In *Politik mit Bürgern – Politik für Bürger. Praxis und Perspektiven einer neuen Beteiligungskultur*, Hrsg. Manuela Glaab, 273–288. Wiesbaden: Springer VS.

Hornig, Eike-Christian. 2017. *Mythos direkte Demokratie. Praxis und Potentiale in Zeiten des Populismus.* Leverkusen: Verlag Barbara Budrich.

Hornig, E.-C, und C. Steinke. 2017. Direkte Demokratie in Italien. In *Die Legitimität direkter Demokratie. Wie demokratisch sind Volksabstimmungen?*, Hrsg. W. Merkel und C. Ritzi, 73–99. Wiesbaden: Springer VS.

Hug, S., und P. Sciarini. 2000. Referendums on European Integration. Do Institutions Matter in the Voter's Decision? In *Comparative Political Studies* 1: 3–36.

Jung, Sabine. 2001. *Die Logik direkter Demokratie*. Wiesbaden: Westdeutscher Verlag.

Katz, Richard. 1987. Party Government and its Alternatives. In *Party Governments: European and American Experiences*, Hrsg. Richard Katz, 1–26. Berlin/New York: de Gruyter.

Kriesi, Hanspeter. 2005. *Direct democratic choice: The Swiss experience*. Lanham: Lexington Books.

Kriesi, H. 2006. Role of the Political Elite in Swiss direct-democratic votes. In *Party Politics* 5: 599–622.

Ladner, A., und M. Brändle. 1999. Does Direct Democracy matter for Political Parties? An Empirical Test in the Swiss Cantons. In *Party Politics* 5: 283–302.

Le Duc, L. 2002. Opinion change and voting behaviour in referendums. In *European Journal of Political Research* 6: 711–732.

Milic, T. 2010. Steuern die Parteien das Volk? Der Einfluss der Parteien auf die inhaltliche Argumentation ihrer Anhängerschaften bei Schweizer Sachabstimmungen. In *Zeitschrift für Politikwissenschaft* 1: 3–45.

Milic, Thomas, B. Rousselot, und A. Vatter. 2014. *Handbuch der Abstimmungsforschung*. Zürich: Verlag Neue Zürcher Zeitung.

Morel, L. 2007. The Rise of ›Politically Obligatory‹ Referendums: The 2005 French Referendum in Comparative Perspective. In *West European Politics* 5: 1041–1067.

Müller, W. C. 1999. Plebiscitary Agenda-Setting and Party Strategies. In *Party Politics* 3: 303–315.

Mueller, S., und J. Bernauer. 2018. Party unity in federal disunity: determinants of decentralized policy-seeking in Switzerland. In *West European Politics* 3: 1–29.

Solar, M. 2014. Reformen direktdemokratischer Verfahren – Berlin, Hamburg und Bremen im Vergleich. In *Direkte Demokratie. Analysen im internationalen Vergleich*, Hrsg. U. Münch, E. C. Hornig und U. Kranenpohl, 53–68. Baden-Baden: Nomos.

Svensson, P. 2007. Voting Behaviour in European Constitution Process. In *Direct Democracy in Europe. Developments and Prospects,* Hrsg. W. Marxer, Z. T. Pállinger, B. Kaufmann und T. Schiller, 163–173. Wiesbaden: Springer VS.

Vatter, A. 2009: Lijphart expanded: three dimensions of democracy in advanced OECD countries? In *European Political Science Review* 1: 125–154.

Vreese, C. H. de. 2006. Political Parties in Dire Straits. Consequences of National Referendum for Political Parties. In *Party Politics* 5: 581–598.

Vreese, Claes H. de, und H. A. Semetko. 2004. *Political Campaigning in Referendums: Framing the Referendum Issue.* London: Routledge.

Wagschal, U. 2007. Diskurs oder Machtpolitik: Welche Interessen setzen sich in der Direktdemokratie am erfolgreichsten durch? In *Direkte Demokratie. Bestandsaufnahmen und Wirkungen im internationalen Vergleich,* Hrsg. M. Freitag und U. Wagschal, 303–330. Münster: LIT-Verlag.

Partizipation (Grundsatzartikel) Der aus dem Lateinischen stammende Begriff der Partizipation (lat. *participatio:* Teilhabe/Teilnahme) beschreibt auf kollektive Ziele hin orientiertes soziales Verhalten. Dabei kann zwischen politischer und sozialer Partizipation differenziert werden. Der Begriff der *sozialen* Partizipation beschreibt unterschiedlichste zivilgesellschaftliche Aktivitäten eines Individuums oder Kollektivs, die über die privaten Belange hinausreichen, jedoch nicht auf die Beeinflussung der Politik zielen (z. B. Engagement in einer Kirchengemeinde, Mitarbeit bei einer Tafel oder in einem Sportverein). Mit Kaase (1997, S. 160) kann man dagegen als *politische* Partizipation alle Handlungen bezeichnen, die Bürger freiwillig mit dem Ziel unternehmen, Entscheidungen auf den verschiedensten Ebenen des politischen Systems zu beeinflussen. Dabei kann es sich um Aktivitäten handeln, die der direkten Beeinflussung von Politik dienen (bspw. die Mitwirkung an einer Demonstration) oder um indirekte Handlungen, die zur Auswahl jener Personen beitragen, welche politische Entscheidungen treffen (z. B. Beteiligung an Wahlen).

Ohne das Engagement ihrer Mitglieder für die Gemeinschaft kann keine Gesellschaft überleben. In der modernen Gesellschaft seit dem post-industriellen Zeitalter und in der politikwissenschaftlichen Forschung kommt der politischen Partizipation besondere Relevanz zu, da sie die zentrale Legitimationsquelle demokratischer Herrschaft ist. Dennoch variiert in der Demokratietheorie die Bedeutung, welche verschiedenen Formen der politischen Partizipation zugesprochen wird. So erwarten *liberale Theorien*, ausgehend vom zweckrational und eigeninteressiert handelnden Individuum, vor allem eine instrumentelle Beteiligung der Bürger (u.a. Schumpeter 2005). Diese zielt auf die Lösung von Interessenkonflikten innerhalb einer politischen Gemeinschaft. Im *republikanischen Denken* wird Partizipation darüber hinaus auch als Ziel und Wert an sich gesehen (u.a. Arendt 2002). Die Beteiligung an der res publica dient in dieser Perspektive nicht zuletzt der menschlichen Selbstverwirklichung, der Partizipation kommt also nicht nur ein instrumenteller, sondern auch ein intrinsischer Wert zu. Die *partizipative Demokratietheorie* schließt sich dieser Haltung an, betont aber noch die Bedeutung unmittelbarer Selbstregierung als Ausdruck der Volkssouveränität. In dieser Theorieströmung findet sich deshalb eine hohe Wertschätzung direktdemokratischer Beteiligungsformen. Autoren wie Benjamin Barber (1984) setzen sich in ihren wissenschaftlichen Arbeiten für eine Stärkung von Volksabstimmungen auch im Kontext repräsentativer Demokratie ein. Seit den 1990er Jahren ist, maßgeblich beeinflusst durch Schriften von Jürgen Habermas (1992), außerdem die *deliberative Demokratietheorie* in der Partizipationsforschung einflussreich geworden: Diese betont die Bedeutung der auf rationalen Argumenten beruhenden Meinungs- und Willensbildung durch öffentliche Kommunikation für die Legitimität politischer Entscheidungsfindung. Neue Partizipationsformen wie beispielsweise »deliberative polls« (Fishkin 2011), in denen kleine Bürgergruppen einige Zeit lang intensiv deliberieren und dann Empfehlungen an die politische Öffentlichkeit aussprechen, werden seit einigen Jahren auf lokaler, regionaler, nationaler und supranationaler Ebene vermehrt eingesetzt. Häufig weisen solche Beteiligungsverfahren jedoch experimentellen Charakter auf und dienen nur selten der Beeinflussung konkreter politischer Entscheidungen.

Die empirische Erforschung politischer Beteiligung, ihrer Bedeutung und Determinanten stellt ein zentrales Forschungsfeld in der vergleichenden Politikwissenschaft dar. In der Regel basiert sie auf Methoden der Handlungs- und Einstellungsforschung, je nach theoretischer Verortung des oder der Autoren fallen die Operationalisierung und methodische Vorgehensweise jedoch sehr unterschiedlich aus. In den Anfangsjahren der politischen Partizipationsforschung dominierte, maßgeblich beeinflusst von der liberal-elitistischen Theorie Joseph Schumpeters (2005), die Wahlforschung. Zu den Pionieren dieser Forschung gehörten Paul Lazarsfeld und seine Kollegen, die im Rahmen ihrer Tätigkeit an der Columbia University in New York die ersten großen Wahlstudien durchführten. Ihr Buch »The People's Choice« (1944) begründete die mikrosoziologische Denkrichtung zur Erklärung von Wählerverhalten. Auch Lester Milbrath (1965) zählt zu den Begründern der modernen Partizipationsforschung und stellte ebenfalls die Wahlbeteiligung in den Fokus seiner Arbeit. In seiner Studie »Political Participation: How and Why Do People Get Involved in Politics« präsentiert er die Teilnahme an Wahlen als Basis einer Pyramide der politischen Beteiligung. Je anspruchsvoller eine Partizipationsform ist, desto seltener werde sie in der Bevölkerung genutzt. Gleichzeitig gilt jedoch auch: Wer eine anspruchsvolle Beteiligungsform nutzt, wird in der Regel auch von den darunterliegenden, einfacheren Möglichkeiten zur politischen Mitwirkung Gebrauch machen. Externe Einflussfaktoren (z. B. das kommunikative Umfeld) und individuelle Charakteristika (z. B. der sozio-ökonomische Status) beeinflussten dabei den jeweiligen Standpunkt einer Person.

Die massiven politischen Proteste in den späten 1960er und 1970er Jahren, in denen vor allem junge Bürger in etablierten Demokratien Kritik an der mangelnden politischen Responsivität übten, trugen maßgeblich zum Einflussgewinn partizipativer Theorie und zu einer Weiterentwicklung der Partizipationsforschung bei. Nun gewann auch die Untersuchung anderer Formen politischer Beteiligung an Einfluss. In der berühmten Political Action-Studie von Samuel Barnes, Max Kaase und Kollegen (1979) wurden neben der elektoralen Partizipation auch neue, legale und illegale Protestformen sowie politische Gewalt untersucht. Die herkömmlichen Formen politischer Partizipation bezeichneten die Autoren als »konventionell«, die Protestformen als »unkonventionell«. Konventionelle Beteiligungsformen sind legale, verfasste oder nicht verfasste Handlungen mit hohem Legitimitätsstatus (z. B. die Beteiligung an Bundestagswahlen). Als unkonventionell bezeichnen Barnes et al. die unverfassten Beteiligungsformen unabhängig von ihrer Legalität oder ihrem Legitimitätsstatus (z. B. die Mitarbeit in einer Bürgerinitiative). Diese Differenzierung zwischen konventioneller und unkonventioneller Partizipation ist bis heute einflussreich. Anhand der positiven Korrelation zwischen der Nutzung konventioneller und unkonventioneller Partizipationsformen konnten die Autoren der Political Action-Studie belegen, dass die Erweiterung des Repertoires an Beteiligungsformen keine systemfeindliche, die Demokratie gefährdende Entwicklung ist. Vielmehr sind die Bürger seit den späten 1960er Jahren auf der Suche nach weiteren Wegen, um die Politik beeinflussen zu können. Dieser Prozess dauert bis heute an.

Neben der Unterscheidung zwischen konventioneller und unkonventioneller Partizipation finden sich in der Literatur weitere dichotome Klassifikationen von Partizipation: So lassen sich repräsentativ-demokratische (z. B. Parteimitgliedschaft) und direktdemokratische Beteiligungsformen (z. B. Referendum, Bürgerinitiative) unterscheiden. Außerdem kann gemäß des Rechtsstatus verschiedener Beteiligungsformen zwischen legaler (z. B. Demonstration) und illegaler (z. b. Hausbesetzung) politischer Partizipation und gemäß des Grades der institutionellen Verankerung zwischen verfasster (z. B. Wahl) und unverfasster Beteiligung (z. B. Bürgerinitiative) unterschieden werden. Eine differenziertere Analyse haben Verba, Nie und Kim (1978) in ihrer Sieben-Länder-Studie »Participation and Political Equality« vorgelegt: Mit Hilfe einer Faktorenanalyse unterscheiden sie vier Dimensionen politischer Partizipation: elektorale Partizipation, Wahlkampfaktivitäten, Gemeindeaktivitäten und Einzelkontakte mit Politikern.

Verschiedene Partizipationsformen stellen hinsichtlich des Anspruchs, Zeitaufwands und der Kosten höchst unterschiedliche Anforderungen an das Individuum. Von besonderer Bedeutung für zeitgenössische repräsentative Demokratien ist die Beteiligung an Wahlen. So ist die Wahl die allgemeinste, einfachste und egalitärste Form politischer Beteiligung und wird von den Bürgern weit häufiger genutzt als andere Partizipationsweisen. Das gilt auch für den Vergleich zu direktdemokratischen Volksabstimmungen, die typischerweise geringere Beteiligungswerte erzielen als nationale Wahlen (Merkel und Ritzi 2017).

Das Niveau der Wahlbeteiligung unterscheidet sich zwischen verschiedenen Demokratien deutlich: eine vergleichsweise niedrige Wahlbeteiligung lässt sich beispielsweise schon traditionell in den USA verzeichnen, hohe durchschnittliche Beteiligungswerte erreichen Australien, Schweden und Österreich. Auch in Deutschland übersteigt die mittlere Beteiligung an Wahlen den internationalen Durchschnitt.

Dabei lässt sich in westlichen Demokratien seit vielen Jahren ein Rückgang konventioneller Partizipation (v. a. in der Beteiligung an Wahlen und in der Parteimitgliedschaft) beobachten, während unkonventionelle und direkt-demokratische Beteiligungsformen häufiger genutzt werden (Hay 2007). Hinzu kommen schwächer werdende Parteibindungen, die u. a. eine höhere Volatilität der Wahlentscheidung bewirken und Veränderungen im Parteiensystem begünstigen (Mair 2013).

Direkte Demokratie hat hingegen in den letzten Jahrzehnten an Bedeutung in der politischen Partizipationslandschaft gewonnen. Gemäß der Prä-

A
B
C
D
E
F
G
H
I
J
K
L
M
N
O
P
Q
R
S
T
U
V
W
X
Y
Z

ferenzen vieler Bürger, die sich mehr Möglichkeiten zur unmittelbaren Mitbestimmung wünschen, wurde die direkte Demokratie u. a. in Deutschland institutionell aufgewertet. So gibt es heute mehr Möglichkeiten für die Bürger zu direktdemokratischer Partizipation und die Hürden zur Durchführung von Volksabstimmungen wurden gesenkt. Entsprechend steigt die Zahl der direktdemokratischen Abstimmungen.

Trotz vieler länderspezifischer Unterschiede (u. a. mit Blick auf das Wahlrecht, die Etablierung direkter Demokratie, die Zahl der Parteien), die Differenzen im Partizipationsverhalten erklären können, gibt es in den etablierten, westlichen Demokratien noch weitere Ähnlichkeiten im Partizipationsverhalten: So partizipieren die Menschen primär in instrumenteller Absicht und das Partizipationsniveau ist eng mit der individuellen Ressourcenausstattung verbunden. Zudem schient es Zyklen im Partizipationsverhalten zu geben: Phasen intensiver Beteiligung wechseln sich mit Phasen eines Partizipationsrückgangs ab (Norris 2002; Powell et al. 2011). Schon die Political Action-Studie belegt außerdem, dass unabhängig von der jeweiligen demokratischen Institutionalisierungsform und politischen Kultur in unterschiedlichen Ländern verschiedenen Partizipationsformen dieselben soziodemografischen Faktoren förderlich waren, nämlich vor allem höhere Schulbildung und ein höherer sozio-ökonomischer Status, verbunden mit den Ressourcen Geld und Zeit. Diese grundlegende Erkenntnis hat bis heute ihre Gültigkeit bewahrt.

Wachsende soziale Ungleichheit wirkt sich somit auch auf das Niveau politischer Partizipation aus. Wie unter anderem Schäfer (2015) zeigt, ist vor allem die Nutzung unkonventioneller Partizipationsformen sozial verzerrt. Direkte Demokratie weist ebenfalls eine stärkere soziale Verzerrung auf als die Beteiligung an Wahlen (Schäfer und Schoen 2013). Auch wenn der Bedeutungsgewinn dieser Beteiligungsformen kein unmittelbarer Ausdruck von Demokratiekritik ist, stellt er vor dem Hintergrund des Ideals der politischen Gleichheit derzeit also eine zentrale demokratische Herausforderung dar.

Eine weitere Herausforderung der zeitgenössischen Partizipationsforschung resultiert aus der Globalisierung und Transnationalierung, die mit neuen Beteiligungsmustern jenseits der etablierten Akteure, Institutionen und nationalstaatlichen Grenzen einhergehen. Nicht alle hierbei eingesetzten Beteiligungsformen können mit den etablierten Forschungsinstrumenten angemessen erfasst und abgebildet werden.

Hinzu kommen zahlreiche, bedeutsame Veränderungen in Folge der Digitalisierung: neue Informations- und Kommunikationstechnologien bieten nicht nur die Möglichkeiten, schnell und mit geringem Ressourceneinsatz Wahlen und direktdemokratische Abstimmungen durchzuführen. Über das Internet, insbesondere über Web 2.0-Anwendungen, entwickeln sich außerdem grundlegend neue Formen der Beteiligung (z. B. elektronische Bürgerhaushalte, Wiki-Government-Plattformen). Vielfach steht die politische und institutionelle Etablierung dieser Beteiligungsinstrumente noch aus, gleiches gilt für die wissenschaftliche Erforschung digitaler Partizipation.

Claudia Ritzi

Literatur

Arendt, Hannah. 2002. *Vita activa oder Vom tätigen Leben*. München: Piper.

Barber, Benjamin. 1984. *Strong democracy: Participatory politics for a new age*. Berkeley: University of California Press.

Barnes, S. H., und M. Kaase, Hrsg. 1979. *Political Action. Mass Participation in Five Western Democracies*. Beverly Hills/London: Sage Publications.

Fishkin, James S. 2011. *When the people speak: deliberative democracy and public consultation*. Oxford: Oxford University Press.

Habermas, Jürgen. 1992. *Faktizität und Geltung. Beiträge zur Diskurstheorie des Rechts und des demokratischen Rechtsstaats*. Frankfurt a. M.: Suhrkamp.

Hay, Colin. 2013. *Why We Hate Politics*. London: Polity Press.

Hoecker, Beate, Hrsg. 2006. *Politische Partizipation zwischen Konvention und Protest. Eine studienorientierte Einführung*. Opladen: Verlag Barbara Budrich.

Kaase, Max. 1997. Vergleichende Partizipationsforschung. In *Vergleichende Politikwissenschaft. Ein einführendes Handbuch,* Hrsg. D. Berg-Schlosser und F. Müller-Rommel, 3. Aufl., 159–174. Opladen: Leske + Budrich.

Lazarsfeld, Paul F., B. Berelson, und H. Gaudet. 1944. *The People's Choice. How the Voter Makes Up his Mind in a Presidential Campaign*. New York/London: Duell, Sloan and Pearce.

Mair, P. 2013. *Ruling the Void. The hollowing of Western Democracy*. London, UK, New York, NY: Verso.

Merkel, W., und C. Ritzi, Hrsg. 2017. *Die Legitimität direkter Demokratie. Wie demokratisch sind Volksabstimmungen?* Wiesbaden: Springer VS.

Milbrath, Lester W. 1965. *Political participation: How and why do people get involved into politics?* Chicago: Rand McNally.

Norris, Pippa. 2002. *Democratic phoenix: reinventing political activism*. Cambridge, UK, New York, NY: Cambridge University Press.

Powell, G. Bingham, R. J. Dalton, und K. Strøm. 2011. *Comparative politics today. A theoretical framework*, 6. Aufl. Boston: Longman.

Schäfer, Armin. 2015. *Der Verlust politischer Gleichheit.* Frankfurt a. M.: Campus.

Schäfer, A., und H. Schoen. 2013. Mehr Demokratie, aber nur für wenige? Der Zielkonflikt zwischen mehr Beteiligung und politischer Gleichheit. In *Leviathan* 41 (1): 94–120.

Schumpeter, Joseph Alois. 2005. *Kapitalismus, Sozialismus und Demokratie*, 8., unveränd. Aufl. Tübingen: UTB.

Verba, Sidney, N. H. Nie, und J.-O. Kim. 1978. *Participation and Political Equality: A Seven-Nation Comparison.* Cambridge: Cambridge University Press.

Partizipative Demokratietheorieansätze ➤ Direkte Demokratie

Petitionen Das Petitionsrecht ist ein allgemein anerkanntes demokratisches Grundrecht. Das in der Bundesrepublik Deutschland in Artikel 17 GG verankerte Recht garantiert die Möglichkeit, sich einzeln oder in Gemeinschaft mit anderen schriftlich mit Bitten oder Beschwerden an die zuständigen Stellen und an die Volksvertretung zu werden. Die Beratung von Petitionen findet im Deutschen Bundestag im Petitionsausschuss statt, dessen Einrichtung durch Artikel 45c GG vorgesehen ist. Auch die Landesverfassungen der einzelnen Bundesländer räumen ein Petitionsrecht ein. In den Landesparlamenten sind ebenfalls Petitionsausschüsse eingerichtet.

Das Petitionsrecht war in historischer Betrachtung lange Zeit die einzige Möglichkeit von Bürgerinnen und Bürgern, sich jenseits des Rechtsweges mit Eingaben an die staatlichen Institutionen zu wenden und somit Einfluss auf die Gesetzgebung auszuüben. Diese Möglichkeit ist mit der fortschreitenden Demokratisierung und der Einführung direktdemokratischer Elemente deutlich erweitert, sodass die Petition in diesem Kontext an Bedeutung verloren hat. Insbesondere der appellative Charakter der Petition, der die schlussendliche Entscheidung wiederum allein dem Parlament überträgt, unterscheidet sie von Verfahren, die auf eine tatsächliche Entscheidung durch Wählerinnen und Wähler abzielen. Tatsächlich können aber die in einigen Bundesländern verbreiteten, unverbindlichen Verfahren, die das jeweilige Landesparlament lediglich dazu anhalten können, sich mit einem bestimmten Thema der politischen Willensbildung zu befassen, als Form einer Massenpetition bezeichnet werden. In Hamburg heißt das entsprechende Verfahren folgerichtig Volkspetition, in Baden-Württemberg spricht man beispielsweise von einem Volksantrag. Insgesamt elf Bundesländer weisen entsprechende Verfahren in ihren Verfassungen auf.

Mit Einführung von Online-Petitionen (seit September 2005) im Deutschen Bundestag ist ein Weg beschritten worden, Anliegen durch im Vergleich zu anderen direktdemokratischen Verfahren geringeren Hürden zumindest auf die politische Agenda zu setzen. Wenn eine Petition innerhalb von vier Wochen nach Eingang von 50 000 oder mehr Personen unterstützt wird, so wird über sie im Regelfall im Petitionsausschuss öffentlich beraten. Der Petent wird zu dieser Beratung eingeladen und erhält Rederecht.

Im Jahr 2016 wurden auf Bundesebene rund 11 250 Petitionen befasst, im Land NRW im selben Zeitraum rund 3 600. Rein zahlenmäßig ist die Praxis mit Blick auf Petitionen also erheblich ausgeprägter als hinsichtlich des Einsatzes direktdemokratischer Verfahren. Die Zahl der Petitionen ist jedoch rückläufig. Inwiefern dies mit dem Vorhandensein direktdemokratischer Beteiligungsmöglichkeiten oder weiterer Kanäle, Behörden und Parlamentarier zu kontaktieren, zusammenhängt, ist dabei nicht geklärt.

Anna Solar

Plebiszit Aus dem lateinischen gezogener Begriff, der übersetzt »Volksbeschluss« bedeutet. In der Regel bezeichnet ein Plebiszit eine *Volksabstimmung,* die von einem Staatsorgan, d. h. Regierung, Präsident oder Parlament, eingeleitet wird. Allgemeiner und etwas unschärfer bezeichnet der Begriff den Vorgang, dass die Bürgerinnen und Bürger über eine politische Sachfrage abstimmen. Im Plebiszit kommt grundsätzlich zum Tragen, wer dieses initiiert hat (Bevölkerung, Parlament, Regierung), ob dieses verbindlich oder empfehlend ist, worauf sich die Abstimmung bezieht (Verfassung, Gesetz, Verwaltungsakt) und auf welcher politischen Ebene das Plebiszit stattfindet (Kommune, Bundesstaat bzw. Bundesland, Gesamtstaat, supranationale Ebene). Das Plebiszit fungiert als Oberbegriff für alle Formen von (Volks-)Abstimmungen und Referenden. Dazu werden überwiegend Volksentscheide, Bürgerentscheide, Volksbefragungen, Volksinitiativen sowie die dazugehörigen Anträge auf Volksbegehren und Bürgerbegehren gezählt. Volksbefragungen und Volksinitiativen werden konsultativen Plebisziten zugeordnet, da es Parlament oder Regierung frei steht, das Ergebnis der Abstimmung umzusetzen, während Volksentscheide und Bürgerentscheide dezisive Plebiszite sind, deren Ergebnisse bindend sind und verbindlich umgesetzt werden müssen. Dezisive Plebiszite sind damit Teil der Volksgesetzgebung eines Staates. Doch ist eine differenzierte Betrachtungsweise geboten. So kann zwar beispielsweise in direktdemokratischer Reinkultur in der Schweiz eine Volksabstimmung auf Initiative einer bestimmten Anzahl von Stimmberechtigten oder der Vorgabe durch die Verfassung durchgeführt werden. In vielen anderen Staaten kann jedoch nur die Regierung oder das Staatsoberhaupt eine Volksabstimmung anordnen. Plebiszite, die auf solche Weise realisiert werden, enthalten den Bürgerinnen und Bürgern eine Teilhabe im Sinne einer Machtteilungsfunktion vor. Direkte Demokratie ist im Hinblick auf diese Differenzierungen nicht mit Volksabstimmung oder plebiszitärer Demokratie gleichzusetzen, da nicht alle Volksabstimmungsverfahren direktdemokratisch sind (Kaufmann 2005, S. 21). Durch direkte Demokratie in seiner basisorientierten Form werden die Bürgerinnen und Bürger zu einem Entscheidungsmandat ermächtigt – sie können selbst die Initiative ergreifen. Ein Plebiszit kann jedoch auch von einem Staatsorgan (siehe Regierung, Präsident oder Parlament) eingeleitet werden und damit durchaus als Machtinstrument der Regierenden gelten.

Andreas Kost/Marcel Solar

Literatur
Kaufmann, B. 2005. Direkte Demokratie in Europa – eine Übersicht. *BASLERSCHRIFTEN zur europäischen Integration* Nr. 75: 13–34.

Populismus (und direkte Demokratie) (Grundsatzartikel) Gibt es eine besondere Affinität der direkten Demokratie zum Populismus? Eine solche Vermutung liegt nahe, wenn man bedenkt, dass rechts- und linkspopulistische Parteien heute fast ausnahmslos für die Neueinführung oder Stärkung direktdemokratischer Verfahren eintreten. So strebt zum Beispiel die »Alternative für Deutschland« laut ihrem 2016 beschlossenen Parteiprogramm die Einführung von Volksentscheiden »nach Schweizer Vorbild« an. Explizit genannt werden das fakultative Referendum, die Volksinitiative für einfache Gesetze und Verfassungsänderungen sowie das obligatorische Verfassungsreferendum.

Die Forderung nach mehr direkter Demokratie ergibt sich folgerichtig aus der Kritik des gesellschaftlichen und politischen Establishments, die das eigentliche Wesensmerkmal des Populismus darstellt – gepaart mit der Vorstellung, man selbst würde den eigentlichen, »wahren« Willen des Volkes vertreten (Müller 2016). Das politische Establishment wird dabei in den repräsentativen Institutionen verortet oder ganz mit diesen gleichgesetzt. Hauptzielscheibe sind die Parteien, weshalb es kein Zufall ist, dass sich die populistischen Vertreter selbst nicht als Parteien bezeichnen. Weil die etablierten Parteien und die von ihnen kontrollierten Parlamente dazu neigten, sich von den Interessen des Volkes zu entfernen, müsse das Volk seine Geschicke notfalls selbst in die Hand nehmen können. Ihre stärksten Spuren hat diese Position in den USA hinterlassen, wo der Einfluss der Parteien im politischen System seit Ende des 19. Jahrhunderts sukzessive zurückgedrängt wurde. Die dafür verantwortlichen Maßnahmen – Direktwahl der Senatoren, Einführung des Gesetzesreferendums und der Initiative in den Einzelstaaten, verstärkte Durchführung von *primaries* – gehen zum überwiegenden Teil auf Forderungen der Populisten zurück.

Allerdings wäre es zu vordergründig, das Eintreten für die direkte Demokratie mit der populistischen Demokratieauffassung gleichzusetzen oder sie auch nur als deren Kernmerkmal zu betrachten. Bei den heutigen rechts- und linkspopulistischen Herausfordererparteien entspringt es in erster Linie ihrer Rolle einer Fundamental- oder Systemopposition. Weil und solange sie selbst im repräsentativen System in der Minderheit sind, gilt ihre direktdemokratische Vorliebe deshalb vor allem den vom Volk selbst auslösbaren, also »von unten« ausgehenden Verfahren, die bei Bedarf gegen die Politik der Regierenden, mithin zu Oppositionszwecken eingesetzt werden können. Ganz anders verhält es sich, wenn sie sie selbst die Mehrheit erlangen. Dann entwickeln die Populisten plötzlich eine Präferenz für die »von oben« ausgelösten Verfahren, die ihrer Herrschaft akklamieren und die Opposition dauerhaft in die Minderheitenrolle drängen sollen. Gleichzeitig werden die oppositionell einsetzbaren Initiativrechte beschnitten. Ungarn unter Viktor Orbán gibt davon ein beredtes Beispiel.

Charakteristisch für die populistische Demokratieauffassung ist, dass sie das Prinzip der Volkssouveränität verabsolutiert. Nach diesem Prinzip wird Herrschaft stets unter Berufung auf das Interesse des Volkes bzw. der Mehrheit des Volkes ausgeübt. Volksherrschaft ist somit gleichbedeutend mit der

Herrschaft der Mehrheit (Dahl 1956, S. 34 ff.). Das ist aber nur ein Teil der Demokratie. Wenn wir vom Regierungsmodell der westlichen Demokratie sprechen, ist auch deren verfassungsstaatliche (liberale) oder republikanische Seite gemeint. Diese setzt neben die Herrschaftsermöglichung zugleich die Herrschaftsbegrenzung. Dahl (ebd., S. 4 ff.) bezeichnet die verfassungsstaatliche Demokratiekonzeption unter Rückgriff auf ihren wichtigsten Vordenker als »Madisonian«. Um die Freiheit des einzelnen vor staatlichen Übergriffen zu schützen, sollen die Regierenden hier in ihrer Machtausübung kontrolliert und eingehegt werden: durch garantierte Rechte, über die keine demokratische Mehrheit – sei sie auch noch so groß – verfügen kann, und durch die Verteilung der Herrschaftsgewalt auf verschiedene Organe und Personen, die sich in ihrer Machtausübung wechselseitig hemmen.

Verfassungsstaat und Demokratie bilden eine enge Symbiose, in der das eine auf das andere notwendig bezogen ist. So wie die Demokratie ohne verfassungsstaatliche Basis keinen Bestand hätte, so würde umgekehrt ein Verfassungsstaat ohne demokratische Prinzipien ein Torso bleiben. Am deutlichsten kommt dies in den politischen Mitwirkungsrechten zum Ausdruck, die sich aus der Volkssouveränität unmittelbar ableiten lassen. An erster Stelle steht hier das Wahlrecht. Darüber hinaus wird der Zusammenhang durch die Grundrechte der Meinungs-, Presse- und Organisationsfreiheit hergestellt, die als institutionelle Garanten des Pluralismus einen fairen demokratischen Wettbewerb erst ermöglichen und sicherstellen.

Gleichzeitig stehen beide Prinzipien aber auch in einem Spannungsverhältnis zueinander. Das bedeutet, dass ein Mehr an Demokratie oft nur zu Lasten der Verfassungsstaatlichkeit zu haben ist (und umgekehrt). Das Spannungsverhältnis ist das Resultat zweier Paradoxien. Das demokratische Paradoxon besteht darin, dass eine Demokratie sich mit demokratischen Mitteln selbst abschaffen könnte, wenn das Volk bzw. die Mehrheit des Volkes es so beschließt. Indem sie genau dies zu verhindern suchen, laufen verfassungsstaatliche Strukturen auf eine Befestigung der Demokratie hinaus. Die Bürger binden sich in der Machtausübung selbst die Hände, nehmen also ein gewisses Maß an Entdemokratisierung bewusst in Kauf, um die demokratische Herrschaft aufrecht zu erhalten. Das Paradoxon des Verfassungsstaates liegt wiederum darin, dass der Geltungsanspruch von Verfassungsgesetzen demokratietheoretisch nicht begründet werden kann. Souverän ist das Volk nur im Akt der Verfassungsgebung. Hat es sich durch die Verfassung erst einmal gebunden, sind deren Veränderbarkeit enge Grenzen gezogen, denn das Verfassungsrecht genießt in der Regel einen besonderen Bestandsschutz. Da-

mit sind ihm auch jene unterworfen, die an der ursprünglichen Verfassungsgebung gar nicht beteiligt waren (Kielmansegg 1988).

Wird die Reichweite des demokratischen Herrschaftsanspruchs durch
die Verfassung äußerlich begrenzt, so unterliegt das Prinzip der Volkssouveränität auch immanenten Schranken. Allein aufgrund ihrer Größe können
die demokratischen Systeme das Herrschaftsproblem nur mittels Repräsentation lösen. Hier liegt der – eine – große Unterschied zwischen der direkten Demokratie der athenischen Polis, die auf den überschaubaren Kontext
eines Stadtstaates beschränkt blieb, und der Demokratie in den modernen
Flächenstaaten. Der andere liegt im veränderten Bestellungsverfahren, das
die Durchsetzung der Repräsentationsidee mit sich brachte: Die Volksvertreter wurden nicht mehr durch das Los bestimmt, wie es in der Antike und
den Stadtrepubliken der frühen Neuzeit üblich gewesen war, sondern durch
Wahlen (Manin 1997, S. 42 ff.).

In der repräsentativen Demokratie wird die Idee der Volkssouveränität
verwirklicht, indem das Volk bestimmte Personen oder Personengruppen
beauftragt, die Regierungsgewalt stellvertretend in seinem Namen und Interesse auszuüben. Das Volk führt die Regierungsgeschäfte also nicht selbst,
sondern »es lässt regieren«. Dieser Grundsatz wird auch von den Befürwortern direktdemokratischer Vorstellungen anerkannt. Diese unterscheiden
sich von den Verfechtern des Repräsentationsprinzips freilich darin, dass sie
den Bürgern einen möglichst unmittelbaren Einfluss auf die Politik zugeste-
hen wollen. Um ein Höchstmaß an Übereinstimmung zwischen Regierenden
und Regierten herbeizuführen, dürfe die Macht der demokratisch legitimier-
ten Volksvertreter nicht über Gebühr eingeschränkt werden. Dem entspricht
die Forderung nach einer weitgehenden Zurückdrängung der konstitutionel-
len Barrieren zugunsten des Mehrheitsprinzips.

Die populistische (oder plebiszitäre) Demokratieauffassung – beide Begriffe sind synonym verwendbar – lässt sich ideengeschichtlich auf Rousseau
zurückführen. Als Prämisse liegt ihr die Vorstellung eines einheitlichen
Volkswillens zugrunde, von dem angenommen wird, dass er mit dem Gesamtinteresse identisch sei. Die Frage lautet nur, wie dieser Volkswille ermittelt und durchgesetzt werden kann. Repräsentativversammlungen werden
von den Vertretern der plebiszitären Demokratie mit Argwohn beäugt, weil
sie eine Tendenz ausbildeten, Minderheits- oder Sonderinteressen dem allgemeinen Willen vorzuziehen. Die plebiszitäre Demokratieauffassung fällt
von daher mit der populistischen Vorstellung der unbegrenzten Mehrheitsherrschaft zusammen. Sie kann sogar soweit gehen, dass man den Volkswil-

len lieber durch eine Einzelperson repräsentiert sehen möchte als durch ein – in seiner Zusammensetzung notwendig differenziertes – Parlament.

Der Anti-Pluralismus der Rousseau'schen Identitätstheorie ist zu Recht verurteilt worden. Er trägt dem Philosophen bis heute den Vorwurf eines Wegbereiters der Diktatur ein. Dabei wird übersehen, dass die aus der Anschauung des englischen Parlamentarismus gewonnene Kritik des Repräsentationsprinzips als »ideologische Verbrämung einer volksfeindlichen Oligarchie« zu ihrer Zeit durchaus berechtigt war (Fraenkel 1974, S. 116 f.). Indem Rousseau den repräsentativen Charakter des englischen Parlaments in Abrede stellte, wandte er sich also nicht gegen das Prinzip also solches, sondern nur gegen dessen faktische Entartung. Damit war eine wichtige Voraussetzung geschaffen, um die Demokratisierung des parlamentarischen Systems voranzutreiben.

Analogien zur aktuellen Diskussion um den Populismus drängen sich auf. So setzt Müller (2016, S. 42 ff.) diesen mit einer anti-liberalen und anti-pluralistischen (und mithin anti-demokratischen) Ideologie gleich und spricht ihm entsprechend die Möglichkeit ab, aus demokratischer Sicht eine nützliche Korrektivfunktion auszuüben. Dies ist aus mindestens zwei Gründen fragwürdig. Erstens können solche Korrektivwirkungen durchaus auch von nicht-demokratischen Kräften ausgehen (wenn politische Parteien aus Protestgründen gewählt werden). Und zweitens sind die Populisten nicht per se Gegner der repräsentativen Demokratie. Stattdessen beklagen sie, dass bestimmte Interessen, eben die Interessen des »wahren« Volkes, nicht repräsentiert seien bzw. von den herrschenden Eliten und vermeintlich repräsentativen Institutionen systematisch missachtet würden. Die Populisten legen in ihrer Opposition zum Establishment keinen Wert darauf, möglichst breite Zustimmung zu gewinnen. Vielmehr verzichten sie bewusst auf die Unterstützung relevanter Bevölkerungsteile, indem sie gerade keine populären, sondern in ihrer Radikalität provozierende und tabubrecherische Forderungen vertreten. Genau das verschafft ihnen Glaubwürdigkeit unter den eigenen Anhängern. Und es führt dazu – oder könnte dazu führen –, dass »Repräsentationslücken« im Parteiensystem geschlossen werden und auf diese Weise eine neue politische Balance entsteht (Decker 2011).

So wie die verfassungsstaatlichen und demokratischen Prinzipien aufeinander bezogen sind, bilden auch die repräsentativen und plebiszitären Komponenten der Demokratie im modernen Staat eine Gemengelage. Laut Fraenkel (1974, S. 113 ff.) verkörpert das repräsentative Prinzip den angenommenen »wahren« Volkswillen, während das plebiszitäre Prinzip den »empirischen«, also tatsächlichen Volkswillen zum Ausdruck bringe. Sofern sie dem tatsächlichen Volkswillen zur Wirkung verhelfen, fallen damit nicht nur Abstimmungen, also direktdemokratische Verfahren, sondern auch Wahlen unter die plebiszitäre Demokratie. Kielmansegg (2006, S. 60) kritisiert dies als unzulässige Gleichsetzung von »plebiszitär« und »demokratisch«. In der Tat besteht das Problem von Fraenkels Definition darin, dass sie nicht klar sagen kann, wo das repräsentative Prinzip endet und das plebiszitäre beginnt. So möchte Fraenkel nur bestimmten Arten von Wahlen das Attribut »plebiszitär« zubilligen, etwa den US-amerikanischen Präsidentschaftswahlen oder den britischen Unterhauswahlen, aus denen faktisch der Premierminister hervorgehe. Umgekehrt kann sich das repräsentative Prinzip durchaus auch in einem plebiszitären Verfahren entfalten, wenn dieses der Ermittlung des wahren Volkswillens genügend Raum gibt.

Kielmanseggs und Fraenkels Positionen lassen sich in einer pragmatischen Begriffsverwendung sinnvoll verbinden, wenn man zwischen einem weiteren und engeren Verständnis unterscheidet. Im weiteren Sinne (von Fraenkel) können die Bezeichnungen »direktdemokratisch« und »plebiszitär« für alle Maßnahmen und Äußerungsformen benutzt werden, die unmittelbar an das Volk adressiert sind bzw. von diesem ausgehen und auf die Demokratisierung des politischen Systems abzielen. Hierunter fallen z. B. – im Bereich der staatlichen Wahlen – die Personalisierung der Parteienwahlen durch offene und freie Listen oder – innerhalb der Parteien – die Abhaltung von Urwahlen und Mitgliederentscheiden.

Direkte Demokratie im engeren Sinne liegt vor, wenn die Wähler über besondere plebiszitäre Entscheidungsrechte verfügen. Dies entspricht Kielmanseggs Begriff der Abstimmungsdemokratie. Was genau unter die »plebiszitären Entscheidungsrechte« fallen soll, bleibt freilich in der Wissenschaft umstritten und mündet zum Teil in einen regelrechten Begriffswirrwarr. Übereinstimmung besteht lediglich darin, dass es sich um verfasste Formen der politischen Partizipation handelt, wie es der Begriff »Entscheidungsrechte« bereits impliziert. Die direktdemokratischen Verfahren müssen also durch Verfassung, Gesetz oder sonstige Regelungen normiert sein.

Unterschiedliche Meinungen gibt es, ob die direkte Demokratie über Sachabstimmungen hinaus auch Personalvoten umfasst und ob sie sich nur auf (rechts)verbindliche Entscheidungen erstreckt. Was das erste betrifft, setzen die meisten Autoren den Begriff mit Sachabstimmungen gleich. Bei einer solchen Definition würden die Abberufung eines Amtsträgers *(recall)* oder eine vom Volk entschiedene Parlamentsauflösung außen vor bleiben. Dass

A
B
C
D
E
F
G
H
I
J
K
L
M
N
O
P
Q
R
S
T
U
V
W
X
Y
Z

dies nicht sinnvoll ist, liegt auf der Hand. Das gilt vor allem dann, wenn die Bürger die Abberufung bzw. Auflösung selbst betreiben (initiieren). Bei dieser Art von personenbezogenen Abstimmungen handelt es sich offenkundig weder um Sachentscheidungen noch um Wahlen. Ihre Zugehörigkeit zur direkten Demokratie lässt sich bereits daran ablesen, dass sie nicht als Wahlen bezeichnet werden, sondern allenfalls als »Abwahlen«.

Was das Problem der Verbindlichkeit angeht, empfiehlt es sich ebenfalls, die Definition nicht zu eng anzulegen. Weder müssen alle direktdemokratischen Verfahren zwingend in einen Volksentscheid einmünden, noch sind die Ergebnisse solcher Entscheide rechtlich immer bindend. Letzteres gilt z. B. für eine »konsultative« Volksbefragung, die für die Regierenden allenfalls eine politische Bindungswirkung erzeugt. Eine noch »weichere« Form der direkten Demokratie stellen Initiativen dar, die eine bestimmte Angelegenheit oder ein Thema auf die parlamentarische Agenda setzen. Der Gesetzgeber bzw. die Regierenden sind zwar verpflichtet, sich damit zu befassen. In welcher Form und mit welchem Ergebnis sie dies tun, bleibt ihnen aber überlassen.

Die Doppeldefinition schafft eine Grundlage, um das Verhältnis von repräsentativen und plebiszitären Komponenten in den verfassungsstaatlichen Demokratien (länder)vergleichend zu untersuchen. Welche Komponente überwiegt, hängt zum einen von der Art der zu lösenden Probleme bzw. vom Politikfeld ab; zum anderen bestimmt es sich danach, wie die plebiszitären Komponenten des Regierungssystems beschaffen und in die Repräsentativverfassung eingebettet sind. Letztere wird vor allem durch das Parlament verkörpert, das die Interessen des Volkes als kollektives Vertretungsorgan umfassender abzubilden vermag als ein direkt gewählter Präsident oder eine vom Parlament bestellte Regierung. Auch die Regierungswahl trägt in den parlamentarischen Systemen häufig quasi-plebiszitären Charakter, nämlich dann, wenn sie ein unmittelbares Produkt der Wählerentscheidung darstellt.

Ob die plebiszitären Tendenzen auch in der materiellen Regierungspolitik durchschlagen, ist eine andere Frage. Maßgebliche Bedeutung gewinnen hier die Strukturen des Parteiwesens und das Verhältnis der parlamentarischen zur außerparlamentarischen Parteiorganisation. Als Vermittlungsinstitutionen und faktische Regierungsorgane bleiben die Parteien in der modernen Demokratie die Hauptträger des empirischen Volkswillens, denen es zukommt, die Interessen und Wünsche der Wähler zu vertreten (Fraenkel 1974, S. 150 f.). Erfüllen sie diese Funktion, und gelingt es ihnen, ein Vertrauensverhältnis zwischen dem politisch aktiven und passiven Teil der Bevölkerung aufzubauen, wird sich der Ruf nach mehr direkter Demokratie (bei Wahlen oder Sachentscheidungen) vermutlich in Grenzen halten. Konstitutionelle und parteiendemokratische Ausdrucksformen des plebiszitären Prinzips stehen von daher in einer Austauschbeziehung.

Auch die plebiszitären Elemente im engeren Sinne lassen sich hinsichtlich ihrer systemischen Wirkungen nicht über einen Kamm scheren. Besonders gut lasst sich das an dem Land mit der am stärksten ausgebauten Direktdemokratie aufzeigen – der Schweiz –, deren Regierungssystem das populistische und verfassungsstaatliche Prinzip auf eigenwillige Weise kombiniert. Auf der einen Seite steht dem Volk das Letztentscheidungsrecht über die Gesetze zu, womit die Idee der Volkssouveränität annähernd perfekt verwirklicht wird (perfekter jedenfalls als in jeder anderen Demokratie). Auf der anderen Seite verkörpert die Schweiz das genaue Gegenbild der populistischen Demokratieauffassung, indem sie der Mehrheitsherrschaft und einem möglichen Mehrheitsabsolutismus die höchsten erdenklichen Schranken auferlegt. Denn als Konkordanzdemokratie stellt sie den Extremfall eines auf Macht- und Gewaltenteilung beruhenden Konsenssystems dar.

Institutionell beruht dieses System auf zwei Säulen. Die erste, weniger wichtige Säule bildet – ähnlich wie in den USA – die Gewaltentrennung zwischen Regierung und Parlament. Weil es kein Misstrauensvotum und auch keine Möglichkeit der vorzeitigen Parlamentsauflösung gibt, müssen die Mehrheiten in beiden Organen nicht wie im parlamentarischen System zwingend übereinstimmen. Die zweite, wichtigere Säule ist die direkte Demokratie, die dem Volk (und nicht dem Parlament) die primäre Oppositionsfunktion im politischen System zuweist und damit die Gewaltenteilung realisiert. Die Schweizer Politikwissenschaft hat eindrucksvoll herausgearbeitet, wie das 1874 eingeführte fakultative Referendum die Entstehung des Konkordanzsystems und der Allparteienregierung systematisch und schrittweise beförderte (Neidhart 1970). Weil die Regierenden jederzeit damit rechnen mussten, dass bestimmte Bevölkerungsgruppen von ihrem Initiativrecht Gebrauch machen, waren sie gut beraten, etwaige Widerstände durch eine möglichst breite und institutionell abgesicherte Interessenberücksichtigung schon im Vorwege aufzufangen.

Vor diesem Hintergrund sollte man die von den Populisten erhobene Forderung nach Einführung oder verstärkter Nutzung direktdemokratischer Beteiligungsmöglichkeiten nicht gleich für bare Münze nehmen. Sie dient in erster Linie instrumentellen Zielen, will das Volk gegen die herrschende Elite in Stellung bringen. Tatsächlich wäre ein ausgebautes System der direkten

Demokratie »von unten« (mit der Initiative als Herzstück) im Rahmen der populistischen Demokratieauffassung kaum vorstellbar. Indem sie dem Volk das Letztentscheidungsrecht über die Gesetze zubilligen, wären die direktdemokratischen Verfahren zwar imstande, das konstitutionelle Prinzip zurückzudrängen. Im Kontext der repräsentativen Institutionen und des parlamentarischen Parteienwettbewerbs würden sie aber eher in Richtung Konsens und Interessenausgleich wirken, also das Gegenteil von dem bezwecken, was die populistische Demokratie mit ihrem Mehrheitsdezisionismus propagiert. Insofern handelt es sich nicht um ein durchdachtes und ehrlich gemeintes institutionelles Konzept (Urbinati 2017).

Gibt es einen Zusammenhang zwischen dem Vorhandensein und der Nutzung direktdemokratischer Verfahren und der Präsenz und Stärke populistischer Parteien im repräsentativen System? Die Empirie zeigt ein uneinheitliches Bild. In der Schweiz hat die direkte Demokratie den elektoralen Aufstieg der Schweizerischen Volkspartei und deren Transformation zu einer rechtspopulistischen Partei nicht verhindert, im Gegenteil: Weil sie in das Konkordanzsystem eingebunden bleibt, kann die SVP ihre oppositionellen Positionen nur in der plebiszitären Arena voll ausspielen. Außerhalb der Schweiz finden sich die erfolgreichsten (rechts)populistischen Parteien in Europa in Italien, wo es eine relevante direktdemokratische Praxis gibt, sowie in Frankreich, Österreich und den Niederlanden, wo es eine solche Praxis nicht oder nur rudimentär gibt. Auch in Mittelosteuropa lässt sich kein Muster erkennen.

Das Populismusproblem wird durch die direkte Demokratie also weder verursacht, noch nennenswert verschärft. Die eigentlichen »Auswüchse« finden im repräsentativen System statt, also in der Sphäre des Parteienwettbewerbs; folglich müssen sie auch dort begrenzt und in ihren Ursachen bekämpft werden (Hornig 2017). Dass direktdemokratische Verfahren dazu einen Beitrag leisten, scheint nach dem Ausgang vieler Referenden in der jüngeren Vergangenheit (wie dem Brexit) kaum anzunehmen, doch werden in der pauschalen Betrachtung die besonderen Bedingungen in den einzelnen Ländern ebenso oft übersehen wie die Unterschiede zwischen den »von oben« und »von unten« ausgelösten Verfahren. Blickt man speziell auf die letzteren, könnten folgende Argumente für einen »Mäßigungseffekt« der Plebiszite sprechen (Patzelt 2018):

Erstens besteht ein zentraler Unterschied zwischen Wahlen und Abstimmungen darin, dass extremistische oder populistische Positionen, egal, ob sie aus Protest oder Überzeugung geboren sind, beim Wahlakt im Verborgenen bleiben können, während sie im Rahmen einer Sachentscheidung offen auf den Tisch gelegt werden müssen. Zum Wesen einer Abstimmungskampagne gehört mit anderen Worten, dass man in einen Dialog eintritt. Dem könnten sich auch die Vertreter populistischer oder extremistischer Positionen nicht ohne weiteres entziehen.

Die dialogische Qualität wird – *zweitens* – durch die Regeln des Verfahrens gestützt. Insbesondere die einzuhaltenden Fristen sorgen dafür, dass der öffentlichen Kommunikation und Beratung in den direktdemokratischen Entscheidungsprozessen eher mehr Raum gegeben wird als im normalen parlamentarischen Verfahren. Der Parteienwettbewerb eröffnet den politischen Akteuren die Chance, bestimmte Themen – je nach Stimmungslage – kurzfristig »hochzuziehen«, wenn sich davon Gewinn versprechen. In einem plebiszitären Verfahren müssen die Parteien dagegen damit rechnen, dass sich die Stimmungen rasch abkühlen und ihre Anliegen am Ende nicht die erhoffte Resonanz finden. Darüber hinaus lohnt es sich für sie weniger, unhaltbare Versprechungen zu machen oder eine nicht vorhandene Handlungsmacht vorzutäuschen, wenn über die fraglichen Themen am Ende das Volk selbst entscheidet.

Drittens schließlich bieten direktdemokratische Elemente die Chance, Themen aufzugreifen, die ansonsten erst gar nicht auf die politische Tagesordnung gelangen würden. Diese Ventilfunktion dürfte vor allem dort wichtig sein, wo die politischen Parteien zur Kartellbildung neigen und nicht alle Interessen gleichberechtigten Zugang zum Entscheidungssystem haben. Wie die Beispiele der SVP oder der österreichischen FPÖ zeigen, können populistische oder extremistische Parteien aus der Möglichkeit des plebiszitären Agenda-settings im Wählerwettbewerb Vorteile ziehen, auch wenn die Verfahren selbst für sie in einer Niederlage enden. Die Erwartung an die direkte Demokratie kann deshalb nicht lauten, dass sie Populismus und Extremismus an der Wurzel bekämpft. Ihre nützliche Funktion besteht vielmehr darin, dass sie deren Negativfolgen abmildert, indem sie den oppositionellen Protest in das System (re)integriert.

In Deutschland ist das Eintreten für mehr direkte Demokratie bislang stets und nahezu ausschließlich ein Anliegen der linken Parteien gewesen (Decker 2016, S. 137 ff.). Festgemacht werden kann es an der Forderung, die in den Ländern bestehende Volksgesetzgebung in derselben Form auch in das Grundgesetz einzuführen (»Volksentscheid auf Bundesebene«). Nachdem sich der Rechtspopulismus dieser Forderung jetzt noch wesentlich offensiver bemächtigt und nachdem von rechtspopulistischen Parteien unterstützte Initiativen und Referenden, die auf Zuwanderungsbegrenzungen und eine Absage an weitere Integrationsschritte in der EU abzielen, zuletzt in einer Reihe von Ländern Erfolg hatten, mehren sich inzwischen die Anzeichen für ein Umdenken. Manchmal nützen eben auch falsche Argumente, um zu besseren Einsichten zu kommen. Ob das ausreichen wird, um aus der verfassungspolitischen Sackgasse herauszufinden, in die das Festhalten am Volksgesetzgebungsmodell in den deutschen Ländern und auf der Bundesebene geführt hat, bleibt abzuwarten.

Frank Decker

Literatur

Dahl, Robert. 1956. *A Preface to Democratic Theory.* Chicago: University of Chicago Press.

Decker, Frank. 2011. Demokratischer Populismus und/oder populistische Demokratie? Bemerkungen zu einem schwierigen Verhältnis. In *Populismus in der modernen Demokratie,* Hrsg. F. Wielenga und F. Hartleb, 39–54. Münster: Waxmann.

Decker, Frank. 2016. *Der Irrweg der Volksgesetzgebung. Eine Streitschrift.* Bonn: Dietz.

Fraenkel, Ernst. 1974. *Deutschland und die westlichen Demokratien.* 6. Aufl. Stuttgart: Kohlhammer.

Hornig, Eike Christian. 2017. *Mythos direkte Demokratie. Praxis und Potentiale in Zeiten des Populismus.* Leverkusen: Verlag Barbara Budrich.

Kielmansegg, Peter Graf. 1988. Das Verfassungsparadox. Bemerkungen zum Spannungsverhältnis zwischen Demokratieprinzip und Verfassungsprinzip. In *Politik, Philosophie, Praxis,* Hrsg. H. Maier, 397–411. Stuttgart: Klett-Cotta.

Kielmansegg, Peter Graf. 2006. Über direkte Demokratie – sechs Anmerkungen zu einer unbefriedigenden Debatte. In *Jahrbuch Extremismus und Demokratie. Band* 18, Hrsg. U. Backes und E. Jesse, 57–80. Baden-Baden: Nomos.

Manin, Bernard. 1997. *The Principles of Representative Government.* Cambridge: Cambridge University Press.

Müller, Jan-Werner. 2016. *Was ist Populismus? Ein Essay.* Berlin: Suhrkamp.

Patzelt, Werner J. 2018. Mehr direkte Bürgerbeteiligung – ein »Heilmittel« gegen Populismus und Extremismus? In *Repräsentative versus direkte Demokratie,* Hrsg. A. A. Apel und D. Reimers, 57–79. Halle (Saale): Mitteldeutscher Verlag.

Neidhart, Leonhard. 1970. *Plebiszit und pluralitäre Demokratie. Eine Analyse der Wirkungen des schweizerischen Gesetzesreferendums.* Bern: Haupt.

Urbinati, Nadia. 2017. Populism and the Principle of Majority. In *The Oxford Handbook of Populism,* Hrsg. C. R. Kaltwasser, P. A. Taggart, P. O. Espejo und P. Ostiguy, 571–589. Oxford: Oxford University Press.

Positivkatalog → Negativkatalog

A
B
C
D
E
F
G
H
I
J
K
L
M
N
O
P
Q
R
S
T
U
V
W
X
Y
Z

Q

Quorum Aus dem Lateinischen gewonnener Begriff (quorum = »von denen«). In den Verfahren der direkten Demokratie bezeichnet das Quorum
einen vorgeschriebenen Mindestanteil von stimmberechtigten Bürgerinnen
und Bürgern, der bei einer Unterschriftensammlung bzw. Abstimmung erreicht werden muss, damit ein Begehren oder ein Entscheid erfolgreich ist.
Quoren sind vorgesehen, um für die Volksgesetzgebung ein Mindestmaß an
Repräsentativität zu gewährleisten und Zufallsmehrheiten zu verhindern; sie
können aber auch schwierig zu nehmende Hürden für die direkte Demokratie darstellen, wenn sie zu hoch und deshalb unerreichbar für eine Initiative sind (Kost 2008, S. 101). Ausgangspunkt ist eine zu bestimmende Bezugsgröße, anhand derer eine zu überwindende Hürde definiert wird – das
Quorum. Als Bezugsgröße kommt die Anzahl der Stimmberechtigten, bei
Abstimmungen insbesondere auch die Zahl der Abstimmenden in Frage.
Das Quorum muss durch einen relativen Prozentsatz oder eine Quote oder
eine absolute feste Anzahl als Teilmenge der Bezugsgröße festgelegt werden
(Meerkamp 2011, S. 72). Werden die Anforderungen an ein Quorum nicht
erreicht, gilt ein Begehren als gescheitert. Zwei Arten von Quoren spielen
in der politischen Praxis eine zentrale Rolle: das Beteiligungsquorum in der
Phase eines Begehrens (z. B. Bürgerbegehren und Volksbegehren) sowie das
Zustimmungsquorum in der Phase eines Entscheids (z. B. Bürgerentscheid
und Volksentscheid). Das Beteiligungsquorum zielt auf die Beteiligung der
Stimmberechtigten ab. Dieses ist erfolgreich, wenn die Mindestbeteiligung
erreicht und die Mehrheit der Abstimmenden oder der gültigen Ja-Stimmen
für die Abstimmungsfrage gestimmt haben. Bei Nichterreichen der Mindestbeteiligung kann eine Abstimmung nicht mehr erfolgen. Die Voraussetzungen eines Zustimmungsquorums gelten als erfüllt, wenn die Mehrheit der
Abstimmenden oder zumindest ein bestimmter (prozentualer) Anteil der à
Stimmberechtigten beim Entscheid einer Vorlage zustimmt. Das sog. Abstimmungsquorum kann als Sammeloberbegriff angesehen werden, das alle Formen von Mehrheiten und Quoren im Rahmen von Volksabstimmungen erfasst. Insgesamt ist die Quorenvielfalt beachtlich, da einzelne Quoren in der

Abstimmungspraxis modifiziert oder auch miteinander kombiniert werden können (Meerkamp 2011, S. 73 f.).

Andreas Kost/Marcel Solar

Literatur

Kost, Andreas. 2008. *Direkte Demokratie*. Wiesbaden: VS Verlag für Sozialwissenschaften.

Meerkamp, Frank. 2011. *Die Quorenfrage im Volksgesetzgebungsverfahren. Bedeutung und Entwicklung*. Wiesbaden: VS Verlag für Sozialwissenschaften.

R

Ratsbegehren/Ratsbürgerentscheid In zehn Bundesländern (Baden-Württemberg, Bayern, Brandenburg, Bremen, Mecklenburg-Vorpommern, Nordrhein-Westfalen, Rheinland-Pfalz, Sachsen, Sachsen-Anhalt, Schleswig-Holstein) die Möglichkeit des Rates, einen Bürgerentscheid auf den Weg zu bringen und eine kommunale Sachfrage direkt von den Bürgerinnen und Bürgern entscheiden zu lassen. Auf diese Weise geben die Gemeindevertretungen Entscheidungen aus dem eigenen Zuständigkeitsbereich bzw. Wirkungskreis an die Bürgerinnen und Bürger ab. Die örtliche Politik delegiert damit eine politische Sachfrage, die im Streit steht, an die Bevölkerung. Folge ist ein von »oben initiierter« Bürgerentscheid durch Beschluss der Gemeindevertretung. In den entsprechenden Gemeindeordnungen in Deutschland sind die Mehrheitserfordernisse für die Beschlussfassung über einen Ratsbürgerentscheid unterschiedlich geregelt. Diese variieren zwischen einer einfachen oder einer Zwei-Drittel-Mehrheit. Bisher fanden in Deutschland bereits über 1 000 Ratsbegehren/Ratsbürgerentscheide statt. Vereinzelt gab und gibt es kritische Stimmen, die die Gemeindevertretungen in der Pflicht sehen, sich nicht ihrer Verantwortung zu entziehen, weil damit die direktdemokratischen Instrumente zum verfälschenden Hilfsmittel würden. Durch die von »oben initiierte« Bürgerbeteiligung würde das wesentliche Beteiligungselement von Bürgerbegehren und Bürgerentscheid, nämlich basisorientiert »von unten« tätig zu werden, von seiner ursprünglichen Bestimmung her relativiert.

Andreas Kost/Marcel Solar

Rechtsprechung (und direkte Demokratie) (Grundsatzartikel)

Probleme direktdemokratischer Elemente in der Rechtsprechung

In allen Landesverfassungen existieren Regelungen zu Volksgesetzgebungsverfahren. Dieser Umstand führte in den vergangenen Jahren zu einer regen und kontroversen Nutzung dieser Rechtsinstitute – gemeint sind im Spe-

© Springer Fachmedien Wiesbaden GmbH, ein Teil von Springer Nature 2019
A. Kost und M. Solar (Hrsg.), *Lexikon Direkte Demokratie in Deutschland*,
https://doi.org/10.1007/978-3-658-21783-9_17

ziellen Volksinitiativen, Volksbegehren und Volksentscheide –, so dass sich die Rechtsprechung mit Fragen der direkten Demokratie zunehmend auseinandersetzen musste. Die Rechtsprechung zur direkten Demokratie auf kommunaler Ebene, insbesondere zu Bürgerbegehren und Bürgerentscheiden, sind zahlreich und ein Überblick zu den entsprechenden Gerichtsentscheidungen der vergangenen Jahre ist kaum zu bewerkstelligen. Die Anzahl der Entscheidungen zu den Volksgesetzgebungsverfahren auf Landesebene sind im Vergleich zur kommunalen Ebene, trotz eines auch hier zu verzeichnenden Anstiegs, deutlich geringer. Sie erlangen aber in ungleich größerem Maße an Bedeutung für die Entwicklung direktdemokratischer Elemente. Nachfolgend werden anstelle eines Überblicks über die Entwicklung der Rechtsprechung zu Volksinitiativen, Volksbegehren und Volksentscheiden aktuelle Probleme – ohne Anspruch auf Vollständigkeit – in der Rechtsprechung dargestellt und kritisch reflektiert.

Finanzvorbehalte

Der Finanzvorbehalt ist eine Einschränkungsklausel in den Volksgesetzgebungsregelungen, die je nach gesetzlicher Ausgestaltung finanzrelevante Angelegenheiten als Gegenstand der Volksgesetzgebung ausnehmen. So finden sich gegenwärtig Finanzvorbehalte in allen Landesverfassungen. Mit der Aufnahme eines solchen Vorbehalts wird bereits die problematische Beziehung zwischen direkter Demokratie und der Regelung von Finanzfragen als Gegenstand solcher Verfahren deutlich gemacht. Es existiert eine auffällige Skepsis des Verfassungsgebers gegenüber der Frage, inwieweit sich Finanzfragen als Gegenstand direkter Demokratie eignen. Ein Vergleich mit den einzelstaatlichen Regelungen in den Vereinigten Staaten oder der Schweiz verdeutlicht, dass eine solche Skepsis eine deutsche Besonderheit ist. In der Schweiz und in den Vereinigten Staaten sind sogar schwerpunktmäßig Abstimmungen über Finanzfragen zu finden (Heußner 2009, S. 135–156; Heußner und Jung 2009, S. 115–133). Jedoch hat die Regelung in deutschen Ländern einen historischen Hintergrund: So fand sich die erste Vorschrift, die als Finanzvorbehalt qualifiziert werden kann, bereits im Gesetz, die badische Verfassung betreffend vom 21. März 1919. Der dortige § 23 stellte fest: »Ausgeschlossen von der Volksabstimmung sind: [...] das Finanzgesetz; die Gesetze über Steuern und Abgaben soweit bei diesen nicht das Staatsministerium die Vornahme der Volksabstimmung beschließt.« Diese Norm fand Niederschlag in der kurz darauf im August 1919 verkündeten Weimarer Reichsverfassung. Im dortigen Art. 73 steht: »Über den Haushaltsplan, über

Abgabengesetze und Besoldungsordnungen kann nur der Reichspräsident einen Volksentscheid veranlassen.« Auch heute wird die Aufnahme von Finanzvorbehalten in die Landesverfassungen mit der Sicherung des Budgetrechts der Parlamente begründet (siehe hierzu die einzelnen Kommentierungen der Landesverfassungen; zudem Müller-Franken 2005, S. 19 ff.). Die juristische Literatur argumentiert gegenwärtig vor allem mit dem Hinweis auf Art. 109 Abs. 2 des Grundgesetzes (GG), wonach »Bund und Länder […] gemeinsam die Verpflichtungen der Bundesrepublik Deutschland aus Rechtsakten der Europäischen Gemeinschaft auf Grund des Artikels 104 des Vertrags zur Gründung der Europäischen Gemeinschaft zur Einhaltung der Haushaltsdisziplin [erfüllen] und tragen in diesem Rahmen den Erfordernissen des gesamtwirtschaftlichen Gleichgewichts Rechnung.« Eine solche Verpflichtung wird von der Rechtsprechung des Staatsgerichtshofs Bremen als eine verfassungsänderungsfeste Verpflichtung der Parlamente für das Budget ausgelegt (Wollenschläger 2014, S. 245). So heißt es in der im Jahre 2000 getroffenen Entscheidung des Staatsgerichtshofs Bremen (Az. St. 1/98, juris, Rn. 105): »Der ›Parlamentsvorbehalt‹ wird im Hinblick auf den Haushaltsplan deshalb gemacht, weil verhindert werden soll, daß Haushaltsschieflagen dadurch entstehen, daß entweder Prioritäten neu festgelegt werden müssen oder entsprechende Korrekturen bei der Durchführung staatlicher Aufgaben erforderlich sind, ohne daß diese Konsequenzen für jedermann bei der Abstimmung erkennbar würden […].« Dieses Argument unterstellt, dass das Volk das Geld mit vollen Händen zum Fenster hinausschmeißen würde und deshalb die verschiedenen Verschuldungsobergrenzen nicht eingehalten würden. Die empirischen Erfahrungen aus der Schweiz und den USA, insbesondere Kalifornien, belegen das nicht, deuten eher auf das Gegenteil hin.

In der bereits oben erwähnten Entscheidung des Staatsgerichtshofs Bremen aus dem Jahre 2000 war Gegenstand des Verfahrens die 1998 gestartete Initiative vom Verein »Mehr Demokratie in Bremen«. Die Initiative wollte ein Volksbegehren über einen Gesetzesentwurf zur Verbesserung der Volksgesetzgebung einbringen. Gegenstand des Volksbegehrens war unter anderem der damalige Art. 70 Abs. 2 Landesverfassung Bremens (LV Bremen) in seiner bis zum September 2009 gültigen Fassung. Dort hieß es: »Ein Volksentscheid über den Haushaltsplan […] sowie über Einzelheiten solcher Gesetzesvorlagen ist unzulässig.« Ein logisches Folgeproblem eines solchen Wortlauts ist die Frage, wann eine Gesetzesvorlage den Haushaltsplan als Regelungsgegenstand zur Entscheidung setzt. Nach dem strikten Wortsinn darf nicht über den Haushaltsplan selbst durch Volksentscheid abgestimmt werden. Nicht ausgeschlossen wäre, dass Gesetzesvorlagen mit Auswirkungen auf den Haushaltsplan Gegenstand der Volksgesetzgebung werden. Vergleichsweise viele Gesetze besitzen jedoch diese Haushaltsrelevanz und so müsste festgestellt werden, wann eine »finanzwirksame« Entscheidung des Volkes zulässig ist. Der Staatsgerichtshof Bremen konkretisierte die Grenzen einer solchen Entscheidung. Die Volksgesetzgebung ist dann unzulässig, wenn die Entscheidungsbefugnis des Volkes »das Gleichgewicht des gesamten Haushalts stören und zu einer Neuordnung des Gesamtgefüges zwingen und zu einer wesentlichen Beeinträchtigung des Budgetrechts der Bürgerschaft führen würden.« Der Staatsgerichtshof wählte so eine mittlere Linie: Nicht jede finanzwirksame Volksgesetzgebungsinitiative greift in den Haushaltsplan ein und ist somit unzulässig. Aber bei großen finanzpolitischen Wirkungen, also bei hohen Kosten, verstößt sie gegen das Budgetrecht des Parlaments. Das Verfassungsgerichtshof Nordrhein-Westfalens (NRW) entschied 1982 über ein Volksbegehren, das Finanzfragen betraf und erklärte: »Über Finanzfragen ist ein Volksbegehren nicht zulässig (Art. 68 I S. 4 Landesverfassung NRW, § 3 S. 3 des Gesetzes über das Verfahren bei Volksbegehren und Volksentscheid). Allerdings handelt es sich um ›Finanzfragen‹ in der Regel nicht schon dann, wenn ein Gesetz finanzielle Auswirkungen mit sich bringt, etwa durch Schaffung neuer Behörden, Einführung neuer Schulen oder Ausbildungsstätten. Jedoch fällt unter die genannten Vorschriften jedes Gesetz, dessen Schwerpunkt in der Anordnung von Einnahmen oder Ausgaben liegt, die den Staatshaushalt wesentlich beeinflussen (NVwZ 1982, 188 u. 189).« In der Bestimmung der »wesentlichen Beeinflussung« des Haushalts ähnelt die Rechtsprechung in NRW der des bremischen Staatsgerichtshofs. In beiden Entscheidungen wurde das Budgetrecht des Parlaments höher bewertet als die direktdemokratischen Entscheidungen des Volkes.

Das ist aus demokratietheoretischen Erwägungen wenig überzeugend, weil das Parlament seine Entscheidungsbefugnis nur vom Volk ableitet. Der Finanzvorbehalt in der Verfassung ist aus dieser Perspektive nur aus technischen Gründen zu rechtfertigen, weil er ein komplexes Regelwerk ist, das professionell erarbeitet werden muss und sich deshalb der Volksgesetzgebung entzieht. Ein prinzipieller Vorrang für das Budgetrecht des Parlaments ist nicht einleuchtend, wo doch das parlamentarische Verfahren keinen Legitimationsvorsprung besitzt (Wortlaut des Art. 2 LV NRW oder Art. 20 II GG) und eine Monopolstellung des Parlaments in Finanzfragen aus der Verfassung nicht abzuleiten ist. Nach der Rechtsprechung des bremischen Staatsgerichtshofs wurden die Schranken finanzwirksamer Volks-entscheide in die Verfassung aufgenommen. In Art. 70 Abs. 3 S. 2 LV Bremen steht nunmehr: »Finanzwirksame Volksentscheide mit Wirkung für zukünftige Haushaltspläne sind zulässig, soweit diese die Struktur eines zukünftigen Haushalts nicht wesentlich verändern, den verfassungsrechtlichen Regelungen des Haushaltsrechts, welchen auch die Bürgerschaft für die Aufstellung des Haushaltsplans unterliegt, entsprechen und zur Gegenfinanzierung keine Haushaltspositionen herangezogen werden, die gesetzlich, vertraglich oder auf andere Weise rechtlich gebunden sind.«

Einen anderen Weg der Auslegung schlug der sächsische Verfassungsgerichtshof ein. Er legte den Haushaltsvorbehalt des Art. 73 Abs. 1 sächsische Verfassung (LV Sachsen) deutlich restriktiver aus als die anderen Landesverfassungsgerichte. Ein Haushaltsgesetz i. S. d. Art. 73 Abs. 1 LV Sachsen liege nur vor, wenn der Gegenstand des Gesetzes der Haushalt des Landes sei (NVwZ 2003, S. 473). Das Verfassungsgericht argumentiert weiter (ebd., S. 476): »Die Auffassung, der Begriff der Haushaltsgesetze umfasse alle finanzwirksamen Gesetze, wenn sie gewichtige staatliche Ausgaben auslösten und den Landeshaushalt wesentlich beeinflussten, ist verfassungsrechtlich nicht bestimmbar und setzte das Volksgesetzgebungsrecht einer verfassungsrechtlichen und tatsächlichen Ungewissheit aus, die dieses zu entwerten geeignet ist.« Diese Rechtsprechung kann zu Recht als Bruch mit der bisherigen einheitlichen Interpretation des Finanzvorbehalts durch die Landesverfassungsgerichte gesehen werden. Das Gericht merkt zutreffend an, dass das Kriterium der »wesentlichen Beeinflussung des Landeshaushalts« verfassungsrechtlich nicht bestimmbar sei. Über den unbestimmten Rechtsbegriff ermächtigen sich die Landesverfassungsgerichte selbst mittels des Finanzvorbehalts über die Reichweite direkter Demokratie zu entscheiden. Der Rechtsprechung des sächsischen Verfassungsgerichts ist bisher kein anderes Landesverfassungsgericht gefolgt. Der Finanzvorbehalt bleibt weiterhin ein umstrittenes Terrain richterlicher Auslegung.

Werbung der Regierung im Volksgesetzgebungsverfahren

Die Volksgesetzgebung wird in vielen Ländern als Mittel der parlamentarischen und außerparlamentarischen Opposition genutzt, um ihrer Forderung eine öffentlichkeitswirksame Plattform zu geben und sie schließlich auch durchzusetzen. In solchen Fällen ist die Reaktion der jeweiligen Landesregierung vorprogrammiert: Auch sie wird sich in das Verfahren einmischen, um für ihre Position zum Volksentscheid zu werben. Hierbei stellt sich jedoch die Frage, inwieweit die Regierung eine objektive Neutralität im Verfahren wahren muss und ob eine extensive Werbekampagne finanziert durch Haushaltsmitteln nicht landesverfassungsrechtliche Grenzen sprengt.

Die Problematik der regierungsseitigen Abstimmungswerbung beschäftigte in der Vergangenheit besonders Berliner Verwaltungsgerichte. In der jüngsten Vergangenheit ist hier zunächst auf die Rechtsprechung des Oberverwaltungsgericht Berlin (OVG Berlin) einzugehen. Das Gericht setzte sich 2009 mit dem Volksbegehren der Initiative »Pro Reli« auseinander, die sich für die Einführung eines Wahlpflichtbereichs Ethik/Religion in den Berliner Schulen einsetzte. Dabei beantragte die Initiative vor Gericht, der Berliner Senatskanzlei den Einsatz staatlicher Mittel für Publikationen zu untersagen, die dafür werben, gegen die Initiative zu stimmen (LKV 2009, S. 284). Das OVG Berlin entsprach dem Antrag und untersagte der Senatskanzlei, »mit Ausnahme der Amtlichen Information zum Volksentscheid unter Einsatz staatlicher Mittel durch Anzeigenserien, Faltblätter oder sonstige Publikationen werbend für ein bestimmtes Abstimmungsverhalten bei dem Volksentscheid über die Einführung eines Wahlpflichtfachs Ethik/Religion einzutreten« (OVG Berlin-Brandenburg, Beschluss vom 23.April 2009, Az. OVG 3 S 43.09. Rn. 2). Begründet wurde dieser Beschluss mit dem Argument, dass die von der Regierung zu Werbezwecken verwendeten finanziellen Mittel von allen Staatsbürgern ohne Ansehung ihrer politischen Anschauung erbracht werden und deren Verwendung dem Allgemeinwohl dienen müsse. Dieser Umstand schließe somit aus, dass die Senatskanzlei, auch wenn sie im Vorfeld eines Volksbegehrens nicht zur Neutralität verpflichtet sei, sich dieser Mittel bediene, um ihrer parteiischen Auffassung in der Öffentlichkeit größere Bekanntheit zu verleihen (ebd., Rn. 4).

Von dieser Rechtsprechung nahm sowohl das Verwaltungsgericht (VG) als auch das OVG Berlin in ihrer jüngsten Entscheidung 2017 zur Initiative »Berlin braucht Tegel« nunmehr Abstand. Neben der Problematik der Zulässigkeit der Eilanträge, die nach der Ansicht des VG und des OVG Berlins vor dem Verfassungsgerichtshof Berlin hätten gestellt werden müssen, kommt das VG zu der Überzeugung, dass nach dem neuen § 40d S. 1 und S. 2 des Berliner Abstimmungsgesetzt – eine Reaktion auf die Entscheidung des OVG im Jahre 2009 – der Senat seine Haltung zu einem Volksentscheid unter Beachtung des Gebots der Sachlichkeit öffentlich vertreten darf. Jedoch betont das VG, dass der Einsatz dieser Mittel angemessen sein müsse. Dies richte sich auch danach, welchen Werbeaufwand die Initiative mit welchem finanziellen Engagement betreibt und in welchem Verhältnis dies zum Werbeaufwand des Senats steht. Die Initiative versäumte es, konkrete Angaben hierzu zu machen (VG Berlin, Beschluss vom 05. 09. 2017, Az. VG 2 L 148.17, Rn. 12). Der neue Weg der Berliner Gerichte ist überzeugend. Regierungen haben das Recht, sich zu einem Volksentscheid zu äußern, unterliegen aber der Verpflichtung zur Sachlichkeit (LKV 2010, S. 164 u. 166). Die in amtlicher Eigenschaft abgegebenen Äußerungen dürfen weder irreführend, falsch noch ausschließlich polemisch sein. Der Einsatz der Werbemittel unterliegt zudem dem Verhältnismäßigkeitsgrundsatz. Im Ergebnis bedeutet dies – von der Rechtsprechung des VG und OVG nun bestätigt –, dass sich der Werbeaufwand der Regierung an dem finanziellen Engagement der Volksinitiative zu orientieren habe. Finanzkräftige Volksinitiativen mit großem Werbeetat können mit einer ebenso großen Gegenkampagne seitens der Regierung rechnen. Bei finanzschwächeren Initiativen sind groß angelegte Werbekampagnen der Regierung nicht als angemessen zu bewerten.

Senkung der Quoren

Die Senkung der Quoren in der Volksgesetzgebung bleibt weiterhin ein in der Rechtsprechung kontrovers diskutiertes Problem. Die oben bereits erwähnte Initiative »Mehr Demokratie in Bremen« forderte 1998 in ihrem Volksbegehren zur Verbesserung der Volksgesetzgebung ferner die Hürden für Quoren zu senken. Das Quorum für einfache Gesetze sollte auf 5 %, bei Verfassungsänderungen auf 10 % der bei der letzten Bürgerschaftswahl abgegeben Stimmen gesenkt werden. Der bremische Staatsgerichtshof (NordÖR 2000, S. 186) begründete damals seine ablehnende Entscheidung mit einem Verstoß gegen das Homogenitätsprinzip des Art. 28 GG (verbunden mit dem Demokratieprinzip). Die parlamentarische Willensbildung sei durch die »Konstruktion des Willensbildungsprozesses« darauf angelegt, sich am Gemeinwohl zu orientieren. Die vielfältigen partikularen und widerstreitenden Interessen könnten durch das Parlament in einen »gemeinverbindlichen Volkswillen« umgewandelt werden. Dagegen bleibe die Volksgesetzgebung nur die Funktion, Defizite parlamentarischer Gesetzgebung auszugleichen. Daraus folgt, dass »das Volksgesetzgebungsverfahren insbesondere ein Instrument von Minderheiten ist, die sich von den im Parlament vertretenen politischen Parteien in bestimmten Fragen nicht hinreichend vertreten fühlen (NordÖR 2000, S. 186 u. 188).« Quoren hätten die Funktion, das Volksbegehren dem »Test der Ernsthaftigkeit« zu unterziehen und zu verhindern, dass Anliegen, »die nur eine marginale Unterstützung in der Bevölkerung finden« in allgemeinverbindliche Gesetze umgewandelt werden.

Das hamburgische Verfassungsgericht musste sich 2016 mit einer ähnlichen Initiative auseinandersetzen. Die Initiatoren hatten einen komplexen Entwurf zur Volksgesetzgebung erarbeitet, in der auch eine Absenkung der Quoren zur Diskussion stand (HmbVerfG, Urteil vom 13. 10. 2016, Az. HVerfG 2/16). Die Initiative hatte zum Ziel, das Zustimmungsquorum – ähnlich wie der Vorschlag des Vereins »Mehr Demokratie« – in Abhängigkeit von der Zahl der in der Bürgerschaft »repräsentierten« Wählerstimmen ermitteln zu lassen und für ein einfaches und ein verfassungsänderndes Gesetz ein Quorum von einem Viertel der im Parlament repräsentierten Stimmen ausreichen zu lassen. Das hätte bei einem einfachen Gesetz bedeutet, dass ca. 13 % aller Wahlberechtigten, bei einem verfassungsändernden Gesetz ca. 26 % für den erfolg der Initiative gereicht hätten. Bei Anwendung der geltenden Regeln der hamburgischen Verfassung bezogen auf die letzte Bürgerschaftswahl im Februar 2015 ergab sich ein Quorum für einfache Gesetze von 26,5 % und für Verfassungsänderungen von 35 %. Also beabsichtigte die Initiative im Ergebnis eine deutliche Senkung der Quoren. Das hamburgische Verfassungsgericht argumentiert ähnlich wie der bremische Staatsgerichtshof und betont, dass »[e]ine Gleichsetzung von Volksgesetzgebung mit Parlamentswahlen« sich verbiete, »weil die aus den Wahlen hervorgehenden Parlamente und Regierungen – anders als die auf punktuelle Gegenstände gerichteten Volksentscheide – die politische Verantwortung für die gesamte Politik der jeweiligen Gebietskörperschaft tragen« (ebd., Rn. 114). Zudem wäre »das Funktionieren der politischen Ordnung insgesamt […] gefährdet, machte man die Wahlen von einem Teilnahmequorum und damit die Wirksamkeit dieses Entscheidungsaktes von denjenigen abhängig, die den Wahlen fernbleiben (ebd.).« Der Gesetzentwurf der Initiative mit der vorgesehenen Absenkung der Quoren verstoße gegen das Demokratieprinzip, weil es das Niveau unterschreite, ab dem von einer Billigung eines Gegenstandes der Volksgesetzgebung und somit von einer »demokratischen Legitimation ausgegangen werden« könne (ebd., Rn. 115). Im Ergebnis werden Entscheidungen ermöglicht, »die zwar nicht gegen die Mehrheit, aber doch an ihr vorbei ergehen (ebd.).«

Das hamburgische und das bremische Gericht verkennen mit ihrer Betrachtung, dass auch im parlamentarischen Willensbildungsprozess eine Privilegierung mächtiger und gut organisierter Interessen wirksam ist (Lobbyarbeit). Nimmt man das ernst, kann die Gegenüberstellung des gemeinwohlorientierten parlamentarischen Volkswillens und dem sich in der Volksgesetzgebung ausdrückenden Volkswillen nicht zu der These führen, dass letzterer ausschließlich nicht vertretene Minderheitsinteressen zum

Ausdruck bringt. Auch diese beiden Entscheidungen beschränken eine Reform der Volksgesetzgebung entscheidend und bleiben in ihren Begründungen wenig überzeugend.

Spannungsverhältnis

Zwischen repräsentativer und direkter Demokratie bleibt ein gewisses Spannungsverhältnis bestehen. Die Rechtsprechung der Ländergerichte beschränkt in entscheidenden Bereichen weiterhin die Volksgesetzgebung und argumentiert teilweise mit nicht wirklich überzeugenden Argumenten gegen eine Ausweitung direktdemokratischer Elemente. Die Skepsis gegenüber der Entscheidungskraft des Volkes und die Gleichsetzung von Volksgesetzgebungsverfahren mit einer gut organisierten Minderheit, die ihren Willen der Mehrheit aufoktroyieren will, verdeutlicht, wie festgefahren dieses Bild in den Köpfen der Richter ist. Aber die Nuancen sind entscheidend: Die Rechtsprechung in Berlin zur Abstimmungswerbung und aus Sachsen zum Finanzvorbehalt sind Ansätze, die in Zukunft zu einem positiven Wechsel des Bildes in der Rechtswissenschaft führen könnten.

Ridvan Ciftci/Andreas Fisahn

Literatur

Fisahn, Andreas. 2005. Direkte Demokratie in Bremen. In *Direkte Demokratie in den deutschen Ländern,* Hrsg. A. Kost, 98–112. Wiesbaden: VS Verlag für Sozialwissenschaften.

Hamburgisches Verfassungsgericht. 2016. Urteil vom 13.10.2016. HVerfG 2/16.

Heußner, Hermann K. 2009. Mehr als ein Jahrhundert Volksgesetzgebung in den USA. In *Mehr direkte Demokratie wagen. Volksentscheid und Bürgerentscheid. Geschichte – Praxis – Vorschläge,* Hrsg. H. K. Heußner und O. Jung, 2. Aufl., 135–156. München: Olzog.

Heußner, Hermann K., und O. Jung. 2009. Die direkte Demokratie in der Schweiz. In *Mehr direkte Demokratie wagen. Volksentscheid und Bürgerentscheid. Geschichte – Praxis – Vorschläge,* Hrsg. H. K. Heußner und O. Jung, 2. Aufl., 115–133. München: Olzog.

Klinger, Remo. 2010. Neutrale Regierungen in der direkten Demokratie? – Abstimmungswerbung von Regierungen bei direktdemokratischen Gesetzgebungsinitiativen. In *Landes- und Kommunalverwaltung* 20 (4): 164–167.

Müller-Franken, Sebastian. 2005. Plebiszitäre Demokratie und Haushaltsgewalt. In *Der Staat* 44 (1): 19–42.

Oberverwaltungsgericht Berlin-Brandenburg. 2009. Beschluss vom 23. April 2009. OVG 3 S 43.09.

Staatsgerichtshofs der Freien Hansestadt. 2000. Urteil vom 14. 2. 2000. St. 1/98, juris (auch zu finden in NordÖR 2000. S. 186).

Verfassungsgerichtshof des Freistaates Sachsen. 2003. Urteil vom 11. 07. 2003. Vf. 91-VI-01. NVwZ 2003. S. 473.

Verfassungsgerichtshof für das Land Nordrhein-Westfalen. 1981. Beschluss vom 26. 06. 1981. VerfGH 19/18. NVwZ 1982. S. 188.

Verwaltungsgericht Berlin. 2017. Beschluss vom 05. 09. 2017. VG 2 L 148.17.

Wollenschläger, Ferdinand. 2014. Privatisierung öffentlicher Unternehmen nur mit Volksentscheid? In *Jahrbuch für direkte Demokratie 2013*, Hrsg. L. P. Feld, P. M. Huber, O. Jung, H.-J. Lauth und F. Wittreck, 239–262. Baden-Baden: Nomos.

Referendum Eine Volksabstimmung, die vom Parlament oder von der Regierung angestoßen wird, um Änderungen der Verfassung oder den Beschluss eines Gesetzes der Entscheidung aller stimmberechtigten Bürgerinnen und Bürger zu unterwerfen. Der Begriff stammt aus dem Lateinischen und setzt sich aus der Vorsilbe »re« (zurück) und dem Verb »ferre« (tragen, bringen) zusammen. In der Politikwissenschaft wird der Referendumsbegriff in der Regel von der Begrifflichkeit des Volksentscheids bzw. der Volksabstimmung dahingehend abgegrenzt, dass beim Referendum die Bevölkerung über eine vom Parlament, von der Regierung (oder eine die Regierungsgewalt ausübende Institution) erarbeitete oder auch bereits beschlossene Vorlage abstimmt. Dem Volksentscheid bzw. der Volksabstimmung wird zugeschrieben, dass hier die Bevölkerung selbst eine Entscheidung über eine Vorlage initiiert. Allerdings findet sich im allgemeinen Sprachgebrauch häufig keine klare Abgrenzung. So wird beispielsweise das Referendum auch mit dem Begriff Plebiszit gleichgesetzt. Verschiedene Formen von Referenden können in der politischen Praxis in den Staaten dieser Welt unterschieden werden. Dazu zählt z. B. das »Abrogative Referendum«: Es dient der Aufhebung (= Abrogation) eines gültigen Gesetzes und wird aus der Bevölkerung heraus initiiert. Dieser Referendumstyp spielt in Italien sowie in einigen lateinamerikanischen Staaten eine wichtige Rolle. Das »Fakultative

Referendum« (auch Vetoinitiative): Eine freiwillig mögliche (= fakultative) Abstimmung über eine vom Parlament beschlossene Vorlage. In der Regel wird das fakultative Referendum durch die Bevölkerung initiiert. Das »Finanzreferendum«: Ein mit verschiedenen Referenden kombinierbarer Referendumstyp, der Abstimmungen über Haushaltsfragen erlaubt. Das Finanzreferendum erlangt in der politischen Praxis vor allem in der Schweiz erhebliche Relevanz. Das »Konsultative Referendum« (oder auch Volksbefragung): Es dient lediglich der Befragung (= Konsultation) der Bevölkerung und hat keine bindende Wirkung. In der Regel wird das konsultative Referendum von einer Regierung oder einem Parlament initiiert, kann aber auch von der Bevölkerung auf den Weg gebracht werden. Das »Obligatorische Referendum«: Ein Referendum, das für einen bestimmten Rechtsakt zwingend (= obligat) vorgeschrieben ist und nicht von Parlament, Regierung oder von der Bevölkerung initiiert werden muss, da es unter bestimmten Voraussetzungen automatisch ausgelöst wird (z. B. bei Verfassungsänderungen). Das »Verfassungsreferendum«: Dieser Referendumstyp bezieht sich auf die Gesamtheit oder Teile der Verfassung (= Konstitution) eines Staates bzw. Landes. Das Verfassungsreferendum kommt in einer Reihe von Staaten als gleichzeitig zwingend vorgeschriebenes obligatorisches Referendum zur Anwendung oder aber es wird von den zuständigen staatlichen Institutionen, zumeist von Parlament oder Regierung, initiiert. Insgesamt liegt die Bedeutung eines Referendums in seiner politischen Legitimation, auch wenn die in ihrer Ausgestaltung differierenden Referendumstypen naturgemäß unterschiedliche Legitimationskraft erzeugen.

Andreas Kost/Marcel Solar

Regierungssysteme (und direkte Demokratie) (Grundsatzartikel) Direktdemokratische Verfahren existieren nicht im luftleeren Raum. Vielmehr müssen sie immer im Kontext des Regierungssystems betrachtet werden, in welchem sie eingebettet sind. Dabei lassen sich einerseits Rückwirkungen der direktdemokratischen Verfahren auf die übrigen Institutionen beobachten, andererseits geben diese den Rahmen vor, innerhalb dessen die direkte Demokratie wirken kann. Von daher ist es für das Verhältnis von Regierungssystem und direkter Demokratie wichtig, den Blick auf beide Seiten zu richten.

Direktdemokratische Verfahren dienen dazu, politische Entscheidungen zu treffen oder zu beeinflussen. Daher ist es sinnvoll, sie danach zu unterscheiden, welche Wirkungen sie auf den politischen Entscheidungsprozess haben. Der Schweizer Politikwissenschaftler Adrian Vatter (1997) untersucht die verschiedenen direktdemokratischen Verfahren daher unter dem Aspekt, ob sie eher machtkonzentrierend oder eher machtteilend wirken. Als Ergebnis lassen sich die Verfahren auf einem Kontinuum zwischen diesen beiden Polen verorten. Insgesamt kann festgehalten werden, dass Verfahren, die von Seiten der Regierenden ausgelöst werden können, eher dazu tendieren, politische Macht in ihren Händen zu konzentrieren. Zwar können Regierungen in einem solchen Volksentscheid Niederlagen einstecken, da sie selbst die Abstimmung ansetzen, werden sie die entsprechenden Risiken vorher jedoch kalkuliert haben und vor allem bestimmen sie selbst ob und worüber es eine Abstimmung gibt. Dies gilt vor allem bei einfachen Referenden, doch auch obligatorische Referenden resultieren in der Regel aus bewussten Entscheidungen von Seiten der Regierenden. Anders verhält es sich bei direktdemokratischen Verfahren, die aus dem Volk heraus ausgelöst werden. Mit ihnen erhalten oppositionelle Gruppen – seien es Parteien, Interessengruppen oder andere (Bürger-)Initiativen – die Gelegenheit, sich in den politischen Entscheidungsprozess aktiv einzubringen. Bei der Vetoinitiative können sie versuchen, die Verabschiedung eines Parlamentsgesetzes zu stoppen, noch stärker machtteilend wirkt das Verfahren der Volksgesetzgebung, da hier sogar das Monopol der Agenda- bzw. Themensetzung der Regierenden fällt. Im Kern kann die direkte Demokratie – vor allem in Form der sogenannten *bottom-up*-Verfahren – also das Oppositionsmuster eines Regierungssystems ändern. Insgesamt büßen Regierende Teile ihrer politischen Macht ein, es kommt zu einer stärkeren Machtteilung (Solar 2016, S. 89 ff.).

Von daher ist es wichtig den Blick darauf zu richten, wie das Regierungssystem, in welchem die direktdemokratischen Verfahren existieren oder neu eingeführt werden sollen, in seiner Gänze eher zur Konzentration oder zur Aufteilung politischer Macht auf verschiedene Institutionen neigt. Dieses Merkmal kann zunächst als zentrales Unterscheidungsmerkmal von Regierungssystemen herangezogen werden. Dies zeigt sich bereits in der klassischen Unterscheidung von parlamentarischen Regierungssystemen, in denen die Regierung und ihre parlamentarische Mehrheit eine Handlungseinheit bilden, und präsidentiellen Regierungssystemen, in denen ein direkt gewählter Präsident und das mitunter durch die Opposition dominierte Parlament für jeden Akt der Gesetzgebung neue Mehrheiten generieren müssen (Steffani 1979). Noch deutlicher wird dies in umfangreicheren Regierungssystemtypologien wie der Gegenüberstellung von Mehrheits- und

A
B
C
D
E
F
G
H
I
J
K
L
M
N
O
P
Q
R
S
T
U
V
W
X
Y
Z

Konsensdemokratien durch den Politikwissenschaftler Arend Lijphart (1999) oder die verschiedenen Spielarten der Vetospieler- oder Vetopunkt-Ansätze, in denen jeweils auch andere Institutionen und Charakteristika eines politischen Systems wie Zweite Kammern, Verfassungsgerichte oder die Art der Einbindung von Interessengruppen untersucht werden (Tsebelis 2002; Ganghof 2003). Letztlich geht es immer darum, wie politische Entscheidungen gefällt werden und wer daran beteiligt wird bzw. sein Veto einlegen kann. Beispielsweise finden wir in Großbritannien ein politisches System vor, welches (Entscheidungs-)Macht sehr stark in der Hand der Premierministerin konzentriert, während die Schweiz auch in diesem Fall das Paradebeispiel für ein System der Machtteilung ist, was sich etwa in der Allparteienregierung, der institutionalisierten Einbindung von Verbänden und Interessengruppen, dem Föderalismus und nicht zuletzt der stark ausgeprägten Volksrechte manifestiert.

Je stärker nun die Tendenz zur Machtkonzentration in einem Regierungssystem ausgeprägt ist, desto fremder mögen direktdemokratische Verfahren wirken, gerade wenn es sich um *bottom-up*-Verfahren handelt. Schließlich erhalten hier oppositionelle Akteure die Möglichkeit, ihr Veto gegen die Regierungspolitik einzulegen oder sogar selbst die politische Agenda mitzubestimmen. Beides gilt natürlich nur, wenn es geschafft wird, Mehrheiten der Bevölkerung von diesem Oppositionskurs zu überzeugen. Die Politikwissenschaftlerin Sabine Jung (2001) geht in ihrer umfassenden Untersuchung des Zusammenhangs von direktdemokratischen Verfahren und den jeweiligen politischen Systemen, in denen sie verortet sind, sogar so weit zu argumentieren, dass es bei manchen Kombinationen direktdemokratischer Verfahren mit Regierungssystemen zu systemgefährdenden Störfällen kommen kann, die direkte Demokratie also letztlich dazu führt, dass bestimmte Funktionen des politischen Systems nicht mehr einwandfrei erfüllt werden und dadurch seine gesamte Legitimation beschädigt wird. Dies lässt allerdings außer Acht, dass sich politische Institutionen und die Akteure, die in ihnen unterwegs sind, sich auf eine Änderung der Rahmenbedingungen einstellen und Wege entwickeln, mit Neuerungen umzugehen (Solar 2016, S. 86 ff.). Die Möglichkeit, dass die Einführung direktdemokratischer Verfahren ein bestehendes Regierungssystem verändert, ist dadurch aber eindeutig gegeben. Nutzen beispielsweise in einem System, in dem die Regierung und ihre parlamentarische Mehrheit für gewöhnlich nicht darin eingeschränkt sind, ihre eigene politische Agenda umzusetzen, oppositionelle Gruppen häufig Instrumente wie die Vetoinitiative oder die Volksgesetzgebung, um die Regierungspolitik zu konterkarieren, so entstehen auf lange Sicht Anreize, Teile der politischen Opposition oder bestimmte referendumsfähige Gruppen in die politische Entscheidungsfindung miteinzubeziehen. Insgesamt kommt es also auf die Fähigkeit der politischen Akteure an, mit neuen Gegebenheiten umzugehen und neue Wege des politischen Handelns zu erlernen. Als Beispiel mag einerseits die Schweiz dienen, deren stark auf Verhandlungen basierendes politisches System nicht zuletzt auf die Einführung der Volksrechte zurückzuführen ist (Neidhart 1970). Interessant ist aber auch der Blick in die deutschen Bundesländer. Genau dort finden wir die angesprochene Kombination aus einer grundsätzlich wenig eingeschränkten Regierungsmehrheit und dem Instrument der Volksgesetzgebung vor. Eine konsensdemokratische Überformung des Regierens ist allerdings kaum zu beobachten. Dies liegt jedoch vor allem daran, dass dem weitreichenden Instrument der Volksgesetzgebung durch Themenrestriktionen oder hohe Quoren quasi die Zähne gezogen sind. Dort wo es mittlerweile durch Reformen der direkten Demokratie zu einer stärkeren Praxis gekommen ist wie in Hamburg, finden sich aber zumindest einzelne Politikfelder, wie beispielsweise die Frage der Kinderbetreuung, in denen mittlerweile nicht mehr am Willen von Elternverbänden und Oppositionsparteien vorbeiregiert werden kann (Solar 2016, S. 424).

Gerade wenn es um die Neueinführung direktdemokratischer Verfahren geht, ist es daher wichtig, sich diese Zusammenhänge bewusst zu machen. Welche Ziele sollen durch die Einführung direkter Demokratie erreicht werden, welche Verfahrensarten kommen hierfür in Frage, wie ist das Regierungssystem beschaffen und welche Folgen sind zu erwarten? Darauf aufbauend können beispielsweise die Details im Ablauf direktdemokratischer Verfahren, in den bekanntermaßen der Teufel meist steckt, angepasst werden.

Marcel Solar

Literatur

Ganghof, Steffen. 2003. Promises and Pitfalls of Veto Player Analysis. In *Swiss Political Science Review* 9 (2): 1–25.

Jung, Sabine. 2001. *Die Logik direkter Demokratie.* Wiesbaden: Westdeutscher Verlag.

Lijphart, Arend. 1999. *Patterns of Democracy. Government Forms and Performance in Thirty-Six Countries.* New Haven/London: Yale University Press.

Neidhart, Leonhard. 1970. *Plebiszit und pluralitäre Demokratie. Eine Analyse der Funktion des schweizerischen Gesetzesreferendums.* Bern: Francke Verlag.

Solar, Marcel. 2016. *Regieren im Schatten der Volksrechte. Direkte Demokratie in Berlin und Hamburg.* Wiesbaden: Springer VS.

Steffani, Winfried. 1979. *Parlamentarische und präsidentielle Demokratie. Strukturelle Aspekte westlicher Demokratien.* Opladen: Westdeutscher Verlag.

Tsebelis, George. 2002. *Veto Players. How Political Institutions Work.* Princeton: Princeton University Press.

Vatter, Adrian. 1997. Die Wechselbeziehungen von Konkordanz- und Direktdemokratie. In *Politische Vierteljahresschrift* 38 (4): 743–770.

Repräsentative Demokratie (Grundsatzartikel) Repräsentative Demokratie bezeichnet eine Systemform, in der politische Entscheidungen in erster Linie durch Vertretungskörperschaften wie Parlamente getroffen werden. Die Bürgerinnen und Bürger werden im politischen Prozess durch gewählte Personen und Institutionen repräsentiert. Sie entscheiden nicht direkt über politische Sachfragen. Im Folgenden wird nach einer grundlegenden Klärung des Begriffs »Repräsentation« zu zeigen sein, dass sich das Konzept der repräsentativen Demokratie generell in einer komplexen Beziehung zum Konzept der direkten Demokratie befindet – einer Beziehung, die von Abgrenzungen, aber auch von Überschneidungen geprägt wird.

Deutschland als (»super«-)repräsentative Demokratie

Auch wenn das Wort »repräsentativ« oder die Wendung »repräsentative Demokratie« in der deutschen Verfassung nicht ausdrücklich vorkommt (lediglich im Artikel 22 ist von der »Repräsentation des Gesamtstaates in der Hauptstadt« die Rede), ist das Grundgesetz gelegentlich sogar mit dem Label »super-repräsentativ« versehen worden (Fraenkel 1991, S. 202). Tatsächlich geht die deutsche Verfassung sehr sparsam mit Instrumenten direkter Demokratie auf Bundesebene um. Währenddessen hat sich auf Landes- und kommunaler Ebene eine vielfältige Landschaft direktdemokratischer Verfahren und Praktiken entwickelt.

In der Gesetzgebung des Bundes spielt direkte Demokratie – trotz zahlreicher Anläufe, dies zu ändern – keine relevante Rolle (die Neugliederung des Bundesgebietes ausgenommen). Stattdessen hat das Grundgesetz das

Parlament, den Deutschen Bundestag, in den Mittelpunkt des politischen Systems und der gesetzgeberischen Arbeit gestellt – und somit die gewählten Abgeordneten, die die Aufgabe haben, »Vertreter des ganzen Volkes« (Art. 38 GG) zu sein. Selbst wenn es nicht ausdrücklich erwähnt wird, steht das Stichwort »repräsentative Demokratie« somit für eine zentrale Eigenschaft des politischen Systems der Bundesrepublik Deutschland.

»Repräsentation«

»Repräsentation« bzw. »Vertretung« sind sozialwissenschaftliche und politische Schlüsselbegriffe. Unter Repräsentation versteht man – erst einmal ganz grundlegend –, dass etwas anwesend gemacht wird, was nicht anwesend ist. In ihrem grundlegenden Werk »The Concept of Representation« unterscheidet Hanna Pitkin (1967) systematisch verschiedene Ansätze der Repräsentationstheorie. Der (1) »formalistische« Ansatz beispielsweise beschäftigt sich mit der Rechtfertigung von Repräsentationsbeziehungen: Was legitimiert die eine Einheit, eine andere zu vertreten? Eine Antwort, die Pitkin auf diese Frage gibt, ist: durch eine ausdrückliche Beauftragung der einen durch die andere. Ein weiterer (2) Ansatz der Repräsentationstheorie läuft unter dem Begriff »deskriptiv-darstellende Repräsentation«: Die Repräsentanten sollen – wie eine gute Stichprobe bei einer Umfrage – die Zusammensetzung ihrer Bezugsgruppe möglichst genau widerspiegeln. Die (3) »deskriptiv-symbolische Repräsentation« läuft hingegen auf abstrakte Weise ab, zum Beispiel durch ein Objekt: So können ein Staat und dessen Bevölkerung durch eine Flagge dargestellt werden. (4) »Handlungsorientierte Repräsentation« schließlich versteht Vertretung als einen sozialen Prozess, üblicherweise zwischen zwei Personengruppen. Repräsentation wird dann zu einer komplexen Interaktion zwischen Menschen.

An diesen Gedankengang anschließend weisen jüngere Diskussionen in der Repräsentationstheorie darauf hin, dass Repräsentation tatsächlich ein komplexer interaktiver Vorgang ist, bei dem die repräsentativen Beziehungen erst einmal konstruiert werden müssen (Saward 2010). Repräsentation setzt voraus, dass es jemanden gibt, der den Anspruch erhebt, eine Gruppe, ein gesellschaftliches Interesse oder gar ein gesamtes Staatsvolk zu vertreten (»claim«). Erst wenn der Claim von den zu Vertretenden akzeptiert wird, entsteht legitimierte Repräsentation.

Dabei entwickelt sich eine Beziehung zwischen Repräsentanten und zu Repräsentierenden, die sich mit der »Principal-Agent«-Begrifflichkeit einfangen lässt und die Pitkin (1967) indirekt unter der Überschrift »handlungs-

A
B
C
D
E
F
G
H
I
J
K
L
M
N
O
P
Q
R
S
T
U
V
W
X
Y
Z

orientierte Repräsentation« anspricht. Das aus der Wirtschaftswissenschaft stammende »Principal-Agent«-Modell beschreibt die Beziehung zwischen einem Auftraggeber (Prinzipal) und einem Auftragnehmer (Agent) und beschäftigt sich mit den Delegationsproblemen, die entstehen können, wenn der Auftragnehmer von den Interessen des Prinzipals abweicht und eigene Anliegen verfolgt (Strøm 2000). Dieser Ansatz lenkt damit den Blick auf mögliche Probleme in Repräsentationsbeziehungen.

Repräsentation und Demokratietheorie

Repräsentation und Demokratie sind zwei unterschiedliche Konzepte, obgleich schnell der Bezug zur Demokratie hergestellt wird, wenn von Repräsentation die Rede ist (z. B. in einschlägigen Lexikonartikeln). Repräsentation im oben angeführten Sinne findet jedoch auch in nicht-demokratischen Strukturen statt, z. B. in Form der höfischen Repräsentation im Mittelalter oder der Vertretung eines Staates durch einen autokratischen Herrscher, die durchaus »anerkannt« sein kann.

Demokratische Repräsentation ist Teil der liberalen Demokratietheorie, die sich im 17. und 18. Jahrhundert herausgebildet hat. Wichtige Namen sind hierbei John Locke, Alexis de Tocqueville und Charles-Louis de Montesquieu. Historischer Hintergrund der Entstehung einer liberalen und repräsentativen Theorie der Demokratie war die Herausbildung von bevölkerungsstarken Nationalstaaten sowie von modernen sich industrialisierenden Gesellschaften. Im Mittelpunkt der liberalen Demokratie stehen – wie der Begriff schon verrät – das Individuum und seine Freiheit. Die liberale Demokratie zieht eine Trennlinie zwischen Staat und Gesellschaft. Für die staatlichen Angelegenheiten entstehen eigene Institutionen, die jedoch unter Kontrolle der Gesellschaft stehen müssen, damit sie nicht die Freiheit des Einzelnen beeinträchtigen.

Die liberale repräsentative Demokratie unterscheidet sich somit maßgeblich von der Demokratie, wie sie im antiken Athen und anderen griechischen Stadtstaaten praktiziert und modelliert worden ist. Der Unterschied liegt nicht allein darin, dass die schiere Größe moderner Staaten eine Versammlungsdemokratie, wie die in Athen, unmöglich macht. Auch die antike Vorstellung vom Bürger, der zugleich »Politiker« sein kann und muss, wurde durch die funktionale Trennung von Staat und Gesellschaft aufgehoben. Bezeichnenderweise nannten die Väter der US-amerikanischen Verfassung ihr repräsentatives System »Republik« und nicht »Demokratie« (diesen Begriff sparten sie für die athenische Variante auf). Vieles spricht dafür, dass das neuzeitliche Modell der liberalen Demokratie ein eigenständiges Modell ist, das nicht in direkter historischer Linie zu den Anfängen der Demokratie in Athen steht (Marschall 2014).

Die zweite Profilierung des Konzepts der »repräsentativen Demokratie« fand in Abgrenzung zum identitären Demokratiekonzept von Jean-Jacques Rousseau statt. Rousseau lehnte die »Veräußerung« der Souveränität durch das Volk ab und sprach sich ausdrücklich für die Selbstregierung der Bürger und gegen Repräsentation und Gewaltenteilung aus. Während Rousseau mit seinem Denken zum Wegbereiter der Französischen Revolution – und der sich anschließenden jakobinischen Schreckensherrschaft wurde –, hatten die liberalen Theoretiker großen Einfluss auf die Entstehung und Strukturierung der frühen repräsentativen Demokratien wie der in den Vereinigten Staaten von Amerika.

Demokratische Repräsentation

Demokratische Repräsentation setzt – ebenso wie die direktdemokratische Variante – beim Volk als Quelle der Souveränität an. So schreibt Ernst Fraenkel (1991, S. 153):

> »Repräsentation ist die rechtlich autorisierte Ausübung von Herrschaftsfunktionen durch verfassungsmäßig bestellte, im Namen des Volkes, jedoch ohne dessen bindenden Auftrag handelnde Organe eines Staates oder sonstigen Trägers öffentlicher Gewalt, die ihre Autorität mittelbar oder unmittelbar vom Volk ableiten und mit dem Anspruch legitimieren, dem Gesamtinteresse des Volkes zu dienen und dergestalt dessen wahren Willen zu vollziehen.«

In dieser Definition wird der allgemeine Repräsentationsbegriff mit dem Legitimations- und Herrschaftskonzept verbunden und »demokratisiert«. Repräsentation findet demnach innerhalb von Machtstrukturen statt, die ihre Rechtfertigung aus der »Vertretung des Volkes« gewinnen. Die Repräsentanten stehen für das Volk ein und suchen das Gesamtinteresse des Volkes zu mehren sowie seinen »wahren Willen« zu vollziehen. Die Bezüge dieses Verständnisses von »Repräsentation« zur Lincoln-Formel für Demokratie sind offensichtlich. Abraham Lincoln hat Demokratie pointiert als »government of the people, by the people, for the people« bezeichnet. Damit aus Repräsentation »demokratische« wird, müssen bestimmte Kriterien erfüllt werden. Die lassen sich in drei Phasen (Input, Throughput, Output) unter anderem auch mit Bezug auf Lincolns Formel sortieren:

A
B
C
D
E
F
G
H
I
J
K
L
M
N
O
P
Q
R
S
T
U
V
W
X
Y
Z

1) *Input:* Zunächst muss Repräsentation, um demokratisch zu sein, Kriterien erfüllen, die die Zugänglichkeit zum politischen Prozess betreffen. Die zu Repräsentierenden sollen darüber entscheiden können, wer sie vertritt. Der zentrale Mechanismus hierfür sind die Wahlen von repräsentativen Körperschaften oder Einzelpersonen. Wahlen müssen bestimmten Kriterien genügen, damit sie das Siegel »demokratisch« erhalten können. Sie sollen den klassischen Wahlrechtsprinzipien (frei, gleich, geheim, direkt, allgemein) entsprechen und regelmäßig stattfinden. Erst die regelmäßige Wiederholung macht die Repräsentanten rechenschaftspflichtig und sanktionierbar (Przeworski et al. 1999). Neben der Wahl ist die Idee der Gewalten(ver)teilung relevant für die Ausgestaltung repräsentativer Demokratien. Sie soll dafür sorgen, dass nicht eine einzelne Institution übermächtig wird.

2) *Throughput:* Repräsentation ist ein Prozess, der sich nicht darauf beschränkt, dass regelmäßig Wahlen stattfinden. Vielmehr setzt Repräsentation fortwährende Kommunikation zwischen den Repräsentanten und den zu Repräsentierenden voraus. Die Kommunikation muss von ihrer Anlage her reziprok sein. Geht es darum, Präferenzen der Bevölkerung in den politischen Prozess zu speisen, dann bedarf es der Artikulation und der Wahrnehmung dieser Präferenzen. Darüber hinaus sind seitens der politischen Verantwortlichen bestehende Problemlagen und gefällte Entscheidungen den zu Repräsentierenden zu vermitteln. Damit die reziproke Verkopplung funktioniert, benötigt es verschiedener *Linkage*-Mechanismen. Hierzu gehören die Institutionen des intermediären Bereiches wie die Verbände, die Parteien und die Medien. Diese bilden kommunikative Kanäle zwischen den Prinzipalen und den Agenten.

3) *Output:* Die Qualität von Repräsentation lässt sich zudem an den Ergebnissen messen – im Sinne der dritten Dimension der *Lincoln-Formel* »government for the people«. Dabei spielen mindestens zwei Aspekte eine Rolle. Sind die Präferenzen der Repräsentierten hinreichend berücksichtigt worden? Und hat dies zu »guter Politik« geführt, also zu Entscheidungen, die für die Gesamtgruppe der zu Repräsentierenden oder für die Gruppe der Politikbetroffenen geeignet sind?

Zwar ist demokratische Repräsentation durch einzelne Personen (Staatspräsidenten) genauso denkbar wie durch Vielpersonenkörperschaften (Parlamente). In der normativen Demokratietheorie nimmt jedoch die Repräsentation durch Parlamente eine besonders prominente Stellung ein. Die liberale

Repräsentations- und die Parlamentarismustheorie sind eng miteinander verbunden. Parlamente haben bestimmte Eigenschaften und Fähigkeiten, die sie zu besonders effektiven und effizienten Repräsentationsakteuren machen (Marschall 2016). Prägend für die parlamentarische Repräsentation ist der Binnenpluralismus. Die Logik parlamentarischer Wahlen sieht vor, dass sich im Sinne einer deskriptiven Repräsentation die Vielfalt der Gesellschaft zumindest ansatzweise in die parlamentarische Körperschaft überträgt. Dieser Pluralismus ist maßgeblich für die parlamentarische Arbeit – ebenso wie der Schutz der Opposition und parlamentarischer Minderheiten. Auch die einzelnen Abgeordneten, die »Vertreter des ganzen Volkes«, sind formal geschützt vor äußeren Einflüssen sowie durch Indemnität und Immunität im Falle einer Verfolgung durch die Exekutive. Schließlich erlauben Parlamente noch – im Sinne deliberativer Demokratie – von ihrer Anlage her argumentative vernunftgesteuerte Debatten, an deren Ende (zumindest in der Theorie) das rational beste Ergebnis stehen soll.

Repräsentative Demokratie und/oder direkte Demokratie

Das Konzept der repräsentativen Demokratie hat sich wie beschrieben ideengeschichtlich als Gegenmodell zur direkten Demokratie profiliert. Gleichwohl handelt es sich hierbei nicht um trennscharfe Ideen und Konzepte. Vielmehr gibt es diverse Verbindungen und Überlappungen – und zugleich Missverständnisse. So wird die gelegentlich vorgeschlagene Einführung von unmittelbaren Personenwahlen mitunter als Beitrag zu mehr direkter Demokratie bezeichnet. Die direkten Wahlen auf weitere Ämter auszuweiten, bewegt sich aber eng im Bereich der repräsentativen Demokratie.

Doch können Wahlen durchaus den Charakter von »Referenden« annehmen, wenn bei der Wahl effektiv auch über ein konkretes Projekt abgestimmt wird, sich also die antretenden Parteien und Kandidaten verpflichtet haben, im Falle des Sieges eine konkrete Entscheidung zu treffen. Es handelt sich allerdings dabei um ein letztlich unverbindliches Policy-Votum.

Aber nicht nur Wahlen können den Charakter von Referenden haben. Ebenso können Referenden über die Besetzung von Ämtern entscheiden und damit die Qualität von Personalvoten erhalten. Beispielsweise dann, wenn ein Referendum mit dem politischen Schicksal einer Person ausdrücklich verbunden wird. Eine Niederlage in der Sachabstimmung hätte deren Rücktritt zur Folge – »hätte«! Denn rechtlich besteht dazu kein Zwang. Dies macht den Unterschied zu einer ordentlichen Wahl respektive Abwahl eines politischen Funktionsträgers aus.

Auf eine andere Überschneidung von repräsentativer und direkter Demokratie hat Winfried Steffani (1999) aufmerksam gemacht. Er erläutert, dass jede Form von direkter Demokratie immer auch Elemente von Repräsentation beinhaltet. Sein Argument: Nicht das gesamte Staatsvolk nimmt an einer Abstimmung teil, sondern immer nur ein Teil desselben, der damit den anderen vertritt. Steffani bezieht sich dabei nicht auf diejenigen, die teilnehmen könnten, es aber nicht tun. Vielmehr geht es ihm darum, dass nur ein Teil des Staatsvolkes überhaupt berechtigt sei, an Entscheidungen zu partizipieren (z. B. aufgrund des Wahlalters). Da der andere Teil nicht die Chance hat, an direktdemokratischen Entscheidungen teilzunehmen, würden die Teilnehmenden diesen Teil praktisch mitrepräsentieren. Deswegen habe auch die direkte Demokratie stets einen repräsentativ-demokratischen Charakter.

Das Argument ließe sich weiterentwickeln und auf diejenigen beziehen, die von Entscheidungen betroffen sind, aber nicht mitentscheiden dürften. So erstreckt sich die Wirkungsreichweite von Entscheidungen oft über den Kreis der Teilnahmeberechtigten hinaus und betrifft beispielsweise Menschen, die in anderen politischen Systemen leben. Zudem ist es zukünftigen Generationen nicht möglich, an Entscheidungen, die sie stark betreffen könnten, teilzunehmen (Rose 2018). Diese betroffenen Gruppen ohne Mitspracherecht müssten ebenfalls von denjenigen repräsentiert werden, die an den konkreten Entscheidungen teilnehmen können.

Krise der repräsentativen Demokratie

Die repräsentative Demokratie – nicht nur die in Deutschland – wird in einer Krise gesehen. Diese Debatte läuft unter verschiedenen Begriffen, beispielsweise unter dem Schlagwort der *Postdemokratie* (Crouch 2013). Der repräsentativen Demokratie wird unterstellt, dass sie die Leistungen, die von ihr erwartet werden, nicht mehr erbringen kann, sowohl was den (1) Input, (2) den Throughput als auch (3) den Output betrifft.

Hinsichtlich des *Input* wird die partielle Apathie der wahlberechtigten Bevölkerung beklagt. In der Tat ist – mit Schwankungen – zu beobachten, dass sich Teile des Elektorats aus den Verfahren und Organisationen der repräsentativen Demokratie zurückziehen. Besonders heikel ist der Umstand, dass bei denen, die wenig bis gar nicht politisch partizipieren, bestimmte Bevölkerungsgruppen (insbesondere einkommens- und bildungsschwache) überrepräsentiert sind – und damit am Ende in den Entscheidungsforen unterrepräsentiert sind (Schäfer und Roßteutscher 2016).

Was den *Throughput* angeht, tauchen zunehmend Kommunikationsprobleme auf. Die *Linkage*-Strukturen und -Organisationen funktionieren nur noch bedingt: Parteien und Verbände verlieren an gesellschaftlicher Verankerung. Und die journalistischen Medien geraten bei einem Teil der Bevölkerung unter den Verdacht, zur herrschenden Elite zu gehören.

Schließlich macht sich die Kritik am *Output* fest und an der Frage, ob repräsentative Demokratie noch in der Lage ist, problemangemessene Lösungen zu entwickeln. Eine solche Frage wird zum Beispiel in den postparlamentarischen Debatten thematisiert. Dabei wird bezweifelt, dass parlamentarische Repräsentationskörperschaften überhaupt noch die Expertise hätten, mit den anstehenden gesellschaftlichen Problemen umzugehen (Andersen und Burns 1996).

Die fundamentale Infragestellung der Qualität repräsentativer Demokratie greift auch und besonders die »super-repräsentative« Verfassung der Bundesrepublik an und beflügelt die Diskussion über eine neue Rolle direkter Demokratie.

Repräsentative Demokratie – alternativlos, aber nicht unverbesserlich

Repräsentative oder direkte Demokratie? Diese Frage stellt sich auf der Ebene komplexer politischer Systeme letzten Endes nicht – auch wenn diese Unterscheidung in der vergleichenden Politikwissenschaft und in der politischen Theorie immer wieder auftaucht.

Eine Ausschließlichkeit verbietet sich zum einen wegen der geschilderten Überschneidungen der beiden Konzepte. Darüber hinaus können moderne Massendemokratien nicht anders als repräsentativ gestaltet sein. Der hohe Regulierungsbedarf, die Fülle von politischen Alltagsentscheidungen und die Komplexität des Politischen scheinen repräsentative Demokratie nahezu »alternativlos« zu machen.

Tatsächlich findet sich Repräsentation als universales Grundmuster der Politikherstellung in Demokratien, das jedoch unterschiedlich stark mit direktdemokratischen Elementen angereichert wird. Direkte Demokratie kann ein »Add-on« für repräsentative Demokratiestrukturen sein. So lassen sich ebenfalls die anhaltenden, wenn auch konjunkturell schwankenden Diskussionen um eine Einführung direkter Demokratie in Deutschland verstehen. Diese Debatte dreht sich nicht um eine Ablösung der repräsentativen Demokratie durch eine direkte; sondern um eine Transformation der »super-repräsentativen« Verfassung und um die Erweiterung der »repräsentativen Demokratie« um unmittelbare Beteiligung der Bürgerinnen und Bürger an konkreten und relevanten Entscheidungen – auch auf Bundesebene. In diesem Wandel wird ein Weg gesehen, die Krise der repräsentativen Demokratie zu überwinden. Ob dem tatsächlich so ist, bleibt allerdings eine offene Frage.

Stefan Marschall

Literatur

Andersen, S. S., und T. R. Burns. 1996. The European Union and the Erosion of Parliamentary Democracy. A Study of Post-Parliamentary Governance. In: *The European Union: How Democratic Is It?*, Hrsg. S. S. Andersen und K. A. Eliassen, 227–251. Beverly Hills/London.

Crouch, Colin. 2013. *Postdemokratie*. Frankfurt a. M.: Suhrkamp.

Fraenkel, Ernst. 1991. *Deutschland und die westlichen Demokratien*. 2. Aufl. Frankfurt a. M.: Suhrkamp.

Marschall, Stefan. 2014. *Demokratie*. Opladen: Budrich.

Marschall, Stefan. 2016. *Parlamentarismus: Eine Einführung*. 2. Aufl., Baden-Baden: Nomos.

Pitkin, Hanna F. 1967. *The Concept of Representation*. Berkeley: University of California Press.

Przeworski, Adam, S. C. Stokes und B. Manin. 1999. *Democracy, Accountability and Representation*. Cambridge: Cambridge University Press.

Rose, Michael. 2018. *Zukünftige Generationen in der heutigen Demokratie – Theorie und Praxis der Proxy-Repräsentation*. Wiesbaden: Springer VS.

Saward, Michael. 2010. *The Representative Claim*. Oxford: Oxford University Press.

Schäfer, A. und S. Roßteutscher. 2016. Asymmetrical Mobilization: Election Campaigns and Unequal Turnout. In: *Politische Vierteljahreszeitschrift* 57 (3): 455–483.

Steffani, Winfried. 1999. Das magische Dreieck demokratischer Repräsentation: Volk, Wähler und Abgeordnete. In: *Zeitschrift für Parlamentsfragen* 30, 772–793.

Strøm, Kaare. 2000. Delegation and Accountability in Parliamentary Democracies. In: *European Journal of Political Research* 37 (3), 261–289.

S

Sammlungsfrist Direktdemokratische Verfahren, die aus dem Volk heraus ausgelöst werden, bedürfen immer des Nachweises einer hinreichenden Unterstützung. Hierzu müssen die Initiatoren eines Verfahrens Unterschriften sammeln. Um zu bewerten, wie groß die Hürde ist, die die Initiatoren dabei überwinden müssen, wird meist auf die Anzahl der notwendigen Unterstützungsunterschriften geschaut, das sog. Unterschriftenquorum. Dabei darf jedoch nicht aus den Augen verloren werden, dass die Frist, innerhalb derer diese Unterschriften gesammelt werden müssen, ebenfalls von Bedeutung ist. Schließlich macht es einen Unterschied, ob man für die Sammlung von 100 000 Unterschriften zwei Wochen oder mehrere Monate zur Verfügung hat. Zur Bewertung der Unterschriftenhürden sollte daher immer das Antragsquorum in Relation zur Sammlungsfrist gesetzt werden.

Auf Ebene der Bundesländer sind zwei verschiedene Sammlungsfristen zu unterscheiden. Zunächst müssen Unterstützungsunterschriften für die erste Stufe der Volksgesetzgebung gesammelt werden, die je nach Bundesland entweder als Volksinitiative oder als Antrag auf ein Volksbegehren ausgestaltet ist. Für diesen ersten Schritt müssen in der Regel nicht viele Unterschriften gesammelt werden, zudem werden recht großzügige Fristen eingeräumt. Der kürzeste Zeitraum wird den Initiatoren in Thüringen zugestanden, die innerhalb von 6 Wochen die nötigen Unterschriften für ihre Volksinitiative sammeln müssen. In allen anderen Bundesländern beträgt die Sammlungsfrist auf dieser Stufe jedoch mindestens 6 Monate, in einigen Ländern sind überhaupt keinen zeitlichen Begrenzungen genannt. Gelangt ein Volksgesetzgebungsverfahren auf die Stufe des Volksbegehrens, werden die Anforderungen an das Unterschriftenerfordernis strenger, dies gilt sowohl für die Quoren als auch für die Sammlungsfristen. Das Volksbegehren stellt in dieser Hinsicht einen Relevanztest des Anliegens dar. Die Sammlungsfristen zwischen den Ländern unterscheiden sich dabei erheblich. In Bayern haben die Initiatoren lediglich zwei Wochen Zeit, um die erforderlichen Unterschriften für das Volksbegehren zu sammeln, in Hamburg sind es drei Wochen. In den meisten Ländern beträgt die Frist zwischen 3 und 6 Monaten, die obere Grenze findet sich mittlerweile in Nordrhein-Westfalen, wo

205

© Springer Fachmedien Wiesbaden GmbH, ein Teil von Springer Nature 2019
A. Kost und M. Solar (Hrsg.), *Lexikon Direkte Demokratie in Deutschland*,
https://doi.org/10.1007/978-3-658-21783-9_18

ein Zeitraum von einem Jahr zur Verfügung steht. In Baden-Württemberg und Thüringen wird zusätzlich danach unterschieden, auf welche Weise die Unterschriften gesammelt werden. Erfolgt die Sammlung durch die Initiatoren selbst in freier Sammlung wird ihnen mehr Zeit zugestanden als wenn die Möglichkeit der Amtseintragung genutzt wird.

In den Kommunen müssen nur an einer Stelle im Verfahren Unterschriften gesammelt werden und zwar während des Bürgerbegehrens. Dabei unterscheiden sich die Fristen meist danach, ob mit einem Begehren eine eigene Vorlage eingebracht werden soll oder ob es sich gegen einen Beschluss des Gemeinderates richtet. Bei Initiativ-Bürgerbegehren wird den Initiatoren meist eine lange Sammlungsfrist eingeräumt, der kürzeste Zeitraum ist wiederum in Thüringen mit vier Monaten vorgesehen. Handelt es sich um ein Korrekturbegehren gegen einen Beschluss der Gemeindevertretung, bezieht sich die Frist immer auf das Datum dieses Beschlusses, die Initiatoren haben dann in den verschiedenen Ländern zwischen sechs Wochen und sechs Monaten Zeit.

Grundsätzlich begünstigt eine längere Frist die Initiatoren, da ihnen mehr Zeit für Verfügung steht, um Menschen von ihrem Anliegen zu überzeugen. Wie das Beispiel der Volksbegehren in Bayern zeigt, sind kurze Sammlungsfristen aber kein Ausschlusskriterium für Erfolg. In Bayern müssen innerhalb von nur 14 Tagen zehn Prozent der Abstimmungsberechtigten dazu bewegt werden, sich in Unterstützungslisten einzutragen, die lediglich in Amtsstuben ausgelegt werden können. Pro Tag der Sammlungsfrist sind dies mehr als 900 000 Personen. Auch wenn diese Regelung – heutzutage – die am schwersten zu nehmende Hürde im Bundesländervergleich ist, waren acht der insgesamt 20 Volksbegehren, die seit 1946 in Bayern durchgeführt wurden, erfolgreich. Eine kurze Frist ermöglicht eben auch eine sehr konzentrierte Kampagne, die die Unterstützerinnen und Unterstützer motiviert, sich einzutragen.

Andreas Kost/Marcel Solar

Schweiz (und direkte Demokratie)* (Grundsatzartikel) Die Schweiz gilt gemeinhin als das »Mutterland der direkten Demokratie«. Direktdemokratische Elemente spielen in der Eidgenossenschaft eine so große Rolle, dass

---

*   Teile dieses Beitrags sind Eder (2010, S. 119 ff.) und Vatter (2014) entnommen.

Linder (2005, S. 246) das politische System als »halbdirekte Demokratie« bezeichnet und sie damit auf dem Kontinuum zwischen repräsentativer und direkter Demokratie in der Mitte verortet. Kein anderer Staat der Welt bietet seinen Bürgern über die verschiedenen administrativen Ebenen hinweg so viele verfasste Möglichkeiten der Beteiligung und in keinem anderen Staat können die Bürger über eine vergleichbare Themenbreite unmittelbar entscheiden. Auf der Bundesebene stimmen die Schweizer beispielsweise regelmäßig über verteidigungspolitische Angelegenheiten (Bühlmann et al. 2006) oder über internationale Verträge wie beispielsweise den EWR-Beitritt 1992 oder die Mitgliedschaft in der UNO 2002 ab. Über die Schweizer Grenzen hinaus Beachtung fanden in den letzten Jahren unter anderem Abstimmungen über die »Ausschaffungsinitiative« vom 28.11.2010, bei der es um die Ausweisung krimineller Ausländer mit gültigem Aufenthaltstitel ging, über die »Minarett-Initiative« vom 29.11.2009, die den Bau von neuen Minaretten verbieten wollte, oder über die Initiative »AHVplus« vom 25.09.2016, die eine Erhöhung der AHV-Renten um 10 % zum Ziel hatte. Als aktuellstes Beispiel kann die Abstimmung über das »Energiegesetz« angeführt werden, in der die Schweizer Bürgerinnen und Bürger am 21. Mai 2017 für den schrittweisen Atomausstieg votierten. Auf kantonaler und lokaler Ebene ist die direkte Volksbeteiligung ebenfalls der Normalfall, auch in Finanzfragen, die in deutschen Landesverfassungen in der Regel ausgenommen sind, wohingegen sie in den Schweizer Kantonen teilweise sogar obligatorisch an die Urne kommen.

Die Geschichte der Schweizer Direktdemokratie

Die große Bedeutung der direkten Demokratie für die Schweiz lässt sich aus der langen Tradition der Volksrechte erklären. In den Kantonen fanden sich Instrumente der unmittelbaren Beteiligung vielfach schon vor der Staatsgründung 1848, denn die Schweiz kann ihre direktdemokratischen Wurzeln bis ins 13. Jahrhundert zurückverfolgen (Kobach 1994, S. 99; Kollektivgesellschaft 1992, S. 185 f.). Bereits zu dieser Zeit wurden in einigen Gebieten politische Entscheidungen im Rahmen der *Landsgemeinden* getroffen. Hinter dem Begriff verbergen sich Versammlungen der stimmberechtigten Bürger unter freiem Himmel, die der Wahl von Vertretern und der Abstimmung über Sachfragen dienen. In Appenzell-Innerrhoden, Glarus, einigen Bezirken des Kantons Schwyz, sowie einzelnen Kreisen in Graubünden finden sich auch heute noch Landsgemeinden (Stadler 2008). Die Kantone Appenzell-Ausserrhoden (1997), Nidwalden (1996) und Obwalden (1998) wechselten im Verlaufe der 1990er-Jahre von der Abstimmung unter freiem Himmel zur Entscheidung an der Urne. In den liberalen Kantonen führte die Idee der Volkssouveränität bereits ab 1831 zur Einführung eines von der männlichen Stimmbürgerschaft gebilligten »modernen Verfassungssystems mit Gewaltenteilung (...), in welchem die politischen Behörden des Parlaments und der Regierung vom Volk gewählt waren« (Linder 2005, S. 241). Die Entwicklung der Direktdemokratie auf kantonaler Ebene lässt sich nach Vatter (2016, S. 362) somit in drei Phasen einteilen: In den 1830er Jahren wurden die ersten Formen der unmittelbaren Volksrechte in einigen Kantonen eingeführt, das Repräsentativsystem blieb davon jedoch größtenteils unberührt, die Hürden zur Nutzung der Instrumente waren hoch. Ab der Mitte des 19. Jahrhunderts verstärkten sich in einer zweiten Phase die Forderungen nach mehr Mitsprache, bevor in einer dritten Phase, angetrieben von den Ideen der Französischen Revolution und den Schriften von Jean-Jacques Rousseau, die Einführung von fakultativem und obligatorischem Gesetzesreferendum und der Volksinitiative in den ersten Kantonen durchgesetzt wurde. Der Weg vom reinen Repräsentativsystem hin zum eidgenössischen halbdirekten System, das von einem engen Zusammenwirken aus Parlament, Regierung und Volk gekennzeichnet ist, war geebnet. Wie Vatter (2007, S. 75) festhält, waren es jedoch »in erster Linie die Kantone der Deutschschweiz, die nicht nur zu einem frühen Zeitpunkt die Volksrechte einführten, sondern sie auch weniger restriktiv ausgestalteten als die Kantone der lateinischen Schweiz«. Diese Unterschiede sind zum Teil heute noch sichtbar (Eder 2010, S. 126 ff.).

Direktdemokratische Instrumente

Die auf Bundesebene verfügbaren Instrumente der direkten Volksbeteiligung sind mit Anwendungsbereich, Erfordernis für das Zustandekommen und weiteren Bemerkungen in Tabelle 1 aufgeführt. Aus der Tabelle wird ersichtlich, dass in der ersten Verfassung von 1848 lediglich zwei Verfahren, nämlich das obligatorische Verfassungsreferendum und die Verfassungsinitiative auf Totalrevision vorgesehen waren. Noch im späten 19. Jahrhundert wurden das fakultative Gesetzesreferendum und die Verfassungsinitiative auf Teilrevision eingeführt. Als neueste Entwicklung wurde ab 2003 die allgemeine Volksinitiative erst eingeführt und 2009 »aufgrund mangelnder Praxistauglichkeit und Nachfrage« wieder abgeschafft (Vatter 2016, S. 364).

Obligatorische (Verfassungs-)Referenden müssen immer dann abgehalten werden, wenn die Verfassung verändert oder Staatsverträge genehmigt

Tabelle 1 Referendum und Volksinitiative beim Bund

Instrument, Jahr der Einführung	Anwendungsbereich	Erfordernis für Zustandekommen	Bemerkungen
Verfassungs- (1848) und Staatsvertragsreferendum (1921, 1977), obligatorisch	Alle Verfassungsänderungen sowie Beschlüsse für den Beitritt zu supranationalen Organisationen oder solchen der kollektiven Sicherheit	–	Volks- und Ständemehr
Gesetzesreferendum (1874), fakultativ	Alle Gesetze sowie referendumspflichtige Bundesbeschlüsse	50 000 Unterschriften oder acht Kantone	einfaches Volksmehr
Staatsvertragsreferendum (1921, 1977, 2003), fakultativ	Staatsverträge mit wichtigen rechtsetzenden Bestimmungen	50 000 Unterschriften oder acht Kantone	einfaches Volksmehr
Resolutives Referendum (1949) (nachträgliche Aufhebung eines Bundesbeschlusses), fakultativ oder obligatorisch	Für dringliche Bundesbeschlüsse, welche die Bundesversammlung dem Referendum entzieht	Nicht verfassungskonform: obligatorische Abstimmung. Verfassungsmäßig: 50 000 Unterschriften	Beschluss tritt nach einem Jahr außer Kraft, falls nicht verfassungskonform oder falls obligatorisches bzw. fakultatives Referendum erfolgreich
Verfassungsinitiative auf Totalrevision (1848)	Gesamterneuerung der Verfassung	100 000 Unterschriften	Erreicht das Begehren das Volksmehr, wird das Parlament neu gewählt und die Totalrevision ist an die Hand zu nehmen
Verfassungsinitiative auf Teilrevision (1891, 2001)	Ausformulierter Vorschlag oder allgemeine Anregung	100 000 Unterschriften	Werden nach Behandlung durch Bundesrat und Parlament zur Annahme oder Verwerfung empfohlen. Möglichkeit des Gegenvorschlags. Volks- und Ständemehr.
Allgemeine Volksinitiative (2003–2009)	Allgemeine Anregung	100 000 Unterschriften	Parlament entscheidet über endgültigen Text und Normstufe der Umsetzung (Verfassung oder Gesetz)

Quelle: Linder (2012, S. 270).
Anmerkung: Volksmehr: Mehrheit der gültigen Bürgerstimmen; Ständemehr: Mehrheit der Kantone (Stände).

werden sollen. Fakultative Referenden können auf zwei Wegen zustande kommen: Zum einen sind »Gesetze, allgemeinverbindliche Bundesbeschlüsse sowie völkerrechtliche Verträge, welche unbefristet und unkündbar sind, den Beitritt zu einer internationalen Organisation vorsehen oder eine multilaterale Rechtsvereinheitlichung herbeiführen (…) vom Parlament mit einer Referendumsklausel zu versehen« (Linder 2002, S. 112). Zum anderen kann das Instrument auch von unten, also durch die Bürger bzw. Kantone, ausgelöst werden. Verlangt werden in diesem Fall die Unterschriften von 50 000 Bürgern, die in 100 Tagen gesammelt werden müssen (Kirchgässner et al. 1999, S. 18). Es richtet sich dann gegen eine vom Parlament getroffene Entscheidung, die erst wirksam wird, wenn die Stimmberechtigten zugestimmt haben. Schließlich steht den Bürgern auf nationaler Ebene auch das Instrument der Volksinitiative zur Verfügung, für die 100 000 Unterschriften in 18 Monaten zu sammeln sind (Aubert 1978, S. 42). Diese kann zur kompletten oder partiellen Revision der Verfassung genutzt werden, bei der finalen Abstimmung ist das »doppelte Mehr« von Volk und Kantonen notwendig. Mit Blick auf die zu sammelnden Unterschriften sind die Hürden in der Schweiz beim Bund und den Kantonen deutlich niedriger als beispielsweise in den deutschen Bundesländern. Zudem ist das Verfahren in der Schweiz zweistufig, wohingegen die Volksgesetzgebung in den Bundesländern in der Regel dreistufig angelegt ist (Eder 2010, S. 103).

Auf kantonaler Ebene stehen den Bürgern schweizweit das obligatorische Verfassungsreferendum zur Verfügung, ebenso die Verfassungs- und die Gesetzesinitiative. Gesetzesreferenden sind, außer im Kanton Glarus, fakultativ, acht weitere Kantone sehen überdies noch eine obligatorische Form vor. Das Finanzreferendum existiert ebenfalls in einer obligatorischen und einer fakultativen Variante, mit Ausnahme des Kantons Waadt. Initiativen zur Auslösung einer Standesinitiative gibt es in neun Kantonen.

Im Unterschied zu den deutschen Bundesländern gibt es bei Schweizer Volksinitiativen keine juristische Vorprüfung auf Konformität mit geltenden Gesetzen. Aus diesem Grund kann es, wie in jüngerer Vergangenheit geschehen, zu Abstimmungen kommen, die im Widerspruch zu den Grundrechten, der Verfassung oder internationalen Abkommen stehen. Hingegen dürfen Volksinitiativen nicht die zwingenden Bestimmungen des Völkerrechts verletzen.

Direktdemokratische Praxis

Unabhängig davon, welche der Datenbanken zur Direktdemokratie (z. B. idea.org, c2d.ch, sudd.ch) man verwendet, das Ergebnis ist immer identisch: Die Bürgerinnen und Bürger der Schweiz gehen mit großem Abstand am häufigsten an die Urne und sie dürfen, wie oben bereits ausgeführt, zu einer Bandbreite an Themen Entscheidungen treffen, die einzigartig ist. Denn »[A]nders als in parlamentarischen Demokratien trifft das Volk ohne Ausnahmen die abschließende Entscheidung über alle Verfassungsfragen des Landes und ebenso unterstehen die Entscheide des Parlaments dem Vor-

Tabelle 2 Direktdemokratische Praxis (Bund, 1848–2015)

Zeitraum	obligatorische Referenden			fakultative Referenden				Volksinitiativen (VI)				
	Total	Angenommen	Verworfen	Verabschiedete Gesetze*	Total	Angenommen	Verworfen	Zustande-gekommene VI	Zurück-gezogene VI	Total	Angenommen	Verworfen
1848–1860	1	1	0	–	–	–	–	0	0	0	0	0
1861–1870	9	1	8	–	–	–	–	0	0	0	0	0
1871–1880	4	2	2	63	8	3	5	0	0	0	0	0
1881–1890	4	3	1	75	8	2	6	0	0	0	0	0
1891–1900	9	6	3	74	10	3	7	5	0	5	1	4
1901–1910	5	4	1	59	4	3	1	4	1	3	1	2
1911–1920	8	8	0	57	3	2	1	9	0	3	2	1
1921–1930	9	7	2	94	5	1	4	8	0	13	2	11
1931–1940	7	7	0	73	9	2	7	21	6	6	0	6
1941–1950	7	4	3	104	7	4	3	11	8	7	1	6
1951–1960	20	13	7	205	11	4	7	23	12	9	0	9
1961–1970	14	12	2	213	8	4	4	16	8	7	0	7
1971–1980	41	33	8	278	18	11	7	40	9	22	0	22
1981–1990	23	18	5	259	12	6	6	45	16	29	3	26
1991–2000	35	28	7	504	36	25	11	54	10	34	2	32
2001–2010	16	11	5	339	28	23	5	43	13	36	6	30
2011–2015	4	3	1	257	10	6	4	54	12	26	4	22
Total	216	161	55	2654	177	99	78	333	95	200	22	178

Quelle: Nach Vatter (2016, S. 366)

Anmerkungen: * (1871–2014)

behalt der Nachentscheidung durch die Stimmbürgerschaft« (Vatter 2016, S. 359). In der Praxis ergibt sich daraus das in Tabelle 2 skizzierte Bild. Aus der Tabelle geht hervor, dass sich die Zahl der Abstimmungen über die Jahrzehnte hinweg stetig steigerte, was unter anderem der Ausweitung der Zuständigkeiten der Bundesebene zuzuschreiben ist (Christmann 2012). Zudem nahm die Polarisierung des Parteiensystems in den vergangenen vier Dekaden zu. Insbesondere die rechtskonservative SVP sowie die links positionierte SPS und die Grünen setzen die direktdemokratischen Rechte auch als Instrument zur Wählermobilisierung als Teil ihrer Wahlstrategie ein. In neuerer Zeit haben zudem auch die bürgerlichen Parteien die Volksrechte als Profilierungsinstrument entdeckt.

A
B
C
D
E
F
G
H
I
J
K
L
M
N
O
P
Q
R
S
T
U
V
W
X
Y
Z

In den 1970er Jahren fanden mehrheitlich Volksabstimmungen zu den Themen Wirtschaft, öffentliche Finanzen sowie Infrastruktur und Raumordnung statt. Diese Themenschwerpunkte haben sich allmählich verschoben, indem im 21. Jahrhundert Fragen der Sozialpolitik und Staatsordnung an Bedeutung gewinnen, während Wirtschaft und öffentliche Finanzen deutlich weniger häufig thematisiert werden.

Die Tabelle zeigt auch, dass die Volksinitiative, im Vergleich zu den beiden übrigen Verfahren, insgesamt weniger erfolgreich ist – zumindest auf den ersten Blick. Tatsächlich werden die Anliegen der Initiatoren häufig im weiteren politischen Prozess mit berücksichtigt, so dass die Initiativen oft mindestens indirekte Erfolge verbuchen können. Zudem bedeutet auch ein Erfolg am Abstimmungstag nicht automatisch eine vollständige Umsetzung des Anliegens in geltendes Gesetz: »Eine vom Volk angenommene Volksinitiative hat (…) nur die erste große Hürde geschafft und steht am Anfang eines langen Umsetzungsprozesses, der von einer Regierungs- und Parlamentsmehrheit bestimmt wird, die in der Regel dem Ansinnen der Initianten ablehnend gegenübersteht« (Vatter 2016, S. 368).

Schlussbetrachtung

Aufgrund des starken Ausbaus der Volksrechte und ihrer intensiven Nutzung gilt die Schweiz gemeinhin als unangefochtener »Weltmeister« der direkten Demokratie (Altman 2011). Es liegt deshalb auf der Hand, dass die sachpolitischen Mitbestimmungsrechte des Volkes grundlegende Strukturwirkungen auf das schweizerische Politiksystem ausgeübt haben, die in klassischen Wahldemokratien nicht zum Tragen kommen. Insbesondere das 1874 eingeführte fakultative Referendum hat sich rasch als mächtiges Vetoinstrument herausgestellt, das Beschlüsse der Regierungs- und Parlamentsmehrheit verhindern und damit den Handlungskontext der politischen Elite in signifikanter Weise schmälern kann. Zur Minimierung der Risiken von möglichen Entscheidungsblockaden wandelte sich deshalb das ursprünglich föderalmehrheitsdemokratische System der Schweiz im Verlaufe des 20. Jahrhunderts Schritt für Schritt zu einer Verhandlungsdemokratie (d.h. zu einem Konkordanzsystem) mit der breiten Integration aller wichtigen politischen Kräfte. Mit dem grundlegenden Wandel des Regierungssystems sind aber noch weitere Effekte der ausgebauten direkten Demokratie auf Politik, Gesellschaft und Wirtschaft einher gegangen, die sich wie folgt zusammenfassen lassen (vgl. auch Vatter 2016, S. 373 ff.): Erstens lässt sich festhalten, dass die positiven Wirkungen der Volksrechte auf die Bürgerschaft (Informiertheit, Kompetenz, Vertrauen), Gesellschaft (Demokratiezufriedenheit, Stabilität, Integration) und Wirtschaft (höhere Wirtschaftskraft, effiziente Bereitstellung öffentlicher Güter) insgesamt überwiegen. Zweitens kann aber die Einschätzung einzelner Effekte der direkten Demokratie nicht vollständig vom eigenen politischen Standpunkt getrennt werden, sondern hängt zu beträchtlichen Teilen davon ab (z. B. Status-quo-Bias, geringe Staatsquote, schwacher Zentralstaat, zurückhaltende außenpolitische Integration). Drittens liegen die Schwachstellen vor allem in der (paradoxen) Stärkung von finanzkräftigen Interessenorganisationen anstelle der unorganisierten Bürgerschaft sowie im nur selektiven Schutz von Minderheiten.

Die spezifischen Defizite haben denn auch regelmäßig Anlass dazu geboten, Reformen für das bestehende System der halbdirekten Demokratie in der Schweiz zu fordern. Dazu zählt neben dem Dauerbrenner »Erhöhung der Unterschriftenzahlen« etwa der Vorschlag zur Einführung der Gesetzesinitiative beim Bund als Äquivalent zum Gesetzesreferendum, um damit der Überbremsung des politischen Systems entgegenzuwirken. Dazu zählt in jüngerer Zeit aber auch der Vorschlag der Schweizer Regierung zur inhaltlichen Vorprüfung von zunehmend grundrechtsproblematischen Volksinitiativen auf ihre Vereinbarkeit mit dem internationalen Völkerrecht, um Volks- und Völkerrecht besser in Einklang zu bringen. Dabei gilt es aber zu beachten, dass grundlegenden Anpassungen der Volksrechte in der Schweiz enge Grenzen gesetzt sind. Es liegt in der Natur der Sache, dass einmal eingeführte Volksrechte in einem halbdirektdemokratischen System nicht durch Experten oder die politische Elite (Regierung, Parlament) verändert werden können, sondern vielmehr nur von der Stimmbürgerschaft selbst. Diese entscheidet eben gerade mit den Instrumenten der direkten Demokratie über das Ausmaß und das Tempo der Reform ihrer eigenen Mitwirkungsrechte. Die jüngeren Abstimmungsergebnisse auf Bundesebene mit der gleich mehrfachen Ablehnung von Vorlagen zum Ausbau der unmittelbaren Mitspracherechte (Volkswahl der Regierung, Stärkung der Volksrechte in der Außenpolitik, Einführung des konstruktiven Referendums) machen aber deutlich, dass die Schweizer Stimmbürgerschaft – von wenigen Ausnahmen abgesehen – durchaus verantwortungsvoll und umsichtig mit ihren weitgefassten Rechten umzugehen weiß.

Christina Eder/Adrian Vatter

Literatur

Altman, David. 2011. *Direct Democracy Worldwide*. Cambridge: Cambridge University Press.

Bühlmann, Marc, F. Sager, und A. Vatter. 2006. *Verteidigungspolitik in der direkten Demokratie. Eine Analyse der sicherheits- und militärpolitischen Abstimmungen in der Schweiz zwischen 1980 und 2005*. Zürich: Verlag Rüegger.

Christmann, Anna. 2012. Das Vorbild unter der Lupe. Sachunmittelbare Demokratie in der Schweiz. In *Sachunmittelbare Demokratie im interdisziplinären und internationalen Kontext 2009/2010. Deutschland, Liechtenstein, Österreich, Schweiz und Europa*, Hrsg. P. Neumann und D. Renger, 154–175. Baden-Baden: Nomos.

Eder, Christina. 2010. *Direkte Demokratie auf subnationaler Ebene: eine vergleichende Analyse der unmittelbaren Volksrechte in den deutschen Bundesländern, den Schweizer Kantonen und den US-Bundesstaaten*. Baden-Baden: Nomos.

Kirchgässner, Gebhard, L. P. Feld, und M. R. Savioz. 1999. *Die direkte Demokratie: Modern, erfolgreich, entwicklungs- und exportfähig*. Basel, Genf & München: Helbing & Lichtenhahn.

Kobach, Kris W. 1994. Switzerland. In *Referendums Around the World. The Growing Use of Direct Democracy*, Hrsg. D. Butler und A. Ranney, 98–153. Washington D. C.: American Enterprise Institute Press.

Kollektivgesellschaft. 1992. *Schweizer Lexikon Band 4 Kle – Obr*. Luzern: Verlag Schweizer Lexikon.

Linder, Wolf. 2002. Direkte Demokratie. In *Handbuch der Schweizer Politik*, Hrsg. U. Klöti, P. Knoepfel, H. Kriesi, W. Linder und Y. Papadopoulos, 109–130. Zürich: Verlag Neue Zürcher Zeitung.

Kriesi, Hanspeter, und A. H. Trechsel. 2008: *The Politics of Switzerland. Continuity and Change in a Consensus Democracy*. Cambridge: Cambridge University Press.

Linder, Wolf. 2005. *Schweizerische Demokratie. Institutionen, Prozesse, Perspektiven*. Bern: Haupt.

Linder, Wolf. 2012. *Schweizerische Demokratie. Institutionen, Prozesse, Perspektiven*. 3. Aufl. Bern/Stuttgart: Haupt.

Stadler, Hans. 2008. Landsgemeinde. *Historisches Lexikon der Schweiz*. Version vom 13. November 2008. www.hls-dhs.dss.ch.

Trechsel, Alexander, und U. Serdült. 1999. *Kaleidoskop Volksrechte: Die Institutionen der direkten Demokratie in den schweizerischen Kantonen 1970–1996.* Basel, Genf & München: Helbing & Lichtenbahn.

Vatter, Adrian. 2002. *Kantonale Demokratien im Vergleich. Entstehungsgründe, Interaktionen und Wirkungen politischer Institutionen in den Schweizer Kantonen.* Opladen: Leske und Budrich.

Vatter, Adrian. 2007. Direkte Demokratie in der Schweiz: Entwicklungen, Debatten, Wirkungen. In *Direkte Demokratie. Bestandsaufnahmen und Wirkungen im internationalen Vergleich,* Hrsg. M. Freitag und U. Wagschal, 71–113. Münster: LIT-Verlag.

Vatter, Adrian. 2014. Partizipation in der Schweiz. In *Partizipation im Wandel. Unsere Demokratie zwischen Wählen, Mitmachen und Entscheiden,* Hrsg. Bertelsmann Stiftung und Staatsministerium Baden-Württemberg, 414–453. Gütersloh: Verlag Bertelsmann Stiftung.

Vatter, Adrian. 2016. *Das politische System der Schweiz.* 2. Auflage. Baden-Baden: Nomos. UTB.

Sonstige Vorlage In der Regel zielen Volksgesetzgebungsverfahren in den deutschen Bundesländern darauf ab, Gesetze zu verabschieden, zu verändern oder abzuschaffen. In zwölf der 16 Bundesländer ist es auch gar nicht anders möglich, da dem Volksbegehren ein ausgearbeiteter Gesetzesentwurf zu Grunde liegen muss. In Berlin, Brandenburg, Hamburg und Schleswig-Holstein können darüber hinaus auch sogenannte sonstige bzw. andere Vorlagen auf dem Wege der Volksgesetzgebung eingebracht werden. Bei anderen bzw. sonstigen Vorlagen handelt es sich für gewöhnlich um Aufforderungen an die jeweilige Landesregierung, bestimmte Maßnahmen anzuraumen bzw. zu unterlassen, sich mit bestimmten Gegenständen zu befassen oder sich auf einer anderen politischen Ebene wie dem Bund für ein Anliegen einzusetzen. Der Vorteil für die Initiatoren, eine sonstige Vorlage an Stelle eines Gesetzentwurfes zur Grundlage ihres Verfahrens zu machen, liegt im größeren Themenspektrum, welches ihnen damit zur Verfügung steht. So können beispielsweise auch Verwaltungsakte beanstandet oder die jeweilige Landesregierung zu bestimmten Handlungen aufgefordert werden, wenn dies durch ein Gesetz eigentlich nicht möglich ist. Dadurch hat man teils eine Ausweichoption, um politische Sachfragen doch einem Volksentscheid zu unterwerfen. Beispielsweise konnte ein Volksgesetzgebungsverfahren in Berlin gegen die Schließung des Verkehrsflughafens Tegel nur auf diesem Wege auf den Weg gebracht werden, da es im Kern um die Verwaltungsentscheidung zur Aufhebung der Betriebsgenehmigung des Flughafens ging. Andere Beispiele sind ein weiteres Verfahren in Berlin, mit dem die Landesregierung dazu aufgefordert werden sollte, sich in Verhandlungen mit dem Land Brandenburg für ein Nachtflugverbot am – nach wie vor im Bau befindlichen – Flughafen Berlin-Brandenburg einzusetzen oder das Hamburger Volksgesetzgebungsverfahren mit dem die dortige Landesregierung dazu gebracht werden sollte, ihre Privatisierungspläne landeseigener Krankenhäuser aufzugeben. Das Problem an solchen sonstigen bzw. anderen Vorlagen ist in ihrer schwächeren Bindungswirkung zu suchen. So liegt es normalerweise im Handlungsspielraum einer Landesregierung, sich zwar mit einer entsprechenden Aufforderung auseinanderzusetzen, diese dann aber nach Abwägung auch zu verwerfen. Lediglich in Hamburg ist verfassungsrechtlich festgeschrieben, dass einem aus der Sicht der Initiatoren erfolgreichen Volksentscheid über eine sonstige Vorlage dieselbe Bindungswirkung zukommt, wie im Falle von Vorlagen, denen ein Gesetzentwurf zu Grunde liegt. Dies ist allerdings darauf zurückzuführen, dass die Hamburgerinnen und Hamburger in dieser Hinsicht gebrannte Kinder sind. Im angesprochenen Verfahren über die Krankenhausprivatisierung, wurde die sonstige Vorlage, die einen Stopp der Privatisierungspläne forderte, im Volksentscheid im Februar 2008 angenommen, die Hamburger Landesregierung setzte sich dann aber kurze Zeit später über das Ergebnis hinweg. Der daraus resultierende Konflikt führte zusammen mit anderen Entwicklungen zu einer umfangreichen Reform der direktdemokratischen Verfahren in der Hansestadt, die Bindungswirkung sonstiger Vorlagen war dabei eine Neuerung.

Andreas Kost/Marcel Solar

Soziale Selektion Politische Beteiligung ist in den seltensten Fällen ein Massenphänomen. Die Wahlbeteiligungsraten in der Bundesrepublik Deutschland, als in den 1970er Jahren über 90 Prozent aller Wahlberechtigten an den Bundestagswahlen teilnahmen, sind beispielsweise eher als Ausnahme denn als Regel zu betrachten. Allenfalls in Staaten, die eine Wahlpflicht aufweisen, lassen sich höhere Beteiligungsquoten finden (Decker et al. 2013, S. 44 f.). Die Tatsache, das sich – zunächst einmal auf Wahlen bezogen – nicht alle Bürgerinnen und Bürger beteiligen, ist grundsätzlich nicht problematisch. Schließlich ist die Teilnahme an Wahlen freiwillig. Die Freiheit, seine Stimme nicht abzugeben, ist durchaus als demokratischer Wert zu verstehen. In der politischen Praxis zeigt sich jedoch ein Phänomen, das der schwedische Politikwissenschaftler Herbert Tingsten (1975) bereits im Jahr 1929 als *Gesetz der Streuung* beschrieben hat: Je weniger Menschen sich an Wahlen beteiligen, desto ungleicher ist die Wahlbeteiligung verschiedener sozialer Schichten. Wie Studien zur Wahlbeteiligung in verschiedensten politischen Systemen nachweisen konnten, sind es gerade jene gesellschaftlichen Gruppen, die über eine geringe Ressourcenausstattung mit Blick auf Einkommen, Bildung und weiterer Faktoren verfügen, die den Wahlurnen signifikant häufiger fernbleiben (Schäfer 2015). Daraus ergeben sich verschiedene Fragestellungen, die die Legitimität demokratischen Regierens berühren: sind auf diese Weise gewählte Volksvertretungen überhaupt als repräsentativ zu bewerten? Und werden die politischen Interessen benachteiligter Gruppen hinreichend im politischen Prozess berücksichtigt? Schließlich mag die geringere Beteiligung jener Gruppen die Vertreter der politischen Parteien dazu verleiten, auf Themen zu setzen, die die Interessen ihrer tatsächlichen Wähler befriedigen sollen.

Die ungleiche Beteiligung an Wahlen ist dabei keine Ausnahme sondern vielmehr die Regel, wenn man auf die Beteiligung an anderen Formen und Instrumenten der politischen Partizipation schaut. Tatsächlich schneiden Wahlen – zumindest in Deutschland – in dieser Hinsicht noch besser ab als andere Beteiligungsverfahren. Der oft mit dem englischen Begriff *bias* bezeichnete Unterschied in den Beteiligungsraten der verschiedenen sozialen Schichten der Gesellschaft ist zwar feststellbar und tendenziell wachsend, aber weniger stark als beispielsweise bei der Teilnahme an Bürgerversammlungen oder Demonstrationen (Bödeker 2012). Auch die direkte Demokratie bildet keine Ausnahme, die Teilnahme an direktdemokratischen Verfahren muss als sozial selektiv bezeichnet werden. Das Phänomen der sozialen Selektivität der direkten Demokratie greift dabei auf zwei Ebenen. Zunächst einmal ist die Teilnahme an Volksabstimmungen ungleich. Dieser Zusammenhang zeigt sich beispielsweise in einer Vielzahl an Untersuchungen direktdemokratischer Abstimmungen in der Schweiz, den USA oder in Staaten der Europäischen Union (z. B. Linder 2005, S. 287). Aber auch die Ergebnisse, die sich für Abstimmungen in den deutschen Ländern und Kommunen hierzu heranziehen lassen, bestätigen den Zusammenhang von sozialem Status und der Wahrscheinlichkeit, sich an einem Bürger- oder Volksentscheid zu beteiligen (Schäfer und Schoen 2013, S. 108 ff.). So nehmen etwa auf Ebene der Bundesländer ohnehin nur durchschnittlich 50 Prozent aller Abstimmungsberechtigten an Volksentscheiden teil, der Wert ist sogar noch geringer, wenn eine Abstimmung nicht zeitgleich mit einer Wahl stattfindet. Diejenigen Bürgerinnen und Bürger, die nicht ihre Stimme abgeben, haben aber im Durchschnitt ein geringeres Einkommen und geringere Bildungsabschlüsse, sind schlechter in Vereine und andere Gruppen eingebunden und eher von Arbeitslosigkeit betroffen. Insofern stellt sich einerseits die Frage, welche Interessen sich in solchen Volksabstimmungen durchsetzen.

Auf einer zweiten Ebene zeigt sich die soziale Selektivität direkter Demokratie mit Blick auf die potenziellen Initiatoren eines Verfahrens. Dabei sind diejenigen Instrumente der direkten Demokratie zu betrachten, die von unten ausgelöst werden können, also die Volksgesetzgebung und die Vetoinitiative. Die Organisation und Durchführung solcher Verfahren ist so voraussetzungsvoll, dass sich unter den Initiatoren vor allem Verbände, NGOs und andere Interessengruppen finden und sich weitere Bürgerinitiativen meist aus Personen rekrutieren, die über entsprechende Erfahrungen und/oder Ressourcen verfügen. So sind etwa Unterschriften zu sammeln, Fristen zu wahren, mit Behörden und weiteren politischen Akteuren zu verhandeln oder Kampagnen zu planen und durchzuführen. Daraus folgt jedoch, dass auch die Vorlagen, die auf dem Wege der Volksgesetzgebung eingebracht werden oder mit denen per Vetoinitiative Parlamentsgesetze gestoppt werden sollen, eher von Personen und Gruppen stammen, die aus bevorteilten gesellschaftlichen Schichten stammen (Tolbert und Smith 2006, S. 33 f.). Und daraus ergibt sich wiederum die Frage, worüber »das Volk« überhaupt abstimmen kann, wobei »das Volk« wie gezeigt gar nicht an solchen Abstimmungen teilnimmt, sondern vor allem die ressourcenstarken Gesellschaftsschichten.

Als gute Illustration der beiden Ebenen sozialer Selektivität, die mit direktdemokratischen Verfahren einhergehen kann, kann in den deutschen Bundesländern die Volksabstimmung über die Schulreform in Hamburg im Juli 2010 herangezogen werden (Solar 2016, S. 374 ff.). Der schwarz-grüne Senat hatte dort – insbesondere auf Drängen des kleineren Koalitionspartners – eine grundlegende Schulreform auf den Weg gebracht, mit der insbesondere eine Verlängerung des gemeinsamen Lernens sämtlicher Schülerinnen und Schüler bis zum Abschluss der sechsten Klasse erreicht werden sollte. Erklärtes Ziel der Reform war eine verbesserte Förderung von Kindern aus sozial schwachen Familien und eine Verringerung des Einflusses der sozialen Herkunft auf den schulischen Erfolg eines Kindes. Gleichzeitig wurde die

Schulreform in weiten Teilen der Öffentlichkeit als Angriff auf die Schulform des Gymnasiums wahrgenommen. Gegen diesen und weitere Teile der Schulreform bildete sich eine Initiative mit dem Namen *Wir wollen lernen,* in der sich vor allem Eltern, Lehrer und Schulleitungen aus dem Umfeld eben jener Gymnasien organisiert hatten, die Unterstützer kamen vor allem aus den wohlhabenderen Stadtteilen der Hansestadt. Zudem unterstützten Lehrer- und Unternehmerverbände die Vorlage. Die Volksinitiative fand große Unterstützung in der Bevölkerung. Nachdem im Anschluss an das erfolgreiche Volksbegehren Verhandlungen mit dem Senat und den Parteien der Hamburgischen Bürgerschaft gescheitert waren, kam es daher zum Volksentscheid über die Vorlage. In diesem setzen sich die Initiatoren durch, die Vorlage wurde von 58 Prozent der Abstimmenden angenommen, das Kernstück der Schulreform war damit außer Kraft gesetzt. Auf Basis der Abstimmungsergebnisse und Strukturdaten der Hamburger Abstimmungsbezirke konnte der Politikwissenschaftler Armin Schäfer (2011) zeigen, dass die Beteiligung am Volksentscheid in den Stadtbezirken, in denen überdurchschnittlich viele Menschen mit geringem Einkommen leben sowie mit hohem Arbeitslosen- und Ausländeranteil, erheblich geringer war als im Durchschnitt. Dort wo also die (vermuteten) Nutznießer der Schulreform leben, gingen nur wenige Menschen zur Abstimmung, während die Abstimmungsbeteiligung in den wohlhabenden Stadtbezirken sehr hoch war. Mit Blick auf die soziale Selektivität direkter Demokratie starteten also die Begünstigten des Status quo ein Volksgesetzgebungsverfahren gegen eine Veränderung der Situation und führten dieses letztlich selbst in der Abstimmung zum Erfolg.

Handelt es sich bei den zu beobachtenden Tendenzen nun um ein Problem für die Legitimität der (direkten) Demokratie? Manche Stimmen sehen in der höheren Beteiligung ressourcenstarker Schichten sogar einen Vorteil, da somit gesichert sei, dass die Abstimmenden kompetent genug seien, um die diskutierten Sachfragen einschätzen zu können. Mit Verweis auf den für ein demokratisches Gemeinwesen zentralen Wert der politischen Gleichheit und der Repräsentativität politischer Entscheidungen wird diese Interpretation von den meisten Beobachtern jedoch zurückgewiesen. Dementsprechend stellt die Ungleichheit der Beteiligung an direktdemokratischen Verfahren zumindest eine Herausforderung dar. Als zentrales Mittel, um dem Problem sozialer Selektivität zu begegnen, erscheint daher eine Gestaltung der Verfahren, die sowohl möglichst niedrigschwellige Wege eröffnet, um ein Volksgesetzgebungsverfahren zu starten (z. B. durch Beratungsleistungen und weitere Unterstützungsmaßnahmen) als auch an einer möglichen

A
B
C
D
E
F
G
H
I
J
K
L
M
N
O
P
Q
R
S
T
U
V
W
X
Y
Z

Abstimmung am Ende teilzunehmen (z. B. durch die Möglichkeit der Briefabstimmung und umfangreiche Informationsmaßnahmen).

Andreas Kost/Marcel Solar

Literatur

Bödeker, Sebastian. 2012. *Soziale Ungleichheit und politische Partizipation in Deutschland. Grenzen politischer Gleichheit in der Bürgergesellschaft.* Frankfurt a. M.: Otto-Brenner-Stiftung.

Decker, Frank, M. Lewandowsky, und M. Solar. 2013. *Demokratie ohne Wähler? Neue Herausforderungen der politischen Partizipation.* Bonn: Verlag J. H. W. Dietz.

Linder, Wolf. 2005. *Schweizerische Demokratie. Institutionen, Prozesse, Perspektiven.* Bern: Haupt.

Schäfer, Armin. 2011. Mehr Mitsprache, aber nur für wenige? Direkte Demokratie und politische Gleichheit. In MPIfG Jahrbuch 2011–2012, Hrsg. Max-Planck-Institut für Gesellschaftsforschung, 53–59. Köln: Max-Planck-Institut für Gesellschaftsforschung.

Schäfer, Armin. 2015. *Der Verlust politischer Gleichheit.* Frankfurt a. M.: Campus.

Schäfer, A., und H. Schoen. 2013. Mehr Demokratie, aber nur für wenige? Der Zielkonflikt zwischen mehr Beteiligung und politischer Gleichheit. In *Leviathan* 41 (1): 94–120.

Solar, Marcel. 2016. *Regieren im Schatten der Volksrechte. Direkte Demokratie in Berlin und Hamburg.* Wiesbaden: Springer VS.

Tingsten, Herbert. 1975. *Political Behavior. Studies in Election Statistics.* London: Arno Press.

Tolbert, C. J., und D. A. Smith. 2006. Representation and Direct Democracy in the United States. In *Representation* 42 (1): 25–44.

Spenden Wenn direktdemokratische Verfahren nicht von Seiten der Regierenden ausgelöst werden, sondern »von unten« aus dem Volk heraus, müssen die Initiatoren des Verfahrens dafür sorgen, hinreichend finanzielle Mittel zur Verfügung zu haben, um die an verschiedenen Stellen anfallenden Kosten tragen zu können. Die mit Abstand wichtigste Einnahmequelle zur Finanzierung solcher direktdemokratischer Verfahren stellen dabei Spenden dar. Diese können sowohl von privaten Personen stammen, die ein Anliegen bei sich im Bundesland oder der Gemeinde unterstützen wollen (natürliche Personen), oder von Unternehmen, Vereinen, Stiftungen oder anderen Interessengruppen, die einen politischen Wandel in der betroffenen Sachfrage herbeiführen möchten (juristische Personen). Zudem kann es sich einerseits um Geldspenden handeln oder aber um Sachspenden, worunter z. B. die Bereitstellung von Räumlichkeiten, Material für Werbebroschüren oder auch eine entgeltfreie Beratungsleistung zur Kampagne fallen können.

In den deutschen Bundesländern gibt es keine finanzielle Obergrenze für die Annahme von Spenden durch die Initiatoren eines Begehrens. Um eine größere Transparenz hinsichtlich der Zuwendungen zu ermöglichen, sehen einige Bundesländer jedoch Offenlegungspflichten von Spenden ab einem gewissen Betrag vor. Entsprechende Regelungen finden sich beispielsweise in Berlin, Nordrhein-Westfalen und Rheinland-Pfalz (siehe auch Offenlegungsbestimmungen). Diese Länder haben darüber hinaus gesetzlich festgelegt, dass bestimmte Gruppen keine Spenden an eine direktdemokratische Initiative tätigen dürfen. Dabei handelt es sich einerseits um Fraktionen und Gruppen der Landesparlamente sowie der kommunalen und bezirklichen Vertretungen. Andererseits dürfen Unternehmen, die mindestens zu 25 Prozent in öffentlicher Hand liegen, nicht als Spender aktiv werden. Während im ersten Fall darauf abgestellt werden kann, dass die politischen Vertreterinnen und Vertreter ihre Anliegen ebenfalls im Rahmen ihrer Tätigkeit im Parlament oder der kommunalen Vertretung vorantreiben können und sich zudem die Frage stellt, ob so auf Umwegen öffentliche Gelder an eine Kampagne fließen könnten, kann im zweiten Fall insbesondere auf das Neutralitätsgebot öffentlicher Einrichtungen abgestellt werden. Weitergehende Begrenzungen möglicher Spendengeber finden sich in den deutschen Ländern nicht.

Die Rolle von Spenden in direktdemokratischen Verfahren wird häufig zusammen mit der Frage diskutiert, welchen Einfluss Interessengruppen auf die Gesetzgebung eines politischen Systems auf dem direktdemokratischen Wege nehmen können. Insbesondere Spenden von juristischen Personen werden von verschiedenen Seiten als kritisch bewertet, da befürchtet wird, dass sich finanzstarke Interessengruppen Gesetze in ihrem Sinne kaufen können. Zum Einfluss von Geld auf die Erfolgschancen direktdemokratischer Verfahren gibt es mittlerweile zahlreiche Studien, die sich auf die Praxis in der Schweiz sowie den Gliedstaaten der Vereinigten Staaten beziehen. Auch dort gibt es – mit Ausnahme der in den USA verbreiteten Offenlegungsbestimmungen – keine gesetzliche Reglementierung der Höhe von Spenden oder Verbote von Unternehmensspenden, was in beiden Staaten auf das Recht zur freien Meinungsäußerung zurückgeführt wird. Die Ergebnisse der Studien zeichnen kein eindeutiges Bild, ein positiver Zusammenhang zwischen der Höhe von Zuwendungen an eine Kampagne und ihren Erfolgschancen kann aber insgesamt nicht von der Hand gewiesen werden. Dies bezieht sich aber sowohl auf Kampagnen, die eine direktdemokratische Vorlage befürworten als auch auf solche, die versuchen den Erfolg von bestimmten Vorlagen zu verhindern.

Andreas Kost/Marcel Solar

Literatur

Braun Binder, Nadja, H. K. Heußner, und T. Schiller. 2014. *Offenlegungsbestimmungen, Spenden- und Ausgabebegrenzungen in der direkten Demokratie. Gutachten im Auftrag der Friedrich-Ebert-Stiftung.* Berlin: Friedrich-Ebert-Stiftung.

Tolbert, C. J., und D. A. Smith. 2006. Representation and Direct Democracy in the United States. In *Representation* 42 (1): 25–44.

Sperrwirkung Ein kommunaler Bürgerentscheid hat die Wirkung eines Ratsbeschlusses. Die Bürgerinnen und Bürger werden damit zum kommunalen Entscheidungsorgan. Der erfolgreiche Bürgerentscheid – mit der Wirkung eines Ratsbeschlusses – löst dabei eine »Abänderungssperre« aus. Hier kann der Bürgerentscheid innerhalb einer bestimmten Zeitspanne entweder überhaupt nicht oder nur auf Initiative des Rates durch einen neuen Bürgerentscheid abgeändert werden. Interessant ist in diesem Zusammenhang, dass ein erfolgreicher Bürgerentscheid damit einen höheren Bestandsschutz hat als ein Ratsbeschluss, der von der Gemeindevertretung jederzeit geändert werden kann. Die Abänderungssperre liegt zwischen einem Jahr (Bayern, Sachsen-Anhalt), zwei Jahren (Brandenburg, Mecklenburg-Vorpommern, Niedersachsen, Nordrhein-Westfalen, Saarland, Schleswig-Holstein, Thüringen) und drei Jahren (Baden-Württemberg, Hessen, Rheinland-Pfalz, Sachsen). Vor Ablauf dieser Fristen darf der Rat den Bürgerentscheid nicht durch einen einfachen Ratsbeschluss wieder aufheben. Trifft ein Gemeinderat trotz Sperrwirkung eine gegenteilige Entscheidung, so können die Vertreter des Bürgerbegehrens dagegen verwaltungsgerichtlich klagen. Der

Rat kann allerdings (außer in Hessen, Rheinland-Pfalz und Thüringen) innerhalb dieser Fristen einen erneuten Bürgerentscheid (sog. Ratsbegehren) anberaumen. Die in der Abstimmung unterlegenen Bürgerinnen und Bürger beziehungsweise Initiatoren dürfen jedoch in dieser Zeit kein neues Bürgerbegehren einleiten (Ausnahme Sachsen, Sachsen-Anhalt, Schleswig-Holstein, und zwar wenn der Bürgerentscheid aufgrund eines Ratsbegehrens durchgeführt worden ist, darf auch innerhalb der Frist ein Bürgerbegehren initiiert werden). Bayern bildet hier eine Ausnahme, denn die jeweils unterlegene Seite darf sofort nach einem verlorenen Bürgerentscheid ein neues Bürgerbegehren starten. Grundsätzlich aber gilt dann in jedem Bundesland: Nach Ablauf der Sperrfrist darf der Gemeinderat den Bürgerentscheid ohne einen neuen Bürgerentscheid durch einfachen Ratsbeschluss wieder aufheben. Ein gescheiterter Bürgerentscheid führt in allen Bundesländern bzw. Flächenländern zur so genannten »Initiativsperre«. Den Bürgerinnen und Bürgern bleibt dabei innerhalb von zwei Jahren (Mecklenburg-Vorpommern, Niedersachsen, Nordrhein-Westfalen, Saarland, Schleswig-Holstein, Thüringen) bzw. drei Jahren (Baden-Württemberg, Hessen, Rheinland-Pfalz, Sachsen, Sachsen-Anhalt) ein neues Bürgerbegehren in derselben Sache verwehrt. Auf Ebene der Bundesländer ist in den Landesverfassungen keine ausdrückliche Sperrwirkung für Volksbegehren vorgesehen. Die durch Volksentscheid zustande gekommenen Gesetze (»Volksgesetze«) haben den gleichen Rang wie parlamentarisch beschlossene Gesetze. Relative Sperrwirkungen, wonach ein durch Volksentscheid entstandenes Gesetz erst nach Ablauf einer bestimmten Frist durch Parlamentsgesetz geändert werden darf, existieren nicht. Ein »informeller Bestandsschutz« ergibt sich vielmehr durch die demokratische Legitimation der »Volksentscheidung«, die nicht so schnell in Frage gestellt werden dürfte.

Andreas Kost/Marcel Solar

Stimmberechtigte Bezeichnet in der Regel die wahlberechtigten Bürgerinnen und Bürger und damit jene, die berechtigt sind an Wahlen und Abstimmungen (z.B. Bürgerentscheide oder Volksentscheide) teilzunehmen (siehe auch Abstimmungsquorum). Insbesondere in der Schweiz ist es die Bezeichnung für die Einwohnerinnen und Einwohner, die bestimmte politische Rechte wahrnehmen können.

Andreas Kost/Marcel Solar

T

Themenausschlüsse ⇸ Negativkatalog

Top-Down-Verfahren ⇸ Bottom-Up-Verfahren

Town Meetings In verschiedenen Bundesstaaten im Nordosten der USA finden Volksversammlungen als sog. »Town Meetings« statt, die auf die Pilgerväter im 17. und 18. Jahrhundert in den neuenglischen Gründerstaaten zurückgehen. Oberstes Verwaltungsorgan in den Gemeinden ist eine offene Volksversammlung. So kann beispielsweise eine direktdemokratische Beteiligung durch Nachbarschaftsversammlungen – bestehend aus bis zu 1 000 Bürgerinnen und Bürgern – erfolgen. Sämtliche eingetragenen Wählerinnen und Wähler können das Wort ergreifen und abstimmen. Dadurch nehmen sie gesetzgeberische Kompetenzen auf kommunaler Ebene wahr. Die Versammlung wird vom »Board of Selectmen« einberufen, ein Gremium, dessen Mitglieder auf vorangegangenen Sitzungen der Town Meetings bestimmt wurden und als eine Art Exekutivorgan fungieren. Die Amerikanerinnen und Amerikaner erhalten in den »Town Meetings« z. B. die Gelegenheit, über den Etat ihrer Stadt und das Salär der Staatsbediensteten abzustimmen. Außerdem steht ihnen die Möglichkeit zu, eigene Vorschläge einzureichen. Die einzelnen Beteiligungen an solchen Abstimmungen sind in der Regel gering, so dass direktdemokratische Beteiligungsverfahren nicht selten mit regional übergeordneten Wahlen zusammengelegt werden. Die »Town Meetings« sind nicht zu verwechseln mit sog. Rathausversammlungen bzw. »Town Hall Meetings«, die den Bürgerinnen und Bürgerinnen dazu dienen sollen, sich mit Politikern und Verwaltungsbedientesten auszutauschen und diese über Angelegenheiten der Kommune zu befragen. Solche Versammlungen stehen den Bürgerinnen und Bürgern allerdings keinerlei Entscheidungsbefugnis zu. Sie erfreuen sich aufgrund von Fernsehübertragungen als Debattenfor-

© Springer Fachmedien Wiesbaden GmbH, ein Teil von Springer Nature 2019
A. Kost und M. Solar (Hrsg.), *Lexikon Direkte Demokratie in Deutschland*,
https://doi.org/10.1007/978-3-658-21783-9_19

mat aber einer beachtlichen Beliebtheit. Eine direktdemokratische Kultur ist in den USA zweifellos lebendig.

Andreas Kost/Marcel Solar

A
B
C
D
E
F
G
H
I
J
K
L
M
N
O
P
Q
R
S
T
U
V
W
X
Y
Z

U

Übernahme einer Vorlage Der Volksgesetzgebungsprozess in den deutschen Ländern wird auch als indirekt bezeichnet, da zwar unabhängig von den politischen Repräsentanten eigene Vorlagen eingebracht werden können, die Landesparlamente aber an verschiedenen Stellen in den mehrstufigen Ablauf eines solchen direktdemokratischen Verfahrens einbezogen sind, um die Vorlage zu beraten. Den Landesparlamenten ist es dabei möglich, einen Volksentscheid zu verhindern bzw. überflüssig zu machen, indem sie die Vorlage übernehmen und das dem Verfahren meist zu Grunde liegende Gesetz verabschieden. In beinahe allen Bundesländern ist die Übernahme der Vorlage nach dem erfolgreichen Abschluss eines Volksbegehrens möglich, lediglich in Sachsen kann ausschließlich nach Abschluss der ersten Stufe des Volksgesetzgebungsverfahrens – dem dort so bezeichneten Volksantrag – eine Übernahme erfolgen. Manche Länder wie Brandenburg oder Hessen ermöglichen dies sowohl nach der ersten Stufe sowie nach einem erfolgreichen Volksbegehren. Lediglich die genauen Begrifflichkeiten unterscheiden sich, so wird von unveränderter Zustimmung (Baden-Württemberg), unveränderter Annahme (z. B. Rheinland-Pfalz) oder einer Entsprechung gesprochen (z. B. Nordrhein-Westfalen). Die Formulierungen in einigen Ländern weisen darauf hin, dass den jeweiligen Landesparlamenten – in einem engen Rahmen – ein gewisser Entscheidungsspielraum zugesprochen wird. In Berlin, Mecklenburg-Vorpommern und Niedersachen können die Landtage die Vorlage in ihrem wesentlichen Bestand bzw. im Wesentlichen unverändert annehmen, um einen Volksentscheid überflüssig zu machen. Die Entscheidung, ein Volksbegehren nicht im Wortlaut zu übernehmen, birgt jedoch das Potenzial, dass es zu Differenzen darüber kommt, ob dem Anliegen der Initiatoren Genüge getan wurde. Dass diese Sorge nicht aus der Luft gegriffen ist, zeigt die Tatsache, dass in einigen Ländern (z. B. in Hamburg und im Saarland) explizit die Möglichkeit für die Initiatoren eröffnet wird, das jeweilige Landesverfassungsgericht anzurufen, um prüfen zu lassen, ob die Übernahme dem Grundanliegen des Volksbegehrens entspricht. In Brandenburg, Bremen und Schleswig-Holstein ist eine veränderte Übernahme eines Volks-

© Springer Fachmedien Wiesbaden GmbH, ein Teil von Springer Nature 2019
A. Kost und M. Solar (Hrsg.), *Lexikon Direkte Demokratie in Deutschland*,
https://doi.org/10.1007/978-3-658-21783-9_20

begehrens durch den Landtag deshalb auch nur möglich, wenn die Initiatoren dem zuvor zustimmen.

Die Übernahme einer Vorlage erscheint dann als sinnvoll, wenn sich bereits im Vorfeld eines möglichen Volksentscheides eine sehr deutliche Zustimmung in der Bevölkerung abzeichnet. Da der Ausgang der Abstimmung daher sehr wahrscheinlich vorausgesagt werden kann, erspart die Übernahme der Vorlage Ressourcen für alle beteiligten Parteien, zudem kann das Landesparlament bzw. die von ihr getragene Landesregierung ihre Responsivität gegenüber den Interessen der Bevölkerung zeigen oder auch einfach eine Blamage am Abstimmungstag verhindern. Ein klassisches Beispiel hierfür ist das Volksbegehren, welches sich 1978 in Nordrhein-Westfalen gegen die Einführung der sog. Kooperativen Schule aussprach und von beinahe 30 Prozent der abstimmungsberechtigten Bürgerinnen und Bürger unterstützt wurde. Die damalige sozial-liberale Landesregierung veranlasste den Landtag daraufhin zur Aufhebung des Gesetzentwurfs zur Einführung dieses Schultyps, der Volksentscheid musste nicht mehr stattfinden. Während in diesem Fall die breite Ablehnung des Vorhabens der Landesregierung durch die Abstimmungsberechtigten deutlich wurde, zeigt sich in anderen Beispielen ein weniger klares Bild. So übernahm im Jahr 2012 die brandenburgische Landesregierung ein Volksbegehren, mit dem ein Nachtflugverbot auf dem – noch nicht fertig gestellten – Flughafen Berlin-Brandenburg erreicht werden sollte. Im Gegensatz zum Beispiel aus Nordrhein-Westfalen wurde das Volksbegehren in Brandenburg lediglich von fünf Prozent der Abstimmungsberechtigten unterstützt, regional fanden sich die Unterstützer vor allem im Umkreis des Flughafens. Zudem zeigten Umfragen zu dem Thema eine eher kritische Position der Gesamtbevölkerung gegenüber dem geforderten Nachtflugverbot. Der Staatsrechtler Otmar Jung (2013) kritisiert daher in diesem Fall die Übernahmemöglichkeit, da diese die Diskussion unterdrücke und die Gegner des Anliegens benachteilige. Schließlich stütze sich das Volksbegehren lediglich auf eine Minderheit der brandenburgischen Bevölkerung. Wie die Gesamtheit der Abstimmungsberechtigten über die Vorlage entscheiden würde, könne daraus aber keineswegs abgeleitet werden. Tatsächlich stärkt die Möglichkeit zur Übernahme einer Vorlage vor allem die Position der Initiatoren.

Andreas Kost/Marcel Solar

A
B
C
D
E
F
G
H
I
J
K
L
M
N
O
P
Q
R
S
T
U
V
W
X
Y
Z

Literatur

Jung, Otmar. 2013b. »Entspricht der Landtag … dem Volksbegehren«. Probleme eines kupierten direktdemokratischen Verfahrens am Beispiel Brandenburg. In *Zeitschrift für Parlamentsfragen* 44 (2): 315–328.

Unterschriftenliste Ein Bürgerbegehren oder ein Volksbegehren müssen als Antrag schriftlich eingereicht werden. Damit diese Begehrensformen erfolgreich sein können, ist die Sammlung einer bestimmten Zahl von Unterschriften der stimmberechtigten Bürgerinnen und Bürger in einer festgelegten Frist erforderlich. Die Zahl der zu sammelnden Unterschriften oder die Fristen sind in den Gebietskörperschaften der Bundesländer unterschiedlich geregelt. Es gibt jedoch einige einheitliche länderübergreifende Merkmale. Bürgerbegehren über einen kommunalen Sachverhalt müssen die Abstimmungsfrage bzw. die zur Entscheidung bringende Frage, die Begründung und einen Kostendeckungsvorschlag oder eine Kostenschätzung enthalten. Eine weitere Voraussetzung ist die Notwendigkeit, bei der bis zu drei beziehungsweise genau drei Personen benannt werden müssen, die berechtigt sind, die Unterzeichnenden zu vertreten. In Brandenburg und Thüringen sind Vertretungsberechtigte nicht notwendig. Eine Unterschriftenliste enthält ferner grundsätzlich Vorname, Name, Straße, Postleitzahl, Ort, Geburtsdatum, Unterschrift und eine Hinweismöglichkeit für eine Anmerkung der Behörde. Der thematische Gegenstand eines Volksbegehrens auf Länderebene muss immer ein förmliches Gesetz sein, für welches das jeweilige Bundesland die Gesetzeszuständigkeit besitzt. Nicht alle Ländergesetze sind jedoch bei einem Volksbegehren zulässig. Hinsichtlich seiner Durchführung ist zunächst ein von einer Mindestzahl von Stimmberechtigten unterzeichneter Antrag auf Zulassung der Auslegung von Eintragungslisten an die Landesregierungen zu richten. Wird dem Antrag der Initiatoren stattgegeben, erfolgen öffentliche Bekanntmachungen, was zur Folge hat, dass nach der Verkündung die Gemeindebehörden Eintragungslisten bzw. Unterschriftenlisten entgegen zu nehmen haben. Die Listen sind für die stimmberechtigten Unterstützer des Volksbegehrens zur eigenhändigen Eintragung innerhalb bestimmter Fristen auszulegen. Kommt die notwendige Anzahl von Unterschriften zusammen, wird das Volksbegehren zunächst auf seine formale Zulässigkeit geprüft und dann den jeweiligen Landtagen zur Beratung vorgelegt.

Andreas Kost/Marcel Solar

Unterschriftenquorum → Einleitungsquorum

Unterstützungsquorum → Einleitungsquorum

USA (und direkte Demokratie) (Grundsatzartikel) In den USA gibt es auf Bundesebene keine direktdemokratischen Sachentscheidungen. Auf Gliedstaatenebene sind sie jedoch weit verbreitet. Dies hat große Bedeutung, weil die Gliedstaaten umfangreiche Gesetzgebungskompetenzen besitzen, darunter in unterschiedlichem Ausmaß im Steuer- und Umweltweltrecht, Gesundheits- und Sozialrecht, Straf-, Zivil- und Arbeitsrechts. Auch auf kommunaler Ebene ist direkte Demokratie breit verankert.

Instrumente, Bestand, Regelungen

In allen Gliedstaaten außer Delaware gibt es das obligatorische Verfassungsreferendum *(Constitutional Referendum)*, wonach alle Verfassungsänderungen des Parlaments dem Volk zur Entscheidung vorzulegen sind.

In 21 Staaten existiert die Gesetzesinitiative *(Statutory Initiative)*, in 18 Staaten die Verfassungsinitiative *(Constitutional Initiative)*. Insgesamt stellen 24 Staaten die eine und/oder andere Form der Initiative zur Verfügung. Die Initiative ermöglicht einer bestimmten Anzahl von Bürgern, einen Gesetzentwurf bzw. eine Verfassungsänderung zum Volksentscheid zu bringen. Nur relativ wenige Materien sind ausgeschlossen. Auch finanzwirksame und Abgabengesetze sind in der Regel zulässig. Die meisten Staaten kennen die direkte Initiative *(Direct Initiative)*. Bei dieser ist das Parlament in das Volksgesetzgebungsverfahren nicht eingebunden. Einige Staaten haben die indirekte Initiative *(Indirect Initiative)*. Hier geht die aus dem Volk begehrte Vorlage zunächst ins Parlament. Dieses kann die Vorlage übernehmen, so dass der Volksentscheid entfällt. Zum Teil kann das Parlament eine Konkurrenzvorlage mit zur Abstimmung stellen. Die Unterstützungsquoren rangieren zwischen zwei und 15 Prozent, meist bezogen auf die Gesamtzahl der Wähler bei den letzten Gouverneurswahlen. Die Quoren sind also dynamisch. Die Unterschriften können frei gesammelt werden. Für Verfassungsänderungen verlangen die Staaten überwiegend höhere Quoren als für einfache Gesetze. In den meisten Staaten gibt es keinerlei Abstimmungsquoren. Dies gilt

Tabelle 1 Volksgesetzgebung in den US-Gliedstaaten 1898–2016[1]

Staat	Einführung	Qualifikationsquorum			Direkte/indirekte Initiative[2]	Zustimmungs-quorum	Abgestimmte/erfolg-reiche GI und VI[3]	Erfolg von GI und VI in %
		GI	VI	R				
Alaska	1959	10	–	10	I		45/22	49
Arizona	1912	10	15	5	D		176/73	41
Arkansas	1910	8	10	6	D		122/58	47
Colorado	1910	5	5	5	D		228/81	36
Florida	1972	–	8	–	D	–[4]	36/28	78
Idaho	1911	6	–	6	D		28/14	50
Illinois	1970	–	8	–	D	50[5]	1/1	100
Kalifornien	1911	5	8	5	D		376/132	35
Kentucky	1915	–	–	5	D			35
Maine	1908	10	–	10	I		62/28	45
Maryland	1915	–	–	3				
Massachusetts	1918	3,5	3	2	I	30	80/38	46
Michigan	1908	8	10	5	I/D		72/24	33
Mississippi	1992	–	12	–	I	40	6/2	33
Missouri	1908	5	8	5	D		88/35	40
Montana	1906[6]	5	10	5	D		82/46	56
Nebraska	1912	7	10	5	D	35	48/19	40
Nevada	1912	10	10	10	I/D	–[7]	59/39	66
New Mexico	1911	–	–	10		40		
North Dakota	1914	2	4	2	D		187/84	45
Ohio	1912	6	10	6	I/D		80/21	26
Oklahoma	1907	8	15	5	D		89/41	46
Oregon	1902	6	8	4	D	–[8]	368/129	35
South Dakota	1898[9]	5	10	5	D		73/24	33

Utah	1900	10	–	10	I/D		20/4	20
Washington	1912	8	–	4	I/D	33	181/94	52
Wyoming	1968	15	–	15	I	50	6/3	50
Gesamt		21	18	24			2 513/1 040	41

Quellen: Heußner (2011, S. 136 f.); National Conference of State Legislatures, Ballot Measures Database; Waters (2003); eigene Berechnungen.

[1] Abkürzungen: GI: Gesetzesinitiative; VI: Verfassungsinitiative; R: fakultatives Referendum; D: direkte Initiative; I: indirekte Initiative.

[2] In Utah und Washington können die Träger der Initiative aussuchen, welche Art sie wählen wollen. In Michigan, Nevada und Ohio ist nur die Gesetzesinitiative indirekt.

[3] Die angegeben Zahlen können von den tatsächlichen geringfügig abweichen, u.a. aufgrund fehlender Differenzierung zwischen Volks- und Parlamentsvorlagen in den online Veröffentlichungen der Wahlbehörden.

[4] 60 % der bei der Frage Abstimmenden. Verfassungsänderung für neue Steuern oder Gebühren benötigen 2/3 der gesamte Stimm- bzw. Wahlbeteiligung an dem jeweiligen Urnengang.

[5] Ersatzweise 3/5 der bei der jeweiligen Frage Abstimmenden.

[6] VI: 1972

[7] Nevada verlangt für eine erfolgreiche Verfassungsinitiative die Mehrheit in zwei aufeinanderfolgenden Wahlterminen.

[8] Initiativen, die für zukünftige Gesetze bestimmten Inhalts qualifizierte Mehrheiten vorschreiben, müssen diese Mehrheit selbst in Volksentscheid erzielen.

[9] VI: 1972

auch für Verfassungsänderungen, für die in der Regel ebenfalls die Mehrheit der Ja-Stimmen ausreicht. Die für und gegen eine Volksvorlage eingesetzten finanziellen Mittel unterliegen relativ strengen Offenlegungsbestimmungen. Verschiedene Staaten stellen den Bürgern informative offizielle Abstimmungshefte zur Verfügung. Die Volksentscheide finden in der Regel zusammen mit den alle zwei Jahre abgehaltenen allgemeinen Wahlen statt. Im Volksentscheid angenommene Gesetze stehen der verfassungsgerichtlichen Normenkontrolle offen *(Post Election Review)*. Nur im Ausnahmefall ist diese bereits vor dem Volksentscheid möglich *(Pre Election Review)*. In einem Teil der Staaten kann das Parlament vom Volk beschlossene Gesetze nur nach bestimmten Fristen und/oder mit besonderen Mehrheiten aufheben bzw. ändern. In einem anderen Teil ist dies jederzeit möglich. In Kalifornien sind Parlamentsänderungen dem Volk vorzulegen.

In 24 Gliedstaaten besteht das fakultative Referendum *(Popular Referendum)*. Es spielt nur eine untergeordnete Rolle.

Neben Volksgesetzgebung *(Direct Legislation)*, die aus den dargestellten Formen der Initiative und dem fakultativen Referendum besteht *(Initiative and Referendum)*, gibt es in verschiedenen Staaten weitere Formen von Volksabstimmungen: u. a. Obligatorische Gesetzesreferenden *(Compulsory Referendum)*, Abstimmungen über Staatsanleihen *(Bond Referendum)*, über vom Parlament vorgelegte Gesetze *(Voluntary Referendum)*, konsultative Volksbefragungen *(Advisory Referendum)*, Referenden über die Einsetzung von verfassungsgebenden Versammlungen *(Convention Question)* und über deren Beschlüsse.

Geschichte

Initiative und fakultatives Referendum haben sich zu Beginn des letzten Jahrhunderts insbesondere im Westen der USA durchgesetzt. Im Zuge der Industrialisierung gerieten Farmer und Arbeiter in Not. Dagegen formierte sich das *Populist* und *Progressive Movement,* um eine fortschrittliche Wirtschafts- und Sozialpolitik zu erkämpfen. Sie stießen auf den Widerstand von Parlamentsmehrheiten, die unter dem korrumpierenden Einfluss von Großkonzernen standen. Besonders berüchtigt war die Eisenbahngesellschaft *Southern Pacific Railroad* in Kalifornien. Um den Widerstand zu brechen, forderten die Gewerkschaften, maßgeblich durch den Einfluss des Druckers *James W. Sullivan,* und das Populist und Progressive Movement Volksgesetzgebung nach dem Vorbild der Schweiz. Sie konnten an ältere direktdemokratische amerikanische Traditionen anknüpfen, insbesondere an die noch heute in vielen Gemeinden Neuenglands bestehenden Volksversammlungen *(Town Meetings)* und an die obligatorischen Verfassungsreferenden. Das erste fand 1778 in Massachusetts statt.

Der erste Staat, der Volksgesetzgebung einführte, war 1898 South Dakota. Bis 1918 folgten weitere 21. Ab 1959 kamen weitere sechs Staaten dazu, zuletzt 1992 Mississippi. 1911 führte Kalifornien die Volksgesetzgebung ein, mit mehr als 39 Mio. Einwohnern der heute bevölkerungsreichste und wirtschaftsstärkste Gliedstaat der USA. Isoliert betrachtet hat er vor Frankreich das sechstgrößte Bruttosozialprodukt der Welt. Kaliforniens besonders parlamentsferne Ausgestaltung der direkten Initiative *California style,* bei der das Parlament Volksgesetze nicht ändern darf, hat seinen Grund in der extremen Korruption der dortigen Parteien und im Parlament zu Beginn des 20. Jahrhunderts. Reformen des Initiativprozesses ermöglichen seit 2014, dass die Initiatoren ihre Vorschläge noch ändern dürfen, parlamentarische Anhörungen stattfinden und die Volksbegehren zurückgezogen werden können, was Kompromisse zwischen Initiatoren und dem Parlament anreizen soll.

Nutzung

Bis einschließlich 2016 standen auf Gliedstaatenebene insgesamt 2 513 Initiativen auf dem Stimmzettel. Davon waren 41 Prozent erfolgreich. In Kalifornien erfüllten zwischen 1912 und 2016 376 Initiativen das Unterstützungsquorum, davon gewannen 35 Prozent (132) eine Mehrheit im Volksentscheid. Von den 1 952 Initiativen, die in Kalifornien für die Unterschriftensammlung zuglassen worden sind, scheiterten 75 Prozent bereits am Unterstützungsquorum. Im selben Zeitraum erfüllten 50 fakultative Referenden das Unterstützungsquorum, 58 Prozent (29) der Parlamentsgesetze scheiterten in der Volksabstimmung. Mit 368 abgestimmten Initiativen und einer Erfolgsquote von 35 Prozent ist Oregon ähnlich aktiv wie Kalifornien. Danach folgen Colorado mit 228, North Dakota mit 187 und Washington mit 181 Initiativen auf dem Stimmzettel.

Seit Einführung von Volksgesetzgebung lassen sich drei Perioden unterscheiden: Die erste Phase bis ca. 1940 mit starker Nutzung, die 1940er bis 1960er Jahre mit relativ wenigen Initiativen und die dritte Phase ab den 1970er Jahren mit stark steigenden Zahlen. Der Höhepunkt könnte in der Dekade 1990 bis 1999 mit insgesamt 382 Initiativen erreicht worden sein. Von 2010 bis 2016 waren es 218 Initiativen.

Die Themenpalette und Erfolge spiegeln die Problemlagen der jeweiligen Zeit und decken große Teile der politisch relevanten Materien ab. Anfang des

A
B
C
D
E
F
G
H
I
J
K
L
M
N
O
P
Q
R
S
T
U
V
W
X
Y
Z

Jahrhunderts führten die Wähler zum Beispiel in verschiedenen Staaten das Vorwahlsystem ein, gaben Frauen das Wahlrecht und schafften Wahlsteuern ab. Sehr populär war auch, Alkohol zu verbieten. Ebenso brachte das Volk diverse Sozial- und Arbeitsgesetze zu Unfallschutz, Kinderarbeit, Achtstundentag, Alters- und Armenrente und Krankheitsfürsorge auf den Weg. In Folge der Weltwirtschaftskrise lancierte das Volk in vielen Staaten siegreiche Volksbegehren für Altersrenten und Sozialhilfe. In den 1930er und 40er Jahren stattete das Volk öffentliche Schulen mit besseren Finanzen aus. Dasselbe gilt für die 1950er und 60er Jahre. Der Kampf gegen Patronage stand ebenfalls auf der Tagesordnung.

Seit den 1970er Jahren kommen vermehrt Umweltschutzthemen auf den Stimmzettel, so u.a. 1972 zu Küstenschutz in Form der kalifornischen *Proposition 20*, dem *Coastal Zone Protection Act*, Flaschenpfand, Atomenergie und erneuerbaren Energien. Im Bereich Strafrecht/Moral sind Fragen des Schwangerschaftsabbruchs ein Dauerthema. Ähnliches gilt für Sterbehilfe. Oregon war 1994 der erste Staat, der die ärztlich assistierte Selbsttötung straffrei stellte. Auch über Initiativen gegen das Rauchen wird immer wieder abgestimmt. Dasselbe gilt für Fragen des Glücksspiels und des Tierschutzes bzw. der Jagd. Die Freigabe von Marihuana steht ebenfalls häufig zur Abstimmung. Die Freigabe zu medizinischen Zwecken setzte sich in einer Vielzahl von Staaten an der Urne durch. Die Freigabe zu Genusszwecken befürwortete das Volk zwischen 2012 und 2016 in acht Staaten, darunter 2016 in Kalifornien. Erhöhungen des Mindestlohns stehen kontinuierlich zur Abstimmung und sind häufig erfolgreich, so zuletzt 2016 in Arizona, Colorado, Maine und Washington.

Reformen des politischen Prozess spielten ebenfalls eine wichtige Rolle. Dazu zählt im Gefolge des Watergate-Skandals insbesondere die finanzielle Regulierung von Wahlkämpfen, vor allem 1974 in Kalifornien *Proposition 9*, der *Political Reform Act*. Eine Vielzahl von Staaten hat ab 1990 die Wiederwahl von Amtsträgern und Abgeordneten (*Term Limits*) begrenzt. In Kalifornien lockerte das Volk 2012 mithilfe von *Proposition 28* die Begrenzungen für Abgeordnete auf zwölf Jahre. 1998 schafften die Bürger von Oregon die Urnenwahl ab. Seitdem wird im Wesentlichen nur noch per Briefwahl gewählt. 2016 hat Maine als erster Staat das Präferenzwahlsystem per Gesetz eingeführt; es ist jedoch noch eine Verfassungsänderung notwendig.

Anfang der 1980er Jahren setzten sich in sieben Staaten *Freeze*-Vorlagen an der Urne durch, die von den Supermächten ein beiderseitiges Einfrieren der Atomwaffen forderten. Sie hatten nur konsultativen Charakter, da Verteidigung nicht in die Kompetenz der Gliedstaaten fällt.

Träger von Initiativen sind in der Regel: Soziale Bewegungen, gemeinnützige Bürgergruppen, Interessenverbände oder Ad-hoc-Zweckbündnisse. Zuweilen versuchen Politiker mit Hilfe von Initiativen ihre Popularität zu erhöhen oder parlamentarische Widerstände zu umgehen. Ebenfalls engagieren sich zuweilen sehr wohlhabende Privatpersonen.

Steuern, Finanzen, Haushalt

Ziemlich konstant behandeln ca. 20 bis 25 Prozent der Vorlagen die Bereiche Steuern/Finanzen/Haushalt. Negative Auswirkungen sind über sechs Jahrzehnte, nämlich bis in die 1970er Jahre, nicht aufgetreten. Dies gilt insbesondere für Kalifornien. Die Initiative bewirkte, dass Im Vergleich zu Staaten ohne Initiative die Staatsausgaben höher ausfielen. Zwischen 1902 und 1942 waren es sechs Prozent, die Einnahmen waren acht Prozent höher. Die Initiative hatte fiskalisch eine »progressive« Wirkung. Ab den 1970er Jahren änderte sich dies. Mit einer Unterbrechung in den 1980er Jahren bewirkte die Initiative nunmehr, dass im Vergleich mit Staaten ohne Initiative die Staatseinnahmen und -ausgaben um vier Prozent niedriger ausfielen. Seit 2005 sind die Ausgaben sechs Prozent niedriger. Jetzt sind die Bürger fiskalisch konservativer als die Abgeordneten.

Auslöser der Trendwende in den 1970er Jahren war die sog. *Tax Revolt*. Infolge explodierender Bodenpreise stieg die an den Wert der Grundstücke gekoppelte *Property Tax* drastisch, in Kalifornien innerhalb weniger Jahre auf das Doppelte, z. T. das Dreifache. In Massachusetts war die Grundsteuer die zweithöchste in den ganzen USA. Diese einkommensunabhängige und damit besonders unsoziale Steuer zwang viele Eigenheimbesitzer, ihr Haus aufzugeben. Dies führte zu einer Vielzahl von Initiativen zur Senkung dieser Steuer. Prominentestes Beispiel ist die kalifornische Verfassungsinitiative *Proposition 13* von 1978. Nachdem ab 1968 sechs Grundsteuersenkungsinitiativen erfolglos geblieben waren und das Parlament den Missstand nicht behoben hatte, konnte sich *Proposition 13* mit 64,8 Prozent Ja-Stimmen durchsetzen. Sie begrenzte die hauptsächlich von den Kommunen erhobene Grundsteuer, die einen großen Teil der kommunalen Einnahmen ausmachte, auf ein Prozent des Schätzwertes zum Zeitpunkt des jeweiligen Grundstückskaufs. Zudem führte sie für alle Änderungen staatlicher Steuern, die Einnahmeerhöhungen zum Ziel haben, das Erfordernis einer Zweidrittelmehrheit in beiden Häusern des Parlaments ein. Der resultierende Einnahmerückgang trug u. a. dazu, dass sich in Kalifornien die Ausgaben pro Schüler und damit die Schülerleistungen drastisch verringerten. Das Parlament konnte wegen der hohen Hürden einer Zweidrittelmehrheit für Verfassungsänderungen mit anschließendem obligatorischem Verfassungsreferendum bzw. für Erhöhungen staatlicher Steuern keine durchgreifende Abhilfe schaffen. Hier zeigt sich der Konstruktionsfehler, dass das Volk Verfassungsänderungen ohne Zweidrittelmehrheit beschließen kann, damit aber dem Parlament große Fesseln anlegt. Demgegenüber war das Parlament in Massachusetts in der Lage, flexibel auf die *Tax Revolt* zu reagieren. Auch dort hatte das Volk die Grundsteuern begrenzt. Dies geschah aber in Form der einfachen Gesetzesinitiative *(Proposition 2 ½)*, da Massachusetts die indirekte Initiative hat und die Verfassungsinitiative sehr erschwert. Im Gegensatz zu Kalifornien konnte das Parlament deshalb *Proposition 2 ½* durch einfache Gesetze modifizieren. Bei den Schülerleistungen belegt Massachusetts Spitzenplätze. Der Vergleich zwischen Kalifornien und Massachusetts zeigt, wie entscheidend die Ausgestaltung des Volksgesetzgebungsverfahrens ist.

Die in Kalifornien seit der *Tax Revolt* wiederholt aufgetretenen Haushaltskrisen haben ebenfalls zum Teil ihren Grund in der Volksgesetzgebung *California style*. Zusätzlich erschwerte das Erfordernis einer parlamentarischen Zweidrittelmehrheit für den Beschluss des Haushalts die Verabschiedung des Haushalts enorm. Diese Hürde wurde 2010 durch die historische Verfassungsinitiative *Proposition 25* abgeschafft.

Minderheiten

Volksentscheide haben zuweilen für strukturelle Minderheiten nachteilige Folgen. Trotz der im Folgenden dargestellten Beispiele ist Volksgesetzgebung auch bei Angehörigen ethnischer bzw. rassischer Minderheiten populär und selbst in manchen der dargestellten Fälle votierten viele für die Volksvorlagen.

Die meisten Volksentscheide über die Todesstrafe *(Death Penalty)* gehen zugunsten dieser Strafe aus, so zuletzt 2016 in Nebraska und Oklahoma. Allerdings haben die Bürgerinnen und Bürger in New Mexico und Maryland das Parlament mittels fakultativem Referendum nicht daran gehindert, die Todesstrafe 2009 bzw. 2013/14 abzuschaffen. Die zurückgehende Unterstützung der Todesstrafe in der Bevölkerung zeigt sich auch darin, dass in Kalifornien 2012 und 2016 Abschaffungsinitiativen nur relative knapp mit 48 bzw. 47 Prozent Ja-Stimmen gescheitert sind. Im Übrigen ist zu berücksichtigen, dass z. T. das Parlament an der (Re-)Etablierung und Verschärfung der Todesstrafe beteiligt war. Insbesondere gilt, dass in keinem der Staaten, in

denen die Todesstrafe bei Einführung von Volksgesetzgebung schon abgeschafft war, diese wieder eingeführt worden ist.

Seit 1998 hat es 19 Initiativen und fakultative Referenden gegeben, die
sich gegen die Zulässigkeit der Ehe für alle *(Same-Sex Marriage)* richteten.
Ebenfalls gab es 20 von Parlamenten ausgelöste Verfassungsreferenden zur
Sicherung der Ehe als exklusive Verbindung von Mann und Frau. Zunächst
gingen mit einer Ausnahme alle Abstimmungen zuungunsten der Gleichberechtigung von Homosexuellen aus. Prominenteste Initiative ist *Proposition
8* aus Kalifornien von 2008, die internationales Aufsehen erregte und nur relativ knapp mit 52,3 % siegte. Die in Kalifornien bestehende gleichgeschlechtliche Lebenspartnerschaft, die der Ehe rechtlich gleichgestellt war, ließ *Proposition 8* unangetastet. 2009 fingen die Mehrheiten an zu »kippen«. Seitdem
gewannen die Befürworter der Gleichberechtigung fünf von sieben Abstimmungen. 2015 entschied der US-Supreme Court in *Obergefell v. Hodges,* dass
die US-Verfassung die Ehe auch für Homosexuelle garantiert. Gäbe es in den
US-Staaten eine präventive Normenkontrolle und benötigten Verfassungsänderungen eine 2/3-Mehrheit, hätte eine Vielzahl von Abstimmungen gegen die Ehe für alle nicht auf den Stimmzettel gelangen bzw. nicht die notwendige Mehrheit erzielen können.

In den 1960er Jahren erkämpfte die amerikanische Bürgerrechtsbewe-
gung *Affirmative-Action*-Programme, die ethnischen Minderheiten feste
Quoten beim Zugang zu öffentlichen Schulen, Hochschulen, Aufträgen und
Stellen sicherten. Diese Programme ließ das Volk jahrzehntelang unangetastet. Der US-Supreme Court stutze die Vorzugsbehandlung in den 1990er Jahren stark zurück. Diesem Trend folgten die Wähler zwischen 1996 und 2012
in sechs Staaten, zwei Vorlagen stammten von Parlamenten. Würden Verfassungsänderungen in den US-Gliedstaaten im Volksentscheid eine 2/3-Mehr-
heit benötigen, wären fünf der sechs Vorlagen gescheitert.

Internationales Aufsehen erregte 1994 *Proposition 187* in Kalifornien. Die
von Konservativen, der *Republikanischen Partei* und dem republikanischen
Gouverneur *Pete Wilson* unterstützte Gesetzesinitiative wollte den ca. 1,6 Mio.
illegalen Einwanderern in Kalifornien den Zugang zu den meisten Sozialleis-
tungen, der Gesundheitsversorgung und der Erziehung sperren. Diese Initiative, die 59 Prozent Ja-Stimmen erhielt, wurde im Nachhinein von Gerichten gestoppt.

26 US-Gliedstaaten führten vor allem in den 1990er Jahren sog. »*Three
Strikes and You're Out*«-Gesetze ein, darunter 17 Staaten, die keine Volksgesetzgebung haben. Diese Gesetze sind nachteilig für die Minderheit der

Straffälligen. Denn Sie erhöhen die obligatorischen Strafen für zweifache Rückfalltäter drastisch. In Washington (1993) und Kalifornien (1994) wurden die Gesetze aufgrund von Volksinitiativen vom Volk gebilligt. In Kalifornien hatte zwar zuvor bereits das Parlament ein identisches Gesetz verabschiedet. Die Initiatoren wollten das Gesetz mit Hilfe von *Proposition 184* jedoch »parlamentsfest« machen. Denn in Kalifornien darf das Parlament Volksgesetze allein nicht ändern (vgl. oben). Das Volk milderte 2012 mithilfe der Gesetzesinitiative *Proposition 36* die *»Three Strikes and You're Out«*-Regel selbst massiv ab.

Initiativen, die Minderheiten benachteiligen können, beziehen sich u. a. auch auf die Einführung eines obligatorischen Referendums, wonach öffentlich geförderter Wohnungsbau der Zustimmung der jeweiligen Ortsbevölkerung bedarf, auf AIDS-Infizierte und Homosexuelle, die Beendigung obligatorischen gemeinsamen Schulbesuchs und Schultransports von Kindern unterschiedlicher Rasse bzw. Herkunft (»Busing«), und die Aufhebung des Verbots privater Diskriminierung auf Grund von Rasse (»Fair Housing«). Die meisten dieser Initiativen sind abgelehnt worden, wurden von Gerichten aufgehoben oder wären im Volksentscheid gescheitert, wenn für Verfassungsänderungen eine 2/3-Mehrheit notwendig wäre.

Einfluss des Geldes

Ebenso wie bei Wahlen spielt der Einsatz von Geld eine wesentliche Rolle, sowohl beim Sammeln der Unterschriften als auch im Abstimmungskampf. Mit hinreichend hohem Einsatz lässt sich mithilfe kommerzieller Agenturen *(Initiative Industry)*, die gegen Bezahlung Unterschriften zusammentragen, fast jede beliebige Vorlage für den Volksentscheid qualifizieren. In die Abstimmungskämpfe investieren Unternehmen und Milliardäre hohe Millionenbeträge. Die finanziell am meisten umkämpfte Initiative mit insgesamt 153,8 Mio. Dollar war bisher 2006 die kalifornische *Proposition 87*, die Ölunternehmen zugunsten alternativer Energien besteuern wollte. Der Hollywoodproduzent *Stephen Bing* brachte die höchste Spende auf, die bisher von einer Einzelperson geleistet wurden: 49,6 Mio. Dollar. Allein sieben Ölunternehmen bekämpften die Vorlage mit insgesamt über 90 Mio. Dollar, darunter *Chevron* mit 38 Mio. und *Aera Energy* mit 32,8 Mio. Ein Großteil des Geldes geht in bezahlte Fernsehwerbung.

Forschungen zeigen, dass die Finanzüberlegenheit der Gegner im Abstimmungskampf die Ablehnungswahrscheinlichkeit einer Vorlage steigern kann. Die Befürworterüberlegenheit ist ebenfalls in der Lage, die Annahmechancen bestimmter Vorlagen zu erhöhen. In knappen Rennen kann Finanzüberlegenheit entscheidend sein. Allerdings kann Geldüberlegenheit den Sieg nicht garantieren. So wendete z. B. die Versicherungsindustrie 1988 ca. 70 Mio. Dollar gegen die vom Verbraucheranwalt *Ralph Nader* lancierte *Proposition 103*, welche die Prämien von Autohaftpflichtversicherungen senken wollte, auf bzw. für eigene gegen *Proposition 103* gerichtete Initiativen. Für *Proposition 103* kamen nur 3 Mio. Dollar zustande. Die Initiative gewann dennoch mit 51 Prozent.

Die US-Gliedstaaten haben relativ strenge Transparenzvorschriften. Die für und gegen eine Initiative aufgewendeten Finanzmittel müssen offengelegt werden. Ebenso muss u. a. in Kalifornien die jeweilige Werbung selbst die Spender erkennen lassen *(Truth in Advertising)*. In Kalifornien gilt ab 2018 der *California Disclosure Act*. Er ist das strengste Truth-in Advertising Gesetz. Er verhindert, dass sich Spender hinter irreführenden Komiteenamen verstecken. Die wahren drei Hauptgeldgeber sind zu nennen. Dadurch sollen die Bürger besser in der Lage sein, die vorgebrachten Argumente zu bewerten.

Verschiedene Versuche, die Ausgaben in Abstimmungskämpfen zu begrenzen, sind am US-Supreme Court gescheitert. Dies verletze die grundrechtlich geschützte Redefreiheit (*Buckley v. Valeo,* 424 U. S. 1 (1976); *Citizens Against Rent Control v. City of Berkeley,* 454 U. S. 290 (1981)).

Präferenzen und Partizipation der Bürgerinnen und Bürger

Volksgesetzgebung ist in den USA sehr populär. Dies gilt über Partei-, Ideologie-, Demografie-, ethnische und geografische Grenzen hinweg. 72 Prozent der Kalifornierinnen und Kalifornier sind der Auffassung, dass die Initiative eine gute Sache ist.

Die Studien zur Frage, ob die Gesetzgebung in Staaten mit Initiative eher den Politikpräferenzen der Bürger entsprechen, als die Gesetzgebung in Staaten ohne Initiative, kommen zu dem Ergebnis, dass volksgesetzgebungsfreundliche Staaten den Präferenzen der Bürgerinnen und Bürger in stärkerem Maße entgegenkommen.

Sofern Abstimmungen zusammen mit Wahlen stattfinden, was meistens der Fall ist, entspricht die Abstimmungsbeteiligung der Beteiligung bei den Wahlen zu den Staatenparlamenten. Bei wichtigen und aufsehenerregenden Volksentscheiden ist die Beteiligung höher.

Unterschichtangehörige beteiligen sich häufig unterdurchschnittlich an Volksentscheiden. Diesen fällt es leichter, sich an Parteien zu orientieren, als Sachfragen zu beantworten. Um Komplexität zu reduzieren, sind Abstimmungsempfehlungen der politischen Parteien wesentlich. Diese fehlen zum Teil aber, fallen schwach aus oder sind häufig kaum sichtbar. So stammt z. B. keines der im offiziellen Informationsheft für die 15 abgestimmten Volksbegehren in Kalifornien 2008 abgedruckten Argumente von politischen Parteien.

Lehren

Die US-Gliedstaaten zeigen, dass Volksgesetzgebung grundsätzlich funktioniert, auch in großen Staaten wie Kalifornien, wo die Praxis über sechs Jahrzehnte bis zur Tax Revolt weitgehend problemlos verlief. Die USA zeigen jedoch auch, auf welche Ausgestaltungsmodalitäten zu achten sind, um negative Folgen zu vermeiden. Dazu zählen insbesondere: Kostendeckungsvorschlag bei finanzwirksamen Initiativen, präventive Normenkontrolle, Indirekte Initiative, Verbot kommerzieller politischer Werbung in Radio und Fernsehen, Begrenzungen von Spenden und Ausgaben bei der Unterschriftensammlung und im Abstimmungskampf, 2/3-Mehrheitserfordernis für Verfassungsänderungen sowie Abänderungskompetenz des Parlaments.

Hermann K. Heußner

Literatur

Donovan, Todd. 2014. Referendums and Initiatives in North America. In *Referendums Around the World: The Continued Growth of Direct Democracy,* Hrsg. M. Qvortrup, 122–161. Houndmills, UK: Palgrave Macmillan.

Heußner, Hermann K. 1994. *Volksgesetzgebung in den USA und in Deutschland.* Köln: Carl Heymanns Verlag.

Heußner, Hermann K. 2010. Direkte Demokratie in den US-Gliedstaaten im Jahr 2008. In *Jahrbuch für direkte Demokratie 2009,* Hrsg. L. P. Feld, P. M. Huber, O. Jung, C. Welzel und F. Wittreck, 165–204. Baden-Baden: Nomos.

Heußner, Hermann K. 2011. Mehr als ein Jahrhundert Volksgesetzgebung in den USA. In *Mehr direkte Demokratie wagen,* Hrsg. H. K. Heußner und O. Jung, 3. Aufl., 135–156. München: Olzog.

Heußner, Hermann K. 2012a. Die Krise Kaliforniens – Die Schuld der direkten Demokratie? In *Jahrbuch für direkte Demokratie 2011,* Hrsg. L. P. Feld, P. M. Huber, O. Jung, H.-J. Lauth und F. Wittreck, 175–234. Baden-Baden: Nomos.

Heußner, Hermann K. 2012b. Minorities and Direct Democracy in the USA. In *Direct Democracy and Minorities,* Hrsg. W. Marxer, 123–144. Wiesbaden: Springer VS.

Kulezsa, Aleksandra. 2017. Direkte Demokratie in Kalifornien. In *Die Legitimität direkter Demokratie. Wie demokratisch sind Volksabstimmungen?,* Hrsg. W. Merkel und C. Ritzi, 155–175. Wiesbaden: Springer VS.

Matsusaka, J. G. 2004. *For the Many or the Few. The Initiative, Public Policy, and American Democracy.* Chicago: University of Chicago Press.

Matsusaka, John G. 2017. Public Policy and the Initiative and Referendum: A Survey with Some New Evidence. SSRN. https://ssrn.com/abstract=2951455. Zugegriffen: 27. April 2018.

Miller, Kenneth P. 2009. *Direct Democracy and the Courts.* New York: Cambridge University Press.

Noyes, Henry S. 2014. *The Law of Direct Democracy.* Durham, NC: Carolina Academic Press.

Seferovic, Goran. 2018. *Volksinitiative zwischen Recht und Politik. Die staatsrechtliche Praxis in der Schweiz, den USA und Deutschland.* Bern: Stämpfli.

Solar, Marcel (2011), Die Initiative und das Referendum in den Gliedstaaten der USA. Impulse für die Debatte um direkte Demokratie in Nordrhein-Westfalen. regierungsforschung.de, Regieren in NRW. http://regierungsforschung.de/die-initiative-und-das-referendum-in-den-gliedstaaten-der-usa/. Zugegriffen: 27. April 2018.

Waters, M. Dane. 2003. *Initiative and Referendum Almanac.* Durham, NC: Carolina Academic Press.

Datenbanken/Internetplattformen

Ballotpedia. Ballot Measures. https://ballotpedia.org/Ballot_Measures_overview. Zugegriffen: 27. April 2018.

National Conference of State Legislatures. Ballot Measures Database. http://www.ncsl.org/research/elections-and-campaigns/ballot-measures-database.aspx. Zugegriffen: 27. April 2018.

Initiative and Referendum Institute. http://www.iandrinstitute.org/. Zugegriffen: 27. April 2018.

National Institute on Money in State Politics. https://www.followthemoney.org/. Zugegriffen: 27. April 2018.

V

Verfassungsgerichtliche Kontrolle Die Durchsetzung des Prinzips der Rechtsstaatlichkeit spielt im politischen System Deutschlands eine zentrale Rolle. Tatsächlich wird die Bundesrepublik als Beispiel für die Umsetzung des Konzeptes der Verfassungssouveränität angesehen: bei Streitigkeiten über grundlegende Fragen des politischen Zusammenlebens kommt hier der Verfassung das Letztentscheidungsrecht zu, während dies beispielsweise in Großbritannien dem Parlament (Parlamentssouveränität) oder in der Schweiz dem Volk (Volkssouveränität) zusteht (Abromeit 1995). Entsprechend spielen die Verfassungsgerichte – sowohl auf Bundes- wie auch auf Landesebene – eine zentrale Rolle im politischen Entscheidungsprozess in Deutschland. Sie kontrollieren beispielsweise die Verfassungsmäßigkeit von Gesetzen oder staatlichem Handeln und entscheiden im Falle von Organstreitigkeiten (Höreth 2014). Wenig verwunderlich ist es daher, dass die Verfassungsgerichte ebenfalls im Prozess der direkten Demokratie in Deutschland zentrale Akteure darstellen. So steht zu verschiedenen Zeitpunkten eines direktdemokratischen Verfahrens der Weg zur verfassungsgerichtlichen Kontrolle offen, genauso wie vom Volk verabschiedete Gesetze immer einer Normenkontrolle durch ein Verfassungsgericht unterzogen werden können.

Die verfassungsgerichtliche Kontrolle erstreckt sich sowohl auf Streitigkeiten über formelle Fragen, also solche, die die Einhaltung der Regularien, die im Rahmen eines Volksgesetzgebungsverfahrens erfüllt werden müssen, betreffen, als auch auf materielle Frage, also inwiefern der Inhalt einer Vorlage höherrangigem Recht entspricht. Im letzteren Fall spricht man auch von Normenkontrolle. Auf Landesebene sind die Zuständigkeiten der jeweiligen Verfassungsgerichte im Volksgesetzgebungsprozess in den einschlägigen Verfassungsbestimmungen, den Ausführungsgesetzen und/oder den Verfassungsgerichtsgesetzen geregelt. Klassischerweise kann ein Verfassungsgericht immer dann angerufen werden, wenn eine Entscheidung getroffen wird, die den weiteren Fortgang des Volksgesetzgebungsverfahrens betrifft. So können in allen Ländern durch die Initiatoren Einsprüche gegen die Entscheidungen über die Zulässigkeit sowie über das Zustandekom-

© Springer Fachmedien Wiesbaden GmbH, ein Teil von Springer Nature 2019
A. Kost und M. Solar (Hrsg.), *Lexikon Direkte Demokratie in Deutschland*,
https://doi.org/10.1007/978-3-658-21783-9_21

men eines Volksbegehrens eingelegt werden. Logischerweise kommen diese Regelungen nur dann zur Anwendung, wenn die Zulässigkeit oder das Zustandekommen des Volksbegehrens von Seiten der staatlichen Institutionen verneint werden. In einigen Bundesländern sind die zuständigen Prüfungsinstanzen dazu verpflichtet, das Verfassungsgericht anzurufen, wenn bei der Prüfung Zweifel über die Zulässigkeit der Vorlage bestehen, in diesen Fällen erfolgt eine verfassungsgerichtliche Kontrolle also automatisch. Ebenso kann in sämtlichen Bundesländern Einspruch gegen das Ergebnis eines Volksentscheides eingelegt werden, wenn Zweifel über dessen Zustandekommen bestehen. Weitere Aufgaben der Verfassungsgerichte ergeben sich aus spezifischeren Regelungen des Volksgesetzgebungsprozesses, die von Land zu Land unterschiedlich sind. So kann der Hamburgische Verfassungsgerichtshof beispielsweise überprüfen, ob die Überarbeitung einer Vorlage im Laufe des Verfahrens, den Grenzen, die hierfür durch die Verfassung auferlegt werden, entspricht. Ebenso in Hamburg sowie in einigen anderen Ländern prüfen die Verfassungsgerichte zudem, ob die Übernahme eines Volksbegehrens dem Grundanliegen der Initiatoren entspricht. Je nach Zuständigkeitsverteilung und genauem Verfahrensablauf unterscheidet sich auch von Land zu Land, wer in einem Rechtsstreit parteifähig ist: dies können etwa die Landesregierung, Fraktionen oder Gruppen im Landesparlament, die Landesabstimmungsleitung, die Initiatoren oder einzelne Abstimmungsberechtigte sein. Wie bereits erwähnt, endet die Rolle der Verfassungsgerichte im direktdemokratischen Prozess nicht unbedingt mit dem Abschluss eines direktdemokratischen Verfahrens. Bei Streitigkeiten über die Auslegung eines Volksgesetzes, können diese auch im Nachhinein angerufen werden, um Entscheidungen zu fällen.

Andreas Kost/Marcel Solar

Literatur

Abromeit, Heidrun. 1995. Volkssouveränität, Parlamentssouveränität, Verfassungssouveränität: Drei Realmodelle der Legitimation staatlichen Handelns. In *Politische Vierteljahresschrift* 1, 49–66.

Höreth, Marcus. 2014. *Verfassungsgerichtsbarkeit in Deutschland*. Verlag W. Kohlhammer.

A
B
C
D
E
F
G
H
I
J
K
L
M
N
O
P
Q
R
S
T
U
V
W
X
Y
Z

Verfassungsreferendum Volksabstimmungen werden als Verfassungsreferenden bezeichnet, wenn der Gegenstand der Abstimmung die Verfassung in ihrer Gänze oder einzelne Verfassungsbestimmungen sind und die Abstimmung von Seiten der Regierenden ausgelöst wird. Damit unterscheiden sich Verfassungsreferenden sowohl von Volksbegehren, die ein verfassungsänderndes Gesetz zur Grundlage haben, als auch von Vetoinitiativen, die sich gegen ein verfassungsänderndes Gesetz eines Parlamentes richten. In diesen beiden Fällen wird die Abstimmung aus dem Volk heraus ausgelöst. Ein Verfassungsreferendum hingegen erfolgt nur dann, wenn es von Seiten der Regierenden ausdrücklich erwünscht ist. Das gilt einerseits für sog. einfache Verfassungsreferenden, also Abstimmungen über Verfassungsänderungen, die ausdrücklich von Seiten einer Regierung oder einer Parlamentsmehrheit anberaumt werden. Und andererseits für sog. obligatorische Verfassungsreferenden. Diese finden quasi automatisch statt, wenn die Verfassung durch das Parlament geändert werden soll. Hierbei hat die Regierung bzw. die Parlamentsmehrheit jedoch in der Hand, ob sie ein entsprechendes Änderungsgesetz einbringen möchte oder nicht.

In Deutschland finden sich verschiedene Formen des Verfassungsreferendums in Theorie und Praxis. Zunächst ist ein Verfassungsreferendum über eine neue Verfassung, eines der wenigen direktdemokratischen Instrumente, die im Grundgesetz vorgesehen sind. So heißt es in Art. 146 GG, dass eine neue Verfassung vom deutschen Volke in freier Entscheidung beschlossen werden muss. Es ist allerdings strittig, ob durch die Formulierung zwingend ein Verfassungsreferendum erforderlich ist. Anders sieht die Situation in den deutschen Bundesländern aus, da sich hier sowohl eindeutige Formulierungen in den Landesverfassungen finden als auch diverse Praxisbeispiele. Die Verfassungen von Bayern, Bremen, Hessen, Nordrhein-Westfalen, Rheinland-Pfalz sowie der drei Vorgängerstaaten Baden-Württembergs wurden nach dem Zweiten Weltkrieg ebenso per Verfassungsreferendum angenommen wie die Verfassungen Berlins, Brandenburgs, Mecklenburg-Vorpommerns und Thüringens nach der deutschen Wiedervereinigung. Zudem ist in der brandenburgischen Landesverfassung festgehalten, dass im Falle einer Verabschiedung einer neuen Verfassung ein erneutes Verfassungsreferendum erforderlich wäre. Obwohl es nicht gesetzlich normiert ist, wären zumindest aus der Verfassungsgeschichte heraus Verfassungsreferenden in den genannten Bundesländern wahrscheinlich, sollten dort neue Verfassungen auf den Weg gebracht werden.

Neben diesen Verfassungsreferenden, die bei einer Totalrevision der Landesverfassungen zum Zuge kommen, finden sich auch Bestimmungen, die bei der Änderung einzelner Verfassungsvorschriften greifen. In Bayern und Hessen müssen sämtliche Verfassungsänderungen in Volksentscheiden bestätigt werden, es handelt sich also um obligatorische Verfassungsreferenden. In Berlin sind lediglich bei Änderungen der Verfassungsbestimmungen über das Verfahren bei Volksbegehren und Volksentscheiden Abstimmungen obligatorisch. Einfache Verfassungsreferenden sind in Baden-Württemberg, Bremen, Hamburg und Sachsen vorgesehen: hier kann das jeweilige Landesparlament ein verfassungsänderndes Gesetz mit der Mehrheit seiner Abgeordneten dem Volk zur Abstimmung vorlegen. In Nordrhein-Westfalen können dies sowohl die Regierung als auch die Mehrheit des Landtags tun, falls eine Verfassungsänderung die erforderliche Zweidrittelmehrheit im Parlament verfehlt.

Da in Verfassungstexten die zentralen Rahmenbedingungen des politischen Zusammenlebens einer Gesellschaft geregelt werden, binden Verfassungsreferenden die Weiterentwicklung dieser Regelungen an den Willen der betroffenen Bürgerinnen und Bürger zurück. Gleichzeitig haben gerade obligatorische Verfassungsreferenden den Effekt, dass Verfassungsänderungen eher die Ausnahme als die Regel darstellen, da ein zusätzliches Mehrheitserfordernis in den Entscheidungsprozess eingefügt wird.

Andreas Kost/Marcel Solar

Verfassungstabu Die Themen, über in den deutschen Bundesländern per Volksgesetzgebung entschieden werden kann, finden eine natürliche Grenze in den Gesetzgebungskompetenzen, die den Bundesländern zustehen. Darüber hinaus finden sich aber weitere Einschränkungen, was die möglichen Inhalte von Volksgesetzgebungsverfahren angeht. Neben dem mehr oder weniger stark ausgeprägten Finanztabu gab und gibt es in einigen Ländern auch ein sogenanntes Verfassungstabu. Demzufolge dürfen auf dem Wege der Volksgesetzgebung keine Initiativen auf den Weg gebracht werden, die die Änderung einer Bestimmung der Landesverfassung zur Folge haben. Dies war sowohl in Berlin bis zum Jahr 2006 und im Saarland bis zum Jahr 2013 der Fall. Im Zuge von Reformen der direktdemokratischen Verfahren wurde die Möglichkeit zur Verfassungsänderung per Volksgesetzgebung aber in beiden Ländern nachträglich eingeführt. Im Saarland wurde lediglich die Möglichkeit verwehrt, Volksbegehren zur Änderung der verfassungsrechtlich festgelegten Vorschriften zum Gesetzgebungsverfahren im saarländischen Landtag einzubringen. Damit verbleibt mit Hessen ein einziges Bundesland, in dem ein Verfassungstabu auch heute noch vorgesehen ist. Nur dem Landtag wird in der Hessischen Landesverfassung das Recht zugesprochen, Verfassungsänderungen zu beschließen. Allerdings müssen alle verfassungsändernden Gesetze von der Hessischen Bevölkerung im Zuge eines obligatorischen Verfassungsreferendums bestätigt werden, weshalb der parlamentarische Gesetzgeber immer auch die Interessen und Stimmungen der Bürgerinnen und Bürger bei Verfassungsänderungen berücksichtigen muss. Selbst die Initiative ergreifen, um die Verfassung zu ändern, können die Abstimmungsberechtigten in Hessen jedoch nicht. Im Rahmen der Beratungen der Enquetekommission zur Überarbeitung der Hessischen Landesverfassung, die im Jahr 2017 stattgefunden haben, wurde eine Abschaffung des Verfassungstabus zwar diskutiert, ein entsprechender Vorschlag jedoch letztlich nicht in die Empfehlungen der Kommission aufgenommen. Hessen bleibt damit auf unbestimmte Zeit das einzige Bundesland, in dem das Verfassungstabu weiterhin gilt.

Andreas Kost/Marcel Solar

Vertrauenspersonen ⇥ Initiatoren

Vetoinitiative Das direktdemokratische Verfahren der Vetoinitiative zeichnet sich durch zwei Merkmale aus, die sich bereits im Namen ablesen lassen. Zunächst handelt es sich bei der Vetoinitiative um ein Initiativverfahren, es wird also aus dem Volk heraus durch die Sammlung von Unterschriften ausgelöst. Da die Regierenden die Anwendung des Verfahrens nicht steuern oder kontrollieren können, ist die Vetoinitiative ein klassisches Oppositionsinstrument und wirkt machtteilend. Zweitens richtet sich die Vetoinitiative gegen Gesetze, die ein Parlament verabschiedet hat, d. h. es kann versucht werden, ein Veto gegen die Regierungspolitik einzulegen. Damit wirkt das Instrument zunächst einmal reaktiv, eigene Vorlagen und Ideen können nicht mit ihm auf die politische Agenda gesetzt werden. Die bekannteste Form der Vetoinitiative ist das in der Schweiz als fakultatives Referendum bekannte Verfahren. Um einer begrifflichen Klarheit willen bietet es sich aber an, als Oberbegriff für Verfahren dieser Art den Terminus Vetoinitiative zu verwenden.

In den deutschen Ländern ist die Vetoinitiative als direktdemokratisches Verfahren nicht sonderlich verbreitet, tatsächlich finden sich nur drei mögliche Anwendungsfälle in deutschen Landesverfassungen, die sich alle eher auf Sonderfälle beziehen. In Bremen kann die Vetoinitiative gegen Gesetze ergriffen werden, die vorsehen, dass Unternehmen der öffentlichen Hand (wie beispielsweise Abfallentsorgungsbetriebe) verkauft werden sollen. Dazu müssen innerhalb von drei Monaten Unterschriften von fünf Prozent der Abstimmungsberechtigten in Bremen gesammelt werden. Alternativ kann auch ein Viertel der Bürgerschaftsabgeordneten einen Volksentscheid über das Gesetz auslösen. Das Gesetz tritt erst in Kraft, wenn es in einer möglichen Volksabstimmung bestätigt wird oder wenn gar nicht erst die Vetoinitiative innerhalb der Frist ergriffen wurde. Hamburg sieht die Vetoinitiative für drei mögliche Fälle vor: so treten Gesetze, die (a) ein im Volkentscheid verabschiedetes Gesetz ändern, (b) die die Bindungswirkung einer im Volksentscheid verabschiedeten sonstigen Vorlage aufheben will und (c) die das Wahlrecht ändern, erst nach drei Monaten in Kraft, in diesem Zeitraum können 2,5 Prozent der Abstimmungsberechtigten per Vetoinitiative eine Abstimmung erzwingen. Und schließlich gibt es in Rheinland-Pfalz eine Form der Vetoinitiative, die allerdings ein Zusammenspiel von Parlament und Bürgerschaft erfordert. Ein Drittel der Landtagsabgeordneten kann dort die Aussetzung der Verkündung eines Gesetzes verlangen. Wenn im Anschluss 150 000 Abstimmungsberechtigte ein zugehöriges Volksbegehren innerhalb von drei Monaten unterzeichnen, kommt es zum Volksentscheid. Keines der genannten Verfahren kam bis zum heutigen Tage in der Praxis zur Anwendung.

Dies ist anders in der Schweiz. Hier hat die Vetoinitiative, bekannt unter dem Namen des fakultativen Referendums, sowohl auf Bundesebene als auch in den Kantonen eine zentrale Stellung im politischen Entscheidungsprozess, wobei die Wirkungen über die tatsächlichen Nutzungszahlen hinausgehen. Verdeutlicht sei die Bedeutung der Vetoinitiative am Beispiel der Schweizer Bundesebene. Alle Gesetze und Beschlüsse, die das Schweizer Parlament verabschiedet, unterstehen dem fakultativen Referendum. Das bedeutet, dass innerhalb von 100 Tagen nach der Verkündung des Gesetzes oder Beschlusses durch die Sammlung von 50 000 Unterschriften von Schweizer Bürgerin-

A
B
C
D
E
F
G
H
I
J
K
L
M
N
O
P
Q
R
S
T
U
V
W
X
Y
Z

nen und Bürgern eine Abstimmung darüber verlangt werden kann. Ebenso können acht Kantone eine Abstimmung verlangen. Das Gesetz oder der Beschluss tritt erst in Kraft, wenn es in der Volksabstimmung bestätigt wird oder wenn kein Referendum innerhalb der 100 Tage ergriffen wird. Seit der Einführung des direktdemokratischen Verfahrens im Jahr 1874 haben bis zum September 2017 insgesamt 184 Abstimmungen auf der Schweizer Bundesebene stattgefunden, die durch ein fakultatives Referendum ausgelöst wurden. Dabei wurden 104 Gesetze bzw. Beschlüsse des Parlaments bestätigt, während 80 an der Urne verworfen wurden. Aus Sicht der Initiatoren hatten demnach 43 Prozent der fakultativen Referenden Erfolg. Diese Zahl mag angesichts der weit über 2 500 Gesetze, die das Schweizer Parlament im selben Zeitraum verabschiedet hat, gering erscheinen, dabei übersieht man jedoch die erheblichen Vorwirkungen, die sich aus dem bloßen Vorhandensein des direktdemokratischen Instruments ergeben. Da die Hürde zur Auslösung eines fakultativen Referendums so moderat ist, dass eine Vielzahl von Gruppen als potenzieller Initiator eines solchen Verfahrens in Frage kommt, ist der Schweizer Gesetzgebungsprozess darauf ausgerichtet, Gesetzesvorlagen möglichst *referendumsfest* zu machen. Das Scheitern eines Gesetzes in einer Volksabstimmung soll also dadurch verhindert werden, dass bereits in der Entstehung möglichst alle relevanten Gruppen – seien es Parteien oder Interessengruppen – in die Formulierung eingebunden werden (Linder 2005). Über die Jahrzehnte hatte das fakultative Referendum daher erheblichen Anteil an der Entstehung der Schweizer Proporzregierung und des sogenannten Vernehmlassungsverfahrens, in dem die Positionen von Verbänden und anderen Interessengruppen in institutionalisierter Form in die Verhandlungen über Gesetzesentwürfe miteinbezogen werden (Vatter 2014, S. 237 ff.). Insofern kann man davon sprechen, dass das Ergreifen des fakultativen Referendums nur dann erfolgt, wenn die Verhandlungsmechanismen im Vorfeld versagt haben.

Das fakultative Referendum in der Schweiz wird daher seit jeher auch als Bremse des politischen Prozesses beschrieben, Reformen orientieren sich eher am kleinsten gemeinsamen Nenner der beteiligten Akteure. Dafür stützen sich die Politikergebnisse auf eine breite gesellschaftliche Grundlage, da in den Verhandlungen der Konsens aller Beteiligten gesucht wird. Genauer gesagt wird durch das Instrument der Vetoinitiative die Rolle von referendumsfähigen, d. h. organisationsstarken Gruppen gestärkt, da vor allem sie glaubhaft mit dem Einsatz des direktdemokratischen Verfahrens drohen können. So führt das Vorhandensein der Vetoinitiative nicht immer zu

Politikergebnissen, die näher an den Interessen der Bürgerinnen und Bürger liegen, sondern teilweise eben auch näher an jenen von Verbänden und anderen Interessengruppen (Hug und Tsebelis 2004). Zu weit können es diese aber auch nicht treiben: schließlich kann – zumindest in der Schweiz – über jedes Gesetz im Zweifel eine Abstimmung erzwungen werden.

Andreas Kost/Marcel Solar

Literatur

Hug, Simon, und G. Tsebelis 2002. Veto Players and Referendums Around the World. In *Journal of Theoretical Politics* 14 (4): 465–515.

Linder, Wolf. 2005. *Schweizerische Demokratie. Institutionen, Prozesse, Perspektiven.* Bern: Haupt.

Vatter, Adrian. 2014. *Das politische System der Schweiz.* Baden-Baden: Nomos.

Volksabstimmung Direktdemokratische Abstimmung aller wahlberechtigten Bürgerinnen und Bürger über einen politischen Sachverhalt; *siehe auch Plebiszit, Referendum, Volksentscheid, Volksgesetzgebung.* Ebenfalls konkrete Bezeichnung für direktdemokratische Abstimmungen in der Schweiz, in Österreich oder in Italien.

Andreas Kost/Marcel Solar

Volksabstimmungsgesetz ➔ Ausführungsgesetz

Volksbefragung Durch das Instrument der Volksbefragung kann im Vorfeld einer politischen Entscheidung ein Stimmungsbild in der Bevölkerung erhoben werden. Das Ergebnis der Befragung ist nicht verbindlich für die politischen Entscheidungsträger, weshalb die Volksbefragung kein Instrument der direkten Demokratie im engeren Sinne darstellt. Tatsächlich kann das unverbindliche Votum dennoch Wirkung entfalten, da es sich für die politisch Verantwortlichen als schwierig herausstellen kann, sich gegen den öf-

A
B
C
D
E
F
G
H
I
J
K
L
M
N
O
P
Q
R
S
T
U
V
W
X
Y
Z

fentlich proklamierten Wunsch der Bevölkerung zu stellen, gerade wenn das Ergebnis der Befragung sehr eindeutig gewesen ist. Auf der anderen Seite ist der Anreiz, sich an der unverbindlichen Befragung zu beteiligen, für Bürgerinnen und Bürger eher gering, womit das Abstimmungsergebnis an Aussagekraft verliert.

In Deutschland ist im Grundgesetz genau ein Sachverhalt festgehalten, bei dem Volksbefragungen eingesetzt werden können. Dabei handelt es sich um einen Spezialfall einer möglichen Länderneugliederung. Anders als bei einer möglichen Zusammenlegung zweier Bundesländer, bei der in den jeweiligen Ländern verbindliche Volksentscheide durchgeführt werden, können Volksbefragungen in den betroffenen Ländern durchgeführt werden, wenn »in einem zusammenhängenden, abgegrenzten Siedlungs- und Wirtschaftsraum, dessen Teile in mehreren Ländern liegen und der mindestens eine Million Einwohner hat, von einem Zehntel der in ihm zum Bundestag Wahlberechtigten durch Volksbegehren gefordert [wird], dass für diesen Raum eine einheitliche Landeszugehörigkeit herbeigeführt werde«, wie es in Art. 29 Abs. 4 GG heißt. Weitere Formen der Volksbefragungen finden im Grundgesetz keine Erwähnung, es wird aber mehrheitlich davon ausgegangen, dass dies durch ein einfaches Bundesgesetz ermöglicht werden könnte.

Die Verfassungen der Bundesländer sehen keine Volksbefragungen vor. Es gab jedoch Versuche, entsprechende Instrumente einzuführen. 1958 scheiterten die Bundesländer Bremen und Hamburg mit ihrem Versuch, Gesetze über eine Volksbefragung über die atomare Bewaffnung der Bundeswehr einzuführen, das Bundesverfassungsgericht sah darin einen Verfassungsbruch, begründete dies jedoch mit der gesetzgeberischen Kompetenz des Bundes in der Atompolitik. Zuletzt misslang in Bayern der Versuch, unverbindliche Volksbefragungen über Großprojekte und andere Fragen auf Landesebene einzuführen. Mit seinem Urteil vom 21. November 2016 verwarf der Bayerische Verfassungsgerichtshof das entsprechende Gesetz der CSU-Regierungsmehrheit. In der Begründung hielt das Gericht zwar fest, dass die Einführung solcher Befragungen grundsätzlich möglich wäre, dafür bedürfe es jedoch einer Verfassungsänderung, während der bayerische Gesetzgeber lediglich eine einfachgesetzliche Regelung getroffen hatte. Vorhanden ist das Instrument der Volksbefragung hingegen auf der kommunalen Ebene, etwa in Niedersachsen oder in Schleswig-Holstein, sowie in anderen Ländern, wie in Österreich auf Ebene des Bundes sowie einiger Bundesländer.

Andreas Kost/Marcel Solar

Volksbegehren und Volksentscheid (Grundsatzartikel) Die politische Kultur in der Bundesrepublik Deutschland hat nachhaltige Entwicklungen von politischer Beteiligung erfahren. Sie ist kooperativer und zugänglicher geworden. Nur wählen gehen ist für viele Bürgerinnen und Bürger nicht mehr ausreichend. Die Menschen erwarten eine transparente Demokratie mit mehr Aussicht auf direkte Mitwirkungsentscheidung und -gestaltung. Dennoch sind in Deutschland direktdemokratische Items relativ schwach vertreten. Auf der Kommunal- und Länderebene sind im Gegensatz zu der Bundesebene direktdemokratische Instrumente jedoch signifikant verankert. Nach Herstellung der deutschen Einheit finden sich direktdemokratische Elemente in allen Landesverfassungen der Bundesrepublik. Zu diesen gehören insbesondere Volksbegehren und Volksentscheid. Auf der Landesebene sind diese direktdemokratischen Instrumente in allen Bundesländern vertreten.

Strukturen

Ein Volksbegehren bezeichnet einerseits die Forderung der Bürgerinnen und Bürger eines Bundeslandes, dass über eine von Initiatoren vorgelegt Frage bzw. ein vorgelegtes Gesetz ein Volksentscheid abzuhalten sei, andererseits das Verfahren, dieses Ziel zu erreichen. Das Volksbegehren ermöglicht somit den Bürgerinnen und Bürger in den deutschen Ländern mittels Antrag an einem Gesetz etwaige Änderungen oder Aufhebungen vorzunehmen. Sie können dadurch ein Gesetz nicht nur ändern oder aufheben, sondern sogar auch erlassen. Dabei muss der »[...] thematische Gegenstand eines Volksbegehren [...] immer ein förmliches Gesetz sein, für welches das jeweilige Bundesland die Gesetzeszuständigkeit besitzt« (Kost 2013, S. 60). Es gibt auch Ländergesetze, die einem Volksbegehren vorenthalten werden. Beispielsweise sind Volksbegehren über Gebühren und Steuern, Besoldungsrodungen, Finanzfragen und Staatsverträge in einem großen Teil der Länder unzulässig. Ausgangspunkt für ein initiiertes Volksbegehren muss ein ausgearbeiteter und mit Gründen versehener Gesetzesentwurf sein. Zunächst ist ein von einer Mindestzahl von Stimmberechtigten unterzeichneter Antrag auf Zulassung der Auslegung von Eintragungslisten an die Landesregierungen (siehe Innenminister) zu richten. Wird dem Antrag der Initiatoren stattgegeben, erfolgen öffentliche Bekanntmachungen (z. B. im Ministerialblatt), was zur Folge hat, dass nach der Verkündung die Gemeindebehörden Eintragungslisten entgegen zu nehmen haben. Die Listen sind für die stimmberechtigten Unterstützer des Volksbegehrens zur eigenhändigen Eintragung innerhalb unterschiedlicher Fristen auszulegen; erwähnenswert ist in diesem Zusammenhang, dass die Zahl der Eintragungsstätten in der Regel nicht der Zahl der Wahllokale bei Landtags- oder Kommunalwahlen zu entsprechen braucht – unter Umständen ein Nachteil für die Initiatoren eines Volksbegehrens (Kost 2013, S. 60 f.). Ein Volksentscheid wird eingeleitet, wenn je nach Bundesland zwischen 4 und 20 Prozent der Stimmberechtigten durch Unterschriften entsprechende Unterstützung erhalten. So werden beispielsweise in Brandenburg 80 000 (ca. 3,7 Prozent) Unterschriften ver-

Tabelle 1 Verfahren für Volksbegehren und Volksentscheid in den deutschen Ländern (Stand 31. 12. 2016)

Bundesland	Volksbegehren Unterschriften- quorum	Eintragsfrist Amt (A) o. freie Sammlung (F)	Volksentscheid Zu- stimmungsquorum (einfaches Gesetz)	Zustimmungs- quorum (verf.änd. Gesetz)
Baden- Württemberg	10,00 %	6 Monate (F) und innerhalb dieser Frist 3 Monate Amtseintragung	20,00 %	50,00 %
Bayern	10,00 %	14 Tage (A)	Kein Quorum	25,00 %
Berlin	7 % einfache Gesetze, 20 % Verfassungs- änderungen	4 Monate (F+A)	25,00 %	50,00 %
Brandenburg	80 000 (ca. 3,8 %)	6 Monate (A, Brief- eintragung)	25,00 %	50,00 %
Bremen	5 % einfache Gesetze, 10 % Verfassungs- änderungen	3 Monate	20,00 %	40,00 %
Hamburg	5,00 %	21 Tage (Brief- eintragung)	Kein Quorum bei Zusammen- legung mit Wahlen ansonsten 20 %	Kein Quorum
Hessen	20,00 %	2 Monate	Kein Quorum	Nicht möglich
Mecklenburg- Vorpommern	100 000	5 Monate (F)	25,00 %	50,00 %
Niedersachsen	10,00 %	Mindestens 6 Monate (F)	25,00 %	50,00 %
Nordrhein- Westfalen	8,00 %	1 Jahr (F) und in den ersten 18 Wochen	15,00 %	50 % Beteiligungs- quorum
Rheinland-Pfalz	300 000	2 Monate (F+A)	25,00 %	50 % Beteiligungs- quroum
Saarland	7,00 %	3 Monate (A)	25,00 %	50 % Beteiligungs- quroum
Sachsen	450 000 (ca. 13,2 %)	8 Monate (F)	Kein Quorum	50 %
Sachsen-Anhalt	9 %	6 Monate (F)	25 %	50 % + $^2/_3$-Mehrheit
Schleswig- Holstein	80 000 (ca. 3,6 %)	6 Monate (F + A)	15 %	50 % + $^2/_3$-Mehrheit
Thüringen	10 % (F) 8 % (A)	4 Monate (F) 2 Monate (A)	25 %	40 %

Quelle: Mehr Demokratie e.V., Stand 2016

langt und in Hessen müssen 20 Prozent des Unterschriftenquorums erfüllt sein. Die Fristeinhaltung für die Unterschriftenaktion liegt zwischen zwei Wochen und bis zu einem Jahr. Es gibt aber auch Bundesländer, die keine genauen Fristen voraussetzen, wie z. B. Mecklenburg-Vorpommern. Erreicht ein Volksbegehren die erwartete Unterschriftenvorlage nicht, dann gilt das Volksbegehren als gescheitert. Die Landtage setzen sich mit dem sachlichen Inhalt der Volksbegehren auseinander und sind die eigentlichen Adressaten (Kost 2013, S. 61). Entsprechen die Landtage einem Volksbegehren nicht, dann kommt es zum Volksentscheid. Dieser ist die Abstimmung aller wahlberechtigten Bürgerinnen und Bürger über ein Gesetz oder eine Verfassungsänderung. Der Volksentscheid hat das Ziel, einen Gesetzesbeschluss der Bürgerinnen und Bürger anstelle des Landtags treten zu lassen. Das Gesetz kann durch die Annahme des Entwurfs mit einer Mehrheit der abgegeben Stimmen umgesetzt werden, sofern diese Mehrheit zwischen 15 Prozent und 50 Prozent der Stimmberechtigten beträgt. Solche (Zustimmungs-) Quoren sollen eine gewisse Repräsentativität abbilden, stehen aber im Hinblick ihrer Angemessenheit im politischen Streit. Über den Gegenstand des Volksbegehrens kann beim Volksentscheid geheim nur mit »Ja« oder »Nein« abgestimmt werden. Entscheidend ist die Mehrheit der abgegebenen gültigen Stimmen. Bei Erreichen der notwendigen Mehrheit ist das Gesetz von den Landeregierungen anzufertigen und zu verkünden (Kost 2013, S. 62). Damit erhält das vorgelegte Gesetz Rechtsgültigkeit.

Entwicklungen

Betrachtet man den Zeitraum seit der Einführung direktdemokratischer Elemente 1946 in Bayern und Hessen, wurden insbesondere seit den 1990er Jahren stetig mehr Initiativen eingeleitet. Allein im Jahr 2016 wurden zwölf direktdemokratischen Verfahren in acht Bundesländern neu initiiert. Insbesondere in den Bundesländern Hamburg und Berlin zeigt sich eine routinierte Interaktion und Handhabung von Volksbegehren. Gleichwohl kommt es dazu, dass 65 Prozent aller direktdemokratischen Verfahren auf Länderebene scheitern. Dies ist beispielsweise dem Umstand geschuldet, weil die Unterschriftenhürde nicht erreicht wurde und somit Volksbegehren nicht rechtskräftig werden konnten. Im Jahr 2016 lässt sich dies illustrieren: Bei vier von sechs Volksbegehren musste aufgrund fehlender Unterschriftenzahlen die Initiative zurückgezogen werden.

Die Gesamtzahl der von den Bürgerinnen und Bürgern initiierten Verfahren lag im Zeitraum von 1946 bis 2016 bei 324. Diese teilen sich auf in

Tabelle 2 Anzahl und Häufigkeit von Volksbegehren und Volksentscheid (1946 bis 2016)

Bundesland	Einführung	Jahre Praxis	Anträge/ Initiativen gesamt	Davon Volksbegehren	Davon Volksentscheid
Hamburg	1996	21	45	16	7
Brandenburg	1992	25	43	13	0
Mecklenburg-Vorpommern	1994	23	29	4	1
Schleswig-Holstein	1990	27	34	5	2
Bayern	1946	71	51	20	6
Berlin	1949–1975, seit 1995	48	32	10	5
Sachsen	1992	25	13	4	1
Thüringen	1994	23	105	5	0
Niedersachsen	1993	24	10	3	0
Saarland	1979	38	8	1	0
Baden-Württemberg	1974	43	9	0	0
Nordrhein-Westfalen	1950	67	14	2	0
Bremen	1947	70	11	3	0
Sachen-Anhalt	1992	25	3	3	1
Hessen	1946	71	75	1	0
Rheinland-Pfalz	1947	70	5	1	0
Gesamt			**324**	**91**	**23**

Quelle: Mehr Demokratie e. V. Stand 2016

25 obligatorische Referenden sowie 22 weitere Volksabstimmungen. Wenn der gesamte Zeitraum betrachtet wird, dann weist Hamburg die intensivste Praxis bei Volksbegehren und Volksentscheid auf. Neben Hamburg sind Bayern und Berlin als bundesweite Spitzenreiter auszumachen. Bayern hat mit 20 Volksbegehren und immerhin 6 Volksentscheiden vor Hamburg mit 16 Volksbegehren und 7 Volksentscheiden die meisten direktdemokratischen Verfahren auf Landesebene zu verzeichnen. Anhand der vorliegenden Zahlen kann konstatiert werden, dass die Verfahren mit Volksbegehren und Volksentscheiden zwar langsam, aber kontinuierlich zunehmen. Zwischen den Bundesländern herrscht allerdings große Heterogenität hinsichtlich der gesetzlichen Regelungen und der Häufigkeit direktdemokratischer Verfahren.

Die Anzahl der eingereichten Verfahren und ihre direktdemokratischen Handlungsspielräume hängen in hohem Maße auch vom Umfang der The-

Tabelle 3 Themenbereiche

Themenbereiche	Volksbegehren und fakultative Referenden 2016	Volksbegehren und fakultative Referenden gesamt (1946–2016)
Bildung und Kultur	3 (25 %)	88 (27 %)
Demokratie, Staatsorganisation und Innenpolitik	3 (25 %)	78 (24 %)
Wirtschaft	2 (17 %)	47 (15 %)
Soziales	2 (17 %)	37 (11 %)
Gesundheit, Umwelt und Verbraucherschutz	0 (0 %)	26 (8 %)
Verkehr	1 (18 %)	24 (7 %)
Sonstiges	1 (8 %)	24 (7 %)
Gesamt	**12 (100 %)**	**324 (100 %)**

Mehr Demokratie e.V.: Stand 2016

menbeschränkungen ab. Ungleich zahlreicher ist im Übrigen die Anwendung direktdemokratischer Verfahren auf der Kommunalebene.

Thematisch oben auf der Beliebtheitskategorie der Bürgerinnen und Bürger für Volksbegehren und Volksentscheid stehen Bildung und Kultur mit 88 von 324 Verfahren (27 Prozent). Praktisch jede vierte Initiative fällt in diesen Bereich. Exemplarisch wurden Ende der 1990er Jahre mehrere Volksbegehren gegen die umstrittene Rechtschreibreform herbeigeführt. In den vergangenen Jahren wurden vermehrt Schulreformen (G8/G9) und Kinderbetreuungsfragen auf die politische Agenda platziert. Neben Bildung und Kultur lag in den letzten Jahren Demokratie, Staatsorganisation und Innenpolitik im Fokus (25 Prozent).

Die gesetzlichen Rahmenbedingungen bzw. Verfahrensanforderungen auf der Länderebene sind relativ rigide. Im Vergleich z.B. mit den Schweizer Kantonen oder den US-Bundesstaaten gibt es in den deutschen Bundesländern deutlich mehr Zulässigkeitsbeschränkungen. So sind dort Haushalts- und Steuerthemen nicht ausgeschlossen und Unterstützungsquoren für eine erfolgreiche Initiative in der Regel viel niedriger (Schiller 2002, S. 118). Daher richten sich Volksbegehren in den deutschen Ländern nur auf eine begrenzte Anzahl an Themen. Oder auch: Je rigider die gesetzlichen Regelungen, desto weniger Entscheidungen finden statt.

A
B
C
D
E
F
G
H
I
J
K
L
M
N
O
P
Q
R
S
T
U
V
W
X
Y
Z

Wirkungen

Die relativ geringe Zahl von 91 Volksbegehren und 23 Volksentscheiden seit 1946 hat einerseits weder vermeintliche Befürchtungen einer Schwächung der repräsentativen Demokratie hinsichtlich einer Überforderung der Bürgerinnen und Bürger bei komplexen Entscheidungen bestätigt sowie andererseits die Hoffnungen der Befürworter direkter Demokratie wohl enttäuscht, dass sich die Zahl der unmittelbar Beteiligten an der Landespolitik durch dieses Partizipationsinstrument signifikant erhöhen ließe. Statistisch gesehen findet damit lediglich alle ca. 30 Jahre ein Volksentscheid pro Bundesland statt. Gründe für die geringe Umsetzungsquote sind durchaus zu identifizieren: Die Unterschriftenquoren bei den Volksbegehren sind in vielen Flächenländern immer noch recht hoch. Für ein Volksbegehren müssen große Stimmenanteile zusammengetragen werden – dies erfordert eine erhebliche Organisationsfähigkeit der Initiatoren, weil zusätzlich die Eintragungsfristen zu beachten sind. Gleichwohl haben einige Länder dieses Eintragungsfristen mittlerweile doch schon auf mehrere Monate ausgedehnt, in Nordrhein-Westfalen sogar bis zu einem Jahr. Auch beim Volksentscheid müssen Hürden genommen werden: Die Zustimmungsquoren für einen Entscheid bei einfachen Gesetzen existieren im Idealfall für die Initiatoren nicht (siehe Bayern, Hessen und Sachsen und modifiziert Hamburg) oder betragen in einigen Bundesländern noch 25 Prozent.

Bei der bundesweit beachteten Volksabstimmung in Baden-Württemberg zu »Stuttgart 21« scheiterten die Initiatoren dieses Entscheids nicht nur daran, dass 58,8 Prozent der Abstimmenden gegen einen Ausstieg aus dem Bahnprojekt votierten, sondern weil auch das damalige Zustimmungsquorum von 33,3 Prozent verfehlt wurde. Dabei lag die Wahlbeteiligung bei respektablen 48,3 Prozent von insgesamt 7,6 Mio. Wahlberechtigten. Dieses Ergebnis ist aufgrund mancher zu beobachtender verzerrter Wahrnehmung über institutionelle Hürden bei Volksabstimmungen wohl erläuterungsbedürftig. Um den Volksentscheid aus Sicht der Gegner zu einem Erfolg zu führen, hätten bei einer fiktiven Beteiligung von 33,3 Prozent, also dem erforderlichen Quorum, 100 Prozent der Wahlberechtigten gegen das Projekt stimmen müssen. Bei der tatsächlichen Wahlbeteiligung von 48,3 Prozent wäre immer noch eine Quote von ca. 70 Prozent dagegen erforderlich gewesen. Erst bei einer Beteiligung von rund 67 Prozent aller Wahlberechtigten hätte die einfache Mehrheit gegen »Stuttgart 21« genügt, um das Projekt zu verhindern. Eine Größenordnung, die für eine Abstimmung über einen einzelnen (regionalen) Sachverhalt schwerlich erreichbar sein dürfte (Kost 2013, S. 64 ff.).

Auch im bevölkerungsreichsten Bundesland Nordrhein-Westfalen mit knapp 18 Mio. Einwohnern fanden seit der Einführung von Volksbegehren und Volksentscheid 1950 lediglich zwei Begehren und noch kein einziger von der Bevölkerung initiierter Entscheid statt. Exemplarisch sollen die zwei Volksbegehren dargestellt werden. 1974 fand die sog. »Aktion Bürgerwille« gegen die kommunale Gebietsreform im Ruhrgebiet mit der Eingemeindung kleinerer Gemeinden in größere Kommunen (Wattenscheid-Gesetz) statt. Sie verfehlte mit etwa 6 Prozent (= 720 032 Stimmen) die zum damaligen Zeitpunkt noch geforderte Anzahl von einem Fünftel der Stimmberechtigten recht deutlich. Vielleicht verdient an dieser Stelle noch der Umstand Erwähnung, dass der Eintragungszeitraum in Nordrhein-Westfalen in die Karnevalszeit fiel und die Aussichten auf einen höheren Stimmenanteil damit etwas schmälerte ...

Als Erfolg war hingegen das Volksbegehren gegen die Einführung der Kooperativen Schule zu bewerten, für das sich im Februar 1978 29,9 Prozent der stimmberechtigten Bürgerinnen und Bürger aussprachen (= 3 637 207 Stimmen). Das gegen eine Gesetzesinitiative der damaligen SPD/FDP-Koalition gerichtete Begehren wurde von einer »Bürgeraktion Volksbegehren gegen die Kooperative Schule« angeführt, die sich aus Eltern- und Lehrerverbänden zusammensetzte, dabei von der damaligen Oppositionspartei CDU massiv unterstützt wurde und auch in weiten Teilen der Bevölkerung erkennbare Zustimmung erhielt. Auf Empfehlung der Landesregierung hob daraufhin der Landtag das Gesetz zur Einführung dieses Schultyps auf, so dass kein Volksentscheid notwendig war; das Volksbegehren wurde als Vorwegnahme des Volksentscheids gewertet. In der Rückschau wird diesem Volksbegehren eine beachtliche politische Wirkung zugesprochen, weil der Streit um die Kooperative Schule das Ende der sozialliberalen Regierung *Kühn* einläutete. Bereits im November 1976 hatten die Koalitionsfraktionen von SPD und FDP den Gesetzentwurf zur Kooperativen Schule vorgelegt. Dies geschah jedoch gegen den Willen des Ministerpräsidenten *Heinz Kühn* (SPD) und der meisten Landesminister. Insbesondere die SPD-Linke in der Landtagsfraktion wollte sich mit dem »Abflauen« der bildungspolitischen Reformen nicht abfinden. Sie war darüber verärgert, dass die integrierte Gesamtschule in Nordrhein-Westfalen nicht zur Regelschule werden, sondern nur Versuchsschule bleiben sollte. Die Kooperative Schule war daher der »Hebel«, aufgrund sinkender Schülerzahlen einen neuen bildungspolitischen Anlauf zu nehmen. Den Kommunen als Schulträgern sollte unter bestimmten räumlichen und personellen Voraussetzungen gestattet werden, Haupt-, Realschulen und Gymnasien für die Sekundarstufe I (Klassen fünf bis zehn) in einem Schulzentrum mit gemeinsamer Leitung zu einer Kooperativen Schule zusammenzufassen. Die Klassen fünf und sechs waren als schulformunabhängige Orientierungsstufe gedacht, während in den Klassen sieben bis zehn differenzierte Abteilungen mit den drei Schulformen existieren sollten. Dieses Koop-Modell führte jedoch im ganzen Lande zu zahlreichen und wütenden Protesten, was SPD und FDP (mit Zustimmung von Ministerpräsident *Kühn*) zu der erheblichen Änderung veranlasste, die Kooperative Schule nur noch als Angebotsschule einzuführen. Aber es war bereits zu spät, das Volksbegehren »Stopp Koop« ließ sich nicht mehr aufhalten. Mit über 3,6 Mio. Unterschriften wurde dieses Volksbegehren das erfolgreichste in der Geschichte der Bundesrepublik Deutschland; eine solche Zustimmung ist bisher nicht mehr erzielt worden. *Kühn* trat sechs Monate nach dem für ihn als persönliche Niederlage zu wertenden Volksbegehren als Ministerpräsident zurück. Seit dieser Zeit fand kein weiteres Volksbegehren in Nordrhein-Westfalen mehr statt (Kost 2013b).

Am Beispiel des Volksbegehrens »Nichtraucherschutz« in Bayern lässt sich jedoch veranschaulichen, wie einzelne direktdemokratische Verfahren eine spezifische Dynamik bei der Umsetzung von Gesetzen entwickeln können. Am 12. Dezember 2007 verabschiedete der Bayerische Landtag das strikteste Rauchverbot in Deutschland. Um das Rauchverbot zu umgehen, gründeten viele Wirte Raucherclubs und umgingen so das Gesetz. Zudem lockerte die bayerische Landesregierung, bestehend aus einer CSU/FDP-Koalition, nach den schlechten Ergebnissen bei der Kommunalwahl und der Landtagswahl für die CSU, das Rauchverbot. Ab dem 1. August 2009 durfte wieder in Einraumkneipen und Nebenzimmern geraucht werden. Im November startete daraufhin bayernweit das Volksbegehren »Nichtraucherschutz«, das sich für die Rückkehr zu einem strengeren Gesetz einsetzte. Beim Volksentscheid stimmten dann 61 Prozent für ein strengeres Nichtraucherschutzgesetz. Dieses trat am 1. August 2010 in Kraft. Die Implementation des Gesundheitsschutzgesetzes in Bayern hatte gezeigt, dass die Politik – aus verschiedenen Gründen – die Auswirkungen ihrer Gesetze nicht immer unter Kontrolle hatte. Nicht zuletzt die indifferente Haltung der Bayerischen Staatsregierung in der Gesetzesfrage führte zu einem gewissen Kontrollverlust innerhalb des Agenda-Setting-Prozesses. Stattdessen wurden Vetoplayer, zivilgesellschaftliche Initiativen und andere Akteure, darunter die ödp, die als Kleinpartei in Bayern eine bedeutendere Rolle spielt als in anderen Ländern, in diesem Hintergrund immer stärker, was sich letztlich im direktdemokratischen Abstimmungsergebnis widerspiegelte. Gleichwohl sind solche dynamischen Kulminationspunkte von Volksbegehren und Volksentscheiden eher die Ausnahme. Dies hängt immer noch mit den recht zahlreichen Ausschlussbedingungen zusammen. In einem materiellen Sinne könnte im Hinblick auf eine erweiterte Bürgermitwirkung auch das Fehlen von obligatorischen Volksabstimmungen über Verfassungsänderungen (Ausnahmen Bayern, Hessen und sehr eingeschränkt Berlin) sowie der überwiegende Ausschluss von Volksbegehren zu Finanzthemen (Ausnahmen Berlin und Sachsen) bemängelt werden (Kost 2018).

So wäre nicht auszuschließen, dass solche Kernbereiche demokratisch zu führender Entscheidungen das Interesse und das Verantwortungsgefühl der Bürgerinnen und Bürger gegenüber der Landespolitik in einem gewissen Maße stärken könnten. Zweifellos wäre eine erweiterte Einbindung der Bürgerinnen und Bürger durch unmittelbare Entscheidungen kein Allheilmittel gegen Politiker- und Parteienverdrossenheit, aber genauso wenig wäre es eine Gefahr für die Funktionsfähigkeit der Demokratie. Zumindest tragen Volksbegehren und Volksentscheid, trotz bisher spärlicher Anwendungszahl, indirekt dazu bei, die Politik etwas mehr zu kontrollieren und transparenter zu gestalten.

Iman Shooshtari

Literatur

Kost, Andreas. 2013. *Direkte Demokratie,* 2. Aufl. Wiesbaden: Springer VS.

Kost, Andreas. 2013b. Direkte Demokratie und Parteien in Nordrhein-Westfalen – Ein Nullsummenspiel? In: *Parteien in Nordrhein-Westfalen,* Hrsg. Stefan Marschall, 145–163. Essen: Klartext Verlag.

Kost, Andreas. 2018. *Direkte Demokratie in Bayern aus bundesdeutscher Perspektive* (unveröffentlichtes Manuskript).

Mehr Demokratie e. V. 2014. Positionspapier Nr.1. *Pro und Kontra Volksentscheid – Die wichtigsten Argumente im Überblick.* Berlin.

Mehr Demokratie e. V. 2016. Volksbegehrensbericht 2017. *Direkte Demokratie in den deutschen Bundesländern 1946 bis 2016.* Berlin.

Schiller, Theo. 2002. *Direkte Demokratie. Eine Einführung.* Frankfurt am Main: Campus Verlag.

Volksentscheid → Volksbegehren und Volksentscheid

Volksgesetzgebung Bezeichnet den Prozess, bei dem die Gesamtheit der stimmberechtigten Bürgerinnen und Bürger eines Landes selbst als Gesetzgeber auftritt, und gleichzeitig alle von der Verfassung vorgesehenen Elemente dieses Prozesses, also Volksinitiative, Volksbegehren, Volksentscheid. Man kann in der Bundesrepublik zwischen zwei Stufenformen der Volksgesetzgebung unterscheiden: Die zweistufige Volksgesetzgebung aus Volksbegehren und Volksentscheid und die dreistufige Volksgesetzgebung, zu der noch die Volksinitiative als erste Stufe hinzukommt. Dabei kommt es darauf an, wer Volksabstimmungen auslösen kann, welche direktdemokratischen Verfahren gelten und welche Rolle in diesem Entscheidungsprozess Parlament und Regierung spielen. In Deutschland wird auf Länderebene die Variante der Volksgesetzgebung bevorzugt, während z. B. in der Schweiz als Vetoinstrument das fakultative Referendum dominiert. In den deutschen Ländern hat das zur Folge, dass die Bürgerinnen und Bürger als Gesetzgeber initiativ werden müssen, in der Schweiz wird dagegen über ein vom Parlament bereits beschlossenes Gesetz abgestimmt. Das Volk erhält zwar in Deutschland die Möglichkeit, Gesetze auch gegen den Willen des Parlaments beziehungsweise der Parlamentsmehrheit durchzusetzen, doch haben sich die Gesetzgeber damit revanchiert, dieses Angebot durch hohe Zustimmungs- und Abstimmungsquoren sowie weitgehende Themenausschlussgegenstände zu beschränken. Die Anwendung in der Praxis hält sich in Grenzen. Ferner bleiben die deutschen Länder, die immerhin direktdemokratische Verfahren in ihre Länderverfassungen integriert haben, auf der Bundesebene bei plebiszitären Gesetzgebungsverfahren praktisch außen vor. Im Sinne einer realistischen Umsetzung von direktdemokratischen Elementen in das Grundgesetz sind daher dem fakultativen Referendum größere Realisierungschancen im Kontext der politischen Kultur Deutschlands einzuräumen.

Andreas Kost/Marcel Solar

Literatur
Kost, Andreas. 2013. *Direkte Demokratie,* 2. Aufl. Wiesbaden: Springer VS.

Volksinitiative (Grundsatzartikel)

Begriffsbestimmung

Die Volksinitiative (in Thüringen und Bremen: »Bürgerantrag«, in Baden-Württemberg und Sachsen »Volksantrag«, in Hamburg »Volkspetition«) ist ein Instrument der direkten Demokratie auf deutscher Landesebene. Sie ermöglicht es den Bürgerinnen und Bürgern, ihren politischen Willen zu einem Sachverhalt gegenüber ihrem Landesparlament zu äußern sowie das Parlament rechtlich zu verpflichten, sich damit zu befassen (Korte et al. 2006, S. 83 f.). Damit ist sie ein Themensetzungs-Instrument der Bürgerinnen und Bürger gegenüber ihrem gewählten Parlament (Kost 2013, S. 106). Um eine Volksinitiative ins Parlament einzubringen, benötigen die Initiatoren eine Mindestanzahl von Unterstützerunterschriften, die dem Parlament meist innerhalb einer Sammlungsfrist überreicht werden müssen. Sie ähnelt damit einer Massenpetition. Die genaue Ausgestaltung der Volksinitiative unterscheidet sich zwischen den Bundesländern erheblich und eine einheitliche rechtliche Definition ist nicht möglich (Neumann 2009, S. 204). In manchen Bundesländern kann die Volksinitiative (über die Funktion als Massenpetition hinaus) den dreistufigen Volksgesetzgebungsprozess einleiten. Dazu muss sie einen Gesetzesentwurf beinhalten, der dem Parlament mit der Aufforderung vorgelegt wird, ihn als Gesetz zu verabschieden. Allerdings begründet dies keine Gesetzesinitiative im juristischen Sinne, sondern gilt lediglich als unverbindlicher Vorschlag. Es steht dem Landesparlament immer frei, ob es sich die Initiative als Gesetzgeber zu eigen macht, wie darüber entschieden wird und ob beinhaltete Beschlüsse oder Gesetzesentwürfe angenommen werden (Neumann 2009, S. 196 ff.). Der Begriff Volksinitiative wird auch in zwei weiteren Bedeutungen verwendet. So wird häufig ebenfalls als Volksinitiative (oder Initiative) der gesamte Prozess der Volksgesetzgebung (mit Volksinitiative, Volksbegehren und Volksentscheid) in deutschen Bundesländern bezeichnet (Neumann 2009, S. 193 und 205; Hsu 2014). Weiterhin werden als Volksinitiative verschiedene direktdemokratische Initiativprozesse auf der schweizerischen Bundes- und Kantonsebene bezeichnet (Christmann 2012, S. 88 f.), deren deutsche Äquivalente eher unter dem Begriff des Volksbegehrens bekannt sind.

Historische Entwicklung

Im historischen Rückblick ist die Volksinitiative ein relativ neues Instrument. In der Weimarer Republik kannte man nur das Volksbegehren und den Volksentscheid als Initiativinstrumente der Bürger (Hsu 2014, S. 46 f.). Verfassungskontinuitäten auf Länderebene zwischen Weimarer Republik und Bundesrepublik erklären, warum sich das Volksgesetzgebungsverfahren mit den beiden Instrumenten in den Landesverfassungen der Bundesrepublik Deutschland seit 1949 wiederfindet. Erst 1990 wurde in Schleswig-Holstein als erstem Bundesland die Volksinitiative als Ergänzung zu Volksbegehren und Volksentscheid eingeführt (Neumann 2009, S. 190). Zeitgleich gab die Wiedervereinigung Deutschlands der Debatte um direktdemokratische Elemente in den Landesverfassungen neuen Schwung, woraufhin alle neuen Bundesländer die Volksinitiative in ihren Landesverfassungen verankerten. Ursächlich für die Renaissance der direkten Demokratie in Deutschland war neben der Partizipationskultur der Umwelt- und 68er-Bewegungen in Westdeutschland auch die Skepsis der ostdeutschen Bürgerbewegungen gegenüber dominanten Parteien im politischen System. Die Folge war, dass durch diverse Verfassungsänderungen ab 1996 alle Länder die Volksgesetzgebung (wieder) einführten oder stärkten und in diesem Zuge auch die Volksinitiative in vielen Landesverfassungen als neues Instrument verankert wurde. Ihre Anwendungshürden wurden in den Folgejahren zudem schrittweise verringert (Faber 2013, S. 27 f.). Als bisher letztes Bundesland führte Baden-Württemberg im Zuge einer Verfassungsreform im Dezember 2015 den Volksantrag ein, der der Volksinitiative in anderen Bundesländern entspricht.

Unterschiedliche Ausgestaltung in den Bundesländern

Die Volksinitiative existiert heute (Stand: Juni 2017) in 13 der 16 deutschen Bundesländer (Baden-Württemberg, Berlin, Brandenburg, Bremen, Hamburg, Mecklenburg-Vorpommern, Niedersachsen, Nordrhein-Westfalen, Rheinland-Pfalz, Sachsen, Sachsen-Anhalt, Schleswig-Holstein und Thüringen). Die Landesverfassungen von Bayern, Hessen und dem Saarland kennen das Instrument nicht. In Hamburg existieren zwei Instrumente: Volkspetition und Volksinitiative. Erstere hat die Funktion der verpflichtenden, aber unverbindlichen Befassung des Parlaments mit verschiedenen Sachfragen. Letztere hat die Funktion der ersten Stufe des dreistufigen Volksgesetzgebungsprozesses.

Hinsichtlich ihrer Ausgestaltung und ihres Anwendungszwecks lässt sich die Volksinitiative in zwei Kategorien unterteilen (siehe Tab. 1): In fünf der 13 Bundesländer (Berlin, Bremen, Niedersachsen, Nordrhein-Westfalen und Thüringen) hat sie ausschließlich den Charakter einer (Massen-)Petition. Sie ist hier auf die Funktion begrenzt, das Parlament zur unverbindlichen Aus-

Tabelle 1 Funktion der Volksinitiative in den deutschen Bundesländern

Volksinitiative …	… ist Massenpetition	… ist Massenpetition und kann die Volksgesetzgebung einleiten	… existiert nicht
Bundesländer	Berlin, Bremen, Niedersachsen, Nordrhein-Westfalen, Thüringen	Baden-Württemberg, Brandenburg, Hamburg, Mecklenburg-Vorpommern, Rheinland-Pfalz, Sachsen, Sachsen-Anhalt, Schleswig-Holstein	Bayern, Hessen, Saarland

Quelle: Eigene Darstellung

einandersetzung mit einem Sachverhalt zu verpflichten. Nachdem die Forderungen und gesammelten Unterstützerunterschriften dem Parlament überreicht wurden, entfaltet die Volksinitiative, im Vergleich zur gewöhnlichen Petition, dennoch eine größere Wirkung beim Ausdruck des politischen Willens der Bürgerinnen und Bürger, da die Vertreterinnen und Vertreter der Volksinitiative in den behandelnden Ausschüssen Anhörungsrecht haben. Das garantiert ihnen nicht nur mediale, sondern auch parlamentarische Aufmerksamkeit für ihr Anliegen (Kost 2013, S. 58; Faber 2013, S. 23).

In den anderen acht Bundesländern ist sie zunächst ebenfalls Massenpetition, kann bei Ablehnung der enthaltenen Forderungen oder Gesetze aber durch einen Folgeantrag der Initiatoren zum ersten Schritt der dreistufigen Volksgesetzgebung durch Volksinitiative, Volksbegehren und Volksentscheid umgewandelt werden (siehe Abb. 1 unten) und dadurch mehr Nachdruck erlangen. Die gesammelten Unterschriften der Volksinitiative ersetzen bei diesem Verfahren einen Antrag auf Volksbegehren, der ohne die vorgeschaltete Volksinitiative nötig wäre, um den Volksgesetzgebungsprozess in Gang zu bringen (Kost 2013, S. 60).

Formale Kriterien

Unabhängig davon, ob die Volksinitiative den Volksgesetzgebungsprozess einleitet oder als Massenpetition fungiert, muss diese bestimmte formale Kriterien erfüllen, um vom Parlament zugelassen zu werden. Dazu gehören:

- Ein zulässiger Antragsgegenstand
- Eine ausreichende Anzahl von Unterstützerunterschriften (sog. Quorum)
- Die Einhaltung einer bestimmten Frist bei der Sammlung der Unterschriften

A
B
C
D
E
F
G
H
I
J
K
L
M
N
O
P
Q
R
S
T
U
V
W
X
Y
Z

- Die Benennung von Vertrauenspersonen oder Vertreterinnen und Vertretern der Initiative, die für die Initiative sprechfähig sind

Ein zulässiger Antragsgegenstand liegt nur vor, wenn er in die Zuständigkeit der Landesgesetzgebung fällt oder sonstige Sachverhalte betrifft, die auf Landesebene geregelt werden – bundespolitische Themen sind ausgeschlossen (Kost 2013, S. 58). In vielen Bundesländern gibt es darüber hinaus weitere Anwendungsgebiete, die von vornherein ausgeschlossen werden. Das sind insbesondere Bereiche mit finanziellen Auswirkungen wie Haushalt, Abgaben oder Besoldung, was auch als Finanzvorbehalt bezeichnet wird (Neumann 2009, S. 391). Die Vorbehalte sind je nach Bundesland verschieden geregelt: Beispielsweise werden in Berlin, Brandenburg, Bremen, Hamburg (gilt nur für die Volksinitiative, nicht aber für die Volkspetition), Mecklenburg-Vorpommern, Rheinland-Pfalz, Sachsen, Schleswig-Holstein und Thüringen Initiativen als unzulässig bezeichnet, die sich auf den Haushalt, das Haushaltsgesetz, auf »Finanzfragen«, usw. des Landes beziehen. In Berlin, Brandenburg, Bremen und Thüringen werden darüber hinaus Personalentscheidungen ausgeschlossen und in Berlin, Brandenburg und Bremen kann anders als in allen anderen Bundesländern eine Initiative die Auflösung des Parlaments verlangen. In den vier Bundesländern Baden-Württemberg, Nordrhein-Westfalen, Niedersachsen und Sachsen-Anhalt werden für die Volksinitiative keine Anwendungsbereiche ausgeschlossen, was auf den ersten Blick bemerkenswert erscheint. Allerdings hat die Volksinitiative in zweien dieser Länder (Nordrhein-Westfalen und Niedersachsen) nur den unverbindlichen Petitionscharakter. In den anderen beiden Ländern (Baden-Württemberg und Sachsen-Anhalt) kann sie dahingegen in ein Volksbegehren übergehen, das aber wiederum einen Finanzvorbehalt beinhaltet, ebenso wie das Volksbegehren in Nordrhein-Westfalen und Niedersachsen. Es zeigt sich, dass Haushalts- und Finanzfragen von allen Bundesländern effektiv als Anwendungsgebiet ausgeschlossen werden, spätestens sobald die Volksinitiative ihren Unverbindlichkeitsraum verlässt (Rux 2008, S. 408).

Die beantragte Volksinitiative wird erst zulässig, wenn eine bestimmte Anzahl von Stimmberechtigten ihre Unterschrift zur Unterstützung der Initiative leistet – die Anzahl unterscheidet sich von Bundesland zu Bundesland (siehe Tab. 2). Die benötigte Anzahl der Unterschriften wird Quorum genannt. Die niedrigste relative Anzahl wird in Nordrhein-Westfalen und Baden-Württemberg mit 0,5 % der Stimmberechtigten gefordert, die höchste Anzahl in Thüringen mit 2,6 % der Stimmberechtigten. Stimmberechtigt ist in den meisten Bundesländern, wer zum Zeitpunkt der Unterschrift für den Landtag wahlberechtigt ist (Kost 2013, S. 58). In Brandenburg kann das Mindestalter bei der Abstimmung in bestimmten Fällen von 18 Jahren auf 16 Jahre herabgesetzt werden, in Berlin und Bremen ist es generell auf 16 Jahre herabgesetzt und bei der Volkspetition in Hamburg gibt es gar keine Altersgrenze (wohl aber bei der Volksinitiative im Volksgesetzgebungsprozess: dort ebenfalls 16 Jahre) (Rux 2008, S. 409). Einige Länder erlauben mittlerweile die elektronische Unterschriftensammlung (z. B. Bremen) und in manchen Ländern können Unterzeichnerinnen und Unterzeichner sich nach der Ein-

Tabelle 2 Übersicht der Kriterien und Anzahl gestarteter Volksinitiativen

Bundesland	Benötigte Anzahl Unterschriften*	Frist	Kann die Volksgesetzgebung einleiten?	Artikel der Landesverfassung	Anzahl Volksinitiativen (Zeitraum)
Baden-Württemberg	0,5 % (ca. 39 000)	12 Monate	Ja	Art. 59	1 (2016–2017)
Berlin	20 000 (ca. 0,8 %)	6 Monate	Nein	Art. 61	8 (1998–2017)
Brandenburg	20 000 (ca. 0,9 %)	12 Monate	Ja	Art. 76	32 (1992–2017)
Bremen	5 000 (ca. 1 %)	Keine	Nein	Art. 87	8 (1996–2017)
Hamburg**	10 000 (ca. 0,8 %)	Keine/ 6 Monate	Nein/Ja	Art. 29/ Art. 50	5 (1996–2015)/ 45 (1997–2017)
Mecklenburg-Vorpommern	15 000 (ca. 1,1 %)	Keine	Ja	Art. 59	29 (1994–2017)
Niedersachsen	70 000 (ca. 1,2 %)	12 Monate	Nein	Art. 47	15 (1994–2017)
Nordrhein-Westfalen	0,5 % (ca. 66 000)	12 Monate	Nein	Art. 67	18 (2002–2017)
Rheinland-Pfalz	30 000 (ca. 1 %)	12 Monate	Ja	Art. 108a	5 (2000–2017)
Sachsen	40 000 (ca. 1,1 %)	Keine	Ja	Art. 71	13 (1994–2015)
Sachsen-Anhalt	30 000 (ca. 1,6 %)	Keine	Ja	Art. 80	9 (1992–2015)
Schleswig-Holstein	20 000 (ca. 0,9 %)	12 Monate	Ja	Art. 48	31 (1994–2015)
Thüringen	50 000 (ca. 2,6 %)	6 Monate	Nein	Art. 68	0 (1994–2015)

Quelle: Eigene Darstellung in Anlehnung an Kost (2013, S. 59). *Prozentangaben beziehen sich auf die Gesamtheit der Wahlberechtigten. Wird die absolute Zahl zuerst genannt, so ist dies die Zahl, die im jeweiligen Landesgesetz oder der Landesverfassung angegeben ist. Zur besseren Vergleichbarkeit wurde sie vom Autor in den relativen Wert umgerechnet. **Für Hamburg gilt: Bei einer Nennung in einer Zelle gilt die Aussage für Volkspetition und Volksinitiative gleichermaßen. Bei zwei Nennungen gilt die erste Nennung für die Volkspetition, die zweite für die Volksinitiative.

tragung wieder austragen. Wiederum in anderen Ländern (Berlin, Brandenburg, Bremen, Hamburg) dürfen neben deutschen Staatsbürgerinnen und
Staatsbürgern auch Einwohnerinnen und Einwohner mit anderen Staats-
angehörigkeiten an Volksinitiativen teilnehmen (Neumann 2009, S. 192).

Als weiteres Zulässigkeitskriterium existiert in manchen Bundesländern
eine Frist, innerhalb derer die Unterschriften ab Beginn der Volksinitiative gesammelt werden müssen (siehe Tab. 2). Je nach Bundesland variiert
sie zwischen einem halben Jahr (Berlin, Hamburg, Thüringen) und einem
Jahr (Baden-Württemberg, Brandenburg, Niedersachsen, Nordrhein-Westfalen, Rheinland-Pfalz, Schleswig-Holstein). In Bremen, Mecklenburg-Vorpommern, Sachsen und Sachsen-Anhalt gibt es keine Frist. Alle Bundesländer sehen außerdem vor, dass die Volksinitiative durch einen oder mehrere
zu benennende Vertreterinnen und Vertreter oder Vertrauenspersonen re-
präsentieren wird, die Erklärungen entgegennehmen sollen und in manchen
Fällen auch für die Initiative handeln und entscheiden (Rux 2008, S. 408).

Ablauf einer Volksinitiative

Bezüglich des Ablaufs einer Volksinitiative von der Beantragung bis zu einem Beschluss des Parlaments lassen sich in den Bundesländern einige Ge-
meinsamkeiten feststellen (siehe Abb. 1). In den meisten Bundesländern
muss die Volksinitiative zunächst von einem oder mehreren Vertreterinnen und Vertretern beim Parlament angemeldet werden, woraufhin der Beginn der Sammlungsfrist für die Unterstützerunterschriften bekannt gegeben wird. Die Vertreterinnen und Vertreter sammeln die Unterschriften,
sowie weitere Angaben über die Unterstützerinnen und Unterstützer auf
Unterschriftsbögen und übergeben diese dem Parlament. Der Adressat der
Unterschriften, in der Regel die Landtagspräsidentin bzw. der Landtagspräsident, prüft die Zulässigkeit der Volksinitiative nach den rechtlichen Kriterien wie Anzahl der Unterschriften, Frist oder Antragsgegenstand. In manchen Ländern dürfen festgestellte Mängel innerhalb einer gewährten Frist
von den Vertretern der Initiative behoben werden, um die Zulässigkeit noch
zu erreichen. Anschließend wird den Vertreterinnen und Vertretern der Initiative ein Anhörungstermin im Parlament gewährt, bei dem sie ihr Anliegen
vor einem behandelnden Ausschuss begründen dürfen. Im nächsten Schritt
muss das Parlament über die Initiative entscheiden. In den Bundesländern,
in denen die Volksinitiative ausschließlich den Charakter einer Massenpetition hat, ist das Verfahren damit beendet, egal wie das Parlament entschieden hat (Rux 2008, S. 408 ff.).

Betrachtet man die Bundesländer, in denen die Volksinitiative mit Volksbegehren und Volksentscheid zur Volksgesetzgebung verbunden ist, so lassen sich Unterschiede im Ablauf erkennen. Zunächst muss die Volksinitiative dort bei der Anmeldung bereits einen begründeten Gesetzesentwurf beinhalten, so dass später potenziell ein Volksgesetzgebungsprozess eigenleitet werden kann. Erreicht die Volksinitiative die gewünschte Anzahl der Unterstützerunterschriften und ist sie auch nach sonstigen Kriterien zulässig, haben die Vertreterinnen und Vertreter der Initiative wiederum das Recht, in den behandelnden Ausschüssen angehört zu werden und ihre Initiative zu begründen, woraufhin das Parlament über sie entscheiden muss (Neumann 2009, S. 198; Rux 2008, S. 413). Wird sie angenommen, so ist der Gesetzgebungsprozess beendet. Wird das eingebrachte Gesetz hingegen vom Parlament abgelehnt, so können die Vertreterinnen und Vertreter der Initiative ein inhaltsgleiches Volksbegehren beantragen, um das Gesetz dennoch zu beschließen. Das Volksbegehren, das immer auf ein konkretes (neues oder bereits bestehendes) Gesetz bezogen ist, beinhaltet die erneute Sammlung einer noch größeren Anzahl von Unterstützerunterschriften in einer bestimmten Frist, die wiederum dem Parlament vorgelegt werden. Lehnt das Parlament den Gesetzesentwurf daraufhin erneut ab, können die Vertreterinnen und Vertreter des Volksbegehrens einen Volksentscheid beantragen, der im Erfolgsfall die verbindliche Verabschiedung des Gesetzes nach sich zieht. Beim Volksentscheid wird das Gesetz allen Wahlberechtigten des Landes zur Zustimmung vorgelegt und muss noch höhere Zustimmungsraten als die Volksinitiative und das Volksbegehren erzielen, um als angenommen zu gelten (Hornig und Kranenpohl 2014, S. 12; Wachter und Kranenpohl 2014, S. 70).

Anwendungspraxis: Beispiele

Da die Themen durch die Gesetzgebungskompetenz der Bundesländer eingeschränkt sind, finden sich unter den bisher durchgeführten Volksinitiativen vor allem Themen wie Bildung, Jugend, öffentlicher Nahverkehr, öffentliche Verwaltung, Kultur, Verkehr, Gesundheit, Umwelt, Tierschutz oder Demokratie. Beispielsweise forderte eine Elterngruppe per Volksinitiative »G9 jetzt in NRW« im Jahr 2014 die Rückkehr zur neunjährigen Gymnasialzeit in Nordrhein-Westfalen. Innerhalb eines Jahres sammelten die Initiatoren knapp 99 000 Unterschriften und erreichten damit die Zulässigkeit ihrer Initiative im April 2015. Etwa zwei Monate später lehnte der Landtag die Forderungen der Initiative jedoch ab. In einer weiteren Initiative forderte der

Abbildung 1 Ablauf der Volksinitiative

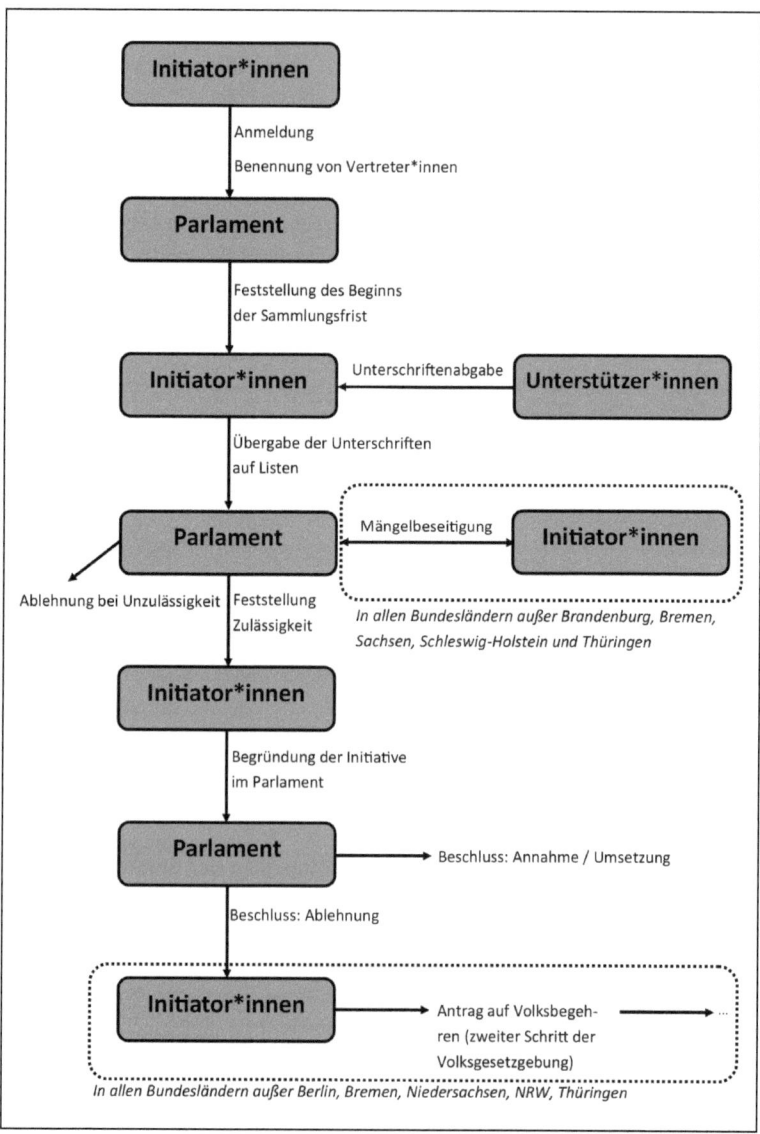

Quelle: Eigene Darstellung, © Dennis Michels

Landesjagdverband NRW eine Änderung des ihrer Meinung nach zu restriktiv ausgefallenen neuen Jagdgesetzes. Trotz der Sammlung von fast 118 000 gültigen Unterschriften in elf Monaten, lehnte der Landtag die Initiative im Januar 2017 ebenfalls ab (Mehr Demokratie 2017a). Erfolg hatte beispielsweise eine Volksinitiative zur Einführung eines Sozialtickets in Brandenburg: Nach Zulassung der Volksinitiative durch den Landtag übernahm die Landesregierung die Forderungen, so dass die Initiatoren ihr Anliegen als erfolgreich erledigt zurückzog (Mehr Demokratie 2017c).

Bemerkenswert ist, dass Volksinitiativen immer wieder die Stärkung der (direkten) Demokratie zum Thema machen und sich die Bürger selbst mehr Mitbestimmungsrechte gegenüber dem Staat zu erstreiten versuchen, was zuweilen als Mittel gegen unzureichend demokratisch legitimierte Politiknetzwerke gesehen wird (Hebestreit und Korte 2015, S. 26). So fordert beispielsweise ein Bündnis aus mehr als 45 Parteien, politischen Jugendorganisationen, Initiativen und anderen Organisationen seit April 2017 per Volksinitiative eine Änderung der direktdemokratischen Regeln in Brandenburg. Unter anderem werden die freie Unterschriftensammlung bei Volksbegehren und die Zusammenlegung von Volksentscheiden mit Wahlen auf Bundes- oder Landesebene oder Europawahlen gefordert (Mehr Demokratie 2017b).

Fazit

Unterscheidet man direktdemokratische Instrumente in »Gaspedal« und »Bremse«, so ist die Volksinitiative in der Theorie eindeutig ein Instrument der Sorte »Gaspedal«, da sie neue Initiativen und Themen auf die Agenda des Parlaments setzt und in manchen Bundesländern sogar ein Gesetzgebungsverfahren für einen neuen Regelungsbereich anstoßen kann (Rehmet und Weber 2017, S. 28; Decker 2014, S. 25). Praktisch gesehen wird die Volksinitiative allerdings häufig als »Bremse« benutzt. Die für gewöhnlich mit »Bremse« bezeichneten Verfahren, wie beispielsweise Referenden und Plebiszite, haben das Ziel, vom Parlament erarbeitete Gesetze zu stoppen. Der Blick auf die Anwendungspraxis in den verschiedenen Bundesländern zeigt, dass viele Volksinitiativen reaktiv angelegt sind und darauf abzielen, Bauvorhaben zu stoppen, Gesetze zu verwerfen oder untragbare Situationen zu beenden. Zum Beispiel forderte eine Initiative in Brandenburg die Massentierhaltung und die Praxis des »Kupierens« in der Tierhaltung per Gesetz zu unterbinden. Grund für die »bremsende« Anwendung ist insbesondere, dass echte Referenden in Deutschland nicht existieren und daher die Volksinitiative

zum Referendum umfunktioniert wird. Als innovativ sind hingegen Volksinitiativen einzustufen, die eigene Reformprojekte einleiten wollen, häufig
in Bezug auf das Regierungssystem selbst (Jung 2005, S. 33). Sie stellen Versuche dar, die parlamentarische Demokratie durch Anwendung direktdemokratischer Verfahren auszuweiten (Hebestreit 2013, S. 18).

Volksinitiativen werden in der Gesamtschau bisher selten genutzt (siehe
Tab. 2), was eine Folge der hohen Hürden ist, die zu bewältigen sind, damit die
Initiative zulässig wird. Beispielsweise muss in Thüringen neben dem ohnehin sehr hohen Unterschriften-Quorum jede Unterschrift auf einem eigenen
Bogen erfolgen, dessen Beschaffungskosten die Initiatoren zudem selbst tragen müssen (Rux 2008, S. 409). Die von den Initiatoren antizipierte geringe Erfolgsaussicht verringert den Anreiz der Anwendung (Faber 2013, S. 23).

Wie hoch sind die Erfolgsaussichten einer Volksinitiative? Auf den ersten Blick wird klar: Die Mehrheit der Volksinitiativen werden von Parlamenten abgelehnt. Ob eine Volksinitiative erfolgreich war, kann allerdings nicht
nur anhand der Quote der angenommenen Initiativen oder der Anzahl der
beschlossenen Gesetze beurteilt werden, die in der Volksinitiative ihren Anfang nehmen. Denn auch vordergründig gescheiterte Volksinitiativen geben
häufig Themenimpulse, welche die Landtage, Bürgerschaften und Abgeord-
netenhäuser der Bundesländer zum Anlass nehmen, einen eigenen, teilweise
nur leicht abgeänderten Beschluss zum jeweiligen Thema zu fassen oder anderweitig tätig zu werden (Rux 2008, S. 891). Beispielsweise forderte ein In-
teressensverband des Video- und Medienfachhandels in Hamburg im Jahr
2000 die Sonntagsöffnung von Videotheken ab 12 Uhr und erreichte das nötige Unterschriftenquorum. Obwohl die Bürgerschaft diesem Wunsch nicht
völlig entsprach, einigte man sich letztlich auf eine Öffnung ab 13 Uhr, wo-
durch die Initiative in der Praxis doch noch einen Erfolg erzielte (Rux 2008,
S. 824 f.).

Selbst wenn die Volksinitiative nicht erfolgreich ist, verschafft sie den
Antragstellern eine öffentliche Aufmerksamkeit. Sie räumt Initiatoren einer
zulässigen Volksinitiative das Recht ein, im Parlament zu sprechen und angehört zu werden (Rux 2007, S. IXI ff.). Die Medienaufmerksamkeit, die Initiatoren durch den Auftritt im Landtag erhalten, kann genutzt werden, um
Werbung für das Anliegen zu machen – auch wenn die Initiative im Parlament scheitern sollte (Kost 2013, S. 58 f.).

Aufgrund der verhältnismäßig schlechten Anwendungsmöglichkeiten
und Erfolgsaussichten der Volksinitiative kursieren in allen Bundesländern
Forderungen nach Reformen des Instruments. Beispielsweise wird gefor-

dert, die Volksinitiative in allen Bundesländern als erste Stufe der Volksgesetzgebung zu etablieren und dadurch ihren instrumentellen Charakter
aufzuwerten (Kost 2013, S. 60; Rux 2008, S. 909). Dies hätte zur Folge, dass
die Initiatoren nach einer Ablehnung der Volksinitiative nicht wieder neue
Unterschriften für einen Antrag auf Volksbegehren sammeln müssten,
der identische Ziele beinhaltet. Eine weitere Forderung betrifft die Abschaffung der eingeschränkten Anwendungsbereiche, insbesondere des Finanzvorbehalts (Rux 2008, S. 910). Der unverbindliche Charakter der Volksinitiative, der ohnehin lediglich der Kommunikation zwischen Bürgerinnen und
Bürgern und Parlament diene, mache die Abschaffung aller Einschränkungen bei den Anwendungsgebieten völlig unbedenklich und könne dazu beitragen, zu den bisher unter Verschluss gehaltenen Themen Anregungen aus
der Bevölkerung zu erhalten. Regelmäßige Forderungen beziehen sich weiterhin auf die Reduzierung der Unterschriften-Quoren und Fristen, die die
Chancen auf eine zulässige Volksinitiative erheblich senken.

Dennis Michels

Literatur

Christmann, Anna. 2012. *Die Grenzen direkter Demokratie: Volksentscheide
im Spannungsverhältnis von Demokratie und Rechtsstaat.* Baden-Baden:
Nomos.

Decker, Frank. 2014. Volksgesetzgebung und parlamentarisches Regierungssystem: Eine schwierige Kombination. In *Direkte Demokratie: Analysen im internationalen Vergleich,* Hrsg. U. Münch, E.-C. Hornig und
U. Kranenpohl, 23–37. Baden-Baden: Nomos.

Faber, Marcus. 2013. *Direkte Demokratie auf Länderebene: Eine fallbezogene
Vergleichsstudie.* Marburg: Tectum Verlag.

Hebestreit, Ray. 2013. *Partizipation in der Wissensgesellschaft. Funktion und
Bedeutung diskursiver Beteiligungsverfahren.* Wiesbaden: Springer VS.

Hebestreit, Ray und K.-R. Korte. 2015. Partizipation und politisches
Entscheiden. Politische Beteiligung im Kontext aktueller Entschei-
dungszumutungen in der Politik. In *Zeitalter der Partizipation.
Paradigmenwechsel in Politik und politischer Bildung?,* Hrsg. L. Harles
und D. Lange, 20–36. Schwalbach: Wochenschau Verlag.

Hornig, Eike-Christian und U. Kranenpohl. 2014. Einleitung: Perspektiven
der Forschung. In *Direkte Demokratie: Analysen im internationalen Vergleich,* Hrsg. U. Münch, E.-C. Hornig und U. Kranenpohl, 9–20. Baden-
Baden: Nomos.

Hsu, Yu-Fang. 2014. Das Primat der Volksinitiative und die Pfadabhängigkeit direkter Demokratie in Deutschland. In *Direkte Demokratie: Analysen im internationalen Vergleich*, Hrsg. U. Münch, E.-C. Hornig und U. Kranenpohl, 39–52. Baden-Baden: Nomos.

Jung, Ottmar. 2005. Direkte Demokratie auf Landes- und Kommunalebene. *Politische Bildung* 38: 1. 24–39.

Korte, Karl-Rudolf, M. Florack und T. Grunden. 2006. *Regieren in Nordrhein-Westfalen*. Wiesbaden: VS Verlag für Sozialwissenschaften.

Kost, Andreas. 2013. *Direkte Demokratie*. 2. Aufl. Wiesbaden: VS Verlag für Sozialwissenschaften.

Mehr Demokratie e. V.. 2017a. Liste der Volksinitiativen in Nordrhein-Westfalen. https://nrw.mehr-demokratie.de/nrw-volksinitiativen.html. Zugegriffen: 12. Juni 2017.

Mehr Demokratie e. V.. 2017b. Forderungen des Bündnisses Wir Entscheiden Mit. https://wir-entscheiden-mit.de/unsere-forderungen/forderungen. Zugegriffen: 12. Juni 2017.

Mehr Demokratie e. V.. 2017c. Brandenburg – Volksbegehren. https://bb.mehr-demokratie.de/brandenburg/bran-volksbegehren/bran-landuebersicht. Zugegriffen: 28. Juli 2017.

Rehmet, Frank und T. Weber. 2017. Volksbegehrensbericht 2017: Direkte Demokratie in den deutschen Bundesländern 1946–2016. Bericht von Mehr Demokratie e. V. https://www.mehr-demokratie.de/fileadmin/pdf/volksbegehrensbericht_2017.pdf. Zugegriffen: 12. Juni 2017.

Neumann, Peter. 2009. *Sachunmittelbare Demokratie im Bundes- und Landesverfassungsrecht unter besonderer Berücksichtigung der neuen Länder*. Baden-Baden: Nomos.

Rux, Johannes. 2008. *Direkte Demokratie in Deutschland: Rechtsgrundlagen und Rechtswirklichkeit der unmittelbaren Demokratie in der Bundesrepublik Deutschland und ihren Ländern*. Baden-Baden: Nomos.

Rux, Johannes. 2007. Synopse der Regelungen über die direktdemokratischen Verfahren in den Ländern. http://dd.staatsrecht.info/synopse.htm. Zugegriffen: 9. Juni 2017.

Wachter, Eva-Maria und U. Kranenpohl. 2014. Wann ist Volksgesetzgebung erfolgreich? Zusammenhänge zwischen formalen Anforderungen und Erfolg in den deutschen Ländern. In *Direkte Demokratie: Analysen im internationalen Vergleich*, Hrsg. U. Münch, E.-C. Hornig und U. Kranenpohl, 69–82. Baden-Baden: Nomos.

Volkssouveränität (Grundsatzartikel) »Alle Staatsgewalt geht vom Volke aus. Sie wird vom Volke in Wahlen und Abstimmungen und durch besondere Organe der Gesetzgebung, der vollziehenden Gewalt und der Rechtsprechung ausgeübt.« Mit dieser Formulierung in Art. 20 Abs. 2 legt das Grundgesetz der Bundesrepublik Deutschland die Volkssouveränität als Grundlage der Demokratie fest. Bereits die Weimarer Verfassung von 1919 statuierte in Art. 1: »Das Deutsche Reich ist eine Republik. Die Staatsgewalt geht vom Volke aus«. Die Basisformel des Grundgesetzes enthält zum einen eine Aussage über die Legitimation des Staates, zum anderen über die Ausübung der Staatsgewalt.

Der Begriff Volkssouveränität setzt ›Souveränität‹ mit doppeltem Bezug voraus: Im Binnenverhältnis einer staatlichen Ordnung bezeichnet er die oberste Herrschaftsbefugnis, im Außenverhältnis mit anderen Staaten normiert er die Autonomie dieser Herrschaft und schirmt sie völkerrechtlich ab. Volkssouveränität bezieht sich vorrangig auf das Binnenverhältnis des Staates, implizit auch auf das Außenverhältnis.

Volkssouveränität richtete sich ursprünglich polemisch gegen »Fürstensouveränität« und proklamierte das Volk als einzige Legitimationsquelle politischer Macht. Zugleich impliziert der Begriff den Übergang von religiöser Herrschaftsbegründung zu säkularer Legitimation, überschneidet sich also mit dem Begriff der Republik. Im 20. Jahrhundert gewann Volkssouveränität gegenüber autoritären und diktatorischen Regimen neue Relevanz.

Das Prinzip Volkssouveränität steht am Beginn der Demokratieentwicklung, begründet die verfassungsgebende Gewalt des Volkes und bildet das verfassungsrechtliche Fundament jeder Demokratie. Für die historische Einführung wie für die Weiterentwicklung der Demokratie ist Volkssouveränität als Verfassungsprinzip zu begreifen, aber darüber hinaus auch als verfassungspolitische Aufgabe. Sie bedarf der Konkretisierung in der Verfassung, in demokratischen Institutionen und Verfahrensregeln – mit einer gewissen Bandbreite an Möglichkeiten. Hierfür sollten Regelungen den Vorzug erhalten, die der Idee der Volkssouveränität am nächsten stehen und den Bürgerinnen und Bürgern aktives politisches Handeln und Teilhaben ermöglichen. Wahlen gelten dafür als Minimum.

Theoretische und historische Entwicklungen

Auch wenn die Volkssouveränität erst spät als Demokratiegrundlage praktisch wirksam wurde, geht sie auf eine lange theoretische Vorgeschichte zurück. Als einer der frühesten Autoren entwickelte Marsilius von Padua in

A
B
C
D
E
F
G
H
I
J
K
L
M
N
O
P
Q
R
S
T
U
V
W
X
Y
Z

seiner Schrift »Defensor Pacis« (1324) die Auffassung, dass in einer Stadt die Bürgerschaft das Gemeinwohl bestimmt, durch allgemeine Bürgerversammlung oder durch Wahl der Amtsträger, die auf dieses Gemeinwohl verpflichtet sind und bei dessen Verletzung abberufen werden können. Diese bereits säkulare Argumentation verdankt sich auch der Nähe zur Position des Kaisers im Konflikt mit dem Legitimationsanspruch des Papstes. In der Reformationszeit wuchsen Autonomiebestrebungen und antimonarchische Kritik, vor allem in den großen Konfessionskonflikten in Frankreich und Spanien. Nach Johannes Althusius (1603) kann sich legitime Herrschaft nur von der souveränen Gewalt des Volkes herleiten (konkretisiert als föderale Republik). Im englischen Bürgerkrieg der 1640/50er Jahre erhoben vor allem die »Levellers« (Gleichmacher) ebenfalls den Souveränitätsanspruch des Volkes.

Auf dem Hintergrund der naturrechtlichen und vertragstheoretischen Lehren des 17. und 18. Jahrhunderts (Thomas Hobbes, John Locke) trat vor allem Jean-Jacques Rousseau mit der bis heute einflussreichen Theorie des »Contrat social« (1762) hervor. Er konzipierte das Gemeinwesen als Republik, deren Gründung die einstimmige Zustimmung aller Bürger voraussetzt und deren auf Freiheit gerichtete Gesetzgebung als »volonté générale« vom Volk beschlossen und als Selbstbindung akzeptiert wird. Monarchie, Aristokratie oder Demokratie sah er hingegen nur als Regierungsformen. Ähnliche Ideen propagierte Thomas Paine sowohl während der amerikanischen als auch der französischen Revolution. Auch Immanuel Kant begründete den Grundsatz, die Legitimität der Republik beruhe auf dem einstimmigen Willen des Volkes und die (Selbst-)Gesetzgebung stehe dem Volk zu, während die Regierung als Exekutive repräsentativ zu organisieren sei. Spätere Autoren im Umfeld der Revolution von 1848 formulierten entsprechende Verfassungskonzepte auf dieser Basis der Volkssouveränität (z. B. Julius Fröbel).

Als Wendemarke zum Prinzip der Volkssouveränität gilt das späte 18. Jahrhundert. Doch in Städten oder Landgemeinden mit einer gewissen Autonomie gab es bereits früh verschiedentlich Regierungs- bzw. Selbstverwaltungsformen mit Versammlungsorganen und Wahlmechanismen, die sich als Republiken auf die Gesamtheit der Bürger beriefen, wenngleich nur selten mit breiter demokratischer Mitwirkung. In dieser Tradition stand die Unabhängigkeitsproklamation der von Spanien abgefallenen ›Republik der vereinigten Niederlande‹ von 1581. In der englischen Revolution 1640–1660 kam die radikale Richtung der »Levellers« demokratischen Forderungen am nächsten. Im heraufziehenden »Zeitalter der demokratischen Revolution« (Palmer) richteten sich Ansprüche auf Volksmacht nicht nur gegen Monarchie und Feudalgesellschaft, sondern auch gegen städtische Patriziatsstrukturen.

Die amerikanische und die Französische Revolution markieren wesentliche Etappen der praktischen Entwicklung der Volkssouveränität. In Amerika der 1770er Jahre war der Kampf um die Unabhängigkeit untrennbar verknüpft mit neuen Prinzipien der Staatslegitimation und Regierungsformen. Die Unabhängigkeitserklärung vom Juli 1776 erhob den Anspruch, dass ein Regierungssystem (government) seine rechtmäßige Autorität aus der Zustimmung der Regierten herleite und dass bei Verfehlen der grundlegenden Zwecke des Regierens das Volk das Recht habe, eine neue Regierungsform zu wählen. Diesen Grundsatz der Volkssouveränität formulierten klar die Verfassungen der 13 neuen Staaten zwischen Juni 1776 und 1780: »that all power is vested in, and consequently derived from, the people« (Bill of Rights Virginia, Juni 1776) oder: »Art. IV. The people of this Commonwealth have the sole and exclusive right of governing themselves as a free, sovereign, and independent state …« (Bill of Rights Massachusetts, 1780). Die Regierungssysteme sahen regelmäßige Wahlen (oft über gemeindliche Wahlmänner) als Repräsentations- und Kontrollinstrumente vor.

Der zweite Hauptfall der Durchsetzung von Volkssouveränität war die Revolution in Frankreich 1789. Die Erklärung der Menschen- und Bürgerrechte vom 27. Juli 1789 proklamierte zunächst die Prinzipien der nationalen Souveränität und der Gewaltenteilung. Erst im September 1791 erklärte die Verfassung für eine konstitutionelle Monarchie in Art. 1: »Die Souveränität ist eine Einheit, unteilbar, unveräußerlich und unantastbar. Sie gehört der Nation …«. Sie blieb nur ein Jahr in Kraft. Die neu gewählte ›Convention‹ schaffte die Monarchie ab und formulierte in der neuen republikanischen Verfassung von 1793: »Die Souveränität liegt im Volk, sie ist eins, unteilbar, unwandelbar und unveräußerlich … das souveräne Volk ist die Gesamtheit der französischen Bürger.« Diese Verfassung wurde im August 1793 in einer Volksabstimmung bei schwacher Beteiligung angenommen, trat jedoch wegen des Krieges nicht in Kraft und ging in den weiteren Revolutionswirren unter.

Ein wichtiger Unterschied zwischen Amerika und Frankreich ist festzuhalten: in Amerika ging der primäre Konflikt um die Unabhängigkeit der Kolonien von Großbritannien, während in Frankreich eine interne Revolution die Herrschaftsordnung umstürzte. Diese Konflikttypen beeinflussten auch spätere Entwicklungen, die zur Volkssouveränität und teilweise zu demokratischen Verfassungsordnungen führten.

A
B
C
D
E
F
G
H
I
J
K
L
M
N
O
P
Q
R
S
T
U
V
W
X
Y
Z

Diese Umwälzungen trugen bei allen Unterschieden und Rückschlägen entscheidend zum Durchbruch der Idee der Volkssouveränität, der verfassungsgebenden Gewalt des Volkes und geschriebener Verfassung bei. Die Revolutionsversuche insbesondere von 1848, auch der Paulskirche in Deutschland, zielten bereits auf volle Demokratie, die sich jedoch erst im frühen 20. Jahrhundert durchsetzen konnte. In den »Misch«-Verfassungen konstitutioneller Monarchie des 19. Jahrhunderts fanden sich jedoch diese Ideen nur verwässert wieder. In der Schweiz kam 1848 immerhin eine liberale Bundesverfassung zustande, die für eine Totalrevision bereits ein obligatorisches Referendum vorsah.

Spätere Entwicklungen staatlicher *Unabhängigkeit* zeigen meist die Vorstellung einer weitgehenden Homogenität des Volkes, das sich abspalten will und zu gemeinsamer Mobilisierung fähig ist (etwa Irland 1922/1937). Doch bleibt die Frage, wer das Volk ist, etwa im Falle starker sozio-kulturelle Minderheiten. Bei *revolutionären* Bewegungen gegenüber einer monarchischen bzw. autokratischen Herrschaft ist jedoch das ›Volk‹ weniger eindeutig definiert, innere Gruppenkonflikte und Machtkämpfe sind viel wahrscheinlicher, und die demokratische Legitimität der neuen Ordnung kann sich oft nur auf einen schwachen Konsens stützen (etwa bei den Republiken in Spanien 1873 und 1931).

Das Prinzip der Volkssouveränität konnte sich im 20. Jahrhundert im Verbund mit Demokratie und allgemeinem Wahlrecht durchsetzen und stand somit in einem neuen Systemkontext. In mehreren Transformationsperioden kamen jeweils für mehrere Länder ähnliche übergreifende Einflussfaktoren zum Tragen, die zwar Chancen der Demokratisierung öffneten, aber auch spezifische restriktive Bedingungen mit sich brachten.

Die erste Transformationsperiode in Europa am Ende des Ersten Weltkriegs folgte dem Zusammenbruch der Monarchien von Russland, Deutschland und Österreich-Ungarn mit enormen Hypotheken der neuen Republiken aus den Niederlagen und Kriegsfolgen. Die zweite Periode demokratischer Transformation nach dem Zweiten Weltkrieg und der Niederlage der faschistischen Diktaturen 1945 prägten massive Wiederaufbaulasten, der Ost-West-Konflikt und die Teilung Europas. In Westdeutschland, Österreich, Italien und in Japan konnte Demokratie nur unter Protektion der Besatzungsmächte realisiert werden, während nur Teile der Bevölkerungen eine originäre demokratische Aktivierung trugen und Volkssouveränität entsprechend schwach verankert blieb. Die dritte Umbruchperiode in Europa, der Zerfall der Sowjetunion und des Ostblocks sowie Jugoslawiens nach 1989/90 öffnete für die mittel-osteuropäischen Länder die Chance zur Demokratisierung, jedoch verbunden mit dem schwierigen Umbau der schwachen Wirtschaftssysteme und entsprechend doppelten Altlasten.

Der Blick auf verschiedene Konflikttypen zeigt viele Fälle staatlicher *Unabhängigkeit* und entsprechend einem nationalen Volksbegriff: 1917/18 Finnland, das wieder errichtete Polen und die Tschechoslowakei sowie die baltischen Staaten, die – nach 1945 in die UdSSR einverleibt – nach 1990 erneut die Unabhängigkeit erstritten.

Der Umbruch 1918/19 zu Volkssouveränität und Demokratie (in Russland fehlgeschlagen) verlief erstaunlich selten *revolutionär,* begrenzt auch bei Deutschlands Weg zur Weimarer Republik, wie in anderen Ländern mit geringer demokratischer Stabilität. Nach 1945 spielten solche Prozesse faktisch keine Rolle. Die Überwindung der kommunistischen (Fremd-)Herrschaft vor und nach 1990 erreichten partiell revolutionäre Protestbewegungen gegen die Parteidiktaturen, wie z. B. in Polen oder der (bald geteilten) Tschechoslowakei. Die friedlichen Massendemonstrationen zum Ende der DDR unter dem Motto »Wir sind das Volk« zeigten eine eindrucksvolle Praxis der Volkssouveränität.

Außerhalb Europas konnte in den 1950er/60er Jahren der Prozess der Entkolonialisierung in Afrika und Asien nur bescheidene Demokratieerfolge erzielen, während in Lateinamerika seit den späten 1970er Jahren die meisten Militärdiktaturen allmählich in Richtung Demokratie verdrängt wurden. In Europa gelang in dieser Zeit der Sturz der autoritären Regimes in Portugal, Spanien und Griechenland, in Asien das Ende der Diktaturen in den Philippinen 1986 und in Südkorea 1987.

Das Spektrum der Konfliktmuster umfasst also neben Unabhängigkeit und revolutionärem Umbruch auch weniger eindeutige Fälle von Verhandlungskompromiss, offener Verfassungssituation oder gar Verfassungsvakuum mit begrenzter demokratischer Mobilisierung. Diese Verlaufsformen haben Einfluss darauf, wie stark der Gründungsimpuls auf lange Sicht die Idee der Volkssouveränität mit Leben erfüllt.

Das Ende des Ersten Weltkriegs bedeutete eine mehrfache Zäsur: Der Übergang zu säkularer Legitimität ist im Prinzip abgeschlossen, Volkssouveränität lässt sich nur vernunftrechtlich begründen und ist mit dem umfassenden Demokratiekonzept auf der Basis von Freiheit und Gleichheit unabdingbar verkoppelt. Demokratie steht nun in Gegensatz zu Autokratien und Diktaturen neuer Art, gegen die ihre Selbstbehauptung primär zur Machtfrage wird. Innere Legitimationskonflikte verschieben sich auf die in-

A
B
C
D
E
F
G
H
I
J
K
L
M
N
O
P
Q
R
S
T
U
V
W
X
Y
Z

stitutionelle Ausgestaltung von Demokratie, in deren Schatten Volkssouveränität als Legitimationsformel zu verblassen droht und für Theorie und Praxis der Demokratie nur noch geringe verfassungspolitische Schubkraft bietet.

Volkssouveränität in der Demokratie

Volkssouveränität muss als verfassungsgebende Gewalt des Volkes und in den demokratischen Institutionen und Beteiligungsmöglichkeiten der Bürger greifbar werden. Für Demokratie seit dem 20. Jahrhundert bildet ein Parlament mit allgemeinem Wahlrecht zweifellos das institutionelle Minimum. Alle weiteren Institutionen müssen sich aus Volkssouveränität herleiten lassen und eine klare Rückbindung von Entscheidungen an den aktiven Volkswillen zulassen. Dies gilt vor allem für verfassungspolitische Entscheidungen, die besondere Verfahrensqualitäten erfordern. Das mögliche Spektrum reicht von Verfassungskonventen und Verfassungsreferenden bis hin zur Verankerung direkter Demokratie in der Gesetzgebung.

Unveränderlichkeitsregeln:
Eine naheliegende Konsequenz der Volkssouveränität besteht darin, sie selbst und die darauf gegründete Demokratie verfassungsrechtlich auf Dauer zu stellen. Dem dient im deutschen Grundgesetz der Art. 79 Abs. 3, der die Menschenwürde (Art. 1) und die Grundsätze der Demokratie (Art. 20) für unveränderlich erklärt, damit auch die politischen Grundrechte als Grundlage der politischen Freiheit und Handlungsfähigkeit der Bürgerinnen und Bürger und der Demokratie im Ganzen. In der Praxis müssen aber auch die sozialen Bedingungen für ihre Anwendbarkeit in den verschiedenartigen Teilnahmeformen gewährleistet werden. Über Volkssouveränität als Verfassungsnorm hinaus ist somit auch eine umfassende und dauerhafte verfassungspolitische Aufgabe gestellt.

Kampf um direkte Demokratie:
Aus Volkssouveränität kann unmittelbar der Anspruch folgen, direkte Demokratie revolutionär oder reformerisch als Demokratieorgan zu institutionalisieren. Solche Verfassungskämpfe kennzeichneten die sogenannte »Regeneration« in den Kantonen der Schweiz gegen elitär verengte Repräsentation in den 1830er Jahren, dann erneut gegen die bürgerlich-liberalen Oligarchien in den 1860er Jahren bis hin zum Gesetzesreferendum im Bund 1874. In den USA erstritten in den nordwestlichen Einzelstaaten die »Populisten« seit den 1890er Jahren weitreichende Formen der direkten Demokratie gegen die ka-

pitalistisch-oligarchische Klassenherrschaft, nachdem das allgemeine Männerwahlrecht sich als unwirksam erwiesen hatte.

Verfassungsgebung – Versammlungen und/oder Volksentscheid:
Verfassungsgebende Gewalt des Volkes zeigt sich in besonderen Legitimationsformen wie der Wahl von Verfassungsversammlungen oder/und Volksentscheiden über neue Verfassungen. Volksabstimmungen gab es in den amerikanischen Kolonien nur selten, in Frankreich bei den Verfassungen von 1793 und 1795. Schweizer Kantonsverfassungen der 1830/40er Jahre und die Bundesverfassung von 1848 wurde durch Referenden gebilligt. Die Weimarer Verfassung von 1919 stützte sich nur auf die Wahl der Nationalversammlung. Nach 1945 wurden die südwestdeutschen Länderverfassungen in Volksentscheiden angenommen, über das vom Parlamentarischen Rat vorbereitete Grundgesetz 1949 unterblieben Referenden auf Landes- wie auf Bundesebene. Italien stimmte 1946 nur über die Staatsform Republik oder Monarchie ab, Frankreich 1946 und schließlich 1958 über die Regierungsform. Länder im Unabhängigkeitsprozess hielten häufiger Volksentscheide ab, teils über die Unabhängigkeit selbst, teils verknüpft mit der neuen Verfassung, wie schließlich die Unabhängigkeit Irlands 1937. In den mittel-osteuropäischen Ländern kam es in der nach-kommunistischen Transformation nach 1990 mehrfach zu Unabhängigkeitsreferenden. In Polen folgte auf den Verhandlungskompromiss erst 1997 ein Verfassungsreferendum. In Ostdeutschland hielten nach 1990 nur drei von fünf Ländern Verfassungsentscheide ab (Brandenburg, Mecklenburg-Vorpommern, Thüringen). Über die Wiedervereinigung Deutschlands 1990 und einige Änderungen des Grundgesetzes 1994 fand keine Volksabstimmung statt.

Ein Beispiel einer nach-diktatorischen Regimeänderung bietet Spanien am Ende des Franco-Regimes, als 1976 ein Referendum über ein Reformgesetz die »Eröffnungslegitimation« für einen Verfassungsentwurf schuf, der dann im Dezember 1978 mit breiter Referendumsmehrheit angenommen wurde. Auch die demokratischen Neuanfänge in Uruguay nach 1985, den Philippinen 1986 und Südkorea 1987 demonstrieren, dass für die Überwindung diktatorischer Herrschaftsformen Volkssouveränität und Verfassungsreferenden als Rückfallsperre fungieren können.

Verfassungsänderungen: höheres Quorum, obligatorischer Volksentscheid:
Aus der Volkssouveränität folgen auch Anforderungen an weitere Verfassungsänderungen. Ein höheres Entscheidungsquorum im Parlament gilt als

Minimum (oft Zwei-Drittel-Mehrheit), auch kann eine zweite Abstimmung nach einer neuen Parlamentswahl verlangt werden (Schweden). Die Rückbindung wird verstärkt, wenn alle oder besonders wichtige Verfassungsänderungen einem obligatorischen Volksentscheid unterstellt werden. Konsequent ist hier die Schweiz für Änderungen der Bundesverfassung (seit 1848) und für alle Verfassungen der Kantone, ebenso alle Bundesstaaten der USA sowie u. a. Irland. In Deutschland wurde dieser Grundsatz nach 1945 nur in den Landesverfassungen Bayerns und Hessens verankert. Österreich verlangt ein Referendum nur für die Totalrevision der Verfassung.

Volksentscheid über politische Grundentscheidungen und äußere Souveränität:
Mit der Volkssouveränität unmittelbar verknüpft sind auch Vorbehalte von Volksentscheiden über spezifische politische Grundentscheidungen. Hierzu zählen etwa Entscheidungen über die Staatsform (Monarchie/Republik) in Australien und in Griechenland (zuletzt 1974) oder über Änderungen des Wahlrechts (Dänemark).

Besonders bedeutsame Vorbehalte der Volkssouveränität betreffen externe Souveränitätsfragen, einerseits Abspaltungen vom Staatsgebiet (Separation), andererseits den Beitritt zu Staatenverbindungen, insbesondere zu supranationalen Gemeinschaften. Einschlägig sind die Beitrittsentscheidungen zu EWG/EG bzw. zur Europäischen Union, die ja mit der Übertragung von Souveränitätsrechten verbunden sind. Fast alle Beitrittsländer, schon in den frühen 1970er Jahren, vor allem seit den 1990er Jahren haben diesen Schritt mit Volksabstimmungen ratifiziert. Für den Austritt wird dieser Vorbehalt ebenfalls gelten. Im Fall des Brexit (2015) lag es in der Souveränität des britischen Parlaments, ein Referendum herbeizuführen.

Direkte Demokratie in der Gesetzgebung:
Da Verfassungsentscheidungen eher selten stattfinden, ließe sich Volkssouveränität auch in der »normalen« Gesetzgebung stärker zur Geltung bringen. Die Repräsentation durch Wahlen und Parlamente kann durch direkt-demokratische Verfahren ergänzt werden. Dafür eignet sich das bürgerinitiierte Gesetzesreferendum als Veto für politische Kontrolle ebenso wie das Initiativrecht (Volksbegehren) für Volksgesetzgebung. Vor allem die Schweiz auf allen politischen Ebenen, Italien, eine Reihe mittel-osteuropäischer Länder nach 1990, Uruguay sowie 28 US-Einzelstaaten und die deutschen Bundesländer praktizieren solche Regelungen. Damit bieten sich jenseits von Wah-

len weitere Beteiligungskanäle, in denen die breite Bürgerschaft in konkreten Entscheidungsprozessen unmittelbar aktiv sein und Souveränitätsteilhabe praktisch erfahren kann.

Grenzen der Volkssouveränität:
Souveränität als absolute legitime Entscheidungsmacht bedeutet für Volkssouveränität ein besonderes Problem, denn ›Das Volk‹ kann nicht über sich selbst »absolut« herrschen. Allenfalls könnte die Mehrheit oder eine zumindest von der Mehrheit legitimierte Instanz über Minderheiten souveräne Entscheidungen treffen. Jedoch gehören zum (Staats)Volk sämtliche Individuen und Minderheiten, die alle Anteil an der souveränen Macht haben, der ihnen nicht geraubt werden darf, insbesondere nicht die für Volkssouveränität konstitutiven Rechte der politischen Teilhabe. Daraus folgt, dass Teilhabe an Volkssouveränität eine gegenseitige Begrenzung der politischen Machtansprüche und ein gemeinsames Schutzrecht gegen jede Machtusurpation impliziert. Der Volkssouverän bindet und begrenzt sich auf Gegenseitigkeit selbst durch Grundrechte gegen staatliche Übermacht und Machtmissbrauch. Für die Einhaltung dieser Normen und der institutionellen Entscheidungsregeln sind in der Regel Verfassungsgerichte zuständig.

Für die Bundesrepublik Deutschland nehmen manche an, nach dem Grundgesetz gebe es gar keine Volkssouveränität, sondern eine »Verfassungssouveränität« mit dem Bundesverfassungsgericht als Verfassungshüter. Eine solche Verengung folgt nicht zwingend aus den »Ewigkeitsgarantien« in Art. 79 Abs. 3 GG für Demokratie, Menschenwürde und föderalistische Ordnung. Denn diese Garantien entsprechen durchaus den Grundsätzen einer begrenzten Volkssouveränität auf Gegenseitigkeit. Alle anderen Bereiche sind jedoch änderungsfähig und seit 1949 auch vielfach verändert worden. In dieser *offenen Verfassung* müssen Verfassungsänderungen sich letztlich stets auf die Legitimation aus der Volkssouveränität stützen, erfordern im Grundgesetz aber nur Zwei-Drittel-Mehrheiten in Bundestag und Bundesrat. Eine Rückbindung an die lebendige, wenn auch begrenzte Volkssouveränität ist bisher institutionell nicht vorgesehen, so dass die verfassungsgebende Gewalt des Volkes letztlich blockiert bleibt. Dem kann entgegengewirkt werden, indem zumindest ein obligatorisches Referendum für alle Verfassungsänderungen im Grundgesetz eingeführt wird.

Äußere Grenzen: Weitere Bindungen bzw. Selbstbindungen ergeben sich aus eingegangenen Verträgen mit anderen Staaten und allgemeinen Verpflichtungen des Völkerrechts, an deren Entstehung und Entwicklung ja je-

A
B
C
D
E
F
G
H
I
J
K
L
M
N
O
P
Q
R
S
T
U
V
W
X
Y
Z

der Staat beteiligt ist. Eine besonders komplexe Konstellation resultiert aus der Zugehörigkeit zu supranationalen Gemeinschaften wie der Europäischen Union. Auch wenn die Mitgliedsstaaten und ihre Bürger dort Mitwirkungsrechte ausüben, können sie den Verlust an Volkssouveränität und Demokratie nicht kompensieren. Damit ist eine neue historische Zäsur erreicht.

Theo Schiller

Literatur

Abromeit, Heidrun. 1995. Volkssouveränität, Parlamentssouveränität, Verfassungssouveränität: Drei Realmodelle der Legitimation staatlichen Handelns. In *Politische Vierteljahresschrift* 1, 49–66.

Adams, Willi Paul. 1973. *Republikanische Verfassung und bürgerliche Freiheit. Die Verfassungen und politischen Ideen der amerikanischen Revolution.* Darmstadt und Neuwied: Herrmann Luchterhand Verlag.

Böckenförde, Ernst-Wolfgang. 2011. *Wissenschaft, Politik, Verfassungsgericht. Aufsätze (darin: Die verfassungsgebende Gewalt des Volkes),* Berlin: Suhrkamp.

Habermas, Jürgen. 1994. Volkssouveränität als Verfahren. In: ders. *Faktizität und Geltung,* 600–631. Frankfurt a. M.: Suhrkamp.

Kielmannsegg, Peter Graf. 1977. *Volkssouveränität. Eine Untersuchung der Bedingungen demokratischer Legitimität.* Stuttgart: Klett.

Kurz, Hanns, Hrsg. 1970. *Volkssouveränität und Staatssouveränität,* Darmstadt: Wissenschaftliche Buchgesellschaft.

Linder, Wolf. 2012. *Schweizerische Demokratie: Institutionen – Prozesse – Perspektiven,* 3. Aufl. Bern: Haupt.

Maus, Ingeborg. 2011. *Volkssouveränität. Elemente einer Demokratietheorie.* Berlin: Suhrkamp.

Palmer, R. R. 1959/1970. *Das Zeitalter der demokratischen Revolution.* Frankfurt a. M.: Akademische Verlagsgesellschaft Athenaion.

Qvortrup, Matt, Hrsg. 2014. *Referendums around the world. The continued growth of direct democracy.* Houndmills, UK: Palgrave Macmillan.

Setälä, Maija und T. Schiller, Hrsg. 2012. *Citizens' Initiatives in Europe. Procedures and consequences of agenda-setting by Citizens.* Houndmills, UK: Palgrave Macmillan.

Vorländer, Hans. 2003. *Demokratie.* München: Beck.

Volksversammlung Die Volksversammlung gilt als älteste und einfachste Erscheinungsform der Demokratie. In der Regel wird sie als Zusammenkunft der Bürgerinnen und Bürger auf lokaler Ebene abgehalten; Abstimmungen sind meistens nicht geheim und müssen innerhalb einer festgelegten Zeit durchgeführt werden. Historische Vorbilder gab es im antiken Griechenland und auch im späten Mittelalter an zahlreichen Orten Europas. In der sog. Attischen Demokratie, die im 5. Jahrhundert v. Chr. zur vollen Blüte gelangte und zugleich die Zeit der größten Machtentfaltung und kulturellen Bedeutung Athens darstellte, wurde einem Teil der Bevölkerung über Volksversammlungen (Ekklesia) das Recht zur politischen Beteiligung zugestanden. Dort wurden Gesetze erlassen, und es wurde auch über Krieg und Frieden entschieden. Diese Volksversammlungen ließen keine Vertretung zu, da nur die »Bürger« Zutritt hatten. Frauen, Kinder, Sklaven und Metöken (Bewohner Athens auswärtiger Herkunft) waren vom politischen Beteiligungsprozess ausgeschlossen. Für die 30 000 männlichen Vollathener gab es dagegen ein politisches Rede- und Stimmrecht sowie die Möglichkeit der Ausübung von politischen Ämtern mit Rotation. Die Übernahme eines politischen Amtes wurde dabei übrigens mit einer Ausgleichszahlung versehen. Untereinander waren die Stimmen der »Bürger« im Übrigen durchaus auch nicht gleichberechtigt, da Besitz und Herkunft eine wesentliche Rolle spielten. Ähnliche Volksversammlungen wie in der Attischen Demokratie gab es dann im späten Mittelalter an zahlreichen Orten Europas. So existieren beispielsweise urkundliche Aufzeichnungen aus dem Jahre 1447 über die Praxis in Fosses-la-Ville, eine Stadt im damaligen Fürstbistum Lüttich, in der die Organisation der Lokalverwaltung und die Aufgaben des politischen Alltags von einem Gemeinderat übernommen wurden, der jedes Jahr per Volksversammlung neu gewählt wurde. Unter Einschluss der Rezeption vormoderner Erfahrungen der Antike, ersten Demokratieformen ab dem 16. Jahrhundert in den Niederlanden und der Schweiz (hier als Urform die Landsgemeinde) wurde die direkte Demokratie im 17. und 18. Jahrhundert in den neuenglischen Gründerstaaten der USA über sog. Town Meetings schließlich weiterentwickelt. Gegenwärtig noch populäre Formen der Volksversammlungen sind bis heute die Landsgemeinden in der Schweiz und die Town Meetings in den USA.

Andreas Kost/Marcel Solar

W

Weimarer Erfahrungen (Grundsatzartikel)

Die negativen »Weimarer Erfahrungen« und das Grundgesetz
Die »Weimarer Erfahrungen« sind in der politischen und wissenschaftlichen Diskussion seit der Nachkriegszeit in Deutschland ein zentraler Bezugspunkt gewesen (Bracher 2003, S. 1). Dabei geht es stets um die Frage, wie die Bundesrepublik das Schicksal ihres Vorgängerstaates vermeiden könne. Auch die Forschung zur direkten Demokratie kommt nicht umhin, ihren Gegenstand unter diesem Blickwinkel zu betrachten, denn direktdemokratische Instrumente waren ein fester Bestandteil des politischen Systems der Weimarer Republik, sowohl im Reich als auch in den Ländern. Sie umfassten zudem ein wesentlich breiteres Spektrum als in der Gegenwart: sowohl auf der Reichsebene als auch auf der Länderebene kannten die meisten Verfassungen die sogenannte »Volksgesetzgebung«, womit die Bürger eigene Gesetzesvorschläge vorbringen konnten. Auch das Plebiszit, die Parlamentsauflösung durch das Volk, die Vetoinitiative sowie das obligatorische Verfassungsreferendum waren vielfach vorgesehen. Deshalb stellte sich den Verfassungsgebern nach dem zweiten Weltkrieg unvermeidlich die Frage, welche Rolle diese Institutionen in der Weimarer Republik gespielt hatten, um beurteilen zu können, ob sie auch in der Verfassung der neuen Republik einen Platz finden sollten.

Dass sie auf die Aufnahme plebiszitärer Elemente letztlich weitgehend verzichteten begründeten sie häufig mit den negativen Weimarer Erfahrungen (vgl. Wiegand 2006, S. 196–200). In einer vielzitierten Rede vor dem Parlamentarischen Rat bezeichnete etwa Theodor Heuss Volksbegehren und Volksentscheid als »Prämie für jeden Demagogen«, welche das Vertrauen in die Arbeit der gewählten Volksvertreter untergrabe (Heuss 2009, S. 63). Rudolf Katz, der Hauptsprecher der SPD im Parlamentarischen Rat, äußerte sich sarkastisch: in den Weimarer Volksbegehren hätten sich »die Extreme so wunderbar […] zusammengefunden« (zit. nach Jung 1994, S. 288). In der historischen Rückschau schreibt Otmar Jung, dass die Vorstellung, die Weimarer Erfahrungen sprächen gegen direkte Demokratie, »zum eisernen Be-

© Springer Fachmedien Wiesbaden GmbH, ein Teil von Springer Nature 2019
A. Kost und M. Solar (Hrsg.), *Lexikon Direkte Demokratie in Deutschland*,
https://doi.org/10.1007/978-3-658-21783-9_22

stand des politischen Katechismus der Bundesrepublik Deutschland« gehörte (Jung 1994, S. 15).

Jung war allerdings auch einer der federführenden Wissenschaftler, welche das Argument, der Verzicht auf plebiszitäre Elemente im Grundgesetz sei durch die negativen Weimarer Erfahrungen begründet gewesen, seit den 1990er Jahren relativiert haben. Sowohl seine Arbeit zur Debatte über die direktdemokratischen Institutionen in der Nachkriegszeit (Jung 1994) als auch neuere Forschungen über die Demokratiekonzepte, welche die Grundkonturen des politischen Systems der Bundesrepublik bestimmten (Niclauß 1998), haben gezeigt, dass bei der Entscheidung der Verfassungsgeber zeitgenössische Faktoren eine mindestens ebenso wichtige Rolle spielten. So drohte etwa die katholische Kirche, sich im Streit um das Elternrecht direktdemokratischer Instrumente zu bedienen (Niclauß 1998, S. 196). Gleichzeitig fürchtete man ihren Missbrauch durch die SED bzw. KPD. Von daher kann der Verzicht auf solche Instrumente als Teil einer Anstrengung des Parlamentarischen Rates verstanden werden, das Staatsvolk unter politische »Quarantäne« zu stellen und so die Ausbreitung gefährlicher Ideologien zu verhindern (Jung 1994, S. 329).

Die direktdemokratische Praxis in der Weimarer Republik

Ganz abgesehen davon, welche Rolle das Argument von den negativen Weimarer Erfahrungen beim Verzicht auf die plebiszitären Elemente im Grundgesetz gespielt hat, stellt sich natürlich die Frage, wie die direktdemokratische Praxis in der Weimarer Republik tatsächlich einzuschätzen ist, und insbesondere ob der Vorwurf begründet ist, sie habe zum Untergang der Weimarer Republik beigetragen. Jeder Versuch einer Antwort auf solche Fragen muss mit einem Überblick über die konkreten Anwendungsfälle beginnen.

Zwischen 1919 und 1933 gab es auf Reichs- und Länderebene etwa ein Dutzend Volksabstimmungen, die durch Volksbegehren ausgelöst wurden (siehe Schiffers 1971, S. 195–248; Jung 1989; Wiegand 2006, S. 71–98; Rux 2008, S. 144–180). Auf der Reichsebene wurden jedoch nur vier zugelassen, von denen wiederum nur zwei bis zum Volksentscheid gelangten (Schiffers 2002, S. 67), namentlich der Volksentscheid über die Fürstenenteignung 1926 und über den Young-Plan 1929/30. Beide scheiterten letztlich am Beteiligungsquorum von 50 Prozent der Stimmberechtigten. In einigen bedeutsamen Fällen scheiterte das Verfahren entweder am Quorum für die Unterschriftensammlung (Panzerkreuzerverbot, 1928) oder wurde wegen thematischer Einschränkungen nicht zugelassen (Aufwertungsvolksbegehren, 1926 u. 1927). Allein dies spricht zunächst einmal für die Annahme, dass die direktdemokratischen Instrumente keinen wesentlichen Einfluss auf die Entwicklung der Weimarer Republik gehabt haben können. Dagegen kann man jedoch die beträchtlichen Mobilisierungseffekte anführen, die auch von gescheiterten Abstimmungen ausgehen konnten. So wird z. b. häufig darauf verwiesen, dass die im Vorfeld des Volksbegehrens gegen den Young-Plan geführte Kampagne einen Wendepunkt für die NSDAP und den Beginn des politischen Aufstiegs von Adolf Hitler markierte (Kolb 1988, S. 121 f.). Dennoch muss man angesichts der wenigen Anwendungsfälle und ihres durchgängigen Scheiterns zu dem Schluss gelangen, dass die direktdemokratische Praxis im Reich nur wenig Wirkung entfalten konnte und allenfalls »ein Nebenschauplatz der politischen Auseinandersetzung« gewesen sei (Schiffers 2002, S. 67).

Richtet man das Augenmerk auf die Situation in den Ländern, bietet sich indessen ein etwas anderes Bild. Im Gegensatz zum Reich hatte die Nutzung der direktdemokratischen Instrumente hier handfeste politische Konsequenzen. Die dominante Rolle spielte dabei allerdings die Parlamentsauflösung durch das Volk. Sie wurde hauptsächlich von der jeweiligen parlamentarischen Opposition, insbesondere vom bürgerlich-konservativen Lager (zwischen 1919–1929) und zum Ende der Republik vor allem von den extremen Parteien initiiert – so z. B. der Volksentscheid im Freistaat Oldenburg im Jahr 1932, bei dem die NSDAP mit Hilfe der KPD das Parlament auflösen und anschließend (zum ersten Mal in der Weimarer Republik) selbst eine Regierung bilden konnte (Schaap 1978, S. 179 ff.). Zwar ist dies das einzige Beispiel für ein erfolgreich zu Ende geführtes Volksbegehren, allerdings führten drei weitere solcher Vorhaben zur vorzeitigen Selbstauflösung von Landesparlamenten, so in Sachsen (1922), Bayern (1924) und Braunschweig (1924) (dazu Thoma 1928, 503 f.). Die Annahme, die direktdemokratischen Instrumente hätten kaum Konsequenzen gehabt, so zutreffend sie mit Bezug auf die Reichsebene sein mag, lässt sich also für die Länder nicht ohne Weiteres aufrechterhalten.

Daraus einen kausalen Zusammenhang zum Untergang der Republik herzustellen, wäre dennoch sicherlich voreilig. So stellte beispielsweise die NSDAP im Oldenburger Landtag bereits seit der vorherigen Landtagswahl von 1931 die stärkste Fraktion. Ihre Machtübernahme wurde zwar durch den Volksentscheid ermöglicht, setzte aber »nur den vorangegangenen Aufstieg der Partei fort« (Wiegand 2006, S. 96). Die Praxis zeigte zudem, dass sich die Versuche, das Parlament per Volksentscheid aufzulösen, ebenso häufig gegen Minderheitsregierungen wie gegen stabile Mehrheitsregierungen richteten (Hsu 2014, S. 149–152). Dies gilt auch für den Oldenburger Fall, wo bereits seit 1923 keine Koalitionsregierung mehr zustande gekommen war. Insofern spiegelten diese Versuche lediglich ohnehin bestehende Schwierigkeiten in der parlamentarischen Zusammenarbeit wider. Dies spricht für die These, dass die Nutzung des Volksbegehrens in der Weimarer Republik eher ein Ausdruck der Krise als deren Ursache gewesen sei (Gusy 1997, S. 98; auch Schiffers 2002, S. 75).

Die direkte Demokratie und die Funktionslogik des parlamentarischen Regierungssystems in der Weimarer Republik

Neben den oben genannten Fällen kamen in den Ländern noch drei weitere Volksentscheide zum Abschluss, die allerdings in der Forschung zu den Weimarer Erfahrungen nur wenig Beachtung gefunden haben: das Verfassungsreferendum in Baden (1919) sowie die Plebiszite in Bremen (1921) und Lübeck (1924). Die Volksabstimmung in Baden, die erste in der deutschen Geschichte überhaupt, befasste sich mit der Annahme der badischen Verfassung (Thoma 1928, S. 498; Rux 2008, S. 180). Damit war die badische Verfassung die Einzige der Weimarer Länderverfassungen, die durch Volksabstimmung bestätigt wurde. Bei den beiden Volksabstimmungen in Bremen und Lübeck sollten die Bürger im Zuge eines Konflikts zwischen Regierung und Parlament über deren Rücktritt bzw. Auflösung entscheiden. Beide Fälle endeten mit der Auflösung des Parlaments (siehe dazu Schwarzwälder 1983, S. 277–281; Rux 2008, S. 165; Hsu 2014, 160 f.).

Bei den Volksabstimmungen in Bremen und Lübeck handelte es sich um »von oben« ausgelöste Referenden, bei denen die Bürger gewissermaßen als Schiedsrichter zwischen den beiden Verfassungsorganen fungierten. Dass sie in der heutigen Diskussion, die sich vor allem um die Volksgesetzgebung dreht, keine Rolle spielen, kann von daher nicht überraschen. Allerdings sind gerade sie für das bei der Gründung der Weimarer Republik vorherrschende Verständnis des parlamentarischen Systems besonders aufschlussreich. Demnach betrachtete man die Bestellung der Regierung durch das von den Parteien dominierte Parlament als eine latente Bedrohung für das Prinzip der Gewaltenteilung – eine Gefahr, die seit der Gründung der Weimarer Republik unter dem Stichwort des »Parlamentsabsolutismus« diskutiert wurde (vgl. Wiegand 2006, S. 135). Tatsächlich hatte diese Sorge eine entscheidende Rolle bei der Einführung direktdemokratischer Elemente in den

Weimarer Verfassungen gespielt: man sah ihre Funktion darin, ein Machtgleichgewicht zwischen Parlament und Regierung herzustellen und der letzteren ein gewisses Maß an Unabhängigkeit zu gewähren.

Damit verkannte man allerdings die wesentliche Funktionslogik des parlamentarischen Systems, welche gerade auf der Fusion von gesetzgebender und ausführender Gewalt beruht. Dass das in fast allen Ländern der Weimarer Republik vorgesehene Plebiszit letztlich nur selten genutzt wurde, war eine Folge eben dieses Missverständnisses: damit ein solches Referendum überhaupt interessant werden konnte, bedurfte es zunächst einer Situation, in der die Regierung gegen den Willen der Parlamentsmehrheit im Amt zu bleiben versuchte. Dazu kam es in der Praxis aber nur in Ausnahmesituationen (wie eben in den obengenannten Fällen in Bremen und Lübeck). Dass auch das Volksbegehren die ihm ursprünglich zugedachte Funktion nicht wirklich erfüllte, kann man allein schon daran ablesen, dass es sich häufig gegen Minderheitsregierungen richtete – also in Fällen zur Anwendung kam, in denen von der Gefahr eines Parlamentsabsolutismus schwerlich die Rede sein konnte. Schließlich erwies sich auch die Vorstellung, das Volksbegehren könnte der Schwächung der Parteienherrschaft dienen, als ungerechtfertigt: tatsächlich waren es in den meisten Fällen nicht die Bürger, welche die plebiszitären Verfahren initiierten, sondern vielmehr die Oppositionsparteien (vgl. Hsu 2014, S. 149–152).

Neben den Schlüssen, die man in der Forschung aus den Weimarer Erfahrungen für die konkrete Ausgestaltung der direktdemokratischen Instrumente gezogen hat (etwa mit Bezug auf thematische oder verfahrensmäßige Einschränkungen, z. B. Finanztabu oder Quoren; hierzu Schiffers 2002, S. 75; Fijalkowski, 2002, S. 318; Jung 1999, 2010; Meerkamp 2011) lässt sich also noch eine allgemeinere Lehre ziehen: die tatsächliche Wirkung direktdemokratischer Instrumente hängt nicht allein von deren Form ab, sondern auch wesentlich vom Systemkontext, in den sie eingebettet sind. So waren es die systemischen Bedingungen, die in der Weimarer Republik unter allen zur Verfügung stehenden Instrumenten in erster Linie die Nutzung des Volksbegehrens begünstigten.

Yu-Fang Hsu

Literatur

Abromeit, Heidrun. 2003. Nutzen und Risiken direktdemokratischer Instrumente. In *Demokratisierung der Demokratie*, Hrsg. Claus Offe, 95–110. Frankfurt a. M.: Campus Verlag.

Berlit, Uwe. 1983. Soll das Volk abstimmen? Zur Debatte über direkt-demokratische Elemente im Grundgesetz. *Kritische Zeitschrift für Gesetzgebung und Rechtswissenschaft* 76 (1): 318–359.

Bracher, Karl Dietrich. 2003. Es begann mit der Weimarer Erfahrung. *Vierteljahreshefte für Zeitgeschichte* 51 (1): 1–4.

Decker, Frank. 2005. Die Systemverträglichkeit der direkten Demokratie. Dargestellt an der Diskussion um die Einführung von plebiszitären Elementen in das Grundgesetz. *Zeitschrift für Politikwissenschaft* 15 (4): 1103–1147.

Decker, Frank. 2016. Der Irrweg der Volksgesetzgebung. Eine Streitschrift. Bonn: J. H. W. Dietz Verlag.

Fijalkowski, Jürgen. 2002. Zum Problem direkt-demokratischer Beteiligung. In *Bürger und Demokratie in Ost und West. Studien zur politischen Kultur und zum politischen Prozess. Festschrift für Hans-Dieter Klingemann*, Hrsg. Dieter Fuchs, E. Roller und B. Wessels, 303–318. Wiesbaden: VS Verlag für Sozialwissenschaften.

Gusy, Christoph. 1997. *Die Weimarer Reichsverfassung*. Tübingen: Mohr Siebeck.

Heuss, Theodor. 2009. Rede vor dem Parlamentarischen Rat (9. 9. 1948). In *Theodor Heuss: Vater der Verfassung. Zwei Reden im Parlamentarischen Rat über das Grundgesetz 1948/49,* Hrsg. u. bearb. v. Ernst Wolfgang Becker, 49–75. München: K. G. Saur Verlag.

Hsu, Yu-Fang. 2014. *Die Pfadabhängigkeit direkter Demokratie in Deutschland. Eine Untersuchung zu den ideen- und realgeschichtlichen Ursprüngen der Volksgesetzgebung*. Baden-Baden: Nomos Verlag.

Jung, Otmar. 1989. *Direkte Demokratie in der Weimarer Republik. Die Fälle »Aufwertung«, »Fürstenenteignung«, »Panzerkreuzerverbot« und »Youngplan«*. Frankfurt a. M.: Campus.

Jung, Otmar. 1994. *Grundgesetz und Volksentscheid. Gründe und Reichweite der Entscheidungen des Parlamentarischen Rats gegen Formen direkter Demokratie*. Opladen: Westdeutscher Verlag.

Jung, Otmar. 1999. Das Finanztabu bei der Volksgesetzgebung. Die Staatsrechtslehre und Staatspraxis der Weimarer Zeit. *Der Staat* 38: 41–68.

Jung, Otmar. 2010. Zur Problematik des Beteiligungsquorums. In *Jahrbuch für direkte Demokratie 2009,* Hrsg. L. P. Feld, P. M. Huber, O. Jung, C. Welzel und F. Wittreck, 40–65. Baden-Baden: Nomos.

Jung, Sabine. 2001. *Die Logik direkter Demokratie*. Wiesbaden: VS Verlag für Sozialwissenschaften.

Kolb, Eberhard. 2002. *Die Weimarer Republik.* 6., überarbeitete und erweiterte Auflage. München: R. Oldenbourg Verlag.

Meerkamp, Frank. 2011. *Die Quorenfrage im Volksgesetzgebungsverfahren. Bedeutung und Entwicklung.* Wiesbaden: VS Verlag für Sozialwissenschaften.

Niclauß, Karlheinz. 1998. *Der Weg zum Grundgesetz Demokratiegründung in Westdeutschland 1945–1949.* Paderborn: Schöningh Verlag.

Rux, Johannes. 2008. *Direkte Demokratie in Deutschland. Rechtsgrundlagen und Rechtswirklichkeit der unmittelbaren Demokratie in der Bundesrepublik Deutschland und ihren Ländern.* Baden-Baden: Nomos Verlag.

Schaap, Klaus. 1978. *Die Endphase der Weimarer Republik im Freistaat Oldenburg 1928–1933.* Düsseldorf: Droste Verlag.

Schiffers, Reinhard. 1971. *Elemente direkter Demokratie im Weimarer Regierungssystem.* Düsseldorf: Droste Verlag.

Schiffers, Reinhard. 2002. »Weimarer Erfahrungen«: Heute noch eine Orientierungshilfe? In *Direkte Demokratie. Forschung und Perspektiven,* Hrsg. Theo Schiller und V. Mittendorf, 65–75. Wiesbaden: Westdeutscher Verlag.

Scholz, Rupert. 2004. *Deutschland – in guter Verfassung?* Heidelberg: C. F. Müller Verlag.

Schwarzwälder, Herbert. 1983. *Geschichte der freien Hansestadt Bremen. Bd. 3. Bremen in der Weimarer Republik: 1918–1933.* Hamburg: Hans Christian Verlag.

Thoma, Richard. 1928. Recht und Praxis des Referendums in Deutschen Reich und seinen Ländern. *Zeitschrift für öffentliches Recht* 7: 489–507.

Wiegand, Hanns-Jürgen. 2006. *Direktdemokratische Elemente in der deutschen Verfassungsgeschichte.* Berlin: Berliner Wissenschafts-Verlag.

Weimarer Reichsverfassung Die Weimarer Reichsverfassung, offiziell Verfassung des Deutschen Reichs, war die am 31. Juli 1919 in Weimar beschlossene und am 14. August 1919 verkündete erste demokratische Verfassung Deutschlands. Sie begründete eine föderative Republik mit einem gemischt präsidialen und parlamentarischen Regierungssystem. Die Grundrechte waren allerdings kein unmittelbares, die Gewalten (Legislative, Exekutive, Jurisdiktion) bindendes Recht, so wie später im Grundgesetz von 1949 vorgesehen. Diese galten nur nach Maßgabe der Gesetze. Auch existierte keine dem heutigen Bundesverfassungsgericht entsprechende Institution als Hüterin der Verfassung. Die Volkssouveränität fand zudem keine Entsprechung in einer klaren Parlamentssouveränität. Zwar war die Gesetzgebung Sache des vom Volk für vier Jahre gewählten Reichstages, aber erstmalig waren auch Volksbegehren und Volksentscheid vorgesehen (Artikel 73). Damit wurde der Bevölkerung ein unmittelbares Mitbestimmungsrecht per Verfassung eingeräumt. In der Weimarer Reichsverfassung wurden die neuen demokratischen Ambitionen unter anderem auch mit Artikel 73 zum Ausdruck gebracht. In diesem Artikel wurde dem Volk das Recht zugebilligt, dem Reichstag mit mindestens 10 Prozent der Unterschriften der Wahlberechtigten einen Gesetzesvorschlag zu unterbreiten. Stimmte der Reichstag einem zulässigen Entwurf nicht zu, kam es zu einem Volksentscheid. Allerdings mussten mindestens 50 Prozent der stimmberechtigten Wahlbevölkerung an dem Volksentscheid teilnehmen und außerdem eine Mehrheit für das eingereichte Volksbegehren stimmen, damit es Gültigkeit erlangen konnte. Fünf Prozent der Wahlberechtigten vermochten zudem einen Volksentscheid über ein vom Parlament bereits verabschiedetes Gesetz erzwingen, wenn ein Drittel der Abgeordneten verlangte, die Verkündigung des Gesetzes um zwei Monate zu verschieben (Artikel 72). Die lediglich drei tatsächlich zugelassenen Volksbegehren, die während der Zeit der Weimarer Republik (1918–1933) auf Reichsebene durchgeführt wurden, blieben jedoch allesamt erfolglos (*»Weimarer Erfahrungen«).* Diese zusätzlichen Möglichkeiten direkter Demokratie stellten die repräsentative Demokratie nicht wirklich auf die Probe. Die Erfahrungen, die in der Weimarer Republik mit Elementen direkter Demokratie gemacht wurden, führten jedoch insbesondere in den Anfangsjahren der Bundesrepublik Deutschland dazu, eine überwiegend kritische Haltung gegenüber dieser Demokratieform einzunehmen. Es wurde eine Gefahr beschworen, dass Volksbegehren eine Emotionalisierung und Polarisierung des Wahlvolkes auslösen könnten und Vernunftentscheidungen keinen ausreichenden Platz mehr fänden. Festzuhalten bleibt aber, dass die Weimarer Republik nicht durch Plebiszite und Referenden untergegangen ist, sondern dass – neben antidemokratischen Haltungen in der Gesellschaft (gerade auch der Eliten), institutionellen Schwächen des politischen Systems, wirtschaftlichen Problemen und einer Reihe anderer Ursachen – die Nationalsozialisten am Ende durch Parlamentswahlen an die Macht kamen.

Andreas Kost/Marcel Solar

Literatur

Kost, Andreas. 2013. *Direkte Demokratie*, 2. Aufl. Wiesbaden: Springer VS.

Sturm, Reinhard. 2008. *Weimarer Republik* (Informationen zur politischen Bildung 261). Bonn: Bundeszentrale für politische Bildung.

Werbung Wenn es für die Initiatoren eines Volksgesetzgebungsverfahrens darum geht, Leute dazu zu bewegen, sich in Unterstützungslisten für ein Volksbegehren einzutragen oder die Stimme für die Vorlage in einem Volksentscheid abzugeben, müssen Sie über ihr Anliegen informieren und Aufmerksamkeit erzeugen. Neben einer öffentlichen Stellungnahme in einer Abstimmungsbroschüre gelingt dies am einfachsten über Werbemaßnahmen. Die Kampagnen direktdemokratischer Verfahren orientieren sich dabei insbesondere an jenen, die auch im Vorfeld von Wahlen anzutreffen sind. Dies mag nicht verwundern, da bei einem Volksentscheid – zumindest zahlenmäßig – dieselbe Zielgruppe erreicht werden kann, wie bei einer Wahl. Entsprechend sind die Instrumente der Kampagnenführung meist sehr ähnlich, die Initiatoren hängen beispielsweise Plakate, verteilen Broschüren und Flyer, schalten Anzeigen in Zeitungen oder stellen sich mit Informationsständen in die Innenstädte. In den vereinigten Staaten sind auch Radio- und Fernsehspots übliche Medien zur Werbung für eine Initiativkampagne. Grundsätzlich ergeben sich zumindest hinsichtlich der Kreativität einer Kampagne kaum Grenzen, diese finden sich jedoch zum einen im Budget der Initiatoren sowie zum anderen in gesetzlichen Bestimmungen, die den direktdemokratischen Prozess reglementieren.

Dabei finden sich in den Ausführungsgesetzen kaum explizite Verweise auf den Umgang mit Werbung in direktdemokratischen Verfahren. In Hamburg, Niedersachsen, Rheinland-Pfalz und Schleswig-Holstein wird beispielsweise darauf verwiesen, dass die dort vorgesehene Kostenerstattung den Initiatoren ermöglichen soll, eine angemessene Information der Abstimmenden durchzuführen. Wie diese Mittel für Werbemaßnahmen eingesetzt werden können, ergibt sich daraus aber nicht. Konkreter sind allenfalls die Bestimmungen in einigen Ländern, dass – analog zu den Bestimmungen bei Wahlen – keine Beeinflussung der Abstimmenden in und im unmittelbaren Umfeld der Abstimmungslokale erfolgen darf. In Hamburg wird zudem festgehalten, dass die Initiatoren bei der Inanspruchnahme öffentlicher Flächen gegenüber den politischen Parteien gleichbehandelt werden müssen.

Insgesamt gibt es aber keine umfassende gesetzliche Regelung zum Umgang mit Werbemaßnahmen im öffentlichen Raum, wie es auch bei der Wahlwerbung der Parteien der Fall ist. Für die Initiatoren von Volksgesetzgebungsverfahren ergibt sich der Anspruch, Werbemaßnahmen durchzuführen, aus dem grundsätzlichen Gesetzesinitiativrecht, das den Bürgerinnen und Bürgern durch die Volksgesetzgebung eingeräumt wird. Genaue Bestimmungen zur Verteilung von Plakatflächen oder Fristen zum Auf- und Abhängen werden in den einzelnen Bundesländern dann per Erlass oder Bekanntmachung veröffentlicht.

Andreas Kost/Marcel Solar

Literatur

Scholten, Heike, und K. Kamps, Hrsg. 2014. Abstimmungskampagnen. Politikvermittlung in der Referendumsdemokratie. Wiesbaden: Springer VS.

Z

Zulässigkeitsentscheidung Auf Basis der Zulässigkeitsprüfung, in der ein direktdemokratisches Verfahren darauf untersucht wird, ob alle gesetzlich auferlegten Kriterien erfüllt werden, wird die Zulässigkeitsentscheidung getroffen. Auf der Landesebene erfolgt die Entscheidung über die Zulässigkeit einer Volksinitiative oder eines Volksbegehrens entweder durch dieselbe Stelle, die für die Prüfung zuständig ist (z.B. in Baden-Württemberg durch das Innenministerium) oder durch eine weitere Instanz. So fällen beispielsweise in Berlin, Bremen, Hessen, Nordrhein-Westfalen und Sachsen-Anhalt die jeweiligen Landesregierungen die Zulässigkeitsentscheidung, nachdem zuvor andere Stellen die erforderliche Prüfung durchgeführt haben. In den Kommunen liegt die Entscheidungskompetenz in der Regel bei der kommunalen Vertretung, Ausnahmen finden sich in Berlin, Hamburg und Thüringen, wo dies der zuständigen Verwaltungsstelle zusteht und in Schleswig-Holstein, wo die Kommunalaufsichtsbehörde mit der Entscheidung beauftragt ist.

Fällt die Zulässigkeitsentscheidung positiv aus, kann das direktdemokratische Verfahren – etwa durch den Beginn der Unterschriftensammlung für ein Bürger- oder Volksbegehren – weitergeführt werden. Eine Verweigerung der Zulassung des Verfahrens muss von Seiten der zuständigen Instanz begründet werden. In allen Ländern und Kommunen steht den Initiatoren die Möglichkeit zum Einspruch gegen die ablehnende Entscheidung zu, hält das zuständige Gericht die Entscheidung aufrecht, ist das direktdemokratische Verfahren jedoch endgültig beendet. Der Blick auf die Praxis zeigt, dass eine erhebliche Anzahl von direktdemokratischen Verfahren an der Zulässigkeitsprüfung scheitert. Die vom Verein Mehr Demokratie e.V. erhobenen Zahlen gehen davon aus, dass bis zum heutigen Tag knapp jedes dritte Bürgerbegehren auf der kommunalen Ebene als nicht zulässig bewertet und dass knapp 15 Prozent der Anträge auf Volksbegehren in den Ländern als unzulässig eingestuft wurden. Dabei sind für die Landesebene nicht einmal die Verfahren berücksichtigt, bei denen in den ersten beiden Stufen des Volksgesetzgebungsverfahrens zu wenige Unterstützungsunterschriften gesammelt wurden und bei denen die Initiatoren den Antrag im Laufe des

© Springer Fachmedien Wiesbaden GmbH, ein Teil von Springer Nature 2019
A. Kost und M. Solar (Hrsg.), *Lexikon Direkte Demokratie in Deutschland*,
https://doi.org/10.1007/978-3-658-21783-9_23

Verfahrens zurückzogen. Insofern ist der Anteil unzulässiger Verfahren auf Landesebene noch höher anzusetzen.

Andreas Kost/Marcel Solar

Literatur

Mehr Demokratie e. V. 2016. *Bürgerbegehrensbericht 2016*. Berlin.
Mehr Demokratie e. V. 2017. *Volksbegehrensbericht 2017,* Berlin.

Zulässigkeitsprüfung Die Zulässigkeitsprüfung steht in den deutschen Ländern und Kommunen relativ weit am Beginn eines direktdemokratischen Verfahrens und stellt eine wichtige Hürde dar, die über den weiteren Verlauf des Verfahrens entscheidet. Im Rahmen der Zulässigkeitsprüfung wird zu einem frühen Zeitpunkt im Verfahren ermittelt, ob alle gesetzlich vorgeschriebenen Anforderungen an Volksinitiativen, Volksbegehren und/oder Bürgerbegehren im konkreten Fall erfüllt werden. Somit soll möglichst früh Klarheit darüber hergestellt werden, ob ein Erfolg im weiteren Verlauf des Verfahrens rechtlichen Bestand hat.

Gerade weil in Deutschlands Bundesländern und Kommunen vor allem direktdemokratische Verfahren zur Verfügung stehen, die aus dem Volk heraus ausgelöst werden können, ergeben sich zahlreiche Kriterien, die im Rahmen der Zulässigkeitsprüfung betrachtet werden. Denn zum einen ist die Einbringung einer Vorlage bereits zu Beginn mit der Sammlung von Unterstützungsunterschriften verknüpft und zum anderen sind die Initiatoren frei in der Themenwahl und Formulierung ihrer eigenen Vorlage. Sowohl auf Landes- wie auch auf kommunaler Ebene sind daher einige Punkte standardmäßiger Bestandteil der Zulässigkeitsprüfung: die Schriftform des Antrags, die Anzahl und Herkunft der Unterstützungsunterschriften, die Fristen der Unterschriftensammlung, die Gestaltung der Unterschriftenlisten, die Benennung von Vertrauensleuten, oder die Frage, ob zum selben Thema bereits ein Verfahren in der jüngeren Vergangenheit stattgefunden hat. Für die Volksgesetzgebung in den Bundesländern, in denen die Vorlage meist in Form einer Gesetzesinitiative erfolgen muss, spielt zudem die korrekte Form des Gesetzentwurfs und die Vereinbarkeit mit dem Grundgesetz und der Landesverfassung eine wichtige Rolle in der Zulässigkeitsprüfung. In einigen Ländern kann bzw. muss die prüfende Instanz bei Zweifeln an der Verfassungsmäßigkeit der Vorlage das zuständige Landesverfassungsgericht anrufen.

A
B
C
D
E
F
G
H
I
J
K
L
M
N
O
P
Q
R
S
T
U
V
W
X
Y
Z

Zuständig für die Zulässigkeitsprüfung sind – zunächst für die Ebene der Bundesländer – Teile der Exekutive oder der Legislative. Konkret handelt es sich dabei um Landtage bzw. ihr Präsidium oder eine Landesregierung in ihrer Gänze, Innenministerien bzw. die Landeswahlleitung. Teilweise wird explizit eine Kooperation unterschiedlicher Stellen vorgesehen, was aber faktisch ohnehin der Fall ist, da beispielsweise ein Landtagspräsident auf Informationen von Meldebehörden oder der Landeswahlleitung angewiesen ist, um die Prüfung umfassend durchführen zu können. Für die Kommunen wird meist nur festgehalten, dass die Zulässigkeitsentscheidung durch die Gemeindevertretung getroffen wird, in der Regel bereiten diese Entscheidungen aber ebenfalls die jeweiligen kommunalen Verwaltungsbehörden vor. Für die Zulässigkeitsprüfung wird den zuständigen Stellen in der Regel ein bestimmtes Zeitfenster vorgeschrieben, welches meist zwischen einem und drei Monaten liegt. Diese Frist kann sich verlängern, wenn die prüfende Instanz von ihrem Recht Gebrauch macht, ein Gericht anzurufen oder wenn den Initiatoren einer Vorlage Gelegenheit gegeben wird, bestimmte formelle Mängel zu beheben, wie es auf Landesebene etwa in Berlin, Rheinland-Pfalz, dem Saarland oder Sachsen-Anhalt möglich ist. Auf Basis der Zulässigkeitsprüfung erfolgt schließlich die Zulässigkeitsentscheidung.

Andreas Kost/Marcel Solar

Zustimmungsquorum Mindestanteil der Stimmen aller stimmberechtigten Bürgerinnen und Bürger, der erreicht werden muss, damit ein Volksentscheid/ein Bürgerentscheid zu einer rechtskräftigen Entscheidung gelangt. Ein kommunaler Bürgerentscheid ist in den Kommunen der deutschen Länder positiv entschieden, wenn er von der Mehrheit der gültigen Stimmen befürwortet wurde, sofern diese Mehrheit mindestens zwischen 10 Prozent bis 30 Prozent der Bürgerinnen und Bürger ausmacht (Ausnahme Hamburg). Bei Stimmengleichheit gilt die Frage als mit Nein beantwortet. Auf Landesebene kann das Zustimmungsquorum noch unterschiedlich geregelt sein, je nachdem, ob der Gegenstand des Entscheids ein einfaches Gesetz oder eine Verfassungsfrage betrifft. In den einzelnen Ländern kann das Zustimmungsquorum bei einfachen Gesetzen ohne Quorum (Bayern, Hessen, Sachsen und Sonderfall Hamburg bei Zusammenlegung mit Wahlen) sowie bis zu 25 Prozent liegen. Bei verfassungsändernden Gesetzen liegt das Zustimmungsquorum zwischen 25 Prozent (als einziges Land Bayern) und einer ganzen Reihe von Ländern mit einem Quorum von 50 Prozent plus einer 2/3-Mehrheit. In Hessen ist eine Abstimmung über ein verfassungsänderndes Gesetz gar nicht erst möglich, in Hamburg existiert wieder ein Sonderfall ohne Quorum plus 2/3-Mehrheit. Solche Zustimmungsquoren sollen eine gewisse Repräsentativität gewährleisten, stehen aber im Hinblick ihrer Angemessenheit im politischen Streit. Entscheidend ist die Mehrheit der abgegebenen gültigen Stimmen. Ein Beispiel soll dieses verdeutlichen: Bei der bundesweit beachteten Volksabstimmung in Baden-Württemberg zu »Stuttgart 21« scheiterten die Initiatoren dieses Entscheids nicht nur daran, dass 58,8 Prozent der Abstimmenden gegen einen Ausstieg aus dem Bahnprojekt votierten, sondern weil auch das damalige Zustimmungsquorum von 33,3 Prozent verfehlt wurde. Dabei lag die Wahlbeteiligung bei respektablen 48,3 Prozent von insgesamt 7,6 Mio. Wahlberechtigten. Dieses Ergebnis ist aufgrund mancher zu beobachtender verzerrter Wahrnehmung über institutionelle Hürden bei Volksabstimmungen wohl erläuterungsbedürftig. Um den Volksentscheid aus Sicht der Gegner zu einem Erfolg zu führen, hätten bei einer fiktiven Beteiligung von 33,3 Prozent, also dem erforderlichen Quorum, 100 Prozent der Wahlberechtigten gegen das Projekt stimmen müssen. Bei der tatsächlichen Wahlbeteiligung von 48,3 Prozent wäre immer noch eine Quote von ca. 70 Prozent dagegen erforderlich gewesen. Erst bei einer Beteiligung von rund 67 Prozent aller Wahlberechtigten hätte die einfache Mehrheit gegen »Stuttgart 21« genügt, um das Projekt zu verhindern. Eine Größenordnung, die für eine Abstimmung über einen einzelnen (regionalen) Sachverhalt schwerlich erreichbar sein dürfte. Bei den Regelungen für ein Zustimmungsquorum gilt, dass nicht die Abstimmungsbeteiligung mindestens dem Quorum entsprechen muss, sondern dass mindestens die dem Quorum entsprechende Zahl aller Wahlberechtigten im Sinne des Bürgerbegehrens oder des Volksbegehrens abgestimmt haben muss. Dadurch wird jede nicht abgegebene Stimme den Gegnern eines Entscheides zugerechnet, solange das Quorum nicht erreicht ist. Die Mehrheit der abgegebenen Stimmen ist somit nicht ausschlaggebend, auch wenn sie sehr groß sein mag. Daher spielt die Abstimmungsbeteiligung in den direktdemokratischen Arenen in Deutschland, sofern Quorumsregelungen vorliegen, eine gewichtige Rolle.

Andreas Kost/Marcel Solar

A
B
C
D
E
F
G
H
I
J
K
L
M
N
O
P
Q
R
S
T
U
V
W
X
Y
Z

Literatur

Kost, Andreas. 2013. *Direkte Demokratie,* 2. Aufl. Wiesbaden: Springer VS.
Kost, A. 2016. Direkte Demokratie im politischen Mehrebenensystem
    der Bundesrepublik. In *Gesellschaft. Wirtschaft. Politik (GWP) Heft* 2:
    223–231.

If you have any concerns about our products,
you can contact us on
ProductSafety@springernature.com

In case Publisher is established outside the EU,
the EU authorized representative is:
**Springer Nature Customer Service Center GmbH
Europaplatz 3, 69115 Heidelberg, Germany**

Printed by Libri Plureos GmbH
in Hamburg, Germany